ARTURO BAREA

Spanientrilogie

EUROPA
VERLAG

Spanientrilogie

ARTURO BAREA
Die Stimme von Madrid

Übersetzt von Joseph Kalmer

Europa Verlag
Hamburg · Leipzig · Wien·

Inhalt

ERSTER TEIL

1.	Das verlorene Dorf	7
2.	Unrast	31
3.	Die Wahlen	55
4.	Der Zündstoff	73
5.	Der Ausbruch	89
6.	Die Straße	117
7.	Menschenjagd	133
8.	Bedrohung	157

ZWEITER TEIL

1.	Madrid	173
2.	In der Telefónica	193
3.	Madrid und Valencia	209
4.	Die Front	231
5.	Schock	253
6.	Die Stimme Madrids	275
7.	Im Schacht	299
8.	Auge in Auge	317
9.	Der Kampf geht weiter	341

Kapitelübersicht aller drei Bände	368

Spanientrilogie

BAND 3

Die Stimme von Madrid

Erster Teil

I.
DAS VERLORENE DORF

Die Augusthitze bringt die Stärke zum Schmelzen. Die Innenseite meines Hemdkragens hat sich in eine feuchte, teigige Masse verwandelt, die Außenseite jedoch hat ihre Steifheit bewahrt, und die scharfe Kante reibt meine verschwitzte Haut wund. Ich schiebe zur Erleichterung ein Taschentuch zwischen Hals und Kragen und sehe plötzlich Onkel José vor mir, wie er sich, als wir vor dreißig Jahren auf die Postkutsche nach Brunete warteten, ein sauber gefaltetes Seidentaschentuch zwischen seinen dicken Hals und den steifgestärkten Kragen schob.

Ich hasse es, in der Hitze zu warten.

Viele Menschen und viele Dinge sterben im Laufe von dreißig Jahren. Man fühlt sich wie von Gespenstern umringt, glaubt sich selber als Gespenst zu fühlen. Der kleine Junge, der hier an dieser Stelle vor dreißig Jahren wartete, das war ich selbst; aber dieser kleine Junge existiert nicht mehr.

Der alte Gasthof zum heiligen Andreas ist noch der gleiche; die schattige Toreinfahrt, der Hof mit den Hühnern, die zwischen den buckligen Pflastersteinen umherpicken, die kleine Schankstube neben dem Portal, wo der Wein noch immer aus den Ziegenschläuchen gezapft wird – alles ist noch da. Ich vergleiche sie mit den Aufzeichnungen meines Gedächtnisses, und alles stimmt. Nur ich selber bin ein wenig benommen und abgestumpft. Oder erschienen am Ende die Dinge selber in diesem grellen Licht flacher und öder? Damals hatten die Läden dieser Straße meinen Kinderaugen helle Freude bereitet. Die Straße hat sich nicht verändert, es sind dieselben alten Kneipen und dieselben alten Kaufläden, angefüllt mit landwirtschaftlichen Geräten, dickem, rauhem Bauerntuch, klebrigem Zuckerwerk und grellen Farbdrucken im Geschmack der Kunden aus den Dörfern von Kastilien und Toledo.

Ich weiß natürlich, daß nach allen geographischen Regeln die Provinz Toledo zu Neukastilien gehört. Und doch, Toledo ist eine Sache für sich. Es ist auf den alten Landkarten von Kastilien seit eh und je eine Insel gewesen. Die römischen Legionen haben ihm ihren Stempel aufgeprägt, und ihnen folgte die edelste Blüte der arabischen Eindringlinge in Europa, die gepanzerten Ritter des Mittelalters, jene Kardinäle, die Bastarde aus königlichem Blut waren und die Messe ließen, um zum Schwert zu greifen, und dann noch Geschlecht um Geschlecht der maurischen und jüdischen Goldschmiede und Handwerker, die ihren Stahl hämmerten, ihn in den Wassern des Tajo härteten und mit Goldfiligran einlegten.

Sobald ich mich freimachen kann, muß ich wieder einmal nach Toledo fahren.

Endlich ist der Autobus da. Er unterscheidet sich gar nicht so sehr von der alten Postkutsche. Die Passagiere stürmen ihn in wüstem Gedränge – genau so, wie sie es früher getan hatten, damals als ich noch zur Schule ging. Und genau wie damals ist es auch heute nicht schwer, die beiden unterschiedlichen Welten der Dörfer Kastiliens und Toledos auseinanderzuhalten. Hier die hageren, hochgewachsenen Männer und ihre dürren, knochigen Frauen mit ihren von vielen Geburten erschöpften Körpern und den von Sonne und Frost gegerbten Gesichtern, die vom kargen Weizenland kommen, von Brunete; dort die munteren, gutmütigen Männer mit ihren runden Bäuchen und der hellen, wenn auch sonnengebräunten Haut, und ihre drallen, fröhlichen, lärmenden Frauen vom Weinland, von Méntrida.

Ich habe eine fast kindische Freude daran, mich zu erinnern, daß ich eine Mischung bin: mein Vater war Kastilier, meine Mutter Toledanerin. Niemand könnte mich mit einem Etikett versehen, niemand mich in eine der zwei Gruppen einreihen; ich unterscheide mich von beiden und habe doch beiderlei Blut in mir.

Ich bin fehl am Ort, so wie mein steifer Kragen und mein städtischer Anzug inmitten der Bauerntrachten fehl am Orte sind. Mein flüchtiges Vergnügen gerinnt, es wird sauer. Die lebendigen Menschen um mich herum drücken mir den Stempel des Fremden auf, und die Erinnerung an die Toten verwandelt mich in ein Gespenst.

Ich setze mich neben den Fahrer. Antonio trägt eine Joppe wie ein Feldarbeiter, und wenn die Bremsen kreischen, flucht er wie ein Kutscher. Er ist fehl am Ort an einem Steuerrad. Er müßte die lange Peitsche führen, die bis zu den Ohren des Leitmaultiers reicht.

Während wir bergab schaukeln, bilden die Leute kleine Gruppen. Zurufe fliegen hin und her – Familienneuigkeiten, Berichte von Einkäufen –, und die Straße ist voller Lärm. Während aber der Wagen die Geschwindigkeit wechselt, um den langen Anstieg des Campamento hinaufzuklettern, verbinden sich Motorengedröhn, Sonne und Staub mit dem beißenden Benzingeruch, um Schweigen zu erzwingen. Als wir die erdbraune Ebene von Alcorcón mit ihren trockenen Stoppelfeldern und Lehmhütten erreicht haben, sind die Fahrgäste eingenickt oder brüten still vor sich hin.

Wir durchfahren Navalcarnero und Valmojado und rollen weiter entlang der Provinzgrenze zwischen Toledo und Kastilien, bis wir bei Santa Cruz de Retamar die Hauptstraße verlassen, um uns ostwärts zu wenden. Und nun sind wir schon auf toledanischem Boden, auf einer alten Heerstraße, die zu einer Zeit, als Madrid noch nichts war als ein Kastell, die Hauptverkehrsader bildete zwischen Avila und Toledo. Entlang dieser Straße wurde gefochten und Handel getrieben. Maurische Krieger stiegen von den Bergen Toledos ins Tal der Alberche, um von dort aus die Sierra zu erklimmen und ins kastilische Hochland zu gelangen. Und von den Hochflächen von Ávila und Burgos strömten die Ritter in die Flußebenen hinein, um Toledo, die» Steinerne Stadt«, den Mauren zu entreißen.

Ich weiß, daß ich mir da äußerst billige Farbdrucke des Geschichtsablaufs vorführe. Warum auch nicht? Es ist ein unterhaltendes Spiel auf der langweiligen Fahrt.

Jetzt schläft die Heerstraße. Niemand benützt sie mehr außer den Leuten der nahegelegenen Dörfer mit ihren Karren und Eseln, höchstens noch ein Lastauto mit Feld- oder Gartenfrüchten. Die Straße führt nirgends mehr hin.

An dieser alten Heerstraße, zwischen Santa Cruz de Retamar und Torrijos, liegt Novés. Ich bin unterwegs nach Novés und frage mich, warum.

Natürlich wußte ich, warum. Ich hatte für meine Familie ein Haus in Novés gemietet, und dies war nun das erste Wochenende, das ich dort, in meinem Landhaus, zu verbringen gedachte. Was aber hatte mich veranlaßt, ein Haus zu mieten in einer Gegend, wo die Füchse einander Gute Nacht sagen?

Schon lange hatte ich mir ein Haus auf dem Lande in der Nähe von Madrid gewünscht. Vor zwei Jahren, 1933, hatten wir fast ein ganzes Jahr in Villalba, im Vorland der Sierra, zugebracht, aber die Touristenatmosphäre hatte mich verdrossen. Ich wünschte mir fürs Wochenende ein richtiges Dorf. Novés war ein richtiges Dorf.

Aber das war nicht der eigentliche Grund.

Ich hatte keine Lust, noch einmal die komplizierten Gründe zu entwirren, die ich mir so oft schon auseinandergesetzt hatte. Sie waren nicht angenehm, aber unentrinnbar. Nach einer notariellen Trennung von nahezu einem Jahr hatte ich vor einiger Zeit den gemeinsamen Haushalt mit meiner Frau wieder aufgenommen. Es geschah der Kinder wegen, aber die alte Kluft tat sich rasch wieder auf. Ein Haus auf dem Lande, nicht allzu weit entfernt von Madrid, das bedeutete in einem gewissen Ausmaß die Wiedergewinnung meiner Freiheit; der Zwang des Zusammenlebens würde aufgehoben. Es bedeutete auch eine angängige Entschuldigung – was die Leute angängig nennen – in den Augen der anderen und ersparte uns eine abermalige Trennung, die mich der Lächerlichkeit preisgegeben hätte. Außerdem würde es der Gesundheit der Kinder gut tun und auch der Aurelias, die seit der letzten Niederkunft dauernd kränkelte. Die allwöchentliche Erholung und Veränderung würden auch mir nicht schaden. Und schließlich konnte ich mir das leisten.

Lauter sehr gute, praktische Gründe also. Aber ich konnte mich nicht selbst betrügen, indem ich sie mir ständig wiederholte, obgleich sie sachlich alle durchaus zutrafen. Das Schlimmste einer Betrachtung seiner eigenen Problematik ist, daß man sie nach Gutdünken und Belieben abstoppen kann.

Das Land draußen war grau und öde, und ich war für die anderen Fahrgäste ein Fremder. So gab es kein Entrinnen in ein Gespräch.

Ich fragte mich, ob dieses Novés für mich nicht einfach eine weitere Niederlage war, eine Flucht vor mir selbst.

Da war Maria. Unser Verhältnis hatte sechs Jahre gedauert, was immerhin etwas zu bedeuten hatte. Das Schlimme jedoch war, daß sie in mich wirklich verliebt war, ich aber durchaus nicht in sie, und daß sie mich neuerdings ganz und gar mit Beschlag belegen wollte. Und dadurch kam's mir erst recht zum Bewußtsein, daß ich sie nicht lieb hatte. Das Haus in Novés sollte mir die Möglichkeit schaffen, mich den unvermeidlichen Samstagnachmittagen und Sonntagen mit Maria zu entziehen.

Es sollte mir erlauben, meiner Frau während der Woche und meiner Geliebten während des Wochenendes zu entrinnen. Ein höchst erquicklicher Zustand wahrhaftig!

Aber es ging nicht nur um meine Beziehungen zu den beiden Frauen. Nach Novés gehen: das bedeutete außerdem, daß ich aus der einen Form meiner Isolierung in eine andere schlüpfen konnte.

Ich glaubte immer noch, daß es irgendwo eine Frau gäbe, mit der ich über die physische Vereinigung hinaus ein ausgefülltes Leben gegenseitigen Gebens und Nehmens führen könnte. Ich war noch immer außerstande, meine Finger von einem Mechanismus zu lassen, der einer Reparatur bedurfte. Unentwegt versenkte ich mich Monat um Monat in schwierige technische Probleme, die sich im Laufe meiner Arbeit ergaben, in Wirklichkeit jedoch mit mir gar nichts zu tun hatten. Ich verachtete das fade Niveau alles dessen, was damals den spanischen Büchermarkt überschwemmte, und glaubte unverändert, daß ich mehr zu sagen hätte als viele andere. Ich war noch immer Sozialist.

Aber ich war gezwungen, das Leben weiterzuführen, in dessen Räder ich geraten war – das ich mir selber aufgebaut hatte.

Ja, nach Novés gehen war eine Flucht. Es bedeutete meine totale Niederlage.

Es hieß, daß ich mich selbst als desillusioniert, als völlig hoffnungslos empfand und einer Zuflucht bedurfte. Das war's.

Wir befanden uns noch immer in der Ebene, aber das Straßenband vor uns verlor sich in einem Horizont von Hügeln.

Antonio stieß mich in die Rippen: »Dort ist Novés – da drüben!«

Alles, was ich erkennen konnte, war das lange, schmale Band der Straße und als Krönung eine goldene Kugel mit einem Kreuz.

Der Autobus tauchte in einen Hohlweg, wand sich dann durch eine Dorfstraße und hielt schließlich am Marktplatz vor einer Kneipe. Die Schatten wurden bereits länger, aber die Sonne sengte noch immer. Aurelia und meine älteste Tochter erwarteten mich; die Familie war mit dem Lastauto vorausgefahren, das unsere Möbel nach Novés brachte.

»Nun, wie weit seid ihr schon mit dem Einrichten?«

»Noch gar nicht angefangen; wir haben auf dich gewartet. Die Kinder lassen mir zu nichts Zeit.«

»Papa, mächtig groß ist unser Haus, du wirst sehen!«

»Ich hab's schon gesehen, Schäfchen! Gefällt's dir?«

»Ja, aber ein bißchen Angst habe ich doch. Weil es leer ist, verstehst du, und so schrecklich groß.«

Die Männer hatten alle unsere Sachen längs der Mauern in der Einfahrt aufgestapelt. Es war ein großer Haufen von Bettzeug, Möbeln, Koffern und Kisten. Das Haus roch modrig. Die drei Kinder stolperten herum und liefen jedermann zwischen die Beine. Der Säugling schrie.

»Kinder oder nicht, du wirst mir helfen müssen.«

»Ja, aber eine Frau aus dem Dorf ist hier, die unser Mädchen für alles werden will. Du mußt mit ihr sprechen. Ich sagte ihr, sie sollte kommen, sobald sie den Autobus hupen hört.«

Und da war sie auch schon, von einem etwa siebzehnjährigen Mädchen und einem Mann in den Vierzigern begleitet. Die drei standen stocksteif im breiten Torweg und schauten mich an. Der Mann nahm die Mütze ab, und die Frau sprach für sie alle: »Guten Abend! Ich heiße Dominga, und da ist mein Mädel und da mein Mann. Den Herrschaften zu Diensten, wenn's beliebt!«

»Steht nicht im Torweg, kommt herein! Und nun, was wollt Ihr?«

»Die Dame wird's schon erklärt haben. Weil sie zu Don Ramón gesagt hat, das ist nämlich unser Krämer, Sie wollen eine tägliche Hilfe, bin ich gekommen, Herr. Wenn's Ihnen recht ist, hier sind wir.«

»Und was verlangen Sie als Lohn?«

Nach Bauernart vermied sie eine klare Antwort: »Na, das Mädel wird kommen und helfen, und da brauchen die Herrschaften keine Angst zu haben, wir zwei halten das Haus blitzblank und sauber.«

»Ja, aber ehrlich gesagt, ich möchte nicht zwei Leute beschäftigen.«

»Nein, Herr, das Mädel wird einfach kommen und mir helfen; das kostet Sie nichts. Natürlich, wenn Sie wollen, sie soll hier essen, das könnte sie wohl, denn, wie ich immer sage, wo drei essen, bleibt auch ein vierter nicht hungrig. Aber sonst bin für alles nur ich da. Ich war im Dienst in Madrid, vor meiner Heirat, und ich weiß, was feine Leute wünschen. Und wir sind ehrlich, da können Sie jeden im Dorf fragen ...«

»Was für einen Lohn möchten Sie also?«

»Wir können gleich beginnen, darum ist ja der Mariano mitgekommen, eben um mit Hand anzulegen, weil er nämlich arbeitslos ist.«

»Ja, aber sagen Sie doch endlich, welchen Lohn Sie haben wollen?«

»Ja, wenn's dem Herrn recht ist, fünfundzwanzig Pesetas* monatlich und mein Essen. Wegen der Betten brauchen Sie sich keine Sorgen zu machen; wir schlafen zu Hause hier um die Ecke, und wenn Sie wollen, daß ich über Nacht bleibe, brauchen Sie's bloß zu sagen, Herr.«

Damit schien die Sache erledigt. Mariano, der schweigsame Gatte, half mir beim Aufstellen der Betten und beim Hin- und Herrücken der Möbel. Indessen kümmerten sich die Frauen um die Kinder, das Abendessen und die Kleider. Das Haus war ein weiträumiger, ebenerdiger alter Bauernhof mit nicht weniger als siebzehn Räumen. Einige von ihnen waren riesengroß. In dem als Eßzimmer gedachten saalartigen Raum wirkte der Tisch in der Mitte als winzige Insel, und die Anrichte bildete ein vereinsamtes kleines Zierstück an der Wand, wo immer wir sie auch hinrückten.

Die Nacht brach herein. Wir zündeten drei Kerzen an und steckten sie in die Hälse leerer Weinflaschen. Sie warfen drei Lichtkreise auf den Tisch, und ringsum herrschte Halbdunkel, in dem schwarze Schatten ihre Reigen tanzten.

»Am besten wär's, ein Feuer anzuzünden, auch wenn wir im August sind«, sagte Dominga, und wir befolgten ihren Rat. Es gab da einen ungeheuren Kamin mit glockenförmigem Rauchabzug, so groß wie eines der kleineren Zimmer in unserer Madrider Wohnung. Mariano häufte trockenen Ginster auf die Herdsteine, und die Flammen sprangen mannshoch, tränkten den Raum mit düsterem Rot und ließen das winzige Geflacker der Kerzen verblassen.

Nach Verteilung aller unserer Möbel war das Haus noch immer leer, und unsere Schritte klangen hohl. Diese Zimmer hätten schwere Eichtruhen gebraucht, Kommoden mit vielen Laden und Baldachinbetten mit vier übereinandergeschichteten Matratzen, wie sie unsere Großeltern noch besaßen. Wir gingen bald zu Bett, in müdem Schweigen, aber meine zwei Wolfshunde heulten draußen im Hof noch viele Stunden lang.

Ich stand am nächsten Morgen zeitig auf. Vor dem Tor fand ich Dominga, ihre Tochter und ihren Mann. Sie warteten. Die Frauen liefen sofort ins Haus, der Mann aber blieb stehen und drehte seine Mütze in den Händen.

»Ich glaube nicht, daß es für Sie noch etwas zu tun gibt, Mariano«, sagte ich ihm. Ich dachte, er wäre auf ein Trinkgeld aus, wie er es am Abend zuvor erhalten hatte.

»Ja, wissen Sie, es ist nämlich so, Herr! Ich habe keine Arbeit, also sagte ich mir: Gehst hin! Und jetzt brauchen Sie mir nur sagen, was ich tun soll.« Er warf einen Blick auf mich und fügte schnell hinzu: »Selbstverständlich verlange ich nichts dafür. Wenn Sie mir aber eines Tages was geben wollen, na, dann geben Sie mir einfach, was Sie wollen, und wenn nicht, na, ist mir auch recht. Schließlich kann ich ja immer den Frauen beim Holzsägen und Wasserholen helfen.«

Hinter dem Haus war ein mit Katzenköpfen gepflasterter Hof, in dem für ein halbes Dutzend Karren und ihre Maultierbespannung Platz war. Die Futterkrippen liefen entlang der Mauern. Dorthin führte ich Mariano.

»Wollen sehen, ob wir hier was machen können. Schaffen Sie die Katzenköpfe weg und versuchen wir dann, einen Garten mit ein paar Blumen anzulegen!« So war ich zu einer ganzen Familie von Dienstleuten gekommen.

Zu Mittag zog ich los, mein Dorf anschauen.

Novés liegt auf der Sohle einer in die Hochfläche eingekerbten Schlucht, die von Norden nach Süden verläuft, und ist wie das Rückgrat eines Fisches gebaut. In der Mitte der

---

* Im Jahre 1935 waren 25 Pesetas etwa acht Mark. Dieses Verhältnis gilt für alle in Pesetas in diesem Buch angeführten Beträge, soweit sie sich auf die Zeit vor dem Ausbruch des Bürgerkriegs beziehen.

sehr breiten Dorfstraße fließt ein Bach, dessen Wasser vom Abfall des ganzen Dorfes geschwärzt ist. Zu beiden Seiten führen kurze Gäßchen wie Rippen steile, rauhe Hänge hinauf. Regnet es, dann wird die Schluchtsohle zum Bett eines reißenden Wildbaches, der den aufgehäuften Unrat davonträgt. Die Leute müssen dann die Brücken benützen, die sich, in Abständen, über die ganze Breite der Straße spannen. Eine ist als hoher Bogen aus gut verpaßten Steinen gefügt; sie ist von den Römern erbaut worden. Eine andere – die Straße führt darüber hin – ist aus Beton. Die meisten Häuser sind aus an der Sonne getrockneten Ziegeln gebaut und dick mit Kalk übertüncht. Sie sind einander völlig gleich und werfen alle unerbittlich den Sonnglast zurück. Es gibt einen Platz mit ein paar kleinen Bäumen, die Kirche, die Apotheke, das Kasino und das Rathaus. Und das ist bereits ganz Novés: nicht mehr als zweihundert Häuser.

Da ich nichts anderes zu tun hatte, folgte ich dem schmutzigen Bach talwärts. Hinter den letzten kleinen Häusern weitete sich die Schlucht zu einem vor den Winden der Ebene geschützten und sogar im August sanft grünen Tal. Zu beiden Seiten des Baches gab es da Gemüsegärten mit Obstbäumen, Blumen- und Nutzbeeten. Jeder Garten hatte seinen eigenen Radbrunnen, und die ganze Zeit über war die Luft von sanftem Wassergemurmel und dem Klirren der eisernen Räder und Ketten erfüllt. Anderthalb Kilometer weiter hörte das Tal auf, und das Wasser floß wieder durch eine unfruchtbare, in die trockene, staubige Ebene eingesenkte Schlucht. Das war der ganze Reichtum von Novés. Als ich zurückging, fiel mir auf, daß die Radbrunnen verstummt waren, und ich erinnerte mich daran, daß Sonntag war. Mit der Zeit entdeckte ich noch andere Dinge. Viele der Nutzgärten lagen verlassen oder vernachlässigt da. Es gab ein paar kleine Melonenbeete, die gepflegt aussahen, die großen Nutzgärten aber schien seit Monaten niemand mehr zu bearbeiten. Die Erde war zu harten Klumpen zusammengebacken. Ich blickte in einen Brunnenschacht am Weg. Die Eisenkette mit den Eimern war verrostet, und auf dem Wasser tief unten im weiten Schacht schwamm grüner Pflanzenschleim. Der Brunnen war sehr lange nicht in Gang gesetzt worden. Wieder zu Hause, fragte ich Mariano darnach. Er gab mir eine unverblümte Antwort: »Es ist eine Gottessünde und eine Schmach! Die Männer sind ohne Arbeit und das Land liegt brach. Sie werden's nicht glauben, aber hier wird etwas passieren, etwas sehr Schlimmes sogar. Das läuft nun schon seit drei Jahren so, seit wir die Republik haben.«

»Was soll das heißen? Ich weiß, daß es große Besitzungen gibt, deren Herren jetzt keine Arbeiter einstellen wollen; aber hier im Dorf, denke ich, gibt's doch keine Großgrundbesitzer.«

»Wir haben bloß vier reiche Leute im Dorf, und es würde alles gar nicht so schlecht gehen, wenn nicht der Heliodoro wäre. Die anderen sind keine so schlechten Kerle. Aber der Heliodoro hat sie alle in der Hand, und so gibt es die ganze Zeit über Krieg.«

Seine Schweigsamkeit war verschwunden. Die grauen Augen in seinem ernsten Gesicht wurden immer lebendiger.

»Ich will Ihnen sagen, was hier gespielt wird. Bevor wir die Republik bekamen, hatten sich unsere jungen Leute, es sind alles in allem weniger als ein Dutzend, den Sozialisten oder den Anarchisten angeschlossen. Ich weiß nicht, wo sie den Schneid dazu hernahmen, denn die Zivilgarde war die ganze Zeit hinter ihnen her und hat sie mehr als einmal verdroschen. Als dann die Republik kam, mußte sich der Korporal der Zivilgarde für eine Weile verkriechen, und viele von uns schlossen sich den Parteien an. Fast das ganze Dorf hält's jetzt mit den Sozialisten oder den Anarchisten. Nun, der Heliodoro ist schon immer der Herr und Meister hier im Dorf gewesen, weil er nämlich der Wahlmacher für den Abgeordneten von Torrijos ist. Das ist er heute, wie er's früher war. Vor der Republik war er einmal Liberaler, einmal Konservativer, je nachdem, aber nie auf der falschen Seite. Und als die Republik kam, na, da stellte er sich einfach hinter Lerroux, und jetzt, da seit der Geschichte in Asturien die Rechte obenauf gekommen ist, gehört er zu den Leuten um Gil Robles. Und als unsere Burschen angemessene Löhne verlangten, rief der Heliodoro die vier Reichen im Dorfe zusammen und sagte ihnen: ,Diesen Kerlen müssen wir's zeigen!' Sie warfen einen nach dem andern auf die Straße und beschäftigten nur noch jene, die sich mit den alten Sätzen zufrieden gaben. Denn solche gibt es natürlich auch. Und dann, Sie wissen doch, wie's in einem Dorf zugeht: die meisten von uns haben ein kleines Stück Land, und immer ist etwas mit der Frau los, oder es gibt Wildwasser in der Schlucht nach dem Regen, und der Garten verschlammt, und so sind viele von uns dem Heliodoro Geld schuldig. Und weil er der Mann ist, der im Dorfe das Wort führt, hat er sich hinter den Gemeindesekretär und den Bürgermeister gesteckt und seine Forderungen gegen sie alle eingebracht, so daß er nun ihr Land behalten kann. Das war vor zwei Jahren schon schlimm genug, als die Leute hingingen und die großen Gärten verwüsteten. Aber jetzt ist's schlimmer, denn jetzt ist's die andere Seite, die an der Macht ist.«

»Und die Jungen, was ist mit denen?«

»Was, meinen Sie wohl, könnten die schon tun? Maul halten und den Riemen enger ziehen. Als es in Asturien* zum Klappen kam, wurden zwei oder drei von ihnen weggebracht, und jetzt wagt keiner mehr, den Mund aufzutun. Aber eines schönen Tages wird was geschehen. Der Heliodoro wird nicht in seinem Bett sterben.«

»Also habt ihr eine Gewerkschaft hier, besser gesagt, zwei, wenn es bei euch Anarchisten und Sozialisten gibt?«

»Nichts haben wir! Die Leute treffen sich beim Elíseo. Der hat eine Kneipe, aus der er ein Arbeiterkasino gemacht hat, und dort reden sie. Elíseo war in Argentinien und ist dort Anarchist geworden.«

»Ihr habt vermutlich einen Vorsitzenden bei Diskussionen oder sonst so etwas?«

»Überhaupt nichts haben wir. Die Leute tun nichts weiter als sich treffen und reden. Aber keiner will Geschichten mit dem Korporal haben.«

»Ich muß mir euer Kasino einmal anschaun.«

»Das können Sie nicht, Herr, wie's nur für die armen Leute da ist. Für die besseren Herrschaften gibt's ein Kasino am Marktplatz.«

»Auch dorthin werde ich gehen.«

»Ja, dann wird man Sie aus dem einen oder dem andern hinauswerfen, darauf können Sie sich verlassen.«

»Und wo sind Sie selbst Mitglied, Mariano?«

»Seien Sie nicht böse, aber das ist so: als die Republik kam, da ging's mir wie allen andern. Wir waren alle dafür, und ich wurde Mitglied des Allgemeinen Gewerkschaftsbundes. Aber wie das schon so kam, es hat uns nicht viel geholfen, wenn ich die Wahrheit sagen soll.«

»Ich bin auch Mitglied des Allgemeinen Gewerkschaftsbundes.«

»Was der Teufel!« Mariano starrte mich todernst an. »Das ist ja eine schöne Geschichte! Na, Sie haben sich da im Dorf schön in die Nesseln gesetzt!«

»Das werden wir sehen. Ich glaube nicht, daß der Korporal mich verdreschen wird.«

»Man kann nie wissen.«

Am Nachmittag gingen Mariano und ich ins Armeleutekasino, wie er es nannte. Das Lokal war ein ehemaliger Stall,

---

* Die Ereignisse in Asturien, auf die in diesem und den folgenden Kapiteln Bezug genommen wird, fanden im Oktober 1934 statt. Damals riefen die Arbeiterverbände einen Generalstreik aus, dem revolutionäre Aufstände in Asturien, Barcelona und Madrid folgten, die die Machtergreifung durch den Führer des rechten Flügels, Gil Robles, und seine Partei, die Confederación Española de Derechas Autónomas mit ihrem ausgesprochen faschistischen Programm, verhindern wollten. Der bewaffnete Aufstand der asturischen Bergleute, stärker als die anderen, die mißlangen, wurde von General Ochoas Legionären und marokkanischen Truppen unterdrückt, die damals zum ersten Mal auf dem Boden der Halbinsel und gegen Spanier eingesetzt wurden. Die darauf während der »zwei schwarzen Jahre" (Bienio Negro) durchgeführten gewaltsamen Unterdrückungsmaßnahmen erregten eine derartige Entrüstung im ganzen Land, daß Gil Robles niemals mit der Regierungsbildung betraut wurde. Anm. d. Verfassers.

ein mächtiger Raum mit Kreuzbalken, einem Billardtisch in der Mitte, einem kleinen Schanktisch im Hintergrund und zwei Dutzend zerkratzter Tische entlang der nackten Wände. In einem Winkel stand ein in einen billigen spitzbogigen Kasten eingebauter alter Radioapparat. Der Billardtisch stand auf acht Elefantenbeinen, und auf der Platte hätten bequem acht Menschen übernachten können. Das Tuch war besät von Rissen, die mit dünnem Bindfaden zusammengenäht waren. Offenbar diente der Tisch vielen Bestimmungen, gelegentlich sogar für eine Billardpartie; und eine solche war eben im Gange, wobei der Zufall und der Bindfaden die Bälle lenkten.

Mariano führte mich an den Schanktisch. »Gib uns was zu trinken, Elíseo!«

Der Mann hinter der Theke füllte stumm zwei Gläser. Etwa vierzig Menschen befanden sich im Raum. Plötzlich wurde mir bewußt, daß sie alle schwiegen und uns beobachteten. Elíseo starrte mir direkt in die Augen. Der erste Blick auf sein Gesicht ließ mich schaudern. Ein Geschwür hatte eines seiner Nasenlöcher weggenagt, und zwischen den grünlichfahlen Wundrändern stachen ein paar Härchen hervor. So mußten die biblischen, die mittelalterlichen Aussätzigen ausgesehen haben. Seltsamerweise war der Mann von seinem Gebrest so völlig unangefochten, daß es weder Mitleid noch physischen Widerwillen hervorrief. Elíseo war etwa Mitte vierzig, kurzbeinig und vierschrötig, dunkel, sonnengebräunt; er hatte lebendige, kluge Augen und einen sinnlichen Mund. Die Art, wie er mich anstarrte, während er einen Schluck Wein trank, lief auf eine Provokation hinaus. Als ich mein Glas hinstellte, sagte er : »Und Sie, was suchen Sie hier? Das ist ein Arbeiterkasino, und wären Sie nicht mit Mariano gekommen, hätte ich Sie überhaupt nicht bedient.«

Mariano griff ein: »Don Arturo ist ein Genosse, er gehört auch zum Gewerkschaftsbund.«

»Ist das wahr?«

Ich reichte Elíseo mein Gewerkschaftsbuch. Er studierte jede Seite und rief dann laut aus: »Hört mal, Don Arturo ist ein Genosse!« Er wandte sich zu mir: »Als wir erfuhren, daß Sie herkommen, haben wir alle gesagt: ,Noch so ein Hurensohn, als ob wir an unseren eigenen nicht genug hätten!'«

Er verließ seinen Winkel hinter der Theke, um sich zu mir zu stellen; und umringt von den sich vordrängenden Männern, mußte ich berichten, was in Madrid vorging: wie sich die Rechte organisierte und wie die Linke nach den »Schwarzen Jahren« der Unterdrückung zu neuem Leben erwachte. Der Wein war billig; ich hielt die Leute frei, und sie begannen zu reden. Sie waren voll großer Hoffnungen und großer Pläne. Die Linke würde wieder zur Regierung kommen, und diesmal würde alles anders werden. Die Reichen würden zu wählen haben: entweder sie zahlten anständige Löhne, oder sie gaben ihr Land auf, so daß andere es bearbeiten konnten. Novés würde einen großen Gemeindenutzgarten haben mit einem eigenen Lastauto, das jeden Morgen Gemüse und Obst nach Madrid fahren würde. Und sie würden auch die Schule fertigbauen.

»Die Schufte!« sagte Elíseo. »Haben Sie sich unsere Schule angesehen? Die Republik hat das Geld dafür hergegeben, und man hat uns von Madrid einen schönen Plan hergeschickt – für ein Haus mit großen Fenstern und einem Garten. Aber der Heliodoro und seine Bande überzeugten die Madrider Herren, daß die Schule draußen in der Ebene, hoch über unserem Tal gebaut werden müsse. Und dort haben sie dann mit dem Bau begonnen. Der Heliodoro kriegte einen mächtigen Haufen Geld für den Baugrund, der natürlich zu seinem Land gehört hatte, und dort oben im Staub können Sie die vier halbfertigen Mauern sehen.«

»Das nächste Mal werden wir sie selber bauen, drunten in den Obstgärten. Die sind so prächtig, ein richtiger Gottessegen«, sagte ein anderer.

»Sie können sich nicht vorstellen, Don Arturo«, begann Elíseo von neuem, »wie ich mich freue, daß Sie zu uns gehören. Jetzt können wir's den Herrschaften zeigen, daß wir nicht bloß ein paar Dorftölpel sind. Aber Sie werden achtgeben müssen. Die werden versuchen, Ihnen an den Kragen zu kommen.«

Am selben Abend noch ging ich ins »Reicheleutekasino«.
Im üblichen großen Salon standen Tische mit Marmorplatten, an denen Männer schwarzen Kaffee mit Kognak tranken.
Auch der Billardtisch war da und die tabakschwangere Atmosphäre; dahinter gab es einen kleineren Raum, in dem sich
Kartenspieler drängten. Ein dicklicher kleiner Mann, weibisch
in Stimme, Haut und Gebärden, kam geradewegs auf mich zu:
»Guten Abend, Don Arturo! Schön, daß Sie gekommen sind,
bei uns einzutreten. Das wollen Sie doch? Heliodoro kennen
Sie ja wohl schon?« Ich kannte in der Tat den Mann mit den
dünnen Lippen, an dessen Tisch ich sanft herangeschoben
wurde. Er war mein Hausherr. Der Weibische stammelte weiter: »Entschuldigen Sie mich für einen kleinen Augenblick!
Wissen Sie, ich muß schauen, daß der Kaffee fertig wird! Wird
nicht lange dauern.« Alles war auf mich vorbereitet. Heliodoro
präsentierte mich den zwei schwarzgekleideten Männern an
seinem Tisch – »Unsere zwei Ärzte, Don Julián und Don An-
selmo« – und stellte die auf der Hand liegenden Fragen: ob ich
mich schon eingerichtet hätte, ob die Übersiedlung schwierig
gewesen sei und so fort. Ich bin nie ein guter Partner für leichte Konversation gewesen, mich langweilte das Gespräch. Der
weibische kleine Mann brachte Kaffee und stellte die gleichen
Fragen alle noch einmal, bis ihn einer der Ärzte unterbrach:
»José, trag Don Arturo ins Verzeichnis ein!«

José holte ein dickes, in Leder gebundenes Notizbuch hervor und blätterte darin, so daß ich einen Blick auf die einzelnen Seiten werfen konnte, die mit Zahlenreihen gefüllt waren
und an der Spitze einen Namen trugen.

»Na, wollen wir mal sehen! Wie viele sind Sie in der
Familie?«

»Das sollte doch nicht etwa heißen, daß ich meine Kinder
als Kasinomitglieder eintragen lassen muß?«

»Oh, das hat mit dem Kasino nichts zu tun. Es handelt
sich um unseren lokalen Arzt-Hilfsdienst. Ich trage Sie ins
Mitgliederverzeichnis ein, und damit erwerben Sie das Recht
auf ärztlichen Beistand, wann immer sie ihn brauchen.«

»Ich habe meinen Arzt in Madrid.«

»Schön«, grunzte Don Julián, »wenn Sie nicht wollen, werden wir Sie nicht eintragen. Aber ich mache Sie darauf aufmerksam: wenn's einen dringenden Fall in Ihrer Familie gibt und Sie nicht eingeschrieben sind, wird Ihnen mein Kollege für die Behandlung eine hübsche kleine Rechnung schicken. Wenn Sie sich einen Splitter in den Daumen einziehn und er ihn herausholt, wird er's als chirurgischen Eingriff zu zweihundert Pesetas buchen.«

»Und wenn ich mich an Sie wende?«

»Auf jeden Fall schreibt er die Rechnungen aus. Es kommt auf das gleiche heraus.«

»Na, gut, tragt mich ein! Meine Frau, vier Kinder und mich. In summa sechs.«

»In welche Kategorie, bitte, Don Julián?«

»Stell keine Fragen, wo die Antwort auf der Hand liegt, José! In unsere Kategorie natürlich.«

»Fünf Pesetas monatlich, Don Arturo! Und wie steht's mit dem Dienstmädchen?«

»Ja, schon, sie steht im Verzeichnis, aber sie zahlt nicht, also ist sie gestrichen worden. Und wenn sie einen Arbeitsunfall erleidet, werden Sie berappen müssen.«

Don Julián kicherte: »Sagen wir, sie verbrennt sich die Hand an der Bratpfanne. Für einen chirurgischen Eingriff und Nachbehandlung: zweihundert Pesetas.«

»Dann tragen Sie auch das Dienstmädchen ein!«

»Zwei Pesetas. Wollen Sie's gleich bezahlen? Ich bin der Kassier. Die Quittung wird im Nu fertig sein.«

José steckte die sieben Pesetas ein, trippelte davon und tauchte mit einem Paket Karten wieder auf.

»Einhundert Pesetas ist die Bank – für diese Partie.«

Er ging direkt ins Hinterzimmer und setzte sich auf einen hohen Stuhl hinter dem größten Tisch.

»Einhundert Pesetas, Leute, wenn niemand mehr setzt.«

Bakkarat. Die Gäste strömten zu seinem Tisch, wo die augenscheinlich Bedeutendsten von ihnen die Stühle besetzten.

José mischte noch immer die Karten, als ein hagerer Mann in Trauer laut »Banko!« rief und eine Hundertpesetasnote auf den Tisch legte. Das war wohl die lokale Spielratte, denn die Leute murmelten hinter seinem Rücken und nickten vielsagend, als José austeilte und die Einsätze einstrich. »Ein schlechter Anfang, Valentín.«

»Wie immer, Onkel Juan. Nur nichts Neues!«

Der Alte sagte nichts mehr, schüttelte nur leicht den Kopf, und der Valentín Genannte fuhr fort, gegen die Bank zu setzen – jeweils fünfundzwanzig Pesetas – und zu verlieren. Die anderen setzten selten mehr als zwei Pesetas; ich sah, daß sie sich für das Duell zwischen der Bank und Valentín mehr interessierten als für ihr eigenes Spiel. »Jeden Abend dasselbe«, sage einer neben mir. Die Leute begannen nun offen gegen Valentín zu setzen, der nach einer Stunde verkündete, daß er sein Bargeld aufgebraucht habe. José wollte weiterspielen, und der Spieler protestierte: »Das gehört sich nicht.«

»Aber mein lieber Valentín, es ist ja nicht meine Schuld, daß du kein Bargeld mehr hast!«

»Heliodoro, gib mir hundert Pesetas!«

Sie waren schnell verloren.

»Heliodoro, ich verkaufe dir meinen Maulesel.«

»Fünfhundert Pesetas gebe ich dir für ihn.«

»Her damit!«

Heliodoro schob ihm eben über den Tisch fünf Banknoten zu, als der Alte, der schon vorher zu Valentín gesprochen hatte, dessen Hand festhielt: »Verkauf deinen Maulesel nicht, Valentín!«

»Ich kann tun, was mir beliebt.«

» Gut denn, ich gebe dir tausend für ihn.«

»Wann? Jetzt? Sofort?«

»Morgen früh.«

»Morgen brauche ich's nicht.«

Valentín nahm die fünf Banknoten, während Heliodoro ein paar Zeilen auf ein Stück Papier kritzelte: »Hier, unterschreib die Quittung, Valentín!«

Dann wandte sich das Glück. Valentín häufte Banknoten vor sich auf, und José mußte die Bank wieder und wieder mit Bargeld versorgen. Plötzlich öffnete jemand von der Straße her die Tür und rief: »Guten Abend!«

José streifte Karten und Geld ein, die anderen rissen das ihre an sich, und einen Augenblick später saßen alle an den Marmortischen und unterhielten sich lärmend. Pferdehufe klapperten auf den Steinen und hielten vor dem Kasino. Zwei Zivilgardisten traten ein, ein Korporal mit einem Konstabler hinterher.

»Guten Abend, meine Herren!«

José krümmte sich, verbeugte sich, scharrte mit den Füßen. Die Zivilgardisten nahmen gnädig einen Kaffee an. Während er seine Schale trank, hob der Korporal plötzlich den Kopf und starrte mir ins Gesicht: »Sie sind der Fremde, wie? Wurde mir schon gemeldet, daß Sie heute nachmittag zum Elíseo gingen.«

Seine Stimme wurde onkelhaft: »Ich will Ihnen ein guten Rat geben – niemand hier wird Sie behelligen – Sie können tun und lassen, was Sie wollen. Aber keine Versammlungen, verstehen Sie? Ich kann hier keine Salonkommunisten brauchen. Ich bin für die Ruhe und Ordnung hier verantwortlich.«

Er wischte sich bedächtig den Schnurrbart mit einem Taschentuch ab, erhob sich und verließ, den schweigsamen Gefolgsmann hinter sich, das Lokal. Ich war wie vom Donner gerührt. José schob sich an mich heran: »Mit dem Korporal seien Sie lieber vorsichtig, Don Arturo, er ist sehr scharf!«

»Solange ich mir nichts zuschulden kommen lasse, gehe ich ihn nichts an.«

»Ich habe ja nichts zu sagen, aber es schickt sich für Sie nicht, bei Elíseo zu verkehren. Niemand geht dorthin, außer dem Dorfgesindel; das ist die heilige Wahrheit. Aber natürlich, Sie kennen sich ja hier noch nicht aus.«

Heliodoro sagte nichts, er hörte nur zu.

Der Mann Valentín setzte sich zu uns, mit strahlendem Gesicht und einer Hand voll Banknoten.

»Du hast aber heute gut abgeräumt«, sagte Heliodoro.

»Genug, um den gestrigen Abend wettzumachen, und wenn die verdammten Gardisten nicht aufgetaucht wären – der Teufel soll sie holen! –, dann hätte ich unserm kleinen José die Hosen ausgezogen.« Er klopfte José auf die fette Schulter.

»Warte bloß bis morgen!« sagte José.

»Hier sind auch deine sechshundert Pesetas, Heliodoro, und vielen Dank!«

»Was soll das sein?«

»Deine sechshundert Pesetas!«

»Du schuldest mir nichts … ja, doch, die hundert Pesetas, die ich dir zuerst gab. Die fünfhundert waren doch für den Maulesel.«

»Aber glaubst du denn, ich gäbe dir meinen Maulesel für fünfhundert Pesetas? Er ist wenigstens zweitausend wert!«

»Du gäbest ihn nicht? Du hast ihn gegeben. Hast du mir deinen Maulesel verkauft oder nicht? Ja oder nein? Hier sind Zeugen, und seine Quittung habe ich in der Tasche. Also gibt's darüber kein Wort mehr zu verlieren.«

Valentín beugte sich vor: »Du Hurenbankert …«

Heliodoro legte die Hand auf die Revolvertasche und lächelte kühl. Er war ein ruhiger unauffälliger Mensch mit dünnen, straffen Lippen. »Schau, schau, nur keine Aufregung! Wenn du nicht verlieren willst, dann spiel nicht! Gute Nacht, meine Herren!«

Er ging würdevoll davon, ohne sich umzublicken, aber ein Mann, den ich vorher nicht bemerkt hatte, trat vor und beobachtete jede Bewegung Valentíns. Der alte Onkel Juan versuchte den Spieler wegzuführen.

»Du sei jetzt ganz ruhig und mach keine Dummheiten! Du hast deinen Maulesel verkauft, und das kannst du nicht ändern. Wenn's dir bloß eine Lehre wäre!«

»Aber dieser Hurenbankert …« Valentíns Augen füllten sich mit Tränen ohnmächtiger Wut. »Und dazu hat er seinen Revolverhelden, damit er den Abgang deckt …«

José machte mit einem Tablett voll von Schnapsgläsern die Runde.

»Nur Ruhe, meine Herren, nur die Ruhe kann es bringen! Schließlich habe ich ja mehr verloren als jeder andere.«

Aber das Spiel kam nicht wieder in Gang. Kurze Zeit darauf gingen wir alle in die mondhelle Nacht hinaus. Der alte Juan schloß sich mir an.

»Wir haben den gleichen Weg. Was halten Sie denn von unserem Dorf?«

»Ich weiß nicht, was ich sagen soll. Vorläufig genug zum Nachdenken für einen Tag!«

»Wir alle haben über Ihren Besuch bei Elíseo im Kasino gesprochen. Ich glaube, der Korporal kam bloß, um einen Blick auf Sie zu werfen.«

»Aber an diesem Ort gibt's doch gar keinen Zivilgardeposten, dachte ich.«

»Nein, die sind ja auch von Santa Cruz herübergekommen. Neuigkeiten verbreiten sich rasch. Ich muß sagen, ich für meine Person finde an dem, was Sie getan haben, nichts Schlimmes, und das habe ich den anderen auch gesagt. Aber wenn Sie nicht eine feste Position beziehen, werden Sie das Leben in unserem Dorf reichlich schwierig finden. «

»Ich hab nicht die Absicht, in die lokalen Streitereien hier verwickelt zu werden. Schließlich komme ich ja bloß für zwei Tage in der Woche her, und ich brauche Erholung. Aber wenn ich ein Glas Wein trinken will, wo's mir gerade Spaß macht, lasse ich mich von niemand daran hindern.«

Während ich der ruhigen Stimme des alten Mannes zuhörte, der mir eine Geschichte erzählte, die ich hundertmal gehört zu haben schien, um sie jedesmal noch tiefer zu verabscheuen, war ich mir bewußt, daß ich den eigentlichen Problemen auswich, und ich fühlte es in den Knochen, daß ich außerstande sein würde, noch lange auszuweichen. Heliodoro – so sagte Onkel Juan – war der Herr und Meister des Dorfs. Seine Stellung als politischer Boß hatte er vom Vater und Großvater geerbt, die die Wucherer und »Kaziken« des

Ortes gewesen waren. Der halbe Grund und Boden und die Häuser gehörten ihm, und auch die wenigen Menschen, die noch ihr eigenes Feld bearbeiteten, hingen von ihm ab.

»Alle Leute müssen ihre Produkte zu ihm bringen, müssen nehmen, was er zu zahlen für gut findet, und nach seiner Pfeife tanzen, wenn sie überhaupt etwas verkaufen wollen. Darum läßt er sein Land brach liegen, während das Dorf hungert, und verdient mehr als je zuvor an den wenigen, die noch arbeiten. Der Kerl, er ihm aus dem Kasino folgte, war zu Lebzeiten von Heliodoros Vater ein Wahlagent, das heißt, zu Wahlzeiten ging er mit dem großen Knüppel herum. Einmal versetzte er sogar jemand einen Messerstich, aber nach sechs Monaten im Kotter war er wieder zu Hause und frecher als vorher. Jetzt geht er als Leibwache hinter dem Heliodoro einher, denn, glauben Sie mir, Heliodoro wird eines schönen Tages eine Kugel in den Rücken abbekommen … So, da wären Sie ja zu Hause. Gute Nacht, und besuchen Sie mich einmal in meiner Mühle! Die geht noch immer. Der Spaziergang wird Ihnen gefallen, und ich habe auch einen guten Wein.«

Ich hielt die Klinke in der Hand und horchte ihm nach. Die Schritte des alten Juan hatten den schönen, gleichmäßigen Rhythmus eines starken und gesunden Mannes. Während ich noch hörte, wie sie langsam in der Ferne verklangen, drangen die anderen Geräusche der Nacht eindringlicher an mein Ohr.

In den Pfützen des schmutzigen Baches quakten die Frösche; von der Schluchtsohle kam das feine, endlose Zirpen der Grillen. Es gab Geplätscher und das Aufklatschen von leisen Pfoten, ein dünnes Schwirren von Nachtfaltern und Käfern; und hie und da knarrte plötzlich ein alter Tragbalken. Ein silberweißer Mond zerschnitt die Straße in zwei Bänder, das eine dort, wo ich stand, war tiefschwarz, das andere herausfordernd weiß; es glomm auf den glatten Kalkmauern und glitzerte auf den scharfen Kieselsteinen. Ruhig schlief das Dorf in diesem Licht, und ich meinte, seinen Herzschlag hinter den weißen Mauern zu hören, eine heimliche Kraft.

Auch mein Haus schlief. Die Flammen im Kamin warfen weite, tanzende Schatten auf die Wände, und die zwei schlafenden Hunde schienen wie schwarze Flecken mit rötlichen Rändern. Ich setzte mich zwischen meinen beiden Hunden auf den Estrich und ließ mich einfangen vom Anblick der züngelnden Flammen.

Eine große Leere war im Hause und in mir.

2.
UNRAST

Die Calle de Alcalá, die wichtigste Straße von Madrid, beginnt an der Nordwestecke der Puerta del Sol, im Mittelpunkt und Herzen der Stadt. Der Eingang zu ihr ist eng wie ein Gäßchen. In den Hauptverkehrsstunden werden die beiden Passantenströme auf kaum meterbreiten Gehsteigstreifen zusammengedrängt. Die Straßenmitte ist eine einzige flutende Masse von Wagen, die nur unterbrochen wird, wenn eine Straßenbahn sie entzweischneidet; begegnen einander zwei Straßenbahnen, die aus entgegengesetzten Richtungen kommen, dann ist die ganze Straße blockiert. Man kann nicht entwischen und muß sich mit der langsam vorrückenden Menschenmenge treiben lassen. Man ertrinkt fast im Dunst des vergasten Benzins der Autos, des heißen Metalls der Straßenbahnen und der unzähligen Menschen rundherum. Man streift an einen Lastträger und an eine Halbweltdame und hat den Geruch beizenden Schweißes und billigen Heliotrops in der Nase.

Jedesmal, wenn man an einer offenen Kaffeehaustür vorbeikommt, schlägt einem eine dicke Welle von Tabakrauch und menschlicher Ausdünstung ins Gesicht, und ein Stück weiter windet man sich durch Rauchschwaden, die aus einer Bratpfanne aufsteigen, in der ein Kneipenwirt bei offener Türe seine Sardinen brät. Es hat keinen Sinn, die Fahrbahn zu überqueren, denn auf dem anderen Gehsteig gibt es wieder nur überfüllte Kaffeehäuser und einen anderen Kneipenwirt mit einer anderen Bratpfanne.

Aber die zwei Bratpfannen bedeuten das Ende der Mühsal und Plage. Ist man einmal so weit gekommen, dann werden Straße und Gehsteige breiter, man atmet etwas freier, und die Ohren können sich erholen. Denn solange man im engen Durchlaß ist, dröhnen sie bis an den Rand des Taubwerdens von Straßenbahnglocken und Autohupen, rufen der Straßenhändler, Pfiffen der Verkehrspolizisten, mit überlauter Stimme geführten Gesprächen, Getrappel der Menge, Rattern der Straßenbahnen und Gekreisch der Wagenbremsen.

Später wird die Straße aristokratisch. Der sanft abfallende Gehsteig bietet Raum für zwölf Personen nebeneinander, die Straßenbahnen scheinen in der Mitte der Fahrbahn verloren, und zu beiden Seiten können gleichzeitig drei Autos bequem vorbeikommen. Die Gebäude sind breit und massiv, zur Linken aus Stein – die Paläste des alten Zollhauses und der Akademie von San Fernando – und zur Rechten aus Stahl und Beton. Eine Straße der Banken ist es nun, der Bürohäuser und Luxusgeschäfte, durchsetzt mit eleganten Klubs, Bars und Kabaretts, die nachts ihre Lichter blitzen lassen. Am unteren Ende ragt auf einer Seite der Steinbau der Bank von Spanien empor, auf der anderen, hinter Gartenanlagen verborgen, das vornehm alte Kriegsministerium. Dazwischen liegt ein weiträumiger Platz mir einem Brunnen in der Mitte; die Göttin Kybele fährt da in einem Triumphwagen, den wasserspeiende Löwen ziehen; silbergraues Pflaster, weiße Bauten, grüne Bäume und ein endlos weiter Himmel, dessen Licht die belanglosen architektonischen Einzelheiten verhüllt und verwischt. Dieses Stück Straße, nicht mehr als eine Viertelstunde zu Fuß, ist die Calle de Alcalá.

Man kann die Plaza de la Cibeles überqueren und noch eine Stunde lang einer Straße folgen, die den Namen Calle de Alcalá führt, aber kein Madrider wird sie als die gleiche Straße anerkennen. Es ist ein künstliches Anhängsel, dessen Bau wir zu Beginn dieses Jahrhunderts selbst mitansehen konnten. Wir nennen sie »die andere Calle de Alcalá«, um deutlich erkennen zu lassen, daß es sich nicht um die unsrige handelt.

Im Winter fegen die Winde von der Sierra de Guadarrama die Straße hinab, und die Menschen, die sie passieren müssen, schreiten schnell aus. Bei schönem Wetter aber werden ihre Gehsteige zu einem Korso, und die Cafetiers rücken die Marmortische ins Freie. Bei Sonnenuntergang zieht eine ungeheure Menschenmenge zwischen der Bank von Spanien und der Calle de Sevilla auf der einen und zwischen dem Kriegsministerium und der Calle de Peligros auf der anderen Seite auf und ab, ohne den Engpaß zur Puerta del Sol zu betreten. Lärmende Gruppen sitzen gestikulierend an den Kaffeehaustischen, und die Spaziergänger stellen sich dazu, um sich den einen oder anderen berühmten Torero, Politiker oder Schriftsteller anzuschauen und zu hören, was sie zu sagen haben. Die Zeitungsjungen rufen die Abendblätter aus, bis die Straße von ihrem Geschrei widertönt, und die Leute warten noch auf die Nachtausgabe, zerstreuen sich dann allmählich und gehen zum Abendessen.

Tagsüber ist alles Geschäft: die Menschen eilen in der Calle de Alcalá hin und her, ununterbrochen kreisen die spiegelnden Glasscheiben der Drehtüren der Banken. Doch hat die Straße bei Tag und bei Nacht auch ihre eigene Bevölkerung, die auf den Gehsteigen zu leben scheint: Toreros ohne Engagement, Musiker ohne Orchester, Schauspieler ohne Theater. Sie erzählen einander von ihren Schwierigkeiten und ihrem Elend und warten darauf, daß ein etwas glücklicherer Kollege daherkommt und das Problem ihrer Mahlzeit wieder einmal für einen Tag löst. Straßendirnen gehen in der nächsten Bar ein und aus; sie schauen immer ängstlich nach allen Seiten aus, um sich zu vergewissern, daß kein Polizist in der Nähe ist, der sie anhalten könnte. Und die Blumenmädchen stürzen sich mit ihren Veilchensträußchen oder Knopflochtuberosen auf die Gäste der Luxusbars und Restaurants. Einen Mann ohne Bein gibt's da, der in einem hölzernen Wägelchen sitzt, das er mit den Händen bewegt; Tag um Tag regnet es Münzen in seine Mütze, er hat noch niemals einen Stierkampf, erster oder letzter Klasse, versäumt, und Minister wie Strolche grüßen ihn.

Viel später, in den ersten Stunden nach Mitternacht, liegt etwas, was aussieht wie ein Kleiderbündel, unter dem Torbogen der Calatravakirche. Es ist eine Frau mit einem Säugling im Arm; sie schlafen dort, in ein mächtig großes Umhängetuch gewickelt. Ob Winter oder Sommer, sie sind immer am gleichen Fleck zu finden. Fünfundzwanzig Jahre lang habe ich sie beobachtet, und sie stellten für mich das größte Mysterium der Calle de Alcalá dar. Sie sind ein Phantom, das niemals altert? Oder ist der Platz ein Lehen, das innerhalb der Bettlergilde einem Geschlecht nach dem andern übertragen wird?

In diesem Stück der Calle de Alcalá befand sich meine Kanzlei.

Mein Zimmer lag im höchsten Geschoß des Türmchens auf einem der höchsten Bürogebäude. Es war ein Käfig aus Glas und Stahl mit nur zwei Ziegelwänden, deren eine ihn von den anderen Zimmern des Büros trennte, während die andere ihn ans nächste Haus anschloß. Die Decke bestand aus Glas, aus großen, durchsichtigen Glasplatten in einem Gerüst von Stahlbalken. Auch der Boden war aus Glas, aus kleineren, trüben Glasfliesen, eingepaßt in ein Netz aus stählernen Stäben. Zwei Wände, deren eine auf die Straße hinausblickte, während die andere an eine riesige, flache Dachterrasse stieß, bestanden aus Glasplatten in Stahlrahmen. Im Winter kämpften zwei ungeheure Heizkörper gegen die Kühlschrankatmosphäre an. Im Sommer wurde der Käfig mit Zeltplanen vor der Sonne beschützt; die enormen Fenster und die Tür zur Dachterrasse wurden geöffnet, und der freie Luftzug focht mit der sengenden Hitze der Sonne, die auf Glas und Stahl herunterbrannte. Ich konnte den unermeßlich weiten, leuchtenden Himmel sehen, der die weißen Gebäude zwerghaft und die Menge unten auf der Straße insektengleich erscheinen ließ.

Mein Büro war ein über der Stadt hängender Käfig, ich jedoch nannte es den Beichtstuhl. Hier schlossen sich die Erfinder mit mir ein. Wir besprachen ihre Geschäfte, während wir uns in tiefe Lederfauteuils zurücklehnten oder über einen Zeichentisch beugten, und es war oft tatsächlich so, als wäre ich ihr Beichtvater.

Welche Mühe es doch kostet, Leute von der Tatsache zu überzeugen, daß ihre »Erfindung« der Welt seit Jahren schon bekannt ist, oder daß ihre Maschine nicht funktionieren kann, weil sie den Gesetzen der Mechanik widerspricht! Wenige, sehr wenige sahen es ein und gingen, zerschmettert und zutiefst erschöpft, wieder davon. Ich hatte ihre Begeisterung zerschlagen, und sie taten mir leid. Aber die große Mehrheit blickte einen aus fiebrigen Augen mitleidig an und verlangte strikt, man möge für sie ein Patent registrieren. Ich sei unfähig, ihr Genie zu begreifen. Sie seien nicht zu mir gekommen, um mich von ihren Ideen zu überzeugen, sondern einfach, um ihr Patent durch mich registrieren zu lassen; später würden sie die ganze Welt vom Wert ihrer Erfindung überzeugen.

Und weil ein spanisches Patent ein Dokument ist, das jedem ausgefolgt wird, der darum in der korrekten, vom Gesetz vorgeschriebenen Form ansucht und dem Staat die vorgeschriebene Gebühr entrichtet, mußte ich nachgeben. Der Erfinder brach in Jubel aus und lud uns zum Mittagessen ein, und wir mußten seine ganze Geschichte anhören: wie er auf die Idee gekommen war, was für einen Leidensweg er hatte mitmachen müssen und was für extravagante Hoffnungen er sich machte. Denn der naive Erfinder glaubt, daß seine Erfindung die Welt von Grund auf verändern werde, und verfügt über eine Arithmetik zu seinem Privatgebrauch. Sie sind bescheiden, oh, so bescheiden in ihren Einkünften, aber durchaus nicht in der Beurteilung ihrer Erfindung.

»Stellen Sie sich vor«, mochte so ein Mann sagen, »daß einer von je tausend Einwohnern Spaniens meinen Apparat kauft! Um fünf Pesetas. Das ergibt hunderttausend Pesetas. Und wenn wir ihn nach Amerika bringen, mit seinem Absatzgebiet von Millionen und Abermillionen Menschen – dann wird das Dollarmillionen geben; Sie werden sehen!«

Doch das waren nur die Unschuldslämmer unter den vielen, die durch meinen Beichtstuhl gingen. Häufiger saßen in den tiefen Lederfauteuils führende Männer der Industrie und des Handels, die unverhohlen ihre Machtgier und ihren faulen Zynismus zeigten: »Geschäft ist Geschäft, das ist alles.«

So lernte ich die Konzerne kennen, die es sich leisten konnten, an verarmte oder geldgierige Könige Gratisaktien zu verteilen und Regierungen zum Sturz oder an die Macht zu bringen, damit ein Gesetz im Parlament durchgebracht werde, von dessen Auswirkung nicht bloß das Land als solches, sondern auch die Abgeordneten selbst keine Ahnung hatten.

Aber sie waren zu machtvoll, um von bloßen Worten tangiert zu werden. Ich wußte, wer im Jahre 1925 zweihunderttausend Pesetas für eine Entscheidung des spanischen obersten Gerichtshofs gezahlt hatte, die Spanien an der Schaffung einer eigenen Flugzeugindustrie verhinderte. Ich wußte, daß die katalanischen Tuchfabrikanten auf Gnade und Ungnade dem chemischen Konzern Industrias Químicas y Lluch ausgeliefert waren, der dem Namen nach spanisch war, in Wirklichkeit aber niemand Geringerem gehörte als der I. G. Farbenindustrie. Ich wußte, wer viele tausend Pesetas gegeben und wer sie genommen hatte, um ein Fehlurteil zu erreichen, welches dem spanischen Publikum billige Radioapparate vorenthielt. Ich kannte die verwickelte Geschichte, wie, dank der stupiden Blindheit des spanischen Kasernenhofdiktators, eine internationale Firma die ganze spanische Milchindustrie in die Hand bekam, Tausende kleiner Geschäftsleute kaputt machte, die Milchbauern von Asturien ruinierte und das Publikum zwang, für Milch von niedrigerem Nährwert höhere Preise zu zahlen. Aber was konnte ich dagegen tun?

In der Schule hatte ich mich zwischen den Zahnrädern eines heuchlerischen Erziehungssystems befunden, das mit der Intelligenz und der Armut von Freischülern Geschäfte machte. Um die Söhne reicher Bergwerksbesitzer auf die teuren Internatsplätze zu locken. Im Heer hatte ich mich zwischen den Zahnrädern der Kriegsmaschine befunden, an Händen und Füßen gefesselt durch einen militärischen Kodex und ein System, das zwar die Vorlage von mißliebigen Beweisen unmöglich machte, aber einen rebellischen kleinen Feldwebel mit Leichtigkeit zugrunde richten konnte. Und jetzt fand ich mich aufs neue zwischen Zahnrädern eines Systems, das scheinbar weniger brutal, aber mit seiner Subtilität unendlich wirksamer war.

Ich konnte zu einem Staatsanwalt gehen und ihm erzählen, daß der Direktor einer gewissen Alkoholbrennerei einen Erfinder um die Früchte seiner Erfindung und das Volk um billigen Zucker zu bringen versuchte. Aber ein Staatsanwalt ist für so etwas nicht da; er ist dazu da, den zu verfolgen, der das Verbrechen beging, ein Berufsgeheimnis zu verletzen. Das andere – das andere war ein Geschäft, und im Geschäft ist alles legal. Die Firma hatte das gesetzliche Recht, ein Patent anzufechten, das sie für ungültig hielt; der Erfinder hatte das gesetzliche Recht, sich zu verteidigen. War er dazu außerstande, weil er nicht über die nötigen Millionen verfügte, um einen anonymen Konzern in langwierigen Prozessen von fünf Jahren Dauer zu bekämpfen, dann war das nicht der Fehler des Richters oder des Gesetzes, sondern das Pech des Erfinders.

Hätte ich einem Staatsanwalt oder Richter ein solches Geschäft angezeigt, so würde er mich ausgelacht und mein Chef würde mich auf die Straße gesetzt haben. Ich würde meinen Ruf als loyaler und intelligenter Arbeiter eingebüßt haben und künftig alle Türen verschlossen finden. Ich würde, von den Vorwürfen meiner Familie verfolgt, hungern müssen. Sie würden mich einen Dummkopf nennen. Vielleicht würde man mich gar wegen Verleumdung ins Gefängnis stecken. Wegen Verleumdung derjenigen, die die Sahne von der für die Kinder Madrids bestimmten Milch abschöpfen, die ihnen Zucker stahlen; wegen Verleumdung von anständigen, ehrenhaften Menschen, die nur eben den Geschäften nachgingen, zu denen sie berechtigt waren.

Von diesen Gedanken kam ich nur los, wenn ich in das Dorf fuhr.

Eine kleine Brücke wölbt sich steil über einem feuchtgrünen Erdriß. Die Böschungen werden von aromatischen Pflanzen und Kräutern eingesäumt; der Grund der Lache ist von Fröschen bevölkert. Sonst, so weit der Blick reicht, nichts als die fahle kastilische Erde, deren Fläche Ackerfurchen in parallele Linien zerschneiden. Unmittelbar vor der Brücke, von Spalierwein umrankt, die Toreinfahrt zur Mühle. Ein großer Bau, ein einziger kalkweißer Fleck, der noch weißer und härter wirkt in dieser grellen Sonne, vor dem Hintergrund des grauen Bodens und im fröhlichen Weinlaubrahmen, dicht am grünen Band des Wasserrinnsals, das durch die trockenen Felder läuft.

Ich betrat die Mühle und stand in einem kühlen Torweg. Heller weißer Staub schwamm in der Luft. In einer Ecke drehten sich zwei kegelförmige Steine, die Futterkorn zermahlten. Das Getreide dampfte unter dem Druck, so daß ein feiner Dunst aufstieg, den die zwei geduldigen Esel am Tor gierig einatmeten.

Zur Linken, hinter einer Bretterwand mit einem verglasten Fenster, befand sich Alt-Juans Büro. So nannte er es prahlerisch, lachte aber gleichzeitig über die Bezeichnung, weil ihm das Schreiben mit seinen gichtigen Fingern reichlich schwerfiel. Zur Zeit seines Großvaters waren die Rechnungen noch auf »Zahlstöcke« eingeschnitten worden, eine Kerbe für jeden Sack Mehl. Er kicherte und zeigte mir ein Bündel von Kerbstöcken, die ein jahrelanger Umgang glattpoliert hatte.

»Ich mache die Verrechnung für viele Leute meines Alters noch immer auf diese Weise, aber die verdammten Bücher muß ich außerdem noch führen.«

Durch ein enges Pförtchen traten wir in die Mühle selbst, und es war, als hätten wir aus dem Lande der Sonne ins Land des Schnees hinübergewechselt. Das Dach der Halle befand sich etwa fünfzehn Meter über unseren Köpfen und hatte große Glasfensterluken. Vom Dach herab wucherte ein Dickicht von Balken und Röhren, Rädern und Riemen. Aber nichts davon war aus Eisen, alles aus Holz. Und im Laufe der Jahre hatte der feine Mehlstaub sich auch in den feinsten Ritzen und Sprüngen festgesetzt und jedes Stück in weißen Samt ge-

kleidet. Das Ganze wirkte wie ein verschneiter Wald. Spinnen
hatten ihre Netze von Balken zu Balken, von Winkel zu Winkel gezogen. Der weiße Staub, der sie überlagerte, machte sie
zu schneebeladenen Föhrenzweigen. Die Scheiben der hohen
Fensterluken waren mit dem gleichen gewichtlosen Staub be-
treut und ließen nur ein bleiches Wintersonnenlicht durch,
das graue Schatten auf die Maschinen legte. Das eintönige
Geräusch des Schwingtrogs, in dem das Mehl von der Kleie
geschieden wurde, klang fast wie das Sägen der Holzfäller im
Gebirge.

»Hier sehen Sie unseren ganzen Reichtum.«

»Das ist ja alles mächtig alt, Onkel Juan.«

»Ja, die Mühle hat mein Großvater gebaut. Für seine Zeit
muß er ein sehr fortschrittlicher Mensch gewesen sein, denn er
hat eine Dampfmaschine eingebaut. Sie ist noch immer da.«

Während ich mir die Dampfmaschine ansah, versuchte ich
mir vorzustellen, was die Menschen in tausend Jahren über
unsere heutigen Begriffe von Mechanik denken werden. Es
war eine alte Maschine mit einem mißgestalteten Schwung-
rad, halb im Boden begraben, rot vom Rost eines halben Jahrhunderts, zerfressen von Wind, Sand und tropfendem Wasser,
zerbrochen, verbeult und verbogen. Sie ragte aus dem Boden hervor wie das Gerippe eines urweltlichen Ungeheuers,
das sich an die Oberfläche kämpft; die Stangen waren die
gebrochenen Arme, der ungeheure Kolben der Hals eines
Monstrums, das von einer Sintflut vernichtet und verrenkt
worden war.

»Ich habe jetzt seit vielen Jahren einen Elektromotor.«

»Und verdienen Sie damit?«

»Ich habe damit verdient. Früher kam der Weizen von
Torrijos und Santa Cruz in meine Mühle. Manchmal sogar
von Navalcarnero und Valmojado. Dann baute Torrijos seine
eigene Mühle, und Navalcarnero folgte dem Beispiel. Und
Navalcarnero verursachte den größten Verlust, weil es an der
Eisenbahnlinie liegt. Aber in Wirklichkeit hat uns die Politik
fertiggemacht. Seit der Diktatur lebt unsereiner vom eigenen

Dorf und muß dafür noch Dankeschön sagen. Trotzdem, ich kann mich nicht beklagen. Ich bin beinahe fünfundsiebzig, meine Söhne haben ihr Auskommen, und ich werde hier in Frieden sterben.« Er verstummte und verfiel ins Nachdenken. »Wenn sie mich lassen ...«

»Ich glaube nicht, daß jemand mit Ihnen streiten wird. Und wie Sie sagen: wenn man fünfundsiebzig ist, erwartet man keine großen Veränderungen mehr.«

»Ich weiß das nicht so genau. Wir alten Leute sehen viele Dinge oder fühlen sie wenigstens. Es mag auch einfach unsere eingeborene Angst vorm Sterben sein. Als im Jahre 1933 die Burschen auf die Felder hinauszogen und auch meine Bäume fällten und meine paar Stück Vieh schlachteten und die Strohmieten verbrannten und den Gemüsegarten verwüsteten – glauben Sie mir, da hatte ich keine besondere Angst, denn so etwas hatte kommen müssen. Aber dann folgten die Ereignisse in Asturien, und jetzt sieht es so aus, als würden wir alle miteinander verrückt werden. Das kann kein gutes Ende nehmen. Ein böses Ende wird's, und schon sehr bald, Don Arturo! Die Leute hungern, und Hunger ist ein schlechter Koch ... Was soll ich Ihnen vom Dorf sagen? Elend bleibt Elend. Das halbe Dutzend Menschen, das den andern Arbeit geben könnte, tut's nicht, die einen aus Zorn, die andern aus Angst vor Heliodoro. Das Land liegt brach, und die Menschen haben nichts zu essen. Don Ramón, Gott segne ihn.«

»Sagen Sie mir zuerst, wer Don Ramón ist!«

»Don Ramón ist der Dorfkrämer. Sie müssen den Laden hinter dem Kasino gesehen haben. Er ist ein guter, freundlicher Mensch, nur hat er's mit der Kirche, geradezu, als ob sie ihn verhext hätten. Don Ramón ist einer der Anständigsten im Dorf, was nicht besagt, daß er es nicht doch darauf anlegt, ein paar Gramm unter dem Gewicht zu verkaufen. Aber noch immer, wenn jemand an seine Tür klopfte und sagte: ‚Don Ramón, geben Sie mir eine Handvoll Bohnen oder Klippfisch und ein Stück Brot, und ich zahl's Ihnen, sobald mein Mann wieder Arbeit hat', gab er der Frau und trug's in seine Bücher ein. Zahlten sie ihm, dann war's in Ordnung, aber oft taten sie's nicht oder konnten sie's nicht. Und stieß den Leuten dann ein Unglück zu oder starb jemand in der Familie, dann nahm er den Bleistift, strich die Rechnung aus und sagte zur Kundin: ‚Mach dir keine Sorgen, das ist erledigt! Und Gott vergebe mir, wie er dem Toten vergeben möge!' Aber nachher, mit dem Heliodoro und Don Lucas …«

»Wer ist Don Lucas?«

»Der Pfarrer, und er ist einer von der scharfen Sorte! Ich wollte sagen, diese zwei brachten ihn auf ihre Seite, und jetzt gibt er den Armen nicht ein Brotkrümchen mehr. Weil ihm nämlich Don Lucas gesagt hat, es sei eine Todsünde, den Gottlosen zu helfen, und Heliodoro hat gesagt, man müsse diese Bande unterkriegen, und wenn Don Ramón sich unterstehen sollte, ihnen zu helfen, dann würde er, Heliodoro, Don Ramón unterkriegen. Das schlimmste aber ist,« – er machte eine lange Pause – »daß die Leute zu alledem schweigen. Am Morgen setzen sie sich auf die Plaza, auf die Steinmauer an der Straße, und schweigen. Am Abend gehen sie zu Elíseo und schweigen dort. Im Jahre 1933 kamen einige von ihnen vor meine Mühle; aber sie haben eine gewisse Achtung vor mir und wissen, daß in meinem Haus immer ein Stück Brot zu haben ist, wenn sie's brauchen, also sind sie wieder abgezogen. Aber wenn sie das nächste Mal kommen, dann weiß ich nicht … und sie werden sehr bald kommen. Sie werden's erleben, Don Arturo!«

Aber dann löste sich aller Pessimismus des alten Juan in dem väterlichen Stolz des Gastgebers auf. Er nahm einen alten tönernen Talaverakrug mit treuherzig auf milchigen Grund gemalten blauen Blumen und führte mich zu einem mächtigen Weinfaß in einem kleinen Gelaß außerhalb der Mühle.

»Wollen wir eins trinken? So etwas bekommen Sie in Madrid nirgends.«

Langsam tranken wir den kühlen, herben Wein, der in violetten Bläschen gegen die Glasur schäumte. Wir reichten einander den Krug und tranken von demselben Rand, wie in einem uralten Friedensritus.

Ich habe es immer geliebt, Spaziergänge in die einsame, weite Landschaft Kastiliens zu unternehmen. Es gibt keine Bäume, es gibt keine Blumen, die Erde ist trocken, hart und grau; selten nur tauchen die Umrisse eines Hauses auf, und wenn man unterwegs einem Bauern begegnet, wird der Gruß, den man austauscht, von einem mißtrauischen Blick begleitet und vom wütenden Knurren des Hundes, der dem Wanderer folgt und nur deshalb nicht zuschnappt, weil ihn sein Herr scharf zurückpfeift. Aber unter der Sonne der Hundstage hat diese trostlose Landschaft ihre eigentümliche Majestät.

Drei Elemente beherrschen das Ganze: Sonne, Himmel und Erde, aber jedes für sich ist erbarmungslos. Die Sonne brennt als lebende Flamme über deinem Kopf, der Himmel ist eine leuchtende Kuppel aus schwingendem blauem Glas, und die Erde bildet eine zerspaltene Fläche, die dir die Füße versengt. Es gibt keine schattenspendenden Mauern, keine Dächer oder Haine, an denen das Auge rasten könnte, keinen Bach und keine Quelle, um dir die Kehle zu kühlen. Es ist, als lägest du nackt und hilflos in Gottes Hand. Entweder schläft dein Gehirn ein und verdummt in passiver Resignation, oder es erwacht zu voller schöpferischer Kraft, denn hier gibt es nichts, was ablenken kann, und dein Ich wird zu einem absoluten Ich, das dir klarer und durchsichtiger erscheint als je zuvor.

Eine brennende Zigarette inmitten der öden Ebene nimmt die riesigen Proportionen einer in einer leeren Kirche laut ausgesprochenen Gotteslästerung an. Die Flamme eines Zündhölzchens verschwindet in diesem Sonnenlicht und wird weniger Flamme als je. Der blaue Rauch des Zündholzes steigt in langsamen Spiralen auf, sammelt sich und verdickt sich in der ruhigen Luft zu einem weißlichen Wölkchen und sinkt, erkaltet und fast unsichtbar, zu deinen Füßen herab. Das Licht löst die Bläue des Rauches vor der Bläue des Himmels auf. Wirft man den Zigarettenstummel fort, dann wirkt der schwelende weiße Fleck häßlicher als auf dem kostbarsten Teppich. Und bleibt dort, um jedem zu erzählen, daß du hier vorbeigekommen bist. Mitunter habe ich mich da so überstark als ein Verbrecher gefühlt, der seine Spur hinterläßt, daß ich den Stummel zertreten, aufgehoben und in die Tasche gesteckt habe. Und manchmal habe ich aus reiner Neugier einen Zigarettenstummel aufgehoben, der auf dem Felde lag. War er noch feucht, so hieß das: Jemand ist in der Nähe. Eine in Papier gedrehte Zigarette würde auf einen Landarbeiter hinweisen, eine maschinell erzeugte auf einen Städter. Brüchige Ränder und vergilbendes Papier sagen an, daß der Mann vor Tagen oder gar vor Monaten vorbeigekommen war. Erkannte ich diese Zeichen, dann atmete ich freier, denn in den einsamen Ebenen Kastiliens wird eine ursprüngliche Angst im Menschen heraufbeschworen, und er liebt die Einsamkeit als einen verläßlichen Schutz.

An diesem Sonntagmorgen war ich zu einem einsamen Spaziergang in den Feldern um Novés ausgezogen und war wach und erfrischt zurückgekehrt, mit reingewaschenem Gehirn, aber müdem und ausgedörrtem Körper. Ich setzte mich an einen der Tische, die José vor dem Eingang zum Reicheleutekasino aufgestellt hatte.

»Etwas sehr Kaltes, José!«

Er brachte eine Flasche Bier, die sich im Sonnenschein beschlug, und lehnte sich an den Tisch.

Gegenüber dem Kasino senkt sich die Straße, und eine niedrige steinerne Mauer grenzt sie gegen die Schlucht ab. Ein Dutzend Männer hatten sich an ihr aufgereiht. Schweigend schauten sie zu uns her.

»Was machen die dort, José?«

»Sie warten darauf, daß etwas geschieht. Auf ein Wunder. Aber der Mond fällt nicht herab ... Wissen Sie, es ist üblich, daß die Arbeitslosen am Morgen herkommen und warten, ob vielleicht doch jemand kommt und sie für einen Tag beschäftigt.«

»Aber es ist fast Mittag und Sonntag noch dazu. Wer zum Teufel sollte sie heute brauchen?«

»Sie kommen, weil es so üblich ist, und außerdem, weil am Sonntag die feinen Herrschaften auf ein Glas Wermut herkommen und manchmal einer von ihnen einen Boten braucht. Das wirft ein paar Groschen ab. Und manchmal bittet einer von ihnen sogar offen darum. Irgend etwas müssen die armen Teufel ja schließlich tun, wenn ihnen auch durchaus recht geschieht.«

»Recht geschieht? Was? Geschieht ihnen etwa recht, wenn sie verhungern?«

»Ach, du lieber Gott! Das habe ich nicht gesagt! Verhungern, wie Sie sagen! So hartherzig ist man doch nicht. Aber es tut ihnen gut, daß sie eine Lehre erhalten. Das wird's ihnen beibringen, nicht mit Republiken und mit dergleichen Dingen herumzufuchteln und die Welt in Ordnung bringen zu wollen. Denn Sie haben keine Ahnung, Don Arturo, wie dieser Ort ausgesehen hat, als die Republik ausbrach. Sogar Raketen haben sie steigen lassen. Und dann fingen sie gleich an, allerhand Forderungen zu stellen, sogar nach einer Schule. Dort steht sie, dort oben, halb fertig ist sie geworden. Und wenn sie selber das Geld dafür nicht aufbringen, ihre Republik wird's ihnen bestimmt nicht bezahlen.«

Auf der Straße tauchte ein Reiter auf. Er ritt auf einem schwarzen, mit Schorf und Narben bedeckten Pferd. Eine hagere Gestalt in engen schwarzen Hosen, die sich seinen Waden anpaßten wie die Modehosen des neunzehnten Jahrhunderts, einem schwarzen Reitrock mit runden Schößen und einem Hut, der irgendwann einmal schwarz gewesen sein mochte, aber jetzt die durchscheinende Farbe eines Fliegenflügels zeigte. Ein Quijote, hoch in den Siebzigern, mit wenig Zähnen, aber buschigen Brauen und lebhaften schwarzen Augen, einem Ziegenbart und ein paar schneeweißen Büscheln Haar, die unter dem Hut hervorquollen. Er saß ab, warf die Zügel dem Gaul über den Hals und winkte einem der Männer, die auf der Steinmauer saßen.

»Da, führ ihn nach Haus!«

Der Mann nahm die Zügel und zerrte das Pferd am Ka-

sino vorbei in einen Torweg neben der Apotheke, etwa zehn
Meter vor dem Fleck, wo ich saß. Der Reiter kam auf mich
zu, wobei er mit seinem Reitstock auf dem Schienbein einen
Marsch trommelte.

»Mensch, ich habe ja schon darauf gewartet, den Madrileño kennenzulernen. Haben Sie etwas dagegen, wenn ich
mich hier hinsetze?« Ohne erst meine Zustimmung abzuwarten, setzte er sich. »Was trinken Sie? Bier? José, zweimal Bier!«
Er machte eine Pause und blickte mich an. »Sie wissen vielleicht nicht, wer ich bin. Nun, ich bin der Komplize dieser
beiden Herren,« – er nickte den zwei Dorfärzten zu, die gerade gekommen waren und sich an einen anderen Tisch gesetzt
hatten, wie gewöhnlich zu zweit herumpirschend – »das heißt,
ich bin der Apotheker, Alberto de Fonseca y Ontivares, Li-
zenziat der Pharmazie, Baccalaureus der Naturwissenschaften
– Chemie –, Gutsbesitzer und Hungerleider obendrein. Die
Leute hier werden nie krank, und wenn sie erkranken, dann
haben sie kein Geld, und Bauerngüter produzieren nichts als
Prozesse. Aber jetzt erzählen Sie mir was von sich!«

Er war amüsant, und ich entwarf ihm kurz ein Bild meines Lebens und meiner Arbeit. Als ich anfing, ihm meinen
Beruf klarzumachen, packte er mich am Arm. »Mein Lieber,
da müssen wir uns eingehend miteinander unterhalten. Verstehen Sie etwas von Aluminium?«

»Ja, natürlich, nur weiß ich nicht, was Sie an Aluminium
so besonders interessiert, und ob das, was ich weiß, Ihnen irgendwie von Nutzen sein kann.«

»Das ist nicht so wichtig. Wir müssen uns unterhalten. Ich
habe eine höchst interessante Entdeckung gemacht, und wir
müssen uns darüber unterhalten. Sie müssen mich beraten.«

Die Aussicht, hier im Dorf einen verschrobenen Erfinder
zum Nachbarn zu haben, machte mir kein Vergnügen, aber es
war völlig unmöglich abzulehnen.

Der Mann, der das Pferd weggeführt hatte, kehrte zurück,
nahm seine Mütze ab und stand nun, ein paar Meter von uns
entfernt, wartend da. Don Alberto warf ihm einen Blick zu.

»Worauf wartest du? Ein Trinkgeld, wie? Schön, es ist ein roter Tag im Kalender, aber glaube ja nicht, daß das alle Tage so geht! Und was hast du da in der Tasche deiner Bluse?«

Der Mann errötete und stammelte:»Doña Emilia hat mir ein Stück Brot für die Kinder gegeben.«

»Schon gut, schon gut, wohl bekomm's!«

Ich stand auf. Don Alberto wollte mit mir seine Erfindung besprechen, aber ich hatte noch nicht zur Mittag gegessen, und es machte mir durchaus kein Vergnügen, die schweigenden Männer auf der Mauer vor Augen zu haben.

Wir besprachen die Sache dann später am Tage, im Hinterzimmer der Apotheke. Doña Emilia hörte zu, mit klappernden Stricknadeln. Ihre dicklichen Hände waren sehr flink. Ansonsten bestand sie aus Fettpolstern in Ruhestellung. Manchmal blickte sie über die Brillengläser hinweg ihren Gatten an. Eine Katze döste in einem alten ripsbezogenen Armsessel und öffnete die Augen, zwei grüne Augen mit einem schwarzen vertikalen Schlitz, sooft ihr Herr die Stimme erhob. Das Zimmer war dunkel, nicht etwa aus Mangel an Licht, denn dieses kam reichlich durch ein großes Fenster, das auf die sonnenüberflutete Straße hinausging, sondern weil alles im Zimmer dunkel war: Vorhänge und Teppiche dunkelviolett, beinahe schwarz, die vier Armsessel rosinenfarben, vom Alter nachgedunkelt, die Wandtapete von schwärzlichem Blau mit verblichenen Goldarabesken.

Don Alberto erklärte:»Wie ich Ihnen heute früh erzählte, bin ich Gutsbesitzer. Gott gebe uns gute Erde! Ich habe einen großen Acker, den man eher als einen Friedhof bezeichnen kann, angefüllt mit großen Steinplatten, und dazu vier elende Hütten im Ort. Die Mieter zahlen keine Miete, und der Boden liegt brach. Aber die Abgaben habe ich pünktlich nach der Uhr Jahr für Jahr zu zahlen. Gott sei Dank haben wir etwas Vermögen und die Apotheke, um leben zu können. Wie Sie sahen, sattle ich jeden Tag, was immer für Wetter der Herr uns angedeihen läßt, mein Pferd und mache einen Ritt in die Felder. Sie können sich nicht vorstellen, wie oft ich über meine Felder geritten bin. Eines Tages sah ich da einen Burschen auf dem Boden hocken und kleine Löcher in den Boden graben. Ich zerbrach mir den Kopf, worauf er aus wäre, sprach ihn an und fragte: ‚Was machen Sie denn hier, he?' und er erwiderte in erbärmlichem Kastilisch: ‚Nichts, ich schaue da so herum. Wissen Sie zufällig, wem das Land hier gehört?' – ‚Mir', sagte ich. – ‚Ganz guter Boden das, nicht wahr?' antwortete er. ‚Nicht schlecht, wenn Sie Pflastersteine drauf säen wollen!' Er starrte mich an und ging auf ein anderes Thema über, erzählte mir, er sei Deutscher, liebe Spanien sehr und so fort. Er denke daran, sich ein kleines Haus auf dem Land zu bauen, sagte er mir. Und er fände die Landschaft hier sehr reizvoll, sagte er. Nun braucht man eine sehr dicke Haut, um so etwas zu sagen, ohne rot zu werden, denn die Landschaft ist nackt und leer wie mein Handteller. Ich sagte zu allem ja und dachte: ‚Was hat der Lump bloß vor?' Als er mir aus den Augen war, ging ich zu meinem Stück Land zurück, sammelte ein paar Klumpen Erde und sperrte mich hier im Hinterzimmer ein. Mein lieber Freund,« – Don Alberto sagte das sehr feierlich – »mein Boden ist Bauxit. Reines Bauxit!«

Er ließ mir keine Zeit, mein Erstaunen zu zeigen, sondern ging mit Blitzgeschwindigkeit von Begeisterung zu Wut über.

»Und dieser Deutsche ist ein Schuft. Darum habe ich Sie hergebeten.«

Doña Emilia ließ das Strickzeug in den Schoß fallen, hob den Kopf, schüttelte ihn und sagte: »Und wie recht du hast, Albertito!«

»Sei ruhig, Frau, laß uns reden!«

Die Stricknadeln flitzten wieder eintönig hin und her, und die Katze schloß die grünen Augen. Don Alberto fuhr fort: »Vor ein paar Wochen tauchte er hier auf. Er habe beschlossen, sich an diesem wunderbaren Ort ein Haus zu bauen. Mein Land gefalle ihm so gut. Und da es kein Ackerland sei, nehme er an, ich würde es billig verkaufen wollen, denn er sei nicht gerade reich. Ich konnte mich nicht enthalten zu sagen:

‚Sie wollen also ein kleines Haus auf dem Lande bauen, ein kleines Haus mit großen Schornsteinen, wie?' Er war ganz überrascht. Ja, ja, spielen Sie jetzt nicht den Unschuldigen! Sie glauben, ich wüßte nicht, worauf Sie aus sind. Glücklicherweise habe ich meine Chemie noch nicht ganz vergessen!' Mein guter Deutscher kicherte gezwungen und sagte: ‚Fein, jetzt werden wir einander besser verstehen, ja? Sie müssen begreifen, daß ich mich um mein Geschäft kümmern muß, und hätten Sie nicht herausbekommen, was in Ihrem Boden steckt, dann könnte ich's billiger haben. Aber das ist nicht wichtig. Wieviel wollen Sie für Ihr Land?' Ich sagte, Fünfzigtausend Duros – zweihundertfünfzigtausend Pesetas!' Der Deutsche lachte laut auf und sagte: ‚Na hören Sie mal, wir vergeuden ja bloß unsere Zeit! Der Schurf ist nach dem Montangesetz registriert worden. Wir haben also das Recht, Ihren Boden und das angrenzende Land zu enteignen. Ich biete Ihnen fünftausend Pesetas in bar und zwanzigtausend in Gratisaktien der Gesellschaft, die wir errichten werden. Überlegen Sie sich das, und Sie werden sehen, daß es für Sie so am besten ist!' Ich sagte ihm, er möge sich zur Hölle scheren. Aber jetzt hat er mir eine Vorladung vor den Richter geschickt, damit die Frage der Enteignung meines Landes freundschaftlich geregelt werden könne. Was würden Sie mir raten zu tun? Diese Schufte glauben, sie können mein Land für ein Butterbrot kaufen.«

Was für einen Rat konnte ich diesem Dorfapotheker geben? Wenn die Deutschen hinter der Sache steckten, dann wurden die Erzschürfer zweifellos von einer bedeutenden Firma in Deutschland finanziert, und niemand wußte besser als ich Bescheid um die Macht und die Mittel, die diesen Leuten zur Verfügung standen. Don Alberto hatte die Wahl, eine Handvoll Pesetas anzunehmen oder sich auf einen Prozeß einzulassen mit dem Ergebnis, daß die Pesetas, die er am Ende erhalten mochte, zur Deckung der Prozeßkosten nicht ausreichen würden. Offensichtlich hatten sie ihn in der Falle, und es gab kein Entweichen mehr. Ich erklärte ihm die gesetzliche

Situation und riet ihm, so lange wie möglich um den größtmöglichen Betrag zu feilschen, sich aber nicht auf einen Prozeß einzulassen.

Der Mann wurde ungehalten. »Das heißt also, daß diese Vagabunden aus dem Ausland mit ihren schmutzigen Händen daherkommen, um uns um Hab und Gut zu bringen! Das ist die ganze Geschichte Spaniens: Diese Leute kommen daher, niemand hat sie gerufen, und schnappen das Beste für sich. Da haben Sie Río Tinto, die Canadiense, die Telefónica und das Erdölmonopol, und ich weiß nicht, was sonst. Und inzwischen können wir verhungern! Was wir brauchen, ist eine starke Regierung. Was wir brauchen, ist ein Führer, der die ganze Sache in die Hand nimmt.«

»Ein Führer? Was für ein Führer?«

Ich wußte sehr gut, wen er meinte: den Mann, der Spaniens Retter werden sollte, Don José María Gil Robles. Der wurde überall als der große Führer, el Jefe, angepriesen, und richtig sagte auch schon Don Alberto: »Es gibt nur einen Führer: den Mann, hinter dem die ganze Nation steht!«

Ich habe von meinen Lausbubenjahren und meiner Soldatenzeit in Afrika her eine hemmungslose Schwäche, die mir schon viele Feindschaften eingetragen hat, die nämlich, im Zuge einer ernsten Unterhaltung mit den rohesten Worten meine Gedanken herausplatzen zu lassen.

»Mann, Sie glauben doch nicht etwa, daß diese stinkende Kirchenratte in unserem Land Ordnung schaffen wird!«

Das Blut schoß Don Alberto ins Gesicht, und er wurde rot, flammend rot, röter als rot im Kontrast zum weißen Rahmen seines Haarschopfes; er stand auf und blitzte mich wütend an. Die Stricknadeln verstummten, die Katze richtete sich auf, machte einen Buckel und kratzte am Sesselüberzug. Die Worte fielen feierlich und mit dramatischer Wucht: »Sie werden begreifen, Don Arturo, daß wir beide einander nichts mehr zu sagen haben!«

Ich mußte natürlich gehen, ein wenig verärgert über mich selbst, weil ich meinen Sinn für das Schickliche verloren hatte, zugleich aber amüsierte mich die Haltung des braven Mannes einigermaßen. Dieses Gespräch bekam eine Woche später noch eine Fortsetzung.

Ich stand da eines schönen Tages vor dem Kirchturm und versuchte, mir die Einzelheiten der Konstruktion klarzumachen. Die Fundamente waren römisch, während die Ziegelmauern, die über den viereckigen behauenen Steinen errichtet worden waren, zweifellos maurische Arbeit waren. Ich hätte ganz gerne gewußt, was der alte Turm zu jener Zeit durchgemacht hatte, als er eine Festung, ein Wachtturm oder was immer sonst gewesen war.

Eine fette Stimme sprach mich vom Torbogen her an: »Sie suchen wohl Sehenswürdigkeiten? Und haben nicht den Mut, in die Kirche hereinzukommen? Wir fressen hier niemand.« Don Lucas, der Pfarrer, stand im Torbogen und beobachtete mich spöttisch.

»Ich habe mir das architektonische Durcheinander an diesem Turm angeschaut, aber ich hätte wirklich nichts dagegen, auch einen Blick aufs Kircheninnere zu werden, vorausgesetzt, daß der Cerberus nichts dagegen hat.«

»Der Cerberus hat nichts dagegen. Das ist Gottes Haus, es steht jedermann offen. Natürlich, wenn Sie auf Antiquitäten aus sind, werden Sie nicht viel finden. Das ist einfach ein Riesenbaukasten.«

Die Kirche verdiente diese Bezeichnung. Glatte Mauern, Tünche auf Mörtel und Stein, mit einem halben Dutzend Altären daran, jeder mit seinem Heiligen in Lebensgröße, aus Papiermaché und mit grellen Farben bemalt. Zwei Reihen von Bänken in der Mitte und ein Dutzend Stühle mit Strohsitzen hier und dort verteilt. Das einzige Erfreuliche war die Kühle im Kirchenschiff.

»Stimmt, daß da nicht viel daran ist.«

»Ich werde Ihnen unseren Schatz zeigen.«

Er führte mich in die Sakristei: Ich sah zwei ungeheure Truhen mit versilberten Schlössern, die vermutlich das Wertvollste in der ganzen Kirche darstellten, eine gewölbte Nische mit einer alten Holzschnitzerei des Jesuskindes, eine Kanzel, eine Bank an der Mauer, einen klösterlichen Armsessel und ein paar Kirchengeräte, die auf den Truhen standen. An der Stirnwand hing das Ölgemälde eines Sebastian mit leicht femininem Körper, ein Malwerk der chromolithographischen Schule des späten neunzehnten Jahrhunderts.

Der Pfarrer, der gut mit Fleisch gepolstert war und mit seinen winzig kleinen Augen und dem dicken Borstenhaar einem Schweinchen ähnlich sah, mit Borsten auf den breiten schweren Händen, dicken roten Lippen – alles in allem ein im Priesterseminar zurechtpolierter Bauer –, setzte sich in den Armsessel und lud mich ein, auf der Bank gegenüber der Kanzel Platz zu nehmen. Er zog einen ledernen Tabakbeutel aus der Tasche, und wir drehten uns Zigaretten. Er paffte etwas Rauch vor sich hin und redete mich an:»Natürlich ist mir aufgefallen, daß Sie am Sonntag nicht in die Kirche kommen. Ich weiß, Sie sind einer von diesen Sozis und treiben sich mit dem niederen Volk unseres Dorfes herum. Ich muß Ihnen sagen, daß ich mir, als Sie sich hier einrichteten und ich Ihre Frau und Ihre Kinder sah, dachte: ‚Das scheinen gute Leute zu sein. Gebe Gott, daß dem so ist!‘ Aber – ich scheine mich geirrt zu haben.«

Er sagte das nicht in beleidigendem Ton. Als er seine kleine Pause nach dem »Aber« machte, sprach er mit einem milden, fast evangelischen Lächeln, als ob er sich für seine Dreistigkeit entschuldigen wollte. Dann hielt er inne, legte seine beiden schweren Hände auf den Tisch und blickte mich fragend an.

»Gut, es trifft zu, daß ich sozialistische Ideen habe und daß weder ich sonntags in die Kirche gehe, noch auch meine Leute. Und es trifft auch zu, daß, wenn all das ‚schlechte‘ Menschen ausmacht, wir wirklich schlechte Menschen sind.«

»Spucken Sie nicht gleich Schwefel, Don Arturo! Ich wollte Sie nicht behelligen, denn schließlich kann man es ja verstehen, wenn einer dieser Bauerntölpel weder an Gott noch an den Teufel glaubt. Aber auf einen zu stoßen, der ein intelligenter Mensch zu sein scheint und doch so denkt, wie die ...«

»Daß ich nicht in die Kirche gehe, bedeutet nicht, daß ich nicht an Gott glaube.«

»Erzählen Sie mir bloß nicht, daß Sie einer von diesen protestantischen Ketzern sind! Es täte mir sehr leid, aber in diesem Falle könnte ich Ihre Anwesenheit in diesem geheiligten Haus keinen Augenblick länger dulden.«

»In diesem geheiligten Hause, welches das Haus Gottes ist und deshalb jedermann offen steht, nicht wahr? Haben Sie keine Angst! Ich bin kein Ketzer. Ist mir nicht eingefallen, die Etikette zu wechseln. Worunter ich leide, ist, glaube ich, daß ich in meinem ganzen Leben zuviel Frömmigkeit ertragen mußte. Aber Sie können ruhig sein, ich bin im Schoße der heiligen Mutter Kirche aufgewachsen.«

»Aber warum gehen Sie dann nicht in die Kirche?«

»Wenn ich Ihnen die Wahrheit sage, werden wir uns wahrscheinlich heftig streiten.«

»Reden Sie nur frei von der Leber weg! Mir ist es lieber, wenn man mir reinen Wein einschenkt, und ich weiß, woran ich bin.«

»Nun, ich gehe nicht in die Kirche, weil Sie und Ihre geistlichen Kollegen in der Kirche sind und weil wir uns miteinander nicht vertragen.«

Don Lucas nahm meine Antwort nicht tragisch. Er machte einen Flankenangriff.

»Was also sollten wir Ihrer Meinung nach tun? Was zum Beispiel sollte ich tun? Oder, um es ganz deutlich zu machen, was täten Sie an meiner Stelle?«

»Wenn Sie es unbedingt wissen wollen, was ich an Ihrer Stelle als Priester täte, dann will ich es Ihnen in aller Einfachheit sagen: Ich würde die Stellung als Vorsitzender der Katholischen Aktion aufgeben – ich glaube, Sie sind das –, um dem Gebot Ihres Herrn zu gehorchen: Gebet dem Kaiser, was des Kaisers ist! Und jenem anderen Wort, das da sagt, daß sein Reich nicht von dieser Welt sei. Und dann würde ich die

Kanzel benützen, um das Wort Christi zu lehren, nicht zu politischer Propaganda, und ich würde alle Menschen zu überreden versuchen, miteinander in Frieden zu leben, so daß die Armen nicht länger auf der Steinmauer an der Straße sitzen und auf ein Stück Brot wie auf ein Wunder warten, während die Reichen den Boden brach liegen lassen und jede Nacht mehr Geld verspielen, als nötig wäre, um den ganzen Hunger in Novés auszumerzen.«

Nun war die Reihe, beleidigt zu sein, am Pfarrer. Seine dicken Lippen wurden weißlich-grau und bebten. »Ich glaube nicht, daß Sie sich das Recht anmaßen können, mich meine Pflichten zu lehren. In diesem Dorf gibt es eine Menge Gelichter, das nur eines braucht und nichts anderes: den Stock. Ich weiß, Sie glauben, unser Führer sei eine Kirchenratte. Aber ob das nun Ihren Freunden, den Revolutionären, die Spanien ins größte Elend stürzen wollen, paßt oder nicht paßt – er ist der Mann, der ein großes Spanien schaffen wird. Tut mir leid, sagen zu müssen, daß Sie und ich keine Freunde sein können. Sie sind gekommen, um die Ruhe dieses Ortes zu stören. Jeder von uns wird für seine Sache kämpfen, und Gott wird dem helfen, der es verdient.«

Ich verließ die Kirche in nachdenklicher Stimmung. Das war eine formelle Kriegserklärung von den Herren des Dorfes.

3.
DIE WAHLEN

Unrast und Unsicherheit trieben mich an, nach etwas Unwandelbarem und Sicherem in der menschlichen Beziehung zu suchen. Doch meine Mutter war schon seit Jahren tot. Sie war in den Sielen gestorben, trotz ihrer zweiundsiebzig Jahre unermüdlich werkend, so müde sie sich auch fühlen mochte; sie hatte meiner Schwester geholfen, indem sie während der vielen Schwangerschaften Conchas sich um Kinder und Haushalt kümmerte; ihr noch mehr geholfen, indem sie einen Posten als Pförtnerin in einem Mietshaus annahm und so Concha und ihrem Manne, Agustín, freies Quartier bieten konnte, ja sie sogar während der langen Wochen, in denen Agustín durch eine Reihe von Streiks in seinem Handwerk, der Drechslerei, ohne Arbeit blieb, noch aus den kümmerlichen Trinkgeldern der Mieter unterstützte.

Bevor ich selbst zu verhältnismäßigem Wohlstand gelangt war, hatte es eine schwere Zeit gegeben, in der meine Mutter und Concha öffentliche Wohltätigkeit hatten beanspruchen müssen. Es gab ein Wäscherinnenheim, das die Königin Christina gegründet hatte, wohl unter dem Eindruck von hunderten armseligen über das Flußufer gebeugten Rücken, die die Königin auf jeder ihrer Ausfahrten nach der Casa de Campo hatte ansehen müssen. Dort suchte meine Mutter um Unterstützung nach, nicht für sich selbst, sondern für ihre Enkelkinder, und bekam von den Nonnen, die das Heim verwalteten, in der Tat Kinderkleider. Auch gab es eine Gemeindeinstitution, genannt »Der Milchtropen«, wo arme Mütter umsonst Milch und ärztlichen Beistand erhalten konnten. Concha bat darum und erhielt eine tägliche Milchzuteilung, wofür sie geduldig Schlange stehen mußte, während die Mutter auf die

Kleinen aufpaßte. Diese und andere Wohltaten hatten jedoch ihren Preis. Sie bedeuteten einen langen, erniedrigenden Leidensweg durch viele Ämter und das Vorlegen von Papieren wie die Bescheinigung der kirchlichen Trauung, regelmäßige Messebesuche und eine Bestätigung des Ortspfarrers, wonach der Inhaber der heiligen Kommunion teilhaftig geworden war. All dies war demütigend und machte das Annehmen von Wohltaten nicht leichter. Doch meine Mutter wurde nie bitter. Sie war stolz auf ihre Tüchtigkeit und fand sich mit heiterer Resignation und abwartender Hoffnungsfreudigkeit mit dem ab, was sie den »Lauf des Lebens« nannte. Mich jedoch erbitterte ihre Lage, und manchmal, besonders damals, als ich am wenigsten helfen konnte, wurde ich ungerecht gegen meine Schwester.

Meine Mutter starb im Jahre 1931. Seit ihrem Tode hatte ich wenig innere Beziehung zu meiner Familie gehabt. Nun aber, mehr als vier Jahre später, da der völlige Zusammenbruch meiner Ehe Tatsache geworden war und eine Vorahnung der bevorstehenden großen Wandlungen im Lande mich bis in die Knochen frieren ließ, schloß ich mich wiederum enger an Bruder und Schwager an. Als junge Burschen waren wir drei unzertrennlich gewesen. Wir verstanden einander, ohne uns erst auf Erklärungen einlassen zu müssen. Die drei Frauen – meine eigene Frau, meine Schwester und meine Schwägerin – haßten einander von Herzen und gingen einander möglichst aus dem Wege. Bei Agustín, der breit und untersetzt war und eine schlau-satirische Ader und eine Fülle gesunden Menschenverstand besaß, fühlte ich mich ruhig und geborgen; war er doch selbst ausgeglichen und ruhig, und wenn er überhaupt sprach, so tat er das treffsicher wie Sancho Pansa auf dem Gipfelpunkt seiner Weisheit. Aber es fiel Agustín schwer, auszugehen und Concha, gehetzt und überarbeitet wie sie war, allein mit den sieben Kindern zu Hause zu lassen, die ihr keinen Augenblick Ruhe gönnten.

So wurde denn Rafael, mein hagerer, bleicher, sauertöpfischer Bruder, der noch viel ruheloser und skeptischer war als ich, zu meinem schweigsamen Gefährten. Als ich meinen Haushalt in Madrid auflöste und meine Familie in Novés ansiedelte, überließ er mir ein Schlafzimmer in seiner Wohnung. Um der abgestandenen, sauren Atmosphäre der kleinen Räume und dem leeren Geschwätz seiner Frau zu entgehen, gingen wir nach dem Abendessen regelmäßig aus, zu einem Spaziergang durch die Straßen und einem kurzen Besuch im Kaffeehaus oder in einer Kneipe, wo wir Freunde hatten; danach spazierten wir, während wir sinnlos hitzige Diskussionen führten oder im üblichen Schweigen, auf mehr oder weniger langen Umwegen nach Hause. Und ab und zu ging ich mit Maria aus.

Aber auch meine Beziehung zu Maria geriet in ein kritisches Stadium.

Als ich zuerst im Büro erschien, war Maria die am wenigsten anziehende der vier Stenotypistinnen. Sie war damals siebzehn Jahre alt gewesen, schwarz von Augen und Haar, ekkig und knochig. Ihre olivenfarbene Haut sah schmutzig aus, ihr Hals war lang und dünn, ihre Brust flach. Dabei war sie ausgesprochen lebhaft, beweglich und rasch in der Auffassung. Sie war nicht sonderlich gebildet, wenn auch mehr als ihre Kolleginnen, besaß einen klaren Verstand und schrieb flott und gut. Ich machte sie zu meiner Sekretärin, und wir arbeiteten ausgezeichnet miteinander.

Marias Gesicht wurde durch leichte Pockennarben entstellt. Sie litt unter diesem Makel und war sich seiner dauernd bewußt. Es tröstete sie, als ich ihr von den Schwierigkeiten meines Ehelebens zu erzählen begann und von meiner Hoffnung, doch einmal »die Frau« zu finden, denn ich versuchte ihr zu erklären, daß ich nicht so sehr an körperliche Schönheit dachte als an gegenseitiges Verständnis, echte Harmonie zu zweit, wirkliches Ineinanderaufgehen. Damals war ich mir nicht bewußt, daß ich mit solchen Reden das junge Ding einfach verführte. Marias unschönes Gesicht ließ sie jene Bewunderung nicht erleben, die anziehenden Frauen auf den Straßen Madrids sonst so freigiebig gezeigt wird. Sie hatte keine andere Beziehung zu Männern als die zu mir. Und ich kann mir vorstellen, daß ich auf sie jene Art Faszination ausübte, wie sie reife und erfahrene Männer so oft auf junge Mädchen ausüben. Allmählich wuchs unsere Vertraulichkeit, und im Laufe der Jahre entwickelte sich das dürre Mädel zu einer ausgereiften Frau mit schönem Körper. Es war unvermeidlich, daß die Sache mit einer Liebesaffäre endete, weil ich nun einmal jemand brauchte, dem ich Zuneigung entgegenbringen konnte und der meine Sprache verstand. Aus der gemeinsamen Arbeit und Marias brennendem Willen, mir zu gefallen, erwuchs ein richtiger Liebesersatz.

Wir waren in unserer Beziehung vorsichtig, machten aber keinen Versuch, sie zu verheimlichen. Es war ein offenes Geheimnis. Nach dem in der spanischen Ehe üblichen Brauch, daß nämlich die Frau gegen eine Affäre ihres Mannes nicht allzuviel einzuwenden hat, solange diese ihn nicht für dauernd fesselt und solange es keine außerehelichen Kinder gibt, hatte ich mit Aurelia keine großen Schwierigkeiten. Sie fühlte sich in ihrer Stellung durch Maria nicht ernsthaft bedroht, und so hatten wir zwar gelegentlich scharfe Auseinandersetzungen, aber das war alles. Auch von seiten der Familie Marias gab es keine Schwierigkeiten. Sie wohnte mit ihrer Mutter, einem Bruder und einer jüngeren Schwester zusammen. Die Mutter wußte um unsere Beziehung, verlor aber kein Wort darüber; ich glaube einfach deshalb, weil sie Maria als ein Mädchen betrachtete, das nie einen Ehemann finden würde und darum das gute Recht hatte, ihr Leben zu genießen, so gut sie es vermochte.

Anfangs waren wir übereingekommen, vollkommen frei zu bleiben, aber sechs Jahre hatten schließlich eine sehr enge Intimität zwischen uns herbeigeführt. Was mich anlangt, so konnte ich zwar nicht behaupten, daß ich sie liebte, aber diese sechs Jahre hatten mir doch manche Freude geschenkt.

Nun fühlte ich keine Befriedigung mehr. Sie auch nicht.

An einem Samstagmorgen bestand Maria darauf, daß ich in Madrid bliebe. Ich fühlte, daß sie etwas Bestimmtes im

Sinne hatte, und ließ meine Leute in Novés wissen, ich würde zu diesem Wochenende nicht zu ihnen hinauskommen. Am Abend gingen wir zusammen ins Theater. Maria interessierte sich mehr für die Einzelheiten des Lebens in Novés und für ein Gespräch über das Verhalten meiner Frau als für die Aufführung. Am Sonntag unternahmen wir einen Ausflug nach El Escorial. Wir lagen im Gras, mit der gewaltigen Bergkette, die das Kloster umrahmt, vor uns, als Maria plötzlich sagte: »Was willst du also tun?«

»In welcher Beziehung?« Die Frage war überraschend gekommen und rief keine Assoziation in mir hervor, obwohl wir im Laufe des Tages nochmals meine ehelichen Angelegenheiten besprochen hatten.

»In bezug auf Aurelia.«

»Du meinst nicht, was ich tun will, sondern was ich tun kann. Das einzige, was ich tun kann, ist mich scheiden lassen, aber ich sehe nicht ein, wozu. Für die Kinder wäre es schlecht; denen ginge es ohne mich schlimmer, und für mich würde es auch nicht viel Gutes bedeuten. Ich müßte in einer Pension leben oder mich für immer in der Wohnung meines Bruders einmieten. Ich würde beträchtlich unbequemer wohnen und wesentlich teurer noch dazu. Ja, das alles könnte seinen Sinn haben, wenn ich wirklich ‚die Frau‘ gefunden hätte.«

Ich hatte nicht grausam sein wollen, hatte es ganz spontan gesagt, so wie ich alle die Jahre schon zu ihr über meine Probleme gesprochen hatte. Maria blickte mich aus tränenüberströmten Augen an.

»Ich bedeute dir also gar nichts …«

»Aber Kind, unser Fall ist doch vollkommen anders.«

»Natürlich liegt er anders. Für dich ist es ein Zeitvertreib, für mich eine versperrte Tür.« Sie begann bitterlich zu weinen.

»Aber hör mal zu, was möchtest du eigentlich, daß ich tue? Mich scheiden lassen und mit dir zusammenleben? Oder dich heiraten?«

Sie trocknete die Tränen und lächelte. »Natürlich, du Dummes!«

»Aber siehst du denn nicht ein, daß das nicht geht? Jetzt toleriert uns alle Welt und schließt beide Augen. Im Augenblick, in dem wir tun, was du möchtest, würden sie sich alle gegen uns stellen und vor allem gegen dich. Siehst du das nicht ein? Im Büro werden sie dich nicht behalten, wahrscheinlich keinen von uns, aber dich bestimmt nicht ...«

»Wenn wir einmal zusammenleben, spielt das keine Rolle mehr. Ich würde zu Hause bleiben.«

»Zugegeben. Aber du siehst die Dinge nicht, wie sie wirklich sind. Wenn wir zusammenlebten, würde man dich wie eine gewöhnliche Hure behandeln. Würden wir heiraten, dann würde man dich als die Frau behandeln, die einen verheirateten Mann verführt und ein Heim zerstört hat. Ich nehme an, nicht einmal deine Familie sähe das gern.«

»Scher dich nicht um diese Dinge! Ich bin großjährig und kann tun, was mir beliebt. Wenn es nur das ist – es macht mir nichts, wie mich die Leute nennen.«

»Aber mir macht es etwas.«

»Da siehst du's, du liebst mich nicht.«

Die ganze Unterhaltung klang falsch und hohl, aber sie nahm kein Ende. Von diesem Ausflug kehrten wir in feindseliger Stimmung zurück. Ich verstand Marias Haltung und ihre Hoffnungen, hatte aber nicht die Absicht, sie zu erfüllen. Eine Scheidung, der ein gemeinsamer Haushalt oder gar eine Ehe folgte, hätte für mich bloß den Austausch einer Frau gegen eine andere bedeutet, mit der Aussicht auf mehr Kinder und die Langeweile einer Ehe ohne Liebe. Sie dagegen war zu der Überzeugung gelangt, ihre Zärtlichkeit würde mich glücklich machen, da ich sie trotz allem sehr gern hatte und keine Hoffnung mehr haben konnte, jemals noch »der Frau« zu begegnen, von der ich zu träumen und zu reden pflegte. Schließlich wußte sie sehr gut, daß ich achtunddreißig Jahre alt war, ein Alter, in dem ein Mann in Liebesfragen allmählich zum Fatalisten oder zum Skeptiker wird.

Aber noch war ich kein Skeptiker. Und andererseits wollte ich Maria weder einfach loswerden noch sie kalt ausnützen.

Wir hatten zusammen gute Zeiten gehabt. Aber ich wußte genau, daß die Bürde des Zusammenlebens unsere Freundschaft und Zuneigung zerstören würde, die aus der Einsamkeit entstanden waren.

Unsere Aussprache war abgeschlossen, ließ aber eine Spannung zurück. Maria wiederholte ihr Verlangen nicht, aber sie steigerte ihre Aufmerksamkeiten für mich auffällig. Sie wollte mir zeigen, daß sie nicht nur als Geliebte eine vollkommene Frau war, sondern auch als Hausfrau. Ihre Taktik war falsch. Ich war am Leben mit einer guten Hausfrau nicht interessiert. Sie reizte mich bloß; sie langweilte mich.

Gegen Ende des Jahres 1935 war ich in einen Zustand akuter Reizbarkeit und Verzweiflung geraten. Ich vermied den Kontakt mit beiden Frauen und konnte doch keiner entweichen. Und um diese Zeit begann der Wahlfeldzug. Mehrere Wochen lang fegte die Erregung der Massen und das Bewußtsein dessen, was auf dem Spiele stand, alle meine Privatprobleme hinweg. Ich stürzte mich in Novés in den Kampf.

Elíseo begrüßte mich mit einem Willkommenruf, als ich das Armeleutekasino betrat: »Wir haben schon auf Sie gewartet. Wir haben beschlossen, die Wahlen hier vorzubereiten, und wollen ein Wahlkomitee bilden.«

»Eine ausgezeichnete Idee!«

»Aber Sie sollen die ganze Sache organisieren. Wir hier haben von nichts eine Ahnung, aber wir wollen die Sache gut machen. Heliodoro und seine Bande haben auf ihrer Seite alles schon fertig. Sie versprechen dem Volke alles Glück unter der Sonne und bedrohen gleichzeitig die Leute, die nicht nach ihrer Pfeife tanzen wollen. Und Hunger ist ein schlechter Koch. Aber wir haben Freunde in Madrid, und wenn Sie uns helfen, werden wir Versammlungen veranstalten und Propaganda machen. Na, Sie wissen schon, wie ich das meine.«

Das erste, was ich tat, war, die Verbindung mit zwei alten Madrider Freunden, Carlos und Antonio, wieder aufzunehmen.

Carlos Rubiera war ein altes Mitglied des Sozialistischen Jugendverbandes, und die Partei hatte seinen Namen auf die Wahlliste gesetzt. Im Jahre 1931 hatten wir zusammen an der Gründung einer Beamtengewerkschaft in Madrid gearbeitet; unsere Gewerkschaft war ein Erfolg geworden, und Carlos stürzte sich kopfüber in die Politik. Er hatte mich oft aufgefordert, Funktionär der Sozialistischen Partei oder Gewerkschaftsbeamter zu werden; ich hatte abgelehnt, weil mich eine politische Laufbahn nie angezogen hatte, aber wir waren gute Freunde geblieben. Er war ein begabter Redner und Organisator.

Antonio war Kommunist. Ich wußte genau, wie anständig, wie arm und wie engstirnig er war. Er war ein kleiner Beamter gewesen, mit einem Hungergehalt, und hatte keine anderen Aussichten im Leben, als ein Federfuchser zu bleiben, wie er sagte, und sich und seine Mutter gerade noch vor dem Verhungern zu bewahren. Aber im Jahre 1925, während Antonio mit Tuberkulose in einer staatlichen Heilanstalt lag, starb seine Mutter in bitterstem Elend. Als er geheilt und verzweifelt wieder in Madrid auftauchte, stellte ihn seine Firma mit einem noch geringeren Lohn wieder an, weil er nunmehr weniger Familienverpflichtungen habe. Sein Gehalt hätte außer für den nackten Lebensunterhalt nicht zum bescheidensten Laster gereicht, aber seine Tuberkulose hatte Rauchen und Trinken ohnedies unmöglich gemacht, und seit seiner Krankheit hatte er nun auch vor den Frauen Angst bekommen. Er wurde Kommunist, einer der ersten Kommunisten in Spanien, und hing seinem Glauben mit dem Eifer eines Fanatikers an. Im Jahre 1936 war er ein kleiner Parteibeamter.

Rubiera und Antonio schickten mir Propagandamaterial für Novés, gaben mir Anregungen zur Organisation des Wahlkomitees und versprachen, Redner ins Dorf zu schicken. Am nächsten Samstagnachmittag bildeten wir das Wahlkomitee der Volksfront in Novés.

Am gleichen Abend rief mich José beiseite und führte mich in seine Wohnung im Hintertrakt des Reicheleutekasinos.

Während seine Frau den Gästen an seiner Stelle den Kaffee servierte, brachte José eine Flasche Kognak zum Vorschein.

»Entschuldigen Sie, daß ich Sie hierhergebracht habe, aber wir müssen allein miteinander reden. Ich möchte Ihnen einen guten Rat geben.«

»Vielen Dank, José, aber ich kann mich nicht erinnern, Sie um einen Rat gebeten zu haben.

»Seien Sie nicht böse auf mich, Don Arturo! Es ist ein Freundesrat. Freunde müssen zeigen, was sie sind, wenn sie gebraucht werden. Ich empfinde für Sie und Ihre Familie große Achtung, und ich kann meinen Mund nicht länger halten. Nicht, daß ich ein persönliches Interesse an der Sache hätte! Ich kümmere mich um mein Geschäft, das mir zu leben gibt, und das ist alles. Aber ich kenne unser Dorf, und Sie sind fremd hier. Sie werden hier nichts ändern können, glauben Sie mir das!«

»Und was ist eigentlich Ihr Rat?«

»Daß Sie sich in diese Wahlen nicht einmischen sollen. Lassen Sie die Leute selbst damit fertig werden, so gut sie können, und spielen Sie nicht den Don Quijote! Sehen Sie, wenn Sie sich's in den Kopf setzen, sich mit der Bande Elíseos einzulassen, werden Sie gleich nach den Wahlen in den nächsten Autobus steigen müssen und nie mehr zurückkommen können. Das heißt, wenn man Sie gehen läßt ...«

»Schön, vermutlich ist das die ganze Botschaft, die Ihnen Heliodoro für mich gegeben hat.«

»Wenn Sie es so nehmen wollen ... Es ist schon wahr, daß er mir sagte, man müßte Sie eigentlich warnen, und daß er selbst es nicht tun könne. Aber es war mein eigener Gedanke, daß ich's tun sollte, weil ich Sie so schätze.«

»Vielen Dank, José! Aber ich glaube nicht, daß ich meinen Sinn ändern werde. Mag sein, daß Sie recht haben und ich dafür werde bezahlen müssen, indem ich das Dorf verlasse. Aber ich kann meine Leute nicht im Stich lassen.«

»Nun, überlegen Sie es sich gut! Und bitte – aber dies ist wirklich nur mein eigener Gedanke –, spazieren Sie bei Nacht nicht zuviel allein herum! Unsere Leute hier sind sehr grob, und es hat noch bei jeder Wahl Schlägereien gegeben.«

Als ich im Kasino Elíseos dieses Gespräch berichtete, verursachte es große Aufregung. Wann immer ich nachher nachts ausging, wurde ich überallhin von zwei kräftigen jungen Männern mit Knüppeln begleitet.

Ich fuhr nach Santa Cruz de Retamar, um mit dem Korporal der Zivilgarde die gesetzlichen Formalitäten zu erledigen. Er empfing mich mit einem mürrischen Gesicht.

»Und wer hat Ihnen geheißen, sich in all das einzumischen?«

»Ich habe ein Recht dazu, nicht wahr? Ich bin Haushaltungsvorstand in Novés und habe das gute Recht, am Dorfleben teilzunehmen.«

»Na, schön! Hier sind Ihre Papiere! An Ihrer Stelle würde ich still im Hause sitzen, denn wenn ich mich nicht sehr täusche, wird es bei den Wahlen allerlei Krach geben. Für mich ist die Sache sehr einfach. Meine Pflicht ist, die Ordnung aufrechtzuerhalten, gleichgültig, wer dadurch in Mitleidenschaft gezogen wird. Sie sind hiermit gewarnt. Gott befohlen!«

Carlos Rubiera und Antonio hielten ihr Versprechen. Vier Redner der Volksfront kamen am Sonntag nach Novés: einer von der republikanischen Linken, ein Sozialist, ein Kommunist und ein Anarchist. Mit Ausnahme des Republikaners, eines Mannes mittleren Alters, waren sie alle junge Burschen und im politischen Leben völlig neu. Die Nachricht verursachte bei Elíseo einen Aufruhr.

»Wir brauchen den Tanzsaal!«

Der Tanzsaal gehörte zum Wirtshaus am Marktplatz, vor welchem der Autobus hielt und wo sich das Postamt befand. Ich ging zum Wirt hinüber.

»Wir möchten den Ballsaal für eine Versammlung am nächsten Sonntag mieten.«

»Da müssen Sie sich an Heliodoro wenden; der hat ihn für die ganze Zeit bis zum Wahltag für Versammlungen der Rechten gemietet. Ich kann da nichts machen.«

Heliodoro empfing mich in seinem Büro mit dem Pomp eines großen Geschäftsmannes, hinter seinem großen Walnußschreibtisch verbarrikadiert und von Papierbündeln umgeben. Er antwortete mit eisigem Lächeln: »Tut mir leid, aber ich kann Ihnen nicht helfen, ich brauche den Saal.«

Entmutigt ging ich zu Elíseo zurück. Wir konnten – es war Mitte Januar – keine Versammlung im Freien abhalten. Aber Elíseo kam auf eine Lösung.

»Dreckige Lumpen sind sie, diese Leute! Heliodoro kann den Tanzsaal gar nicht mieten, weil er von der Ortsgemeinde gemietet ist. Die Gemeindeverwaltung bezahlt dem Rufino« – das war der Wirt und Postmeister – »so und so viel im Jahr, und er hat nur das Recht, wenn eine Tanzveranstaltung stattfindet, ein Büfett aufzustellen. Untervermieten darf er nicht.«

Ich kehrte zu Heliodoro zurück. Er richtete sich straff auf.

»Ich habe den Tanzsaal gemietet, und hier ist die Quittung dafür. Wenn Sie eine Anzeige gegen Rufino oder den Gemeinderat erstatten wollen, so ist das Ihre Sache, aber lassen Sie mich aus dem Spiel ...«

Ich ging zum Korporal und erklärte ihm den Fall. Er zuckte die Achseln, er könne nichts tun. Da verlor ich die Geduld.

»Jetzt passen Sie gut auf! Vor einigen Tagen haben Sie mir erklärt, Sie seien hier, um die Ordnung aufrechtzuerhalten, wer immer dadurch in Mitleidenschaft gezogen werde. Der Tanzsaal ist zur freien Benutzung für die ganze Ortsbevölkerung da, dafür wird die Miete bezahlt. Ich werde die Versammlung nicht absagen, und die Versammlung wird im Tanzsaal stattfinden. Sie können das regeln, wie Sie wollen, ich meine, wenn Sie nicht wollen, daß das Faß zum Überlaufen kommt. Sie werden die Verantwortung zu tragen haben, denn es ist Ihre verdammte Pflicht und Schuldigkeit, öffentliche Reibungen und Unzuträglichkeiten im Entstehen zu verhindern.«

Der Korporal der Zivilgarde trat den Rückzug an. Die Dörfer und Städte der Provinz, die unter der Rache der Gutsbesitzer während der zwei schwarzen Jahre besonders schwer gelitten hatten, waren unruhig. Die Leute waren einem Ausbruch nahe. Der Korporal sah voraus, daß es zu einem offenen Konflikt in Novés kommen werde, für den man schließlich ihm die Verantwortlichkeit zuschieben würde. Am gleichen Abend sprach er mit Heliodoro, und Heliodoro trat mir den Tanzsaal »als persönliche Vergünstigung« ab.

Während dieser Wochen fuhr ich nahezu jeden Abend nach Novés und kehrte frühmorgens nach Madrid zurück. An einem dieser Abende überreichte mir Aurelia einen Brief: »Hier, José hat das für dich gebracht. Und er hat mir alles erzählt. Ich kann nicht verstehen, was zum Teufel du in diesen Wahlen zu suchen hast.«

Dieser Brief war eine Mitteilung des »Vereins der Agrarier von Novés« – das war der offizielle Titel des Reicheleutekasinos – und besagte, die Generalversammlung habe einstimmig beschlossen, mich als Mitglied zu streichen. Wir feierten das bei Elíseo am gleichen Abend. Der »Verein der Arbeiter von Novés« ernannte mich zum Ehrenmitglied, ebenfalls einstimmig. Worauf wir hinauszogen, um im Dunkel an Häuser und Mauern unsere Versammlungsplakate zu kleben.

Es war ein Tag strahlender Sonne, und das Dorf sah ganz verändert aus. Vom frühen Morgen an kamen die Menschen aus den Nachbardörfern, »um die Reden dieser Männer aus Madrid anzuhören«. Die Hauptstraße füllte sich mit Bauern und Landarbeitern, von Weib und Kind begleitet, und sie alle lärmten, schrien einander Grüße zu und gestikulierten aufgeregt. Der Tanzsaal war mit Volksfrontplakaten tapeziert, und die Tore standen weit offen. Die Leute kamen und gingen in ununterbrochener Pilgerfahrt, ohne ihre Neugierde an den neuen Sehenswürdigkeiten zu erschöpfen. Gegen Mittag tauchte eine Anzahl Frauen mit Stühlen auf, die sie entlang den Wänden aufstellten, fest entschlossen, weder das Schauspiel noch ihre Sitze aufzugeben, auch wenn das stundenlanges Warten bedeuten sollte.

Der Tanzsaal war nichts als ein ehemaliger Stall, der in ein Vergnügungslokal umgewandelt worden war, indem man an einem Ende eine bretterne Bühne aufgeschlagen und sie mit rotem Kattun drapiert hatte.

In der Mitte der Bühne hatten wir einen Tisch für den Vorsitzenden aufgestellt, mit einem Dutzend Stühlen in einem Halbkreis dahinter, und seitwärts einen kleineren Tisch für die Redner; über beiden Tischen lag die Trikolore der spanischen Republik, aus billigem Kattun. Die Versammlung sollte um drei Uhr nachmittags beginnen, und wir hatten geplant, daß die Redner zuerst bei mir im Hause eine Mahlzeit einnehmen sollten. Ein paar Dorfburschen gingen zum Rand der Senke und stellten sich auf der Straße auf, um uns von der Ankunft des Autos zu verständigen. Um zwölf Uhr kamen zwei Zivilgardisten unter dem Befehl des Korporals und postierten sich vor die Türe des Tanzsaales; dort luden sie ostentativ ihre Karabiner.

»Nanu! Wollt ihr uns alle umbringen?« fragte eine ältere Frau lächelnd.

Der Korporal gab keine Antwort, sondern schaute die Frau aus glanzlosen Augen an. Ein paar Leute kamen sofort zu Elíseo gelaufen, wo auch ich war, und erzählten uns von dem Zwischenfall.

»Ihr könnt euch nicht vorstellen, mit was für Augen er auf die arme Frau schaute! Glaubt ihr, es wird Krach geben?«

Elíseo verließ den Raum und kam mit einer Pistole zurück, die er in den Gürtel zwischen die Hemdfalten steckte.

Der Wagen langte um zwölf Uhr dreißig an und wurde von einem wilden Geschrei aus Hunderten von Kehlen empfangen. Dem Heliodoro muß es einen Stich ins Herz gegeben haben. Ich war gezwungen, mein Haustor zu schließen, sonst hätte es eine wahre Invasion gegeben.

Der einzige Mann, der ländliche Verhältnisse kannte, war der Sozialist, ein Mitglied des Landarbeiterverbandes von Toledo. Die drei andern waren aus Madrid. Der Vertreter der Republikanischen Linken war ein kurzbeiniger kleiner Mann, der Typus eines prätenziösen Beamten im schwarzen Sonntagsrock. Er sprach langsam und mit großem Nachdruck und war unfähig, auch nur einen einzigen Satz hervorzubringen, ohne seinen Parteiführer, Don Manuel Azaña, zu erwähnen. Der Anarchist war ein junger Kellner, vergnügt und beweglich, der uns mit einer Sturzflut von Worten überschüttete. Der Kommunist, ein junger Metallarbeiter, stand ihm nicht nach, doch sprenkelte er die Sturzbäche seiner Phrasen mit Zitaten aus Marx und Lenin. Alle vier waren ein wenig nervös.

Als wir vom Seitentürchen aus die Bühne betraten, sahen wir zu unseren Füßen einen wogenden Teppich von Köpfen und einen nicht weniger bewegten Farbfleck im Hintergrund. Aus Vorsicht hatte man die Frauen außer Reichweite auf die primitive Galerie gesetzt, und ihre grellbunten Kopftücher und Blusen verflossen dort in fröhlicher Mischung. Die Männer standen dicht aneinandergepreßt, und vor dem Eingang drängten sich mehr als zweihundert Menschen, die im Tanzsaal keinen Platz gefunden hatten. Das große Tor zum Marktplatz stand weit offen, so daß man die Reden draußen hören konnte.

Teodomiro, der Bürgermeister, eine von Heliodoros Kreaturen, saß auf einem der Stühle hinter dem Präsidententisch. »Ich bin hier als Vertreter der Behörde«, erklärte er mir.

Dagegen war nichts zu sagen. Ich eröffnete die Versammlung. Der Kommunist der jüngste der vier Redner, sprach als erster. Er begann damit, die Vorteile einer Volksfront zu erklären. Er sprach recht gut, mit einer gewissen Nervosität und großen Gesten, aber fließend und mit Überzeugung. Die Zuhörer, von vornherein freundlich eingestellt, tranken seine Worte in sich hinein und unterbrachen ihn von Zeit zu Zeit mit Beifall. Dann kam er zum Thema des asturischen Aufstandes.

»... eines der großen Ziele dieses Bundes der Linken ist die Befreiung unserer Gefangenen. Jeder von uns hat einen Ge-

fangenen freizubekommen, jeder einen Mord zu rächen. Im
Namen derer, die in Oviedo ermordet wurden ... «
Tosender Beifall unterbrach ihn. Der Bürgermeister erhob
sich, fuchtelte mit den Händen und schlug auf den Tisch.
»Ruhe! Ruhe!« Das Schweigen der Überraschung senkte sich auf den Saal
herab. Was wollte dieser Kerl sagen? Teodomiro wandte sich
zu dem Kommunisten: »Falls Sie noch einmal Asturien erwähnen, schließe ich die Versammlung. Ich vertrete die Behörde.«

Ich flüsterte dem Redner zu, er möge sich auf Wahlpropa-
ganda beschränken und lieber Asturien unerwähnt lassen, als
die ganze Versammlung aufs Spiel zu setzen. Aber Teodomiro
hatte offensichtlich seine Instruktionen, denn er unterbrach
den Redner von nun an bei jedem Satz. Am Ende wurde der
junge Mann völlig aus dem Geleise gebracht. Der Republikaner beugte sich zu mir.

»Erteilen Sie mir jetzt das Wort, ich bin ein alter Hase!«
Ich sagte dem Jungen, er möge jetzt Schluß machen, so
gut er könne. Und dann stand der Anhänger Azañas vor der
erregten Zuhörerschaft.

»Ich wollte zu euch sprechen und meine persönlichen Ansichten auseinandersetzen, die in vielen Punkten mit denen
meines Kollegen, des Vorredners, übereinstimmen. Aber wir
müssen die Behörden respektieren, die von unserem Freund
hier, dem Bürgermeister, vertreten werden, und da ich nicht
möchte, daß er meine Worte falsch auslegt, werde ich zu euch
nur mit den Worten Don Manuel Azañas sprechen, den gleichen Worten, die er in einer öffentlichen Versammlung in
Comillas benützte, die von der Presse berichtet wurden und
die nun schon historisch geworden sind. Ich glaube nicht, daß
mir der Herr Bürgermeister dieses Recht versagen wird.«

»Ganz richtig, ganz richtig, gewiß nicht!« bekräftigte Teodomiro.

»Nun denn, in Comillas sagte Don Manuel ...« und der
kleine Mann, der ein fabelhaftes Gedächtnis haben mußte,

produzierte ein Gewebe von Zitaten aus der berühmten Rede, die ganz Spanien erschüttert hatte, schärfste Anklagen gegen die Politik des Klerus, die Bedrückung von Asturien, die den politischen Gefangenen zugefügten Martern, die Skandale der Schiebungen und der Korruption, die von der Falange verübten Gewalttaten. Das Publikum tobte vor Beifall nach jedem Zitat und ließ es kaum zu Ende kommen. Teodomiro war purpurrot im Gesicht und beriet sich mit dem Korporal. Der Korporal schüttelte den Kopf. Da war nichts zu machen.

Der Sozialist war der nächste an der Reihe, und er hatte seine Lektion gelernt. Tückisch fragte er Teodomiro: »Ich nehme an, Sie haben nichts dagegen einzuwenden, daß ich Worte Don Francisco Largo Caballeros zitiere?«

Der Kampf war gewonnen. Der Sozialist und der Anarchist sprachen, und das Publikum jubelte, ebensosehr darüber, daß »seine« Redner den Behörden das Konzept verdorben hatten, wie über den Inhalt der Reden. Jedermann war überzeugt, daß es sich weniger um eine Hintertreibung der kleinen Intrigen des Bürgermeisters handelte als um eine Niederlage seines Herrn und Gebieters, des Kaziken Heliodoro, und des Korporals der Zivilgarde.

Als am Ende der Versammlung einige Leute die Internationale zu singen begannen, erhob ich mich.

»Ich will nur ein paar Worte zum Abschluß dieser Versammlung sagen. Ihr habt verstanden, was geschehen ist, und ich nehme an, ihr habt auch verstanden, was hätte geschehen können. Wenn ihr nicht wollt, daß alles schlecht endet – und ich weiß, ihr wolltet es nicht –, dann geht langsam hinaus, singt nicht, schreit nicht auf der Straße, steht nicht in Gruppen beisammen – geht heim oder anderswohin, aber gebt keinen Anlaß zu einem Zwischenfall!«

»Wollen Sie etwa sagen, ich sei hergekommen, um einen Auftritt zu provozieren?« grunzte Teodomiro.

»Aber nein, Sie sind als Vertreter der Behörde hergekommen, um Unruhen zu verhindern. Dank Ihnen ist es tatsächlich während der Versammlung nicht zu Unruhen gekommen, und nun will ich nicht, daß es auf der Straße welche gibt, wo weder Sie noch ich eingreifen können. Wer Ohren hat, der höre …«

Die Versammlung von Novés wurde in der ganzen Gegend berühmt und überall in den kleinen Dörfern der Umgebung nachgeahmt. Die Volksfront fand einen guten Boden zwischen Santa Cruz de Retamar und Torrijos. Und was sich in Novés in kleinem Maßstab ereignet hatte, ereignete sich in ganz Spanien, wenn auch nicht immer mit dem gleichen Ausgang.

Die Wahlen vom 16. Februar wurden zu einem Sieg der Volksfront. Als die Kammer zusammentraf, gab es 265 Abgeordnete der Linken, 64 der Mitte und 144 der Rechten.

Die höchste Stimmanzahl hatte der Sozialist Julián Besteiro erreicht, der kein Berufspolitiker war und dessen Ansichten von der Mehrheit der Arbeiter nicht geteilt wurden, der jedoch die Sehnsucht des spanischen Volkes nach Kultur, Anständigkeit und sozialem Aufstieg verkörperte.

Als die Hochflut der Begeisterung verebbt war, ging die Masse der Wähler nach Hause. Die Politiker nahmen den Kampf um die Macht wieder auf. Nach der ersten Tagung der Cortes begann die Volksfront auseinanderzufallen. Es schien, als hörte keiner mehr auf die Stimme des Volkes.

In Novés gab es große Veränderungen. Die öffentlichen Ämter wurden denjenigen anvertraut, die freundschaftliche Beziehungen zum Abgeordneten für den Wahlbezirk Torrijos hatten. O ja, er war ein Abgeordneter der Volksfront. Die Menschen jedoch, die sich bei Elíseo trafen, hatten ihre Rolle ausgespielt, kaum daß sie ihre Stimme abgegeben hatten, und Heliodoro ließ das volle Gewicht seiner wirtschaftlichen Macht auf die neuen Verwaltungsbeamten niederfallen. Für die Leute, die wartend auf der Steinmauer der Straße saßen, gab es nicht mehr Arbeit als zuvor.

»Jetzt wird es sehr bald schlimm losgehen, Sie werden sehen«, sagte der alte Juan. »Man kann nicht Kuchen backen, ohne zuvor Eier zu zerschlagen.«

Zwei Wochen nach den Wahlen brachte ich meine Familie wieder nach Madrid.

DER ZÜNDSTOFF

Ich hatte eine große und billige Wohnung gefunden – in der Calle del Ave María, einer Straße, die von der Puerta del Sol kaum dreihundert Meter entfernt war und doch zum ältesten Arbeiterviertel der Stadt gehörte. Ich mochte die Straße gern, weil sie in der Nähe der Stadtmitte und auch meiner Arbeitsstätte lag. Aber sie bot mir noch einen weiteren Vorteil. Es war eine der Straßen, die nach Lavapiés führen, dem Viertel, in dem ich meine Kindheit verbracht hatte. Meine Mutter hatte drei Straßen weiter abwärts gelebt. Und meine alte Schule, die Escuela Pia, war so nahe, daß ich nachts die Uhr schlagen hörte, die mich so viele Jahre lang zum Unterricht gerufen hatte. Jede Straße und jeder Winkel bargen eine Erinnerung für mich, und in den schäbigen alten Miethäusern wohnten noch immer ein paar alte Freunde.

Aurelia, meine Frau, zog nur widerwillig hin. Den Vorteil einer großen Wohnung gab sie zu, war eine solche doch wichtig für die vier Kinder, aber alle anderen Mieter waren bloß Arbeiter, und sie meinte, daß wir zu einer höheren gesellschaftlichen Kategorie gehörten, die für eine solche Umgebung zu gut wäre. Ich jedoch wollte hier hin. Vielleicht war das, was ich wirklich wünschte, eine Rückkehr zu dem Boden, in dem ich verwurzelt war.

Am Morgen, an dem das Lastauto mit den Möbeln ankam, machte ich die Bekanntschaft Angels.

Die Leute, die mit dem Auto gekommen waren, begannen mit dem Abladen und Hinauftragen der Sachen. Einer von ihnen unterschied sich von den vier anderen, die große, muskulöse, schwerfällige Möbelpacker waren. Er war etwa Mitte der Vierzig, kurzbeinig, aber mit sehr breiten Schultern und einem runden, affenartig beweglichen Gesicht. Er arbeitete härter als jeder andere, lächelte aber dabei die ganze Zeit und entblößte zwei Reihen tabakgeschwärzter Zähne. Er trieb die anderen an, schob jedes Möbelstück genau an den richtigen Platz, schnitt den Kindern Gesichter oder erzählte, um die Arbeit zu beleben, eine komische Geschichte nach der anderen und sauste unermüdlich hin und her wie ein Gummiball.

Als alles an Ort und Stelle war, gab ich dem Fahrer eine Fünfundzwanzigpesetasnote zur Verteilung unter den fünf. Als der Kurzbeinige sich vor ihn hinstellte und seinen Duro verlangte, starrte der Fahrer ihn bloß an:»Und warum sollte ich dir einen Duro geben?«

»Was denkst du dir eigentlich? Ich habe dafür genau so gearbeitet wie die anderen.«

»Und wer hat dir befohlen zu arbeiten? Wenn dich der Herr da gerufen hat, wird er dich auch selber bezahlen.«

»Ich dachte, er wäre einer von euch«, sagte ich.

»Und wir, Herr, dachten, er wäre mit Ihnen gekommen.«

»Schön! Ich will's erklären. Aber kann mir zuerst einmal jemand eine Zigarette geben?« Ich gab ihm eine Zigarette, die er sich gemächlich anzündete; dann erzählte er:»Nämlich, ich bin der Angel. Man nennt mich hier herum Angelito. Ich habe keinen Tabak und keine Arbeit. Nicht etwa, daß ich nicht arbeiten möchte, aber es gibt keine Arbeit. Als ich das Lastauto mit den Möbeln sah, sagte ich mir:,Da können wir helfen. Etwas wird schon herausschauen dabei, wenn auch vielleicht nicht mehr als ein Glas Wein.' Also, wenn ihr Leute keinen Taler springen lassen wollt, dann habe ich einfach Pech gehabt. Von dem Herrn da werde ich nichts verlangen, denn ich habe ja euch eine Menge Arbeit erspart, und ihr solltet mich bezahlen. Aber wenn ihr nicht wollt, macht's auch nichts. Salud!«

Er spuckte aufs Pflaster und ging mit Verachtung im Blick davon. Ich rief ihm nach:»Laufen Sie doch nicht so weg, Menschenskind! Sie hätten ja wirklich vorher fragen sollen, aber irgend etwas wird sich auch für Sie tun lassen.«

Das Lastauto fuhr davon, und ich hatte Lust, etwas zu trinken, also lud ich Angel in die Kneipe im Erdgeschoß des Hauses ein. In der Tür fragte er mich: »Trinken Sie gern Wein?«

»Und ob!«

»Dann gehen wir in die Kneipe auf Nr. 11, denn dort gibt's einen Wein, der wirklich gut ist. Ich meine, wenn's Ihnen nichts ausmacht. Denn in der Schenke hier verlangen sie vierzig Centimos für ein Glas Bier, und für das gleiche Geld kann ich drüben vier ebenso große Gläser Wein trinken. Und nun will ich Ihnen was sagen: ich habe eine richtige Sehnsucht nach einem Glas Wein. Habe seit Monaten keinen Tropfen gekostet.«

Angel wohnte in der nächsten Gasse, der Calle de Jesú y María, als Pförtner in einer elenden Mietskaserne. Er war verheiratet, hatte aber glücklicherweise keine Kinder; er hatte als Laufjunge in einem Drogistenladen begonnen, war Gehilfe in einem Laboratorium geworden und hatte als Angestellter in einer Drogengroßhandlung geendet.

»Und dann, vor zwei Jahren, hatte ich Krach mit einem der Chefs, weil ich ihm sagte, ich hätte nicht die Absicht, in die Messe zu gehen. Also warfen sie mich hinaus. Und seither bin ich die ganze Zeit ohne Arbeit gewesen.

Leid tut mir vor allem meine Frau, die es schlimmer hat als ich. Ich will sie jetzt zu ihrer Familie schicken: die haben einen Bauernhof in der Provinz Burgos und stehen sich nicht schlecht. Und ich werde die Bescheinigung der Firma vorlegen, daß ich wegen Asturien entlassen wurde, und sie werden mich wieder einstellen und den Rückstand bezahlen müssen.«

Es gehörte zu den Projekten der Volksfront, die Wiedereinstellung von Personal zu erzwingen, das im Zuge der Vergeltungsmaßnahmen für den Oktober 1934 entlassen worden war.

Am Tag darauf tauchte Angel in meiner Wohnung auf: »Ich bin gekommen, weil Sie ja nach der Übersiedlung eine Menge Dinge hier in der Wohnung brauchen werden. Ich kann die Lichtleitung legen, die Zimmer streichen, einkaufen gehen, die Kinder spazierenführen. Sie sind mir nämlich sympathisch.«

Ein paar Wochen lang riß Angel alte Tapeten von den Wänden, füllte Löcher mit Gips und bemalte die Wände. Er kam auch, als alles schon in Ordnung war, half der Frau im Hause und führte die Kinder zum Abendspaziergang in den Retiro. Die Kinder hatten ihn ins Herz geschlossen, ich mochte ihn gut leiden, und er vergalt es mir mit der Zuneigung eines alten Faktotums von Kammerdiener. Er war der klassische Madrileño, frech, unbekümmert und aufgeweckt wie ein Spatz, immer vergnügt und immer auf der Hut. Nach einigen Wochen gehörte er zu dem Stammtisch, der sich jeden Abend im Hause unten in Emilianos Schenke traf.

Auch ich hatte mir dort einen Sitz ergattert, denn in die fröstelnde Leere meines häuslichen Herdes konnte ich Freunde ja nicht einladen, und ich selbst wollte nicht gereizt und vereinsamt zu Hause hocken oder sinnlose Streitigkeiten ausfechten. Ebensowenig wollte ich jeden Abend mit Maria ausgehen. Aber ich brauchte die Gesellschaft von Menschen, die an mich keine Ansprüche stellten, sobald ich mit den komplizierten, oft widerwärtigen und aufregenden Aufgaben meiner Tagesarbeit fertig war.

Allabendlich nach dem Essen kam Rafael, um mich zum schwarzen Kaffee unten in Emilianos Schenke zu holen. Dort trafen wir Fuñi-Fuñi. Er war Rafaels Schulkollege gewesen, und ich kannte ihn seit meinen Jungentagen. Seinen Spitznamen hatte er schon in der Schule bekommen, weil er beim Atemholen schnüffelte wie ein mißtrauischer Hund – »fnn-fnn« – und jedesmal, wenn er den Kopf hob, nieste. Überdies schnüffelte er beim Reden nach jedem zweiten Wort. Seine Nase war ein winziges, an sein rundes Gesicht geklebtes Kügelchen mit zwei Schlitzen, und er konnte so nicht richtig atmen. Er war sehr kurzsichtig und trug große, runde Gläser; sein Optiker mußte sich für ihn eine neue Art breiter Brücke ausdenken, sonst hätten sie auf dem nicht vorhandenen Nasenrücken nicht gehalten. Der Schnurrbart über seinen dicken Lippen, den er wachsen ließ, um wenigstens die Oberlippe zu verstecken, ragte in rauhen Borsten empor wie die Stacheln eines Igels; das Ganze sah eher wie das Mondgesicht eines jener grotesken Fische aus, die sich manchmal in ein Fischernetz verirren und die man sich weder selbst zu essen noch einer Katze zu geben traut.

Funi-Funi lebte in nächster Nähe und besuchte die Schenke, um sich mit Manolo, dem jungen Sohn unseres Pförtners, in politischen Diskussionen zu ergehen. Funi war ein anarchistischer Intellektueller, getränkt mit politischer Theorie und abstrakter Philosophie; Manolo war ein Mechaniker mit kommunistischen Sympathien, der jedes Buch über den Marxismus, das er ergattern konnte, verschlang und auf seine Weise verdaute. Rafael und ich saßen gewöhnlich mit ihnen zusammen, und Angel schloß sich uns an.

Viele Nächte lang lauschte Angel mit gespannter Aufmerksamkeit dem Gespräch, ohne selbst etwas zu sagen, und mehr als einmal verlor er sich im Labyrinth von Namen und Zitaten, die ihm nichts sagten. Von Zeit zu Zeit unterbrach er Funi.

»Wer ist der Kerl, von dem du da sprichst?«

Funi-Funi erklärte dann geduldig, wer Kant war oder Engels oder Marx oder Bakunin, und Angel schnitt beim Zuhören die seltsamsten Gesichter. Und dann kam der Abend, an dem er plötzlich aufsprang, mit der flachen Hand auf den Tisch schlug und sagte:»So, jetzt ist aber die Reihe an mir! Alle diese Dinge, über die ihr da Tag für Tag redet, und alles das, was ihr gerade erzählt habt, ist keinen Schuß Pulver wert. Ich bin ein Sozialist. Schön. Und ich habe nie diesen Marx oder diesen Bakunin gelesen, und sie interessieren mich nicht im mindesten. Ich bin aus den gleichen Gründen Sozialist, aus denen du Anarchist bist und Manolo Kommunist ist. Weil wir von diesem Schweineleben genug haben. Da wird man in diese Welt hineingeboren, und wenn man zu begreifen beginnt, wo man überhaupt ist, heißt die erste Lektion, daß der Vater arbeitslos ist, die Mutter schwanger und der Kochtopf leer. Dann wird man in die Schule geschickt, damit die Klosterbrüder einem aus Wohltätigkeit Essen geben, und ehe man noch richtig lesen gelernt hat, heißt's eines Tages: An die Arbeit nun wie ein Mann! Man kriegt vier Kupfer vom Meister und nichts vom Gesellen, und alleweil heißt es: ‚Junge, ein Glas Wasser!‘ – ‚Junge, trag die Eimer hinaus!‘« – ‚Junge, du kriegst einen Tritt in den Hintern!‘ Und den geben sie einem manchmal auch. Bis man erwachsen ist, und dann kriegt man einen Duro. Schäbige fünf Pesetas. Und was geschieht? Man verliert den Kopf, man verliebt sich, man heiratet, man bekommt Kinder, und auf einmal ist man arbeitslos. Dann geht die Frau reinemachen, die Kinder gehen in die geistliche Schule, um Klostersuppe zu bekommen, und selber rennt man auf der Straße im Kreis herum und flucht der Mutter, die einen geboren hat. Ja, und darum bin ich Sozialist, wegen aller der gräßlichen Dinge, die Ihr gehorsamer Diener Angel García in den mehr als vierzig Jahren seines Lebens hat schlucken müssen. Und jetzt will ich euch was sagen: Laßt Marx und Bakunin aus dem Spiel! U.H.P.! Wißt ihr, was das heißt? ‚Vereint euch, Brüder Proletarier!‘ Wie die Leute von Fuenteovejuna, alle für einen. Nur das zählt. Denn mit all dem Unsinn von der einen und von der anderen Seite kommen wir nicht vom Fleck, wir schlagen bloß aufeinander los, statt uns zusammenzuschließen. Und darum werden die anderen uns zusammendreschen.«

Angels rhetorisches Feuer und sein Gefuchtel hatten die anderen Gäste angezogen, und sie drängten sich um unseren Tisch. Als er fertig war, klatschten sie ihm Beifall, und von diesem Abend an galt er in allen Schenken des Viertels als der populärste Redner.

Angel behandelte mich, als wäre er zu gleicher Zeit mein Schildträger und meine Amme, aber er erfuhr nie, was für eine moralische Stütze er mir war. Die albernen und komischen Dinge, die er sagte, wenn er intellektuelle und politische Schwierigkeiten, die über sein Fassungsvermögen gingen, hinwegzufegen versuchte, erheiterten mich, weil hinter ihnen kraftvolle Loyalität, gesunder Menschenverstand und sein Glaube standen, daß die arbeitenden Menschen früher oder später zusammenstehen und ihre Welt vernünftig und mit fester Hand in Ordnung bringen würden. Und es schien mir, daß Angel – und seine ganze Welt mit ihm – nicht zu unterdrücken und einfach nicht umzubringen war.

Alle Zeichen deuteten darauf hin, daß es zu einem Zusammenbruch oder zum endgültigen Ausbruch kommen werde. Das Land trieb einer Katastrophe entgegen. Obwohl die Rechte Sitze im Parlament verloren hatte, hatte sie doch insoferne gewonnen, als nun alle ihre Anhänger bereit waren, auf jedem denkbaren Gebiet gegen die Republik Krieg zu führen. Und sie hatten die Schlüsselstellungen dazu inne. Die Rechte konnte mit der Mehrzahl der Offiziere, dem Klerus, dem inländischen und dem ausländischen Kapital und der offenen Unterstützung durch Deutschland rechnen.

Im höheren Staatsdienst und in der Gerichtsbarkeit war die Obstruktion kaum verhüllt. Der junge Mann, der auf den sozialistischen Abgeordneten Jiménez de Asua geschossen hatte, wurde freigesprochen, obwohl er den diesen begleitenden Detektiv getötet hatte; der Freispruch erfolgte mit der Begründung, der junge Mann sei geistig minderwertig und infantil, ein Junge eben, dem sein Vater, ein hoher Offizier, Pistolenmunition zu geben pflegte – »zum Einschmelzen und Bleisoldatengießen, weil das dem Jungen die Zeit vertreiben half«.

Tag um Tag stieß ich bei jeder Berührung mit dem Arbeitsministerium und unseren Klienten auf klare Anzeichen des Kommenden.

Als ich noch ein Kind war, bildete die Puerta de Atocha die Ostgrenze von Madrid. Hinter ihr lagen nur die Güterbahnhöfe der Eisenbahnlinien nach Saragossa und Alicante und einige wenige über die niedrigen Hügel verstreute Häuser an der Grenze des Retiroparkes. Manchmal, wenn die Mutter der unerträglichen Hitze unserer Mansarde entrinnen wollte, bereitete sie ein kaltes Abendessen, und wir gingen die Atochastraße bergab, legten uns ins dürre Gras einer Böschung und aßen unser Abendbrot im Freien in der Frische der Bäume des Retiro. Es war ein Armeleuteausflug. Dutzende Arbeiterfamilien kampierten jeden Abend in unserer Nähe im gelben Gras.

Zu dieser Zeit waren die Basilika von Atocha, die nie fertig wurde, und das Ministerium für öffentliche Arbeiten im Bau. Die Madrider Milchhändler ließen ihre Ziegenherden zwischen den Baumaterialhaufen weiden. Meine kindliche Phantasie wurde angeregt von den ungeheuren Aushebungen, den zementierten Fundamenten und den Steinblöcken, die über das Feld verstreut waren und einmal das neue Ministerium bilden sollten. Skulpturen von Querol, für die Fassade bestimmt, lagen in Bruchstücken umher, noch halb in Sackleinwand gehüllt: ungeheure Roßschenkel oder nackte Frauenkörper, alle auseinandergesägt, als wären sie Opfer eines ungeheuerlichen Verbrechens.

Das Bauwerk kann sich keiner großen künstlerischen Verdienste rühmen. Um 1900 geplant, ist es ein kolossales Machwerk aus einem Wust von dorischen, römischen und ägyptischen Elementen, das sich um Monumentalität bemüht, aber nur Riesengröße und Mangel an Proportion erreicht. Für meine Kindesaugen war es freilich ein Zyklopenwerk, das Jahrhunderte überdauern würde.

Im Erdgeschoß dieses Gebäudes verbrachte ich eine geraume Spanne meines Lebens. Und ich sollte zu sehen bekommen, wie die ungeheuren Säulen des Eingangs, die meine Kindheit überragt hatten, von einer Bombe getroffen, in Trümmern zerstoben.

Als das riesige Gebäude zum Arbeitsministerium gemacht wurde, richtete man im Erdgeschoß das Patentamt ein. Fünfzehn Jahre lang suchte ich beinahe täglich diese weiten Steinhallen und glasüberdachten Büroräume auf.

Die Felder, auf denen ich dreißig Jahre zuvor mein Abendbrot gegessen und gespielt hatte, waren in anspruchsvolle, moderne Straßenzüge verwandelt. Aber ein Stück weiter lagen weiße Steinblöcke noch immer auf dem weiten Bauplatz am Fuß des häßlichen weißroten Turmes der unvollendeten Basilika, die infolge ihres Eigengewichts schon zur Hälfte im Erdboden versunken war, und von der Arbeit erschöpfte Frauen, wie meine Mutter eine gewesen war, saßen an den Abenden auf den Bänken des staubigen Gartens.

Der Chef des Patentamtes – er führte den Titel Generaldirektor – verdankte seine Stellung politischen Rücksichten und wechselte mit jeder Regierung. Ich hatte mit drei Berufsbeamten zu tun und alle meine Geschäftsangelegenheiten in die kurzen Stunden zu pressen, in denen sie verfügbar waren.

Don Alejandro, der Abteilungschef, war hochgewachsen, hager, hatte strahlende blaue Augen, dünne Lippen und eine schmale Nase. Seine tadellose Würde deckte einen klugen Gaunerverstand, der immer bereit war, einem einen bösen Streich zu spielen, wenn's ohne Risiko ging.

Don Fernando, der Vorstand des Patentamtes, war ein fröhlicher, dicker Mann mit Hängebauch, immer gehetzt und immer zu spät daran; er hatte ein Mondgesicht und einen Bärenappetit, verschärft durch Blähungen und Übersäuerung, die er in Speisesoda zu ertränken versuchte. Seine Gunst war nicht käuflich, aber eine Kiste Champagner erweichte ihn, und ein Brief von einem Abgeordneten mit der Anrede »Mein lieber Freund« brachte ihn zum Schmelzen. Seine Jugend war in eine Periode gefallen, in der Staatsbeamte von Politikern ernannt und entlassen wurden, in der jeder Regierungswechsel bedeutete, daß Hunderte Posten plötzlich offen waren und schnell wieder besetzt wurden. Seit damals hatte er in heiliger Ehrfurcht und Scheu vor Politikern gelebt und sie niemals überwunden.

Don Pedro, der Chef des Patentamtes, war ein recht gebrechliches Männchen mit einer sanften, hohen, fraulichen Stimme und einem kleinen Kopf, dessen Haar kurzgeschoren war bis auf einen toupetartigen Schopf, der wie die Haartolle eines Straßenjungen aussah. Er stammte aus einer reichen Familie und war tief religiös, hatte weder große noch kleine Laster, war methodisch, peinlich genau, schwer zufriedenzustellen – der einzige Mann, der rechtzeitig ins Büro kam und es nie vor Ablauf der Bürostunden verließ. Er war unbestechlich und politischem Druck unzugänglich. Nur ein Priester konnte ihn zu einer Sinnesänderung veranlassen, denn Priester waren für ihn unfehlbare Wesen.

Ich hatte die Interessen von etwa tausend Klienten zwischen diesen drei Menschen hindurchzusteuern. Ich mußte im Auge behalten, daß Don Alejandro die Deutschen bewunderte und seine Söhne auf deutsche Schulen schickte, daß Don Fernando in den Händen von Abgeordneten Wachs war und daß Don Pedro der Kirche blind gehorchte. Ich konnte erstaunliche Resultate erzielen, wenn ich meine Waffen geschickt handhabe – ein paar Banknoten für die Subalternbeamten, einen liebenswürdigen Brief einer deutschen Persönlichkeit, einen freundschaftlichen Brief eines Politikers oder ein zu Herzen gehendes Schreiben eines angesehenen Priesters.

Und ich wußte aus Erfahrung, daß das Patentamt nur ein winziges Musterbeispiel spanischen Verwaltungswesens war und noch lange nicht das schlechteste.

In den langen Stunden, die ich in den kühlen Steinhallen des Ministeriums wartend zubrachte, überdachte ich wiederholt die Gründe für diesen Stand der Dinge und alle sich daraus ergebenden Folgen. Die Mehrzahl der Staatsbeamten stammte aus dem bescheidenen Mittelstand und blieb in ihm stecken, obwohl sie nach einem Ideal von Unabhängigkeit und Behagen trachteten, das bei ihren mageren Gehältern unerreichbar war und das sie in einer fiktiven Lebenshaltung vortäuschten. Sie hatten die Macht der Beziehungen zu fühlen bekommen. Sie hatten es bequemer gefunden, einem Druck nachzugeben, als ihm zu widerstehen, bequemer, ein Trinkgeld anzunehmen, als sich zu entrüsten, denn Widerstand und Entrüstung bedeuteten das Risiko einer Verbannung in eine obskure Provinzstellung. Und waren sie unabhängig, wie es Don Pedro war, dann waren sie vielleicht erst recht an ihre Erziehung und ihre Klasse gefesselt, doppelt unterwürfig gegenüber der moralischen Herrschaft ihrer geistlichen Ratgeber, weil die hoffnungslose Korruption so allgemein war.

Wie konnten diese Verwaltungsbeamten denn anders als der Republik feindlich gesinnt sein, die ihre Wohltäter und Berater, ja, ihre eigene unsichere Stellung in der Maschinerie des Staates bedrohte?

Auf der anderen Seite gab es die Klienten.

Da war zum Beispiel Don Federico Martínez Arias, Geschäftsführer eine Gummiwarenfabrik in Bilbao. Er war ein alter Klient, und wir standen auf sehr freundschaftlichem Fuß. Von niedriger Herkunft, hatte er sich zu einer sicheren Stellung in der Gesellschaft von Bilbao hinaufgearbeitet und war Konsul von zwei oder drei südamerikanischen Republiken. In Spanien war er reich geworden, in Amerika wäre er in die Millionärklasse aufgerückt. Er pflegte mit mir endlos soziale und wirtschaftliche Probleme zu diskutieren. Er war von Taylor und Henry Ford stark beeinflußt und versah ihre Ideen mit einem starken Zuschuß von spanischem Feudalismus.

»Ich gehöre zu jener Schule, die der Ansicht ist, ein Arbeiter müsse gut bezahlt werden. Unsere Fabrik zahlt die höchsten Löhne von ganz Bilbao.«

Über den Lohn hinaus wollte er die Arbeiter organisieren und beaufsichtigen, ihnen anständige Häuser geben, anständige Städte, Behagen, Schulen, Kultur und Muße, aber alles unter Herrschaft und Kontrolle der Fabrik.

»Die Arbeiter sind unfähig, das alles für sich selbst zu tun. Sie sind wie Kinder; sie müssen, damit sie nicht stolpern, an der Hand geführt werden ... Der Arbeiter braucht nichts weiter als ein gutes Haus, gutes Essen, ein bißchen Ablenkung und das Gefühl der Sicherheit, daß man ihn nicht eines Tages auf die Straße werfen kann.«

»Aber Ihrer Meinung nach hat er das alles einfach hinzunehmen, ohne zu denken und ohne zu fragen?«

»Nein, durchaus nicht! Schauen Sie doch, was Ford mit seinen Tausenden und Abertausenden Arbeitern getan hat! Welche Gewerkschaft hat ihnen je so viel gegeben wie Ford? Die Arbeiterschaft muß vom Staate organisiert werden. Der Arbeiter ist einfach ein Teil des Staatsmechanismus.«

»Um Gottes willen, Don Federico, sind Sie Nazi geworden?«

»Nein, aber ich bewundere die Deutschen. Was dieser Hitler verwirklicht hat, ist einfach ein Wunder. Ein Mann wie er, genau das fehlt uns hier in Spanien.«

Aber er war weder ein politischer noch ein religiöser Fanatiker. Er war ein Gläubiger. Er glaubte an die göttliche Mission des Führers als Haupt der völkischen Familie, ein sehr katholisches und spanisches Konzept; er glaubte auch an die Unterwürfigkeit der Sklaven. »Selbst auf die Gefahr hin, daß der Führer sich irrte: Was würde wohl aus einer Armee werden, wenn die Soldaten anfangen wollten zu diskutieren?«

»Wenn die Soldaten diskutieren dürften, dann könnte es geschehen, Don Federico, daß wir keine Kriege mehr hätten«, sagte ich.

»Gewiß. Und wozu würde das führen? Das Leben ist ein Kampf; selbst die Grashalme müssen sich durch die harte Erde bohren, um wachsen zu können. Lesen Sie Nietzsche, Barea!«

»Aber Sie selbst nennen sich einen Christen, Don Federico.«

»Ich weiß, ich weiß – pazifistisches Geschwätz. ,Friede auf Erden‘ – ja, aber erinnern Sie sich, was folgt: ,allen, die guten Willens sind‘! Sie wollen mir doch wohl nicht erzählen, daß diese Sozialisten und Kommunisten, die die rote Revolution predigen, Menschen guten Willens sind?«

Don Federico kam eines Tages zu mir ins Büro, und nachdem er seine laufenden Patentangelegenheiten besprochen hatte, sagte er plötzlich: »Eigentlich bin ich hergekommen, um Sie nach Bilbao mitzunehmen.«

»Wozu?« Ich war nicht überrascht, denn die Geschäfte machten öfters eine unverzügliche Reise ans andere Ende des Landes erforderlich.

»Wozu? Um für mich zu arbeiten. Raus aus diesem Loch.
Hier werden Sie nie zu etwas kommen. Ich biete Ihnen die
Stellung des Prokuristen mit eintausend Pesetas Monatsgehalt
und einer Umsatzprovision.«

Das Angebot war verlockend. An Gehältern in Spanien
gemessen, war das Gehalt hoch, die Aussichten, die er eröffnete, waren noch besser. Es hätte die letzte Schranke zwischen
meiner abhängigen Existenz und einem gehobenen Dasein
bedeutet. Prokurist der Ibérica in Bilbao zu sein, wäre der
Aufnahme in die Gesellschaft von Bilbao gleichgekommen,
eine der mächtigsten Gruppen in Spanien. Es hätte eine ge-
deihliche und sorglose Zukunft bedeutet. Es hätte bedeutet,
daß ich ein für allemal alles andere hätte aufgeben müssen
– alles, wovon ich noch utopisch träumte! Aber hatte ich mir
denn nicht selbst gesagt, daß ich schließlich einmal ein guter
Bourgeois werden müßte?

Ich wußte damals nicht, wie ich's heute weiß, daß dieser
Zwischenfall einer der kritischsten Augenblicke meines ganzen Lebens war. Es war allein die Stimme meines Instinkts,
die mich hinderte, dem Rufe zu folgen. Als ich ihm meine
Zweifel ansprach, schnappte er mich an: »Ich gebe Ihnen drei
Monate Zeit. Und Ihr Gehalt zahle ich Ihnen von heute an,
so daß Sie sich um die Übersiedlung keine Sorgen zu machen brauchen. Geben Sie mir jetzt keine Antwort! Sobald ich
in Bilbao bin, schreibe ich Ihnen einen offiziellen Brief, und
dann können Sie mir antworten.«

Der Brief kam, ein sehr formeller Geschäftsbrief, und ich
beantwortete ihn in bestem Geschäftsstil. Ich lehnte ab.

Ein paar Tage später kam Don Federicos guter Freund Don
Rafael Soroza, der Besitzer eines wichtigen Dolomitbruchs, in
mein Büro. Er klopfte mir auf die Schulter.

»Sie kommen also zu uns nach Bilbao?«

»Nein, ich bleibe hier.«

»Aber, Menschenskind, Sie sind doch – verzeihen Sie meine Offenheit – ein Idiot. Gerade in diesen Tagen …«

»Was geschieht in diesen Tagen?«

»In diesen Tagen brauchen wir Menschen wie Sie.«
Und er hielt mir einen Vortrag über Politik und Volkswirtschaft. Während ich ihm zuhörte, fiel mit Don Alberto de Fonseca y Ontivares ein, der Apotheker von Novés. Der Mann vor mir stellte einen sehr ähnlichen Fall dar, nur war das Ende anders. Soroza war nahe an sechzig, kräftig, redselig und frohmütig. Er entstammte einer patriarchalischen Familie aus den Bergen Asturiens. Obwohl der Vater ihn hatte studieren lassen, damit er den Beruf eines Rechtsanwalts ergreife, war er nach des Vaters Ableben ruhig in seinem Dörfchen geblieben und hatte da seine Felder bestellt. Dann erschienen deutsche Erzschürfer.

Auf einer der Besitzungen Don Rafael Sorozas fanden sie Dolomit und versuchten mit ihm das gleiche Spiel, das sie so erfolgreich mit dem Apotheker von Novés gespielt hatten. Aber durch einen reinen Zufall war das Stück Land bereits als Schürfstelle registriert, weil nämlich ein aufgelassenes Kohlenbergwerk dazugehörte, und die Schürfrechte waren Eigentum der Familie Don Rafaels. Die Deutschen errichteten eine Gesellschaft mit beschränkter Haftung, machten Don Rafael zum Geschäftsführer, und er begann Geld zu verdienen, ohne zu wissen, wie. Ganze Schiffsladungen von Dolomit gingen nach Deutschland.

»Stellen Sie sich bloß die Menge Magnesium vor, die auf der ganzen Welt gegen Sodbrennen konsumiert wird! Die Deutschen kaufen das ganze Magnesium, das ich aus dem Dolomit extrahieren kann, und jetzt verlangen sie noch größere Mengen. Es ist nämlich ein ausgezeichnetes Isoliermaterial, und sie verwenden es für Kühlschränke und zur Isolierung aller Röhren in den Eisfabriken. Es ist besser als Asbest. Wir müssen ein Patent darauf nehmen.«

Don Rafael ließ harmlose Patente registrieren, die das Recht, Magnesium als Isolator zu verwenden, schützen sollten. Die Rheinischen Stahlwerke, die I.G. Farbenindustrie und Schering-Kahlbaum sandten uns währenddessen Patente zum Schutz der Extraktion von Magnesium aus Dolomit und dessen Ausbeutung zu mechanischen Zwecken. Deutsche Firmen erforschten eifrig die Verwendung von Magnesium und seinen Legierungen in Explosionsmotoren.

Als Don Rafael mit seiner kleinen Propagandarede fertig war, sagte ich:»Mit einem Wort, Sie sind Falangist geworden.«

»Nein, Barea, nein! Es geht um etwas viel Größeres. Ich bin Mitglied der NSDAP. Sie wissen, meine Partner sind Deutsche, und sie haben mir den Eintritt ermöglicht, obwohl ich Ausländer bin. Was sagen Sie dazu, Barea?«

»Daß Sie sich in eine schöne Patsche gebracht haben, Don Rafael.«

»Reden Sie keinen Unsinn, Mensch! Die Sache macht Riesenfortschritte. In einem oder zwei Jahren werden wir hier Faschismus haben und dann eine Nation sein, wie es sich gehört. Wie die Dinge stehen, wird's kaum länger als ein Jahr dauern.«

Einige Tage später, als er mich in sein Madrider Büro berief, um einige laufende Dinge zu besprechen, gab er mir unbewußt eine weitere politische Andeutung.

»Ich reise morgen ab und möchte vor der Abfahrt diese Punkte hier mit Ihnen regeln, ich habe nämlich Gäste zu Hause, wissen Sie«, sagte er fröhlich.

»Gehen Sie auf die Bärenjagd?«

In den Bergen, wo Don Rafael seinen Landsitz hatte, gibt es noch Bären.

»Nichts dergleichen. Sie haben fünf junge Deutsche zu mir geschickt. Sie sind auf einer Studienreise – Geologie, Bergwerke, Topographie –, und auch ein paar Ingenieure kommen mit, ich glaube, um einen passenden Grund für einen Flugplatz zu suchen. Ein Jammer, daß wir diese Republik haben, denn glauben Sie mir, mit Hilfe der Deutschen und dem, was wir selbst haben, könnten wir Spanien zu einem großen Lande machen.«

»Persönlich haben Sie nicht so schlecht abgeschnitten.«

»Nein, und ich beklage mich auch nicht. Aber so geht es überall in Spanien: wir trampeln auf Millionen herum und wissen es nicht.«

»Ja, und sehen Sie sich an, wie die Leute leben!«

»Aber warum ist das so, sagen Sie mir, warum? Es ist die Schuld dieser Handvoll Demagogen, die sich zu Herren unseres Landes gemacht haben! Erinnern Sie sich, was sie dem armen Primo de Rivera angetan haben, wie sie ihn nicht tun ließen, was er unternehmen wollte! Aber lange bleibt das nicht mehr so. Wir machen jetzt Schluß mit all diesen Freimaurern, Kommunisten und Juden, mit einem einzigen Federstrich, Don Arturo – mit einem einzigen Federstrich!«

»Aber Sie werden nicht genug Juden in Spanien finden für Ihren Federstrich, Don Rafael, es sei denn, daß jemand sie für Sie erfindet.«

»Wir werden sie schon zu finden wissen, Barea.«

5.
DER AUSBRUCH

Am Montag schickte ich meine älteste Tochter auf Urlaub in die Berge. Sie fuhr mit Lucila, der Frau Angels, die bei ihrer Familie auf dem Bauernhof bei Burgos bleiben sollte, solange Angel arbeitslos war.

Es war der 12. Juli 1936. Nachdem ich sie zur Bahn gebracht hatte, ging ich mit meiner Aktenmappe direkt ins Ministerium.

Die Zimmer des Patentamtes standen leer. Ein Haufen Leute hatte sich an der Tür zur Kanzlei Don Pedros versammelt. Ich sah Don Pedro gestikulierend und schreiend hinter seinem Schreibtisch stehen, mit Tränen in den Augen. Ich fragte einen der Beamten: »Was zum Teufel geht hier vor?«

»Mein Gott, wissen Sie das tatsächlich nicht? Calvo Sotelo ist umgebracht worden.«

Viele vom Personal gehörten zur Rechten, vor allem vier oder fünf Stenotypistinnen, Mädchen aus »guten Familien«, und eine weitaus größere Gruppe von Söhnen ähnlich guter Familien. Manche von ihnen waren Mitglieder der Falange. Nun standen sie um Don Pedros Schreibtisch herum und bildeten eine Art Chorus zu seinen Wehklagen über die Ermordung des Parteiführers.

»Es ist eine himmelschreiende Sünde. Ein solcher Mann, so klug, so gütig, ein so ausgezeichneter Christ, ein solcher Kavalier, umgebracht wie ein tollwütiger Hund!«, stöhnte er.

»Wir werden die Rechnung begleichen. Die Mörder werden wenig Zeit haben zum Jubeln. Jetzt müssen wir auf die Straße«, war die Antwort des Chorus.

»Nein, nein, um Gottes willen, nur nicht noch mehr Blutvergießen – das ist nicht christlich! Gott selbst wird die Mörder bestrafen.«

»Ja, ja, gewiß, Gott wird's tun, aber wir werden Ihm beistehen«, erwiderte ein sehr junger Mann.

Ich ging weg. An diesem Tag war an Arbeit im Patentregister nicht zu denken.

Die Nachricht hatte mich überrascht, wie sie die ganze Stadt überrascht hatte. Offensichtlich war die Ermordung Calvo Sotelos die Antwort auf die Ermordung Leutnant Castillos vom Republikanischen Rollkommando. Die einzige Frage war nun, ob das der Funke war, der das Pulverfaß in Brand setzen konnte. Und meine Tochter im Zug nach Burgos! Hätte ich's rechtzeitig erfahren, ich hätte die ganze Reise abgeblasen. Aber sie mochte, wenn die Ereignisse ins Rollen kamen, in dem kleinen Bergdorf besser daran sein als in Madrid. Aber – kleines Bergdorf? Ich hatte gesehen, was in Novés geschehen konnte. Und das einzige, was ich über Lucilas Familie wußte, war, daß sie wohlhabend und in ihrem Dorf angesehen war – keineswegs eine Gewähr für persönliche Sicherheit, wenn das Land in Aufruhr geriet. Ich ging zur Glorieta de Atocha weiter, ohne zu wissen, was ich tun sollte.

Der ungeheure Platz glich einem Ameisenhaufen, nicht wegen der Ermordung Calvo Sotelos, sondern wegen der Vorbereitungen zur Johannes-Kirmes, der » Verbena de San Juan«. Auf den Pflastersteinen wurden die Anlagen für Hunderte von Vergnügungsbuden errichtet. Da gab es einfache Holzrahmen für die Plachenwände der Krambuden und einen Kreis von Stahlschienen für die Karusselle. Eine Reihe von Männern richtete mit Hilfe eines Stahlseils langsam einen hohen Mast auf, um den eine runde Plache flatterte. Zwei mit Schmieröl verdreckte Mechaniker hämmerten Bestandteile einer alten Dampfmaschine zurecht. Die Leute arbeiteten in Unterhemden, mit nackten Armen, und schwitzten tüchtig in der Julisonne. Abgeschabte und abbröckelnde Stücke von schmutzigen Holzpferden lagen auf einem Haufen beisam-

men. Aus den winzigen Schornsteinen der Zigeunerwagen des
Kirmesvolks stieg Rauch auf. Die Seiltänzerin ging in einem
Schlafrock umher, mit hängenden Brüsten und verschwitz-
ten Achselhöhlen, half den Artisten, die sich in Zimmerleu-
te verwandelt hatten, und kümmerte sich nebenher ums Essen. Von Streifwagen und Lastautos wurden Kisten und nicht
näher bestimmbare massive Gegenstände abgeladen. Kinder
und Erwachsene schauten der Errichtung der Buden mit ge-
bannter Aufmerksamkeit zu.

Madrid bereitete sich auf sein Vergnügen vor. Wer dachte
hier an Calvo Sotelo?

Ich irrte mich. Keiner war sich über die Bedeutung seines Todes im unklaren. Das Volk von Madrid empfand deutlich jene Furcht, die Soldaten vorm Abmarsch an die Front
fühlen. Niemand wußte, wann und wo der Angriff beginnen
würde, aber jeder wußte, daß die Stunde geschlagen hatte.
Während die Kirmesleute die Karusselle aufstellten, hatte die
Regierung den Bereitschaftszustand proklamiert. Die Bauar-
beitergewerkschaft der C. N. T.* trat in den Ausstand, und
einige Mitglieder des Allgemeinen Gewerkschaftsbundes, die
die Arbeit fortsetzen wollten, wurden angegriffen. Die Regierung schloß ausnahmslos alle Zentren der Gruppen der
Rechten und ließ Hunderte ihrer Leute verhaften. Sie schloß
auch die Ateneos Libertarios, die Ortsgruppen der Anarchisten, und verhaftete Hunderte ihrer Mitglieder. Es war klar,
daß sie einen gewaltsamen Ausbruch vermeiden wollte.

Die ganze Woche verlief in erregender Spannung. Calvo
Sotelos Begräbnis wurde von der Rechten zu einer Demon-
stration ausgestaltet, die mit einem Kugelwechsel zwischen
ihr und den Rollkommandos endete. In den Cortes hielt Gil
Robles eine Rede zum Andenken an Calvo Sotelo, die offiziell
als Kriegserklärung bezeichnet wurde. Prieto forderte Casares
Quiroga auf, die Arbeiter zu bewaffnen, was der Minister ab-

---

*C. N. T. (Confederación Nacional de Trabajadores) = Gewerkschaftsbund
der Anarchisten.

lehnte. Verhaftungen und Überfälle nahmen in allen Bezirken Madrids zu. Bauarbeiter des Allgemeinen Gewerkschaftsbundes gingen nur noch unter Polizeischutz zur Arbeit in die Universitätsstadt, denn die C. N. T. setzte ihre Überfälle auf sie fort, Luxusautos mit Gepäck, das sorgfältig zugedeckt war, um keine Aufmerksamkeit zu erregen, verließen die Stadt auf der Straße nach dem Norden; die reichen Herren begannen aus Madrid und aus Spanien zu flüchten.

Am Donnerstag wurde Madrid von einer Sturzflut von Gerüchten überschwemmt. Phantastische Geschichten waren im Umlauf, und die Abendblätter unterstrichen sie noch. Offiziell war nichts geschehen. Die Armee in Marokko hatte nicht revoltiert, noch auch war es in Südspanien zu einem militärischen Aufstand gekommen. Die Phrase, die zur Beruhigung der Öffentlichkeit dienen sollte, war ebenso zweideutig wie die Gerüchte: »Die Regierung ist Herrin der Lage.« Diese Tatsache wurde auch im Rundfunk immer wieder hervorgehoben – und hatte die gegenteilige Wirkung. Wenn nichts geschah, warum all diese Aufregung?

Äußerlich sah Madrid aus, als ob es seine übliche sommerliche Fiesta feierte. In der kochenden Hitze lebten die Menschen bei Nacht mehr auf der Straße als in ihren erstickenden Häusern. Die Caféterrassen, die Torwege von Schenken und Weinhallen, die Bürgersteige entlang der Mietskasernen waren voll von Menschen, die redeten, diskutierten, Nachrichten oder Gerüchte weitergaben. Aber trotz all dieser Spannung lebte darunter noch immer eine Strömung von vagem Optimismus.

Am Freitag abend – es war der 17. Juli – war unser Kreis in der Schenke meines Hauses sehr zahlreich versammelt. Um elf Uhr schien die Calle del Ave María überzufließen. Die Balkontüren der Häuser standen weit offen, und die Stimmen der Radioapparate drangen auf die Straße. Jede Schenke hatte ihren Lautsprecher auf Höchststärke gestellt. Die auf den Terrassen sitzenden Menschen setzten ihre Gespräche schreiend und kreischend fort. Plaudernde Frauen saßen in den Torwegen, während Rudel von Kindern in der Mitte der Straße lärmten. Taxidroschken, auf denen Mitglieder der Arbeitermiliz ihre Runden fuhren, liefen den Hang hinauf und hinunter.

Die Lautsprecher bellten die Nachrichten hinaus, und die Menge ertrank im Schweigen, um zu lauschen.

»Die Regierung ist Herrin der Lage.«

Es war seltsam und beklemmend, die Monotonie dieser Phrase in einem schlecht synchronisierten Chor entlang der Straße aus verschiedenen Höhenlagen zu hören. Keine zwei Stimmen waren gleich: einander überschneidend und sich wiederholend schlugen sie ans Ohr. Ein Lautsprecher in einem Zimmer im vierten Stockwerk irgendwo im tiefer gelegenen Teil der Straße hinkte hinterher und rief in die Stille hinaus das Wort »Lage«.

»Sie sollten das uns überlassen«, sagte Fuñi-Fuñi.

»Ja freilich, damit ihr uns nach Belieben erschießen könnt«, rief der junge Manolo.

»Wir Anarchisten sind ebenso gute Antifaschisten wie ihr. Oder bessere. Wir kämpfen seit fast einem Jahrhundert schon für die Revolution in Spanien, und ihr habt erst gestern angefangen. Und beim jetzigen Stand der Dinge schickt ihr eure Maurer wie eine Herde Schafe zur Arbeit, und die Regierung verweigert euch die Waffen. Was erwartet ihr denn eigentlich? Glaubt ihr, die Faschisten in der Universitätsstadt werden euch höhere Löhne zahlen, weil ihr so brave und gehorsame Jungen seid? Eine feine Gesellschaft seid ihr! Die Maurer gehen arbeiten ... «

»Wir halten Disziplin. Willst du den anderen eine Handhabe geben, daß sie sagen können, wir wären auf die Straße gegangen? Überlaß das den Faschisten, und du wirst schon sehen, was geschieht!«

»Ja, ja, überlassen wir's ihnen, und du wirst sehen, was passiert, wenn sie einmal in deinem Haus sind, während du unterwegs bist mit einer Ladung Zement für ihre öffentlichen Arbeiten!«

»Und wenn ihr fortfahrt, auf unsere eigenen Leute zu schießen, dann werden die Faschisten nicht in unsere Häuser eindringen, nehme ich an? Was für eine Logik!«

»Das Logische an der Sache ist, daß ihr noch immer nicht begriffen habt, daß die Stunde der Revolution geschlagen hat.«

»Natürlich haben wir's nicht begriffen. Geschlagen hat die Stunde unserer Verteidigung erst, wenn sie uns angreifen. Sobald wir sie dann als Folge ihrer Aktion gegen uns zermalmt haben, können wir die Revolution beginnen.«

»Das ist nicht meine Ansicht.«

»Schön, legt also weiter unsere Maurer um!«

Am nächsten Tag – es war Samstag, der 18. Juli – gestand die Regierung offen ein, es sei in vielen Provinzen zu Aufständen gekommen, doch sei sie auch weiterhin »Herrin der Lage«. Gerüchte und Nachrichten, unentwirrbar vermischt, jagten einander: Marokko sei in den Händen Francos; die Marokkaner und die Fremdenlegion seien in Sevilla gelandet; in Barcelona tobe eine Straßenschlacht; in den Provinzen sei der Generalstreik ausgerufen worden; die Kriegsmarine sei in den Händen der Aufständischen – nein, sie sei in den Händen der Matrosen, die ihre Offiziere über Bord geworfen hätten. In Ciudad Lineal hätten einige Faschisten versucht, sich des Senders des Marineministeriums zu bemächtigen; nach einer anderen Version hatten sie die Filmateliers in Ciudad Lineal besetzt und darin ihre Zentrale eingerichtet.

Unter der Lawine einander widersprechender Berichte reagierten die Menschen auf ihre eigene Art.

»Man sagt, daß … aber ich glaub's nicht. Was können vier Generäle tun? Sobald sie die Truppen auf die Straße führen, werden die Soldaten selbst mit ihnen ein Ende machen.«

»Ja, also ich habe gehört, daß … aber mir geht's wie dir, ich kann's nicht glauben. Lauter Altweibermärchen. Vielleicht sind ein paar besoffene Herrchen auf die Straße marschiert, um den Aufstand zu proklamieren – aber in Villa Cisneros.«

Villa Cisneros war der Ort in Nordwestafrika, wohin die Regierung der Republik die Anstifter des antirepublikanischen Militäraufstandes im August 1932 deportiert hatte. Gegen Ende des Nachmittags war es kein Gerücht mehr, sondern zugegebene Tatsache: in mehreren Provinzgarnisonen waren militärische Aufstände ausgebrochen, und in Barcelona gab es Straßenkämpfe.

Rafael und ich gingen zu Emiliano hinunter, um schnell eine Tasse Kaffee zu trinken. Die übliche Runde hatte sich versammelt.

»Setz dich!« rief Manolo.

»Nein, wir gehen ins Volkshaus, um zu hören, was sie dort erzählen.«

Wir wollten gerade aufbrechen, als die Musik im Radio unterbrochen wurde und die nun schon vertraut werdende Stimme brüsk sagte: »Eine dringende Aufforderung ist an die Mitglieder der folgenden Gewerkschaften und politischen Organisationen erlassen worden, sich sofort in der Zentrale ihrer verschiedenen Gruppen zu melden.«

Und der Sprecher zählte alle Gewerkschaften und Gruppen auf; ausnahmslos alle Gruppen der Linken. Die Schenke war in Aufruhr. Einige der Männer zogen ihre Pistolen: » Nun wird's ernst. Und mich erwischen sie diesmal nicht unvorbereitet.«

In zwei Minuten war die Kneipe leer. Rafael und ich liefen in unsere Wohnungen, um die Frauen wissen zu lassen, daß wir möglicherweise in der Nacht nicht heimkommen würden. Dann trafen wir uns wieder. Zusammen eilten wir zum Sekretariat der Beamtengewerkschaft. Dort geschah nichts, als daß eine Liste aller Mitglieder angelegt wurde, die sich gemeldet hatten. Im übrigen hießen sie uns warten. Nachdem wir unsere Namen hatten eintragen lassen, beschlossen wir, zum Volkshaus zu gehen.

Tausende und Abertausende waren unterwegs, um sich bei ihren Gewerkschaften zu melden, und viele dieser Organisationen hatten ihren Sitz im Volkshaus. Von den fernsten Außenbezirken zur Stadtmitte strömten die Häuser Männer aus, die alle in der gleichen Richtung marschierten. Auf dem Dach des Volkshauses brannte eine rote Lampe, die von allen Mansarden Madrids zu sehen war.

Aber das Volkshaus stand in einer engen, kurzen Gasse, die in einem Labyrinth ebenso enger, kurzer Gassen verloren war. Und so schien das Haus immer schwerer erreichbar, je näher man ihm kam und je dichter die Menge wurde. Zu Beginn kontrollierten Posten der Sozialistischen Jugendorganisation die Mitgliedskarten am Eingangstor. Dann mußten sie die Karten an den beiden Enden der Straße abfordern. Um zehn Uhr bewachten Posten die Zugänge zu allen Straßen in einem Umkreis von zweihundert Metern um das Volkshaus, und innerhalb dieses Kreises drängten sich Tausende und Abertausende Menschen. Alle Hausbalkone standen offen, und zahllose Lautsprecher brüllten die Nachrichten heraus:

Die Rechte war im offenen Aufstand. Die Regierung wankte.

Rafael und ich stürzten uns in die lebende Flut der Menge. Wir versuchten, uns zu dem winzigen Zimmer durchzuwinden, in dem der Vorstand der Sozialistischen Partei sein Büro hatte. Die Treppenhäuser und engen Korridore des Volkshauses waren blockiert; es schien unmöglich, einen Schritt vorwärts oder rückwärts zu tun. Als aber die Arbeiter in ihren Werkkitteln unsere Anzüge sahen, fragten sie uns: »Wo willst du hin, Genosse?«

»Zum Vorstand.«

Sie preßten sich an die Wände, und wir drängten uns mühselig zwischen ihnen durch, als ein gewaltiger Schrei, ein Aufbrüllen unsere Ohren füllte: »Waffen! Waffen!«

Der Ruf wurde aufgenommen und in Wellen wiederholt. Mitunter war das ganze Wort vernehmbar, meist nur ein mißtönendes »A-a-a«. Plötzlich verschmolz der Massenschrei zu einem einzigen Rhythmus, und es dröhnte im Takt, wieder und wieder: »Waffen! Waffen!«

Nach dem dritten Ruf trat eine Pause ein, dann begann das Rufen von neuem. Der dreifache Schrei lief die Korridore entlang, die Treppen hinab und gewann die Straße, wo er an Macht zunahm. Feiner Staub rieselte von der zitternden Decke herab. Durch die offenen Fenster drang, einem körperhaften Aufprall vergleichbar, der Ruf von Hunderttausenden Kehlen: »Waffen!«

Es gelang Rafael und mir, uns einen Weg zum Zimmerchen am Ende eines langen, engen Korridors zu bahnen, wo das Sozialistische Parteisekretariat untergebracht war. Carlos Rubiera war dort, Margarita Nelken, Puente und noch einige, die ich nur vom Sehen kannte; sie hatten mit einer Sturzflut von Menschen, Telephonanrufen und Zurufen fertig zu werden, dazu mit schriftlichen Botschaften, die ihnen, von Hand zu Hand weitergereicht, durch den Korridor zukamen.

Carlos Rubiera erblickte mich.

»Hallo, was bringt dich hierher?«

»Ich möchte wissen, ob ich mich irgendwie nützlich machen kann!«

»Du kommst gerade rechtzeitig. Geh mit Valencia und hilf ihm!« Er wies auf einen Offizier in der Uniform der Genietruppen, der an einem kleinen Tischchen arbeitete. »He, Valencia, hier ist einer, der dir von Nutzen sein kann.«

Wir wechselten einen Händedruck, und Valencia fragte: »Warst du in der Armee?«

»Vier Jahre in Marokko – Feldwebel bei der technischen Truppe. Wir gehören der gleichen Waffengattung an.«

»Ausgezeichnet. Für einen Augenblick habe ich hier das Kommando übernommen. Wir haben Puente und seine Jungen von der Miliz und eine unerschöpfliche Anzahl von Freiwilligen. Das Schlimme ist, daß wir weder Waffen noch Munition haben und daß die wenigsten der Burschen jemals in ihrem Leben ein Gewehr in der Hand gehabt haben. Sie sind alle im großen Terrassensaal. Wollen einmal hören, was Puente sagt.« Puente war der Führer der Sozialistischen Miliz.

Der Gegensatz zwischen den beiden amüsierte mich. Valencia war der vollendete Offizier, schlank, aufrecht, in einer Uniform, die wie ein Handschuh saß. Ein langes, schmales Gesicht, graue Augen, eine feine, gerade Nase und volle Lippen. Anfang der Vierzig. Die große Masse seines Haares, schwarze und weiße Strähnen durcheinander und in schwachen Wellen zurückgekämmt, verlieh seinem Kopf eine Strenge, die von den heiteren Augen und dem Mund Lügen gestraft wurde. Es war unmöglich, seine Energie nicht zu spüren.

Puente, Bäcker von Beruf, dürfte zehn Jahre jünger gewesen sein, wenn auch sein rundes, frisches Gesicht es nicht leicht machte, sein Alter zu schätzen. Aber die Züge seines Gesichtes waren verschwommen und grob. Er trug einen städtischen Anzug, der zu seinem soliden, kräftigen Körper schlecht paßte. Er sah aus, als stünde es ihm besser an, in einem ärmellosen Unterhemd dazustehen und die nackten Muskeln und die behaarte Brust zur Schau zu stellen.

Puente steuerte Rafael und mich durch die verstopften Korridore und Treppenhäuser in den Terrassensaal. Dort konnte man wenigstens atmen. Es war ein großer Versammlungsraum mit Glastüren, die auf eine Dachterrasse hinausgingen. Niemand war eingelassen worden, der nicht Mitglied der Arbeitermiliz war; nicht mehr als fünfzig Personen waren da, sie standen in Gruppen herum. In jeder Gruppe gab es einen Mann, der ein Gewehr in der Hand hielt und den die Leute umdrängten, weil jeder das Gewehr wenigstens für einen Augenblick in die Hand bekommen wollte, um am Abzug zu spielen, ehe er es dem nächsten weiterreichte. Puente trat auf das Podium, klatschte in die Hände und wartete, bis sich die Leute im Kreis aufgestellt hatten.

»Alle, die nicht mit einem Gewehr umzugehen verstehen – nach links!«

»Bekommen wir denn Gewehre?« riefen einige Stimmen.

»Später, später! Jetzt hört mal zu! Unser Freund Barea hier war Feldwebel in Marokko. Er wird euch genau erklären, wie ein Gewehr funktioniert. Und ihr« – er wandte sich an die rechts Angetretenen, die behaupteten, mit einem Gewehr umgehen zu können – »ihr kommt mit mir. Wir werden die Genossen ablösen, die auf der Straße Posten stehen.«

Er marschierte mit seinen Leuten ab und ließ Rafael und mich auf dem Podium stehen, zweiunddreißig neugierigen Gesichtern gegenüber. Ich war nicht ganz sicher, ob ich den Mechanismus eines Gewehres nicht im Laufe von zwölf Jahren vergessen hatte, nahm ein Mausergewehr und fing an, es zu zerlegen, ohne ein Wort zu sprechen. Es war ein alter Mauser, Muster 1886. Meine Finger fanden den Weg zur alten Sicherheit instinktiv wieder. Bald war das rote Tischtuch vor mir mit öligen Bestandteilen bedeckt. »Wenn ein Mechaniker unter euch ist – vortreten!« Fünf Mann drängten sich vor. »Ich werde euch erklären, wie die Stücke ineinander passen. Ihr werdet es leichter begreifen als die anderen, und ihr könnt es dann den anderen in Gruppen zu zwei und drei erklären. Inzwischen wird mein Bruder den übrigen die Theorie des Schießens erklären.«

Rafael nahm ein anderes Gewehr zur Hand und marschierte mit seinen Leuten auf die Terrasse hinaus. Eine halbe Stunde später war jeder meiner Mechaniker fähig, eine kleine Gruppe zu unterweisen. Zum Schluß hatte Rafael noch zwei schwierige Fälle übrig, Männer, die unfähig schienen, ein Gewehr geradezuhalten. »Dir ist der Idiotenzug zugefallen«, flüsterte ich ihm ins Ohr. Dann trat ich an die Brüstung und warf einen Blick von der Terrasse hinunter.

Im Hause gegenüber, das über die Straße hin etwa sechs Meter entfernt war, standen alle Balkontüren offen, und sämtliche Lichter waren angeknipst, so daß ich bloß zu schauen brauchte. Ich sah das Eßzimmer mit einer Lampe in der Mitte, die den Tisch beleuchtete. An einem stellte eine Frau zusammen, was vom Abendbrot übrig geblieben war. In einem anderen war der leere Tisch mit einem dunkelgrünen Tuch bedeckt, in dessen Saum Blumen gestickt waren. Der Besitzer der Wohnung lehnte in Hemdsärmeln am Balkongitter. In der Wohnung darunter war die Familie gerade beim Abendessen. Dann gab es Schlafzimmer und kleine Kammern, jede anders, jede mit ihrer eigenen Note und doch alle gleich. Aus jeder Wohnung kam die Stimme eines Radioapparates, alle gleich, jede mit ihrer eigenen Tonhöhe, und Musik ergoß sich über die Köpfe der auf der Straße zusammengedrängten Menge, über diese dichte schwarze Masse sich bewegender Köpfe. Eine Hitzewelle stieg von unten herauf; sie roch nach Schweiß. Von Zeit zu Zeit, wenn eine sanfte Brise diese Woge menschlicher Wärme von der Terrasse fegte, roch es ein paar Sekunden lang nach Bäumen und Blumen. Der Lärm war so intensiv, daß das Gebäude mit ihm vibrierte, als ob ein Pulsschlag darin pochte. Wenn die Musik aussetzte und hundert Lautsprecher riefen: »Achtung! Achtung!«, dann hörte man das Verstummen der Menge – in einem dumpf rollenden Gemurmel, das in der Ferne in den Straßen des Viertels verebbte. Dann gab es nur noch Husten und Räuspern, bis jemand eine der Nachrichten mit einem Witz oder einer Gotteslästerung kommentierte. Eine feste Stimme rief »Ruhe!«, Hunderte Münder wiederholten den Befehl, und alle anderen Geräusche wurden sekundenlang davon übertönt. Kaum aber war die Mitteilung zu Ende, so begann der Lärm aufs neue, betäubender als zuvor.

Um Mitternacht war die Regierung zurückgetreten. Eine neue Regierung war in Bildung begriffen. Über meinem Kopf rief eine Stimme: »Dreckige Hunde!«

Ich blickte hinauf. Auf dem Dachfirst wehte eine rote Fahne, die im Dunkel der Nacht fast unsichtbar schien, und darüber brannte die rote Lampe. Von Zeit zu Zeit tauchte ein Flattern der Fahne eine Falte in den roten Glast, und sie leuchtete auf wie eine jähe Flamme. Aus einem Winkel der Terrasse führte eine eiserne Wendeltreppe zum Dach hinauf. In einer Ecke oben war das schwache Glimmen einer Zigarette zu sehen. Ich stieg die Wendeltreppe hinauf. Auf der höchsten Spitze, auf einer offenen Plattform, die alle Dächer beherrschte, fand ich einen Milizjungen.

»Was tust du hier?«

»Ich stehe Wache.«

»Weil sie über die Dächer kommen werden?«

»Ja, schon möglich.«

»Wer, meinst du, wird über die Dächer kommen?«

»Natürlich die Faschisten.«

»Aber du kannst von hier aus ja gar nichts sehen.«

»Ich weiß es. Aber wir müssen aufpassen. Stell dir vor, was geschähe, wenn sie uns überraschten!«

Die eiserne Plattform stieg ins Dunkel auf. Unter uns war die Masse des schwach beleuchteten Gebäudes. Der Himmel war klar und mit glitzernden Sternen bestreut, aber es gab keinen Mond. Rund um uns schimmerten die Straßenlampen von Madrid und verloren sich weiter draußen in der Finsternis. Die Straßenlampen der Vorstädte durchschnitten in parallelen Perlenschnüren die Felder, weiße Flämmchen, die wie Sterne glitzerten. Der Straßenlärm, der zu uns heraufdrang, wurde durch die ungeheure Masse des Gebäudes gedämpft. Zwanzig Stufen höher, aber es schien eine andere Welt. Ich lehnte meine Ellbogen ans Geländer und stand eine Weile ganz still.

Dann wurden wir zu einem Abendbrot vor Tagesanbruch gerufen. Irgendwo hatten sie Lämmerbraten, frischgebackenes Brot und ein paar Flaschen Wein für die Wachen aufgetrieben. Wir aßen und unterhielten uns. Die Menschenmenge rief aufs neue nach Waffen. Puente sagte zu mir: »Wir haben zwanzig Gewehre und je sechs Patronen pro Gewehr im Gebäude.«

» Dann sitzen wir im Dreck!«

»Tja, jetzt wird wohl alles geregelt werden. Ich nehme an, sie werden die Regierung unserer Partei anvertrauen, den Sozialisten. Jedenfalls muß alles noch heute organisiert werden. Die Faschisten sind in Valladolid und marschieren auf Madrid. Aber sag's keinem von den Jungen hier!«

Ich ging auf die Terrasse zurück, während Puente eine Inspektion seiner Leute vornahm. Das lange Warten begann, die Menge zu ermüden. Ein paar Leute, die auf den Treppen oder in den Korridoren herumsaßen, nickten ein, andere lehnten sich an die Wände und schlummerten. Ich kletterte zur Plattform hinauf und sah, wie vom Osten her der grauende Morgen als schwacher weißer Schimmer aufstieg.

Die Lautsprecher meldeten sich wieder: »Achtung! Achtung! ... Die neue Regierung ist gebildet worden!«

Der Sprecher machte eine Pause und verlas dann eine Liste von Namen. Die Leute fischten hastig in ihren Taschen nach einem Stück Papier und einem Bleistift. Alle Schläfer waren aufgewacht und fragten: »Was hat er gesagt? Was hat er gesagt?«

Der Sprecher setzte seine Litanei von Namen fort. Es sei eine nationale Regierung, sagte er. Dann tönte der Name eines Ministers ohne Portefeuille über die Köpfe hin: Sánchez Román. Es war unmöglich, mehr zu vernehmen. Die Masse brach in ein Gebrüll aus: »Verräter! ... Verrat!« Und über die Wogen von Flüchen und Beschimpfungen erhob sich wiederum der Ruf: »Waffen! Waffen!« Das Gebrüll wurde stärker und schwoll an. Auf den Treppenhäusern und in den Korridoren wollten die Massen vorwärts, hinauf oder hinunter. Das Gebäude zitterte, als läge es in den letzten Zügen und wollte jeden Augenblick in einer Staubwolke zusammenstürzen.

Ein neuer Ruf erhob sich: »Zur Puerta del Sol!« Das kurze Wort »Sol« peitschte durch die Luft. Die dichte Menge auf der Straße schwankte und setzte sich in Bewegung. Aus den Toren des Volkshauses ergoß sich ein endloser Strom.

»Sol! Sol!« Der Ruf knatterte noch immer in der Luft, aber viel ferner. Die Menge unten wurde kleiner. Tageslicht füllte die Straße langsam mit einem dunstig fahlen, beinahe blauen Schein. Das Volkshaus war leer. Die ersten Strahlen der Sonne fanden uns mit Puente und seinen Milizmännern allein auf der Terrasse. Oben auf dem Dach, von seinem Balkon aus, warf der Wachposten einen langen, mißgestalteten Schatten auf den Dachschiefer.

»Was tun wir jetzt?« fragte ich Puente.

»Wir warten auf Befehle.«

Unten auf der Straße standen ein paar Gruppen in hitziger Debatte. Vereinzelte Worte erreichten unsere Ohren.

»Glaubst du nicht, wir sollten zur Puerta del Sol marschieren?« fragte ich.

»Nein. Unser Befehl lautet: warten! Wir müssen Disziplin halten.«

»Aber nicht unter dieser Regierung!«

Die Milizmänner wiederholten meine Worte. Einem von ihnen begannen offen die Tränen übers Gesicht zu rinnen. Ich sagte zu Puente: »Es tut mir leid, aber ich kann mir nicht helfen. Ich bin gestern abend aus eigenem Willen hergekommen, um nach Möglichkeit Beistand zu leisten. Ich war bereit, mit euch überall hinzugehen und mich überall hinschicken zu lassen. – Aber ich bin nicht bereit, unter einem Sánchez Román zu dienen. Du weißt so gut wie ich, was seine Ernennung zum Minister bedeutete. Es bedeutet, daß diese Regierung versuchen wird, mit den Generälen einen Kompromiß zu schließen. Das mache ich nicht mit. Ich gehe jetzt – bedaure sehr.«

Ich reichte ihm die Hand. Es fiel mir nicht leicht. Die Milizmänner machten kehrt, und einige von ihnen lehnten die Gewehre an die Brustwehr der Terrasse: »Wir gehen auch.«

Puente schrie sie an, und sie griffen schließlich wieder nach ihren Gewehren, mit Ausnahme von zweien, die hinter Rafael und mir abmarschierten. Wir gingen durch das leere Haus. Ein paar Menschen glitten wie Gespenster in einem Korridor oder auf der Treppe an uns vorüber. Wir stürzten unten in der Kantine eine Schale kochendheißen Kaffee hinunter und gingen auf die verlassene Straße hinaus.

Ein Straßenfeger spritzte das Pflaster mit einem Schlauch, und der Geruch eines regnerischen Morgens hing in der Luft.

Vom Zentrum Madrids herüber, von der Puerta del Sol, drang gewaltiges Getöse, ein dumpfes Brüllen, das die Luft erzittern ließ und lauter wurde, je näher wir kamen. An einer Straßenecke war eine Schenke offen, mit einem Tisch vor dem Eingang. Auf dem Tisch standen ein Kaffeekessel auf einem Holzkohlenbecken, eine Schüssel mit Wasser, Tassen und Untertassen, eine Reihe von Flaschen. Wir blieben stehen, um noch eine Tasse Kaffee und ein Glas Kognak zu trinken. Der Radioapparat der Schenke unterbrach sein Gedudel: »Achtung! Achtung!« Der Schenkwirt erhöhte die Lautstärke:

»Eine neue Regierung ist gebildet worden. Die neue Regierung hat die Kriegserklärung des Faschismus an das spanische Volk angenommen!«

Einer der zwei Milizmänner, die vom Volkshaus mit uns gekommen waren, sagte: »Dann ist ja alles in Ordnung. Salud!« Er ging davon, drehte sich jedoch um. » Aber mit diesen Republikanern in der Regierung, da kann man nie wissen!«

Als wir die Puerta del Sol erreichten, hatte sich die Menge verlaufen, und die Rolläden der Weinstuben rasselten in die Höhe. Die Leute, die in Gruppen und Haufen auf dem Gehsteig ihre Diskussionen fortgesetzt hatten, gingen hinein, um zu frühstücken. Eine strahlende Sonne erhob sich über den Häusern. Der Tag würde heiß werden. Taxidroschken fuhren vorbei, überfüllt mit Milizmännern; viele von ihnen hielten Fahnen mit der Inschrift: U.H.P.* in den Händen. Die Sonntagsautobusse reihten sich auf, um die Menschen aufs Land hinauszufahren. Neben uns rief ein Schaffner: »Puerta de Hierro! Puerta de Hierro!« Gruppen von Knaben und Mädchen und ganze Familien mit Rucksäcken drängten sich in die Autobusse.

»Was für eine Nacht!« rief ein Mann aus, als er sich hinsetzte.

Ich erinnerte mich, mit Maria vereinbart zu haben, daß wir uns Sonntag um sieben Uhr früh auf der Puerta del Sol treffen sollten, um für den Tag in die Sierra zu fahren. Heute war der Sonntag, und es war etwa halb sieben. Ich hatte keine Lust heimzugehen – ich hatte nichts zu tun –, und der Morgen war strahlend schön.

»Höre«, sagte ich zu Rafael, »sage Aurelia, daß ich heute erst spät nachts heimkommen werde! Erzähle ihr, was du willst! Sage, ich habe in der Gewerkschaft zu tun! Ich werde Maria hier erwarten und mit ihr in die Sierra hinausfahren. Ich habe genug.«

Als Maria und ich von unserem Ausflug zurückkamen, stürmten die Leute die Straßenbahnen, und wir zogen es vor, zu Fuß zu gehen. Die ersten Autobusse mit Ausflüglern kehrten eben von den Auen des Manzanares zurück; vor dem Bahnhof gab es eine Verkehrsstockung. Ein Polizist mit weißem Helm versuchte mit viel Geschrei und Herumfuchteln, sie zu entwirren. Es gab Lastautos voll von Menschen, die sangen, was die Lunge hergab. Ein Luxusauto mit einem Berg von Koffern auf dem Gepäckgestell flitzte vorbei.

»Sie laufen davon, sie laufen davon! Adiós, Herrschaften, gute Reise!« riefen die Leute in den Lastautos. Der große Wagen glitt an ihnen vorbei; die Straße, die aus Madrid hinausführte, war frei. Aber die Rufe hatten nicht drohend geklungen, sie waren erregt und dabei vergnügt gewesen: die Menge machte sich über die Leute lustig, die angsterfüllt aus Madrid flüchteten.

Die Fröhlichkeit in den Straßen dauerte nur bis zur Höhe des Abhanges von San Vicente. Dort verlangten Milizmänner an jeder Straßenecke unsere Papiere. Am Eingang zu jeder zum Palast führenden Straße hatte die Polizei einen Kordon gezogen. Die wenigen Menschen, die zu sehen waren, hatten es alle eilig. Mehr Autos mit auf die Türen gemalten Parteinamen und der Inschrift »U.H.P.« fuhren mit großer Geschwindigkeit an uns vorbei. Die Menschen grüßten sie mit erhobener Faust. Eine dicke Rauchsäule stieg am Ende der Calle de Bailén auf. Ein Lautsprecher erzählte uns aus einem offenen Fenster, General Franco habe vom Präsidenten Azaña die bedingungslose Kapitulation verlangt. Die Regierung der Republik hatte mit einer formellen Kriegserklärung geantwortet.

Einige Kirchen brannten.

Ich brachte Maria nach Hause und eilte heim.

Die Straßen um die Plaza de Antón Martín flossen von Menschen über. Sie waren mit dickem, beißendem Rauch gefüllt. Sie rochen nach verbranntem Holz und erhitztem Metall. Die St.-Nikolaus-Kirche brannte. Die Kuppel trug einen

---

* U. H. P. (Unidos Hermanos Proletarios) = Vereinigte Proletarische Brüder.

Flammenhelm. Ich beobachtete, wie die Glasscheiben der Laternen barsten und glühende Bäche geschmolzenen Bleis auf das Dach herabflossen. Dann verwandelte sich die Kuppel in einen gigantischen Feuerball von unheimlichem Eigenleben; sie knisterte und wand sich unter dem Ansturm von wilden Flammen. Einen Augenblick lang schien das Feuer auszusetzen – dann klaffte die gewaltige Kuppel in einem roten Spalt.

Die Menschen stoben schreiend auseinander: »Sie fällt!«

Die Kuppel stürzte krachend, mit dumpfem Dröhnen ein und wurde von den steinernen Mauern der Kirche verschlungen. Eine zischende Masse von Staub, Asche und Rauch stieg auf. Plötzlich, durch den Sturz der Kuppel sichtbar geworden und der Stütze beraubt, schwankte eine Feuerwehrleiter in der Luft. Oben stand ein Feuerwehrmann und besprizte aus einem Schlauch die Marktbuden in der Calle de Santa Isabel und die Wände des Kinos neben der Kirche. Es sah aus, als wäre ein Harlekin, lächerlich und nackt, mitten auf der Bühne allein zurückgelassen worden. Die Leute klatschten Beifall; und ich hatte keine Ahnung, ob er der grotesken Figur des Feuerwehrmannes oder dem Einsturz der Kuppel galt. Gedämpft prasselte das Feuer hinter den steinernen Mauern weiter.

Ich betrat die Kneipe Serafins. Die ganze Familie befand sich im Hinterzimmer, die Mutter und eine seiner Schwestern schienen völlig hysterisch, die Schenke war voll von Menschen. Serafin lief von den Gästen zu Mutter und Schwester zurück, versuchte alles zu gleicher Zeit zu tun. Sein rundes Gesicht war von Schweiß in dichten Streifen überronnen, er war halb toll und stolperte bei jedem Schritt über die eigenen Beine.

»Arturo, Arturo, das ist ja furchtbar! Was wird hier geschehen? Sie haben San Nicolás niedergebrannt und alle die anderen Kirchen in Madrid, San Cayetano, San Lorenzo, San Andrés, die Escuela Pía ...«

»Mach dir keine Sorgen«, forderte ihn ein Gast heraus, der eine Pistole im Gürtel trug und in einem schwarzroten Halstuch paradierte. »Es sind ohnedies zu viele von diesen schwarzen Schaben hier!«

Der Name Escuela Pia hatte mir einen Stoß versetzt: meine alte Schule brannte. Ich lief die Calle del Ave María hinab und fand Aurelia mit den Kindern inmitten der Nachbarn vorm Hause. Sie begrüßten mich mit Rufen: »Wo bist du gewesen?«

»Habe den ganzen Tag zu tun gehabt. Was geht denn hier vor?«

Zwanzig Nachbarn antworteten mir gleichzeitig: Faschisten hatten aus den Kirchen auf die Leute geschossen, worauf die Leute die Kirchen gestürmt hatten. Alles brannte ...

Das Viertel roch nach Feuer, und ein dünner Aschenregen sickerte herab. Ich wollte mich selbst überzeugen. Die Kajetanskirche war eine einzige Flammenmasse. Hunderte Menschen, die in den Mietskasernen entlang der Straße wohnten, hatten ihre Möbel herausgeschleppt, standen herum und starrten das Feuer an, das ihre eigenen Heime bedrohte. Einer der Zwillingstürme begann zu schwanken. Die Menge kreischte auf: wenn er auf ihre Häuser fiel, dann war's das Ende. Der große Block von Stein und Ziegeln wurde mitten auf dem Straßenpflaster zerschmettert.

Vor der Lorenzkirche tanzte und heulte eine tobende Menge fast in Reichweite der Flammen.

Die Escuela Pía brannte von innen. Es sah aus, als sei sie von einem Erdbeben in Stücke gerissen worden. Die lange Mauer der Schule in der Calle del Sombrerete mit ihren Hunderten Zellen- und Schulzimmerfenstern wurde von Feuerzungen beleckt, die durch die Fenstergitter stachen. Die Fassade war zerstört, einer der Türme eingestürzt, der Torbogen der Kirche lag in Trümmern. Durch die Seitentür, den Eingang für die Armenschüler, kamen und gingen in ununterbrochener Tätigkeit Feuerwehrleute und Milizmänner. Die Glut des Hauptfeuers in dem gigantischen Gebäude strahlte durch die Öffnung.

Eine Gruppe von Milizmännern und der Führer eines Rollkommandos kamen aus dem Tor. Sie trugen eine improvisierte Bahre – Bretter auf einer Leiter – und auf ihr, in Dek-

ken gehüllt, eine kleine Gestalt, von der nichts zu sehen war
als ein wächsernes Gesicht unter einem Büschel weißen Haares. Ein erbarmenswerter alter Mann, zitternd, mit schrecker-
füllten Augen: mein alter Lehrer, Pater Fulgencio. Die Menge
formte schweigend eine Gasse, und die Männer schoben ihn
in einen Krankenwagen. Er war wohl mehr als achtzig Jahre
alt. Eine dicke Frau hinter mir sagte:»Der arme Pater Fulgencio tut mir leid. Ich habe ihn gekannt, seit ich ein kleines
Mädchen war. Daß er das alles jetzt mitmachen muß! Wäre
für ihn besser gewesen, wenn er gestorben wäre. Wissen Sie,
der arme Mensch war seit Jahren gelähmt. Manchmal trugen
sie ihn in einem Sessel zum Chor hinauf, damit er Orgel spiele, denn seine Hände waren in Ordnung, aber vom Gürtel
abwärts war er wie tot. Er hätte es nicht gespürt, wenn man
ihn mit Stecknadeln in die Beine gestochen hätte. Und wissen Sie, das alles ist passiert, weil sich die Jesuiten der Schule
bemächtigt haben! Denn vorher – und glauben Sie mir, ich
kann die Schwarzröcke auf den Tod nicht ausstehen – haben
alle hier in der Gegend die alten Patres geliebt.«

»Pater Fulgencio war mein Chemielehrer«

»Dann wissen Sie ja, was ich meine, denn das muß ja ziemlich lang her sein. Na, ich will nicht sagen, daß Sie so alt sind.
Aber es müssen gute zwanzig Jahre her sein.«

»Sechsundzwanzig.«

»Ich habe mich also nicht sehr geirrt. Nun, wie ich Ihnen
sagte, vor ein paar Jahren, ich kann mich nicht erinnern, ob's
vor der Republik war oder gleich nachher, da änderte sich die
Schule so, daß Sie sie nicht wiedererkannt hätten.«

Das Feuer knisterte in der Kirche. Das Gebäude war ein
zerstörtes leeres Gehäuse. Die Frau fuhr fort, unbekümmert
und redselig:»Die Piaristen – wissen Sie, die waren gute
Leute, obwohl ich Ihnen ja schon gesagt habe, ich habe für
Schwarzröcke nichts übrig – also, die gingen hin und schlossen sich einem dieser katholischen Schulverbände an oder wie
das Zeug heißt, aber jedenfalls haben die Jesuiten das Ganze
in der Hand. Sie werden sich erinnern, wie es war, als der Pa-

ter Präfekt noch auf die Plaza de Lavapiés kam und uns mit Kupfermünzen bedachte, und meine eigene Mutter ging hin und küßte ihm die Hand. Aber sehen Sie, das war alles zu Ende, als die Jesuiten kamen. Sie begannen mit dem Dings da, was sie die Nächtliche Andacht nennen, und dann kamen die feinen jungen Herren zum Beten hin. Schöne Gebete, kann ich Ihnen sagen! Im Schulhof sahen wir sie exerzieren und sich bewaffnen! Und dann, Sie können's glauben oder nicht, heute früh begannen sie aus einem Maschinengewehr aus den Fenstern da oben auf uns zu schießen, daß es jedermann im Viertel hören konnte!«

»Und hat's Verluste gegeben?« fragte ich.

»Vier oder fünf hat's erwischt, drüben in der Mesón de Paredes und der Calle de Embajadores. Einer blieb auf dem Pflaster tot liegen, die anderen sind weggebracht worden, kein Mensch weiß, wohin.«

Ich ging tief erschüttert nach Hause.

Meine Knabenzeit stand vor meinen Augen: ich hatte die Empfindung, Dinge, die ich geliebt hatte, Dinge, die ich gehaßt hatte, plötzlich schmecken und riechen zu können. Ich saß auf dem Balkon meiner Wohnung, ohne die Menschen zu sehen, die unten durch die Straße gingen oder schreiend in Gruppen umherstanden, und versuchte, mit dem Konflikt in meinem Innern ins reine zu kommen.

Was wäre geschehen, hätte unser alter Pater Präfekt die Tore der Kirche und des Kollegs weit aufgetan und sich unter den Torbogen gestellt, aufrecht, vorm Angesicht der Menge, mit im Winde fliegendem Grauhaar? Sie hätten ihn nicht angegriffen, dessen war ich sicher.

Später erfuhr ich, daß mein Wunschtraum nicht völlig eitel gewesen war: der Pfarrer der Kirche von Hl. Geist, der populärsten von Madrid, hatte die Schlüssel der Miliz eingehändigt, und so war seine Kirche mit allen ihren Schätzen gerettet worden; nur die Papiermachéheiligen wurden zertrümmert und die Messingleuchter für Patronenhülsen verwendet. Auf ähnliche Weise wurden San Sebastián, San Ginés und

Dutzende anderer Kirchen gerettet, manche allerdings nur für die später kommenden Bomben.

Aber an diesem Abend fühlte ich mich bedrückt. Der Kampf hatte begonnen, es war ein Kampf um meine eigene Sache, und doch fühlte ich mich abgestoßen und fror bis ins Mark.

Ich ging um Mitternacht zu Bett und erwachte um vier Uhr morgens. Es war ein strahlend heller Tag. Auf der Straße unten standen Leute umher und diskutierten heftig. Ich zog mich an und ging hinunter. Auf der Plaza de Antón Martín stand ein Taxi, aus dem Milizmänner ausgestiegen waren, um Milch in der Molkerei zu trinken, die Serafíns Schwager gehörte. Ich stellte mich zu ihnen und trank zwei Gläser eiskalte Milch aus dem Kühlschrank.

»Wohin fahrt ihr?«

»Zum Cuartel de la Montaña. Dort wird's ernst.«

»Ich komme mit.«

Auf der Plaza de España ließ ein Rollkommando das Taxi nicht weiterfahren. Ich ging zu Fuß weiter zur Calle de Ferraz.

Die Kaserne, in Wirklichkeit drei verschiedene Kasernen, die zu einem Block vereinigt waren, bildet einen mächtigen Gebäudekomplex auf einer Hügelkuppe. Davor dehnt sich ein weites Glacis, das einem ganzen Regiment Raum zum Exerzieren bietet. Auf der einen Seite ist diese Terrasse durch einen Steilhang mit der Calle de Ferraz verbunden, auf der anderen bricht sie über dem Nordbahnhof jäh ab. Eine breite, steinerne Brustwehr umgibt sie in ihrer vollen Länge; darunter fällt eine Steilwand sechs Meter tief zu einem niedriger gelegenen Glacis ab, das die Kaserne vom Park der Calle de Ferraz trennt. Die Rückseite des Gebäudes überragt die weite Avenue des Pasco de Rosales und das offene Gelände im Westen und Nordwesten. Das Cuartel de la Montaña ist eine Festung.

Aus der Richtung der Kaserne krachten Gewehrschüsse. An einer von der Plaza de España und der Calle Ferraz gebildeten Ecke luden, von einer Mauer gedeckt, Rollkommandos ihre Gewehre. Zwischen den Bäumen und den Bänken des Gartens hockten und lagen Menschen in großer Zahl. Eine Woge wütender Schüsse und Schreie stieg von ihnen und von anderen empor, die ich nicht sehen konnte, weil sie näher an der Kaserne waren. Es müssen viele Tausende gewesen sein, die das Bauwerk auf dem Hügel umzingelt hielten. Der Gehsteig auf der anderen Seite, der von den Fenstern der Kaserne aus gesehen werden konnte, lag verödet.

Ein Flugzeug flog in geringer Höhe auf die Kaserne zu, und die Menschen heulten auf. »Eines von den unsrigen!«

Tags zuvor, am Sonntag – dem Sonntag, an dem so viele von uns in der Hoffnung, der Sturm sei zu Ende, in die Sierra hinausgefahren waren – hatten Gruppen von Offizieren auf den zwei Flugfeldern von Madrid sich zu erheben versucht, waren aber von den loyalen Truppen überwältigt worden.

Die Maschine zog einen weiten Kreis und stieß dann tiefer herab, so daß ich sie nicht mehr sehen konnte. Einige Augenblicke später erbebte der Boden, und die Luft zitterte. Nachdem es seine Bomben abgeworfen hatte, flog das Flugzeug davon. Die Menge schäumte vor Freude; manche der Menschen im Park sprangen auf, winkten und warfen ihre Mützen in die Luft. Ein Mann drehte sich in einer Pirouette und fiel nieder, erschossen. Die Kaserne feuerte.

Schreiend und kreischend tauchte auf der anderen Seite der Plaza de España ein dichter Menschenhaufen auf. Als die Menge an der Straßenecke anlangte, sah ich in ihrer Mitte ein Lastauto mit einem 7,5-cm-Feldgeschütz. Ein Offizier des Rollkommandos versuchte die Leute anzuweisen, wie das Geschütz abzuladen war, aber sie hörten nicht auf ihn. Hunderte fielen über das Lastauto her, als wollten sie es verschlingen, und es verschwand unter dieser menschlichen Masse wie ein Stück verwesenden Fleisches unter einem Schwarm Fliegen. Dann aber stand das Geschütz, auf Armen und Schultern herabgeholt, auf dem Boden.

Der Offizier richtete sich auf und gebot brüllend Ruhe.

»Jetzt paßt gut auf! Sobald ich das Geschütz abgefeuert habe, schiebt ihr es so schnell wie möglich dort hinüber! Verstanden?« Er zeigte auf das andere Ende des Parks. »Aber bringt euch nicht selber um ... Wir müssen sie glauben machen, daß wir viele Geschütze haben. Und ihr alle, die ihr nicht helfen könnt, verschwindet!«

Er feuerte das Geschütz ab, und noch ehe sich der Mündungsrauch verzogen hatte, war ein Schwarm von Männern hingesprungen und hatte es hundert, zweihundert Meter weitergezogen. Wieder donnerte das Geschütz, und wieder begann es seinen Tollen Lauf über die Pflastersteine. Es ließ eine Reihe von Menschen hinter sich, die auf einem Fuß umherhopsten und vor Schmerz brüllten: die Räder waren über einige Füße gerollt. MG-Kugeln streuten die Straße in unserer nächsten Nähe ab. Ich suchte im Garten Deckung und warf mich hinter einem dicken Baumstamm auf den Boden, dicht hinter zwei Arbeitern, die auf dem Rasen lagen.

Was zum Teufel suchte ich hier – ohne auch nur die kleinste Waffe in meinen Taschen? Aber wie hätte ich anderswo sein können?

Einer der zwei Männer richtete sich auf den Ellbogen auf, faßte mit beiden Händen einen Revolver und lehnte den Lauf gegen den Baumstamm. Es war ein enormer altmodischer Revolver mit vernickeltem Lauf und einem Grinsel, das wie eine Warze hervorstach. Die Patronentrommel bildete eine mißgestaltete Masse über den beiden Händen, die den Kolben umfaßt hielten. Der Mann drückte sein Gesicht gefährlich nahe an die Waffe und zog ab, mit großer Mühe und Anstrengung. Eine heftige Explosion schüttelte ihn, und eine Wolke beizenden Rauches bildete einen Heiligenschein um seinen Kopf.

Ich wäre beinahe aufgesprungen. Wir waren mindestens vierhundertfünfzig Meter von der Kaserne entfernt, und die Fassade des Gebäudes war durch die Parkbäume völlig abgeschirmt. Was glaubte der verdammte Bursche denn, was er da beschoß?

Sein Kamerad stieß ihn in die Seite. »Laß jetzt mich einmal schießen!

»Denke nicht daran! Das ist mein Revolver!«

Der andere fluchte. »Laß mich einen Schuß abgeben, beim Leben deiner Mutter!«

»Ausgeschlossen! Hab's dir gesagt. Wenn ich abgemurkst werde, gehört der Revolver dir, sonst mußt du dir's verkneifen.«

Der andere wälzte sich auf die Seite. Er hatte ein Vexiermesser in der Hand, fast so groß wie ein Bajonett, und setzte es an den Hintern seines Freundes. »Gib mir den Revolver oder ich stech dich!« Er preßte die Messerspitze gegen die Hinterbacke des anderen.

Der Mann mit dem Revolver fuhr auf und brüllte. »Du hast mich gestochen!«

»Hab dir's ja gesagt. Laß mich einmal schießen oder ich mach dir ein Loch hinein!«

»Da hast du ihn, aber halt ihn fest; er schlägt aus.«

»Glaubst du, ich bin ein Hornvieh?«

Als ob es ein feierlicher Ritus wäre, richtete sich der andere auf den Ellbogen auf und umspannte den Kolben mit beiden Händen, so planvoll, bedachtsam und zeremoniös, daß es fast wie eine Andachtspose aussah. Der vernickelte Lauf hob sich langsam in die Höhe.

»Na, schieß schon, damit es vorüber ist«, rief der Besitzer des Revolvers.

»Immer mit der Ruhe! Jetzt bin ich an der Reihe. Jetzt werde ich's diesen Bankerten zeigen!«

Wieder wurden wir von der Explosion geschüttelt, wieder haftete der beißende Rauch am Boden rings um uns.

Das Krachen von Mörsern und das Rattern von MGs von der Kaserne her setzte nicht aus. Von Zeit zu Zeit dröhnte hinter uns das Geschütz, ein Geschoß heulte durch die Luft, und irgendwo in der Entfernung ertönte eine Explosion. Ich warf einen Blick auf die Uhr: Sie zeigte zehn. Das war doch unmöglich!

In diesem Augenblick trat plötzlich Stille ein, der ein gewaltiger Ausbruch von Rufen folgte. Aus dem wirren Getöse brachen die Worte hervor: »Sie ergeben sich … die weiße Fahne …!«

Die Leute sprangen vom Boden auf. Da bemerkte ich zum ersten Male, daß viele Frauen unter ihnen waren. Und alle liefen auf die Kaserne zu. Ich wurde mitgerissen und lief mit ihnen.

Nun konnte ich die steinerne Doppeltreppe in der Mitte der Brustwehr sehen. Sie war eine schwarze, in zwei Ströme geteilte, wogende Masse von Menschen, die einander treppenaufwärts stießen und schoben. Auf der oberen Terrasse blockierte eine zweite dichte Menschenmasse den Ausgang der Treppen.

Wütendes Geratter von Maschinengewehren durchschnitt plötzlich die Luft. Mit einem unmenschlichen Aufschrei versuchten die Massen sich zu zerstreuen. Die Kaserne spie aus allen Fenstern Metall. Wieder dröhnten Mörser, diesmal näher, mit dumpfem Knallen. Es dauerte minutenlang, während die Woge der Schreie furchtbarer klang als je zuvor.

Wer wohl den Befehl zum Sturm gegeben hatte?

Eine ungeheure, kompakte Masse von Leibern bewegte sich wie ein Sturmbock vorwärts, gegen die Kaserne, gegen die Böschung oberhalb der Calle de Ferraz, gegen die steinerne Treppe in der Mauer, gegen die Mauer selbst. Jetzt war die Menge ein einziger anhaltender Schrei. Und ununterbrochen ratterten die Maschinengewehre.

Dann wußten wir mit einem Male, obwohl es uns niemand gesagt hatte: die Kaserne war im Sturm genommen worden. Die Gestalten an den Fenstern verschwanden wie der Blitz, und andere Gestalten jagten ihnen nach, an den Fenstern vorbei. Die Woge von Schreien und Schüssen tönte nun im Inneren des Gebäudes. An einem der Fenster erschien ein Milizmann, hob ein Gewehr hoch in die Luft und warf es hinunter in die Menge, die mit einem Aufbrüllen wilder Freude antwortete. Ich selbst fand mich in einem Teil der Masse eingekeilt, der mich zur Kaserne hinschob. Das Glacis war mit Leibern bedeckt, von denen manche sich im eigenen Blut wanden und weiterzuschleppen suchten. Und dann war ich im Kasernenhof.

Die drei Reihen von Galerien, die den Hof umgaben, waren voll von laufenden, brüllenden, gestikulierenden Menschen, die Gewehre schwenkten und ihren Freunden unten Unverständliches zuriefen. Eine Gruppe rannte hinter einem Soldaten her, der, toll vor Furcht, vorwärtsstürmte und jeden, der seinen Weg kreuzte, beiseitestieß. Sie waren beinahe die ganze Runde der Galerie gelaufen, als einer dem Soldaten ein Bein stellte. Er fiel nieder. Die Menschengruppe schloß sich um ihn. Als sie auseinanderging, war vom Hof aus, wo ich mich befand, nichts mehr zu sehen.

Ein riesenhafter Mann erschien auf der obersten Galerie, er hielt mit seinen großen Händen einen Soldaten in die Höhe, der mit den Beinen in der Luft strampelte. Jetzt brüllte der Riese: »Da kommt einer!«

Und er warf den Soldaten in den Hof hinunter. Er fiel, überschlug sich in der Luft wie eine Stoffpuppe und prallte mit einem dumpfen Schlag auf die Steine. Der Riese warf die Arme hoch und heulte: »Und jetzt der nächste!«

An der Tür des Depots hatte sich eine größere Masse angesammelt. Hier drinnen waren die Gewehre. Ein Milizmann nach dem andern kam heraus und schwenkte sein neues Gewehr, wobei sie vor Begeisterung fast tanzten. Dann folgte ein neuer Ansturm auf die Tür.

»Pistolen! Pistolen!«

Aus dem Depot ergossen sich schwarze Schachteln, die von Hand zu Hand über die Köpfe hinweg weitergereicht wurden. Jede enthielt eine Armeepistole, eine langläufige Astra, Kaliber 9, ein Reservemagazin, einen Putzstock und einen Schraubenzieher. Nach einigen Minuten war das Hofpflaster mit Ölpapier und mit schwarzweißen Flecken gesprenkelt – denn das Innere der schwarzen Schachteln war weiß. Die Depottür spuckte weiter Pistolen aus.

Im Depot des Cuartel de la Montaña sollen fünftausend Astrapistolen gelegen sein. Ich weiß nicht, ob das richtig ist. Ich weiß nur, daß an diesem Tage in allen Straßen Madrids die leeren schwarzweißen Schachteln herumlagen. Was den Leuten nicht in die Hände fiel, war die Munition für die Pistolen. Sie war sofort von den Rollkommandos mit Beschlag belegt worden.

Ich verließ die Kaserne. In ihr hatte ich die ersten Monate meiner Dienstzeit zugebracht, als Rekrut, der für Marokko bestimmt war. Vor sechzehn Jahren.

Im Vorbeigehen warf ich einen Blick auf den Fahnensaal, dessen Tür weit offen stand. Er war voll von Leichen getöteter Offiziere, die in wilden Haufen dort lagen, die einen mit den Armen auf dem Tisch, die andern auf dem Fußboden, wieder andere auf den Fenstersimsen. Einige von ihnen waren noch blutjunge Burschen.

Draußen auf dem Glacis lagen die Hunderte von Leichen im prallen Schein der Sonne. In den Gärten ringsum herrschte Ruhe.

6.
DIE STRASSE

Am Tag nach der Erstürmung der Kaserne stand im Registrierungsamt alles auf dem Kopf. Ein Dutzend Vertreter von Patentagenturen wartete in der Halle, aber die Plätze hinter den Schalterfenstern standen leer. Einige wenige Beamte des Ministeriums standen in der Mitte der Halle und unterhielten sich über die letzten Ereignisse. Einer von den Registrierbeamten erblickte mich und sagte: »Wenn Sie etwas für uns haben, Señor Barea, geben Sie's mir! Ich will's registrieren. Ist zwar nicht meine Sache, aber kein Mensch ist heute ins Büro gekommen. Doch, einer ist da – Don Pedro selbst.«

»Ich hätte gedacht, er würde es vorziehen, sein Haus heute nicht zu verlassen.«

»Da kennen Sie ihn schlecht. Gehen Sie hinein, besuchen Sie ihn!«

Don Pedro, in einem Berg von Papieren vergraben, arbeitete fieberhaft. »Wie geht es Ihnen, Arturo, wollen Sie was von mir?«

»Nein, Don Pedro. Man sagte mir, Sie seien hier, und so kam ich herein, um Ihnen Guten Morgen zu sagen. Ich muß Ihnen offen gestehen, ich habe nicht erwartet, Sie heute zu sehen.«

»Was sollte ich Ihrer Meinung nach tun? Mich verstekken? Ich habe im Leben niemand etwas Böses getan und mich nicht einmal in die Politik gemischt. Natürlich habe ich meine Ansichten, und Sie kennen sie, Barea.«

»Ich kenne sie, und eben jetzt scheinen sie mir ein wenig gefährlich.«

»Natürlich, das sind sie. Aber wenn man ein reines Gewissen hat, dann hat man keine Angst. Aber eines bin ich – erschüttert und entsetzt. Diese Leute haben ja vor nichts Respekt. Einer der Priester von San Ginés kam zu mir ins Haus, und dort ist er jetzt noch, zitternd und verzagt, und jagt meinen Schwestern tödliche Angst ein. Und diese brennenden Kirchen ... Ich kann mir nicht vorstellen, Barea, daß Sie damit einverstanden sind, obwohl Sie zur Linken gehören.«

»Ich bin damit ebensowenig einverstanden wie mit der Einlagerung von Gewehren in Kirchen oder den verschwörerischen Zusammenkünften, die die ,Christlichen Ritter' um zwei Uhr früh abhielten, mit der Ausrede, es sei eine ,Nächtliche Andacht'.«

»Sie waren zur Selbstverteidigung gezwungen.«

»Wir auch, Don Pedro.«

Da waren wir also wieder einmal mitten in einer Auseinandersetzung, die wir behutsam führten, um die Gefühle des andern nicht zu sehr zu verletzen, ohne Hoffnung auf mögliche Übereinstimmung; wir benahmen uns, als ob solche Diskussionen noch Wert hätten. In Wahrheit schenkte ich dem Gespräch wenig Aufmerksamkeit. Ich kannte seine Argumente genauso auswendig, wie ich meine eigenen kannte.

Sein religiöser Glaube war so stark, seine Redlichkeit so vollkommen, daß er nicht einmal die Möglichkeit zuzugeben vermochte, jemand gleichen Glaubens könnte einen niedrigeren moralischen Maßstab anlegen als er selbst. Er war ein einfacher, kindlicher Mensch, der nach dem Tode seiner Eltern sich mit seinen Schwestern in ein fast mönchisches Leben geflüchtet hatte; er hatte eine Privatkapelle in seinem Haus und konnte sich so vom politischen Getriebe in den Sakristeien fernhalten; er rauchte nicht und trank nicht, und ich glaube nicht, daß er je etwas mit einer Frau zu tun gehabt hatte.

Ich wußte auch sonst noch etwas über ihn. Im Jahre 1930 war ein Beamter in der Kanzlei eines Patentanwalts an Tuberkulose erkrankt. Er verdiente zweihundert Pesetas monatlich, war verheiratet und hatte zwei Kinder. Seine Krankheit stellte ihn vor ein unlösbares Problem. Die Arbeit aufzugeben oder um Aufnahme in eine der staatlichen Lungenheilstätten anzusuchen, hätte für seine Familie den Ausbruch nackten Hungers bedeutet. Er arbeitete also weiter. Die Krankheit machte rapide Fortschritte, und eines Tages vermochte er nicht mehr ins Büro zu gehen. Die Firma zahlte ihm das Gehalt für drei Monate aus und entließ ihn. Die Beamten der Patentagenturen und der Patentabteilungen im Ministerium veranstalteten eine Sammlung für ihn, und ich bat auch die drei Chefs des Patentamtes um einen Beitrag. Ein paar Tage später rief mich Don Pedro in sein Zimmer und schloß die Tür. Er fragte nach dem Ergebnis der Sammlung, und als ich ihm sagte, der Ertrag seien vierhundert Pesetas gewesen, rief er aus. »Das ist Brot für heute und Hunger für morgen.« Ich erklärte, wir seien völlig außerstande, das wirklich Nötige zu tun: den Mann in einer Heilstätte unterzubringen und in der Zwischenzeit die Familie finanziell zu erhalten. Darauf sagte mir Don Pedro, alles sei erledigt, einschließlich einer Empfehlung an die Heilstätte, so daß der Amtsweg umgangen werden könne; er werde für die Behandlung zahlen, und ich solle der Frau des Schwindsüchtigen sagen, seine Freunde hätten genug Geld gesammelt, um ihr für die Dauer der Krankheit ihres Gatten zweihundert Pesetas monatlich zu geben. »Deshalb habe ich Sie hereingerufen. Niemand braucht etwas davon zu erfahren, denn das Ganze wird zwischen Ihnen und mir erledigt.«

Alles war durchgeführt worden, wie Don Pedro es vorgeschlagen hatte. Der Beamte wurde geheilt und lebte seither mit seiner Familie im Norden Spaniens. Weder er noch auch seine Frau haben je erfahren, was tatsächlich geschehen war. Als der junge Mann aus der Heilstätte entlassen wurde, vergoß Don Pedro Tränen der Freude.

Wie hätte ich mit diesem Menschen streiten können, den ich achtete, mochte ich auch mit seinen Ansichten und seinen politischen Ideen noch so wenig übereinstimmen? Das Gespräch zog sich qualvoll in die Länge. Schließlich erhob sich Don Pedro und streckte mir die Hand entgegen.

»Ich weiß nicht, was hier passieren wird, Barea, aber was immer geschieht …«

»Wenn Ihnen etwas passieren sollte, verständigen Sie mich, bitte!«

Die Arbeitermilizen hatten alle Kasernen Madrids besetzt, die Soldaten waren heimgeschickt worden. Die Polizei hatte Hunderte Menschen verhaftet. Die Nachrichten aus den Provinzen waren auch immer voller Widersprüche. Nach einem heftigen Kampf war Barcelona endlich in den Händen der Republikaner geblieben, ebenso Valencia. Aber die Liste der Provinzen, die von den Rebellen durch überraschende Handstreiche genommen worden waren, war lang.

Beim Überqueren der Plaza de Atocha fragte ich mich, welchen Kurs das Kriegsministerium wohl einschlagen werde. Eine allgemeine Mobilisierung? Von General Castello hieß es, er sei ein loyaler Republikaner. Aber würde er es wagen, das Volk zu bewaffnen? Würde Präsident Azaña es über sich bringen, einen solchen Erlaß zu unterschreiben?

Milizmänner hatten vor dem San-Carlos-Krankenhaus einen Kordon quer über die Calle de Atocha gezogen.

»Du kannst nicht durch, Kamerad. Vom Dach dort drüben wird geschossen. Such Deckung um die Ecke!« Ich hörte einen Gewehrschuß krachen. Zwei Milizmänner auf der Straßenseite gegenüber erwiderten das Feuer, der eine mit einer Mauser, der andere mit einer Pistole. Im Torweg des Hauses, wo ich stand, war ein Schwarm von Menschen versammelt; daneben stand ein Posten von zwei Milizmännern.

»Ich glaube, ich kann durch, wenn ich mich an die Hausfront halte.«

»Schön, wie du willst! Ist deine Sache. Hast du einen Ausweis?«

Ich zeigte ihm das Gewerkschaftsbuch, und er ließ mich passieren. Schüsse knatterten vom Dach. Ich hielt mich dicht an die Mauer des Hauses und blieb stehen, als ich an ihrem Ende angelangt war. Eine Gruppe von Männern kam aus dem Eingang des Hauses, von dessen Dach geschossen worden war. Zwei von ihnen trugen den schlaffen Körper eines Jungen von

etwa sechzehn Jahren. Vom Kopf sickerte Blut, aber er lebte.
Er stöhnte:»Mutter … Mutter …«

Ganz Lavapiés um die Plaza de Antón Martín herum schien
in Aufruhr zu sein. Von vielen Dächern krachten Schüsse. Milizmänner jagten Heckenschützen – Pacos, wie wir sie nannten – über die Dächer und Dachluken. Jemand sagte, in der
Calle de la Magdalena seien zwei oder drei Faschisten getötet
worden. Aber die Leute zeigten sich wenig beunruhigt. Männer, Frauen und Kinder aus den Mietskasernen waren auf der
Straße, alle schauten zu den oberen Stockwerken hinauf, alle
riefen und kreischten.

Eine feste Stimme brüllte den Befehl, den ich damals zum
ersten Mal hörte:» Balkone schließen!«

Die Straße widerhallte vom Geklapper der Fenster- und
Balkonläden. Einige Fenster blieben offen, und die Leute wiesen mit den Fingern darauf hin.

»Señora Maña!« kreischte jemand unentwegt. Nach einer
Weile trat eine dicke Frau auf einen Balkon hinaus. »Schließen Sie sofort den Balkon!« Und die dicke Frau schlug wortlos die Türe zu.

Dann wurde es ruhiger. Die Häuser zeigten verschalte
Fassaden. Ein kleiner Junge quietschte:»Das Fenster dort ist
offen!«

Auf dem dritten Stockwerk stand ein Fenster weit offen,
und der Vorhang flatterte träge. Ein Milizmann knurrte:»Irgendein Hurensohn könnte, hinter diesem Vorhang versteckt,
auf uns schießen.« Die Leute um ihn begannen zu kreischen:
» Macht das Fenster zu!« Der Vorhang flatterte weiter, wie
eine Provokation. Ein Milizmann stellte sich auf den Geh-
weg gegenüber und lud seinen Mauser. Er zielte. Die Mütter
packten ihre Kinder und rückten von dem Mann ab, der inmitten des verlassenen Gehsteigs stand und schoß. Zerbro-
chenes Glas schauerte klirrend herab. Einer der Männer ging
ins Haus hinein und kam mit einer kleinen, vor Alter einge-
schrumpften und buckligen Frau heraus, die die Hand ans

Ohr hielt. Die anderen riefen im Chor: »Wer ist der Mieter der Wohnung da oben, Señora Encarna?«

Als die Frau schließlich verstand, erwiderte sie todernst: »Und dazu habt ihr mich herausgeholt, Kinderchen? Das ist doch das Treppenhausfenster. Die Faschisten wohnen im ersten Stock. Bigotte Teufel sind sie schon, jawohl!«

Ein paar Sekunden später flogen die Balkonfenster im ersten Stockwerk auf, und ein Milizmann lehnte sich aus dem letzten in der Reihe heraus: »Kein Mensch da ... die sind alle entwischt!«

Möbel und Geschirr regneten auf die Pflastersteine herab. Die Leute begannen die Möbel zu einem Scheiterhaufen zu schichten.

Die Lautsprecher – in jenen Tagen waren die Radioapparate Tag und Nacht in Gang – unterbrachen ihre Musik, und die Menge verlangte Ruhe. Der Möbelschauer hörte auf. Die Regierung hatte das Wort:

»Im Begriffe, den kriminellen Aufstand zu beenden, den die landesverräterischen Militärs angezettelt haben, verlangt die Regierung, daß die Aufrechterhaltung der Ordnung, die nunmehr vor der Wiederherstellung steht, restlos in den Händen der öffentlichen Hüter der Ordnung und jener Elemente der Arbeiterverbände bleibe, die, der Disziplin der Volksfront unterworfen, so zahlreiche und heldische Beweise eines erhabenen Patriotismus geliefert haben.

Die Regierung ist sich wohl bewußt, daß faschistische Elemente, verzweifelt über ihre Niederlage, sich mit anderen unruhigen Elementen zu solidarisieren trachten, um die der Regierung und dem Volke loyalen Kräfte zu diskreditieren und zu entehren, wobei sie einen revolutionären Eifer vorspiegeln, der sich in Brandstiftung, Plünderung und Raub manifestiert. Die Regierung befiehlt ihren sämtlichen Kräften, militärischen wie zivilen, alle solchen Ruhestörungen, wo immer sie vorkommen sollten, zu unterdrücken und bereitzustehen, um auf jene, die solche Verbrechen begehen, die äußerste Strenge des Gesetzes anzuwenden ...«

Die Möbelstücke blieben dort, wo sie aufs Pflaster gestreut worden waren. Milizmänner standen daneben Wache.

Die Menschen, die sich zu hitzigen Diskussionen hinstellten, zeigten fröhlichen Optimismus; nun, da der Aufstand niedergeworfen war, würde der Rechten bald klar werden, was sozialistisches Regieren bedeutete. Die durch die geschlossenen Balkonläden verdüsterte Straße wirkte heller und schien beinahe festlich.

Am Eingang zur Calle de la Magdalena tauchten drei Lastautos auf, mit Milizmännern vollgepackt, die in rhythmischem Chor riefen: »U.H.P. – U.H.P. – U.H.P.«

Die Straßen nahmen den Ruf mit geballten Fäusten auf. Als eines der Lastautos hielt und die Milizmänner auf das Pflaster sprangen, drängte sich die Menge gleich um sie. Viele der Männer hatten Gewehre und Patronentaschen; auch ein paar Frauen waren darunter – in Männerkleidung, blauen Arbeitshosen.

»Wo kommt ihr her?«

»Wir hatten einen großartigen Tag … Wir haben den Faschisten Prügel verabreicht, die sie nicht so bald vergessen werden … Wir kommen von der Sierra … Die Faschisten sind in Villalba, aber sie werden kaum mehr den Mut haben, nach Madrid zu kommen. Auf dem Rückweg haben wir eine Menge Soldaten getroffen, die gerade hinaufmarschierten.«

»Aber wieso haben sie euch denn zurückgehen lassen?« fragte eine dicke Frau einen Milizmann, der ihr Gatte zu sein schien; nach den Spuren auf dem Arbeitskittel zu schließen war er Maurer, etwa Mitte vierzig und einigermaßen angeheitert.

»Da hört auch die einmal an! Wer hat denn das Recht, uns aufzuhalten? Als wir merkten, daß es bald Nacht sein wird, sagten wir alle, jetzt ist's Zeit, heim ins Bett zu gehen, damit die Damen ohne uns nicht Angst bekommen. Einige von den Burschen sind dort geblieben, aber die waren gescheiter, die haben ihre Frauen bei sich.«

Nach dem Abendessen drängte sich eine lärmende Menge in den Straßen; die erstickende Hitze in den Häusern trieb sie hinaus, und die Menschen besprachen, noch immer optimistisch, die Regierungserklärung und das bevorstehende Ende der Erhebung. Rafael und ich machten uns auf, um die Runde durch die populärsten Treffpunkte des Viertels zu machen. Ich wollte die Leute sehen.

Zuerst gingen wir zum Café Chantant in der Calle de la Magdalena. Das ist ein altes Kaffeehaus, im vergangenen Jahrhundert als Kabarett berühmt, wo ganze Generationen von Zigeunertänzerinnen und Flamencosängern über die Bretter gingen; heute waren ihre Nachfolger »einheimische und fremde Artistinnen«, die nach dem Abflauen der Moden von Cakewalk, Machicha und Rumba sich in immer deutlicher obszönen Entkleidungsszenen zeigten. Die Eintrittspreise waren niedrig; und so war das Café immer gefüllt mit mehr oder weniger naiven Gästen, meist Arbeitern und kleinen Angestellten, die eine Tasse Kaffee tranken, sich für die primitiven Varieténummern begeisterten und von einem Hofstaat von Prostituierten umgeben waren, während die Zuhälter im Hinterhalt lagen und die Polizei ständig in der Nähe auf der Lauer war.

An diesem Abend blockierten den Eingang etwa zweihundert Menschen, die alle hineinzugelangen versuchten. Zwei Milizmänner mit geschultertem Gewehr bewachten das Tor und verlangten die Papiere eines jeden. Rafael und ich waren entschlossen durchzukommen, und es gelang uns auf die einfachste Weise. Der Hinauswerfer, der gleichzeitig Portier war und die Eintrittskarten abnahm, grüßte uns so salbungsvoll mit einem »Salud, Genossen, treten Sie ein!«, daß die zwei Milizmänner nicht nach unseren Ausweisen zu fragen wagten, und Rafael murmelte: »Der hält uns für Geheime!«

Der ungeheure Saal war mit Pärchen verschwitzter Männer und Frauen gestopft voll, die hin- und herschwankten in vergeblichen Versuchen, der schrillen Melodie der Tanzkapelle zu folgen, die nur aus brüllenden Blechinstrumenten und blökenden Saxophonen bestand. Über ihren Köpfen hing in Streifen eine Wolke blauen Rauches, den der Staub grau verfärbt hatte. Es roch wie eine Waggonladung von Schafen, die man mit billigem Kölnischwasser bespritzt hatte. Fast alle Männer und Frauen trugen blaue Arbeitskittel, als steckten sie in einer Uniform, und es gab fast keinen Gürtel ohne Pistole. Die großen Astrapistolen aus dem Cuartel de la Montaña schimmerten blau, und ihre Mündungen glitzerten mit fahlen Glanzlichtern.

Als die Kapelle aufhörte, heulte die Menge: »Noch! Noch!« Sie spielte nun den Himno de Riego, die republikanische Nationalhymne. Die Menge sang im Chor die Worte der Volksparodie:

> »Don Simeón, der hielt sich drei Kater,
> Die behandelte er wie ein Vater;
> Nachts fraß jeder schon sein Bonbon.
> Hoch die drei Katzen des Don Simeón!«

Als es zu Ende war, heulten sie noch lauter als zuvor. Die kleine Jazzkapelle intonierte eine phantastische Version der Internationale, mit Trommeln, Zimbeln und klingenden Jazzglocken. Alle blieben stehen, reckten die geballten Fäuste und sangen pflichtgemäß:

> »Wacht auf, Verdammte dieser Erde,
> Die stets man noch zum Hungern zwingt ...«

Ein schweißbedeckter, dicker Mensch mit schwarzem Kraushaar, das ihm über Hals und Ohren herabfiel, und einem schwarzroten Tuch um den Hals reckte sich über die anderen hervor und brüllte: »Es lebe die F. A. I.«[*]

Einen Augenblick lang sah es aus, als würde dieser anarchistische Kriegsruf zu einer Prügelei führen. Beschimpfungen flogen durch die Luft. Die schwarzroten Halstücher versam-

---

[*] F. A. I. (Federación Anarquista Ibérica) = Iberischer Anarchistenbund.

melten sich am Ende des Saales. Nervöse Finger griffen nach Gürteln und Revolvertaschen. Frauen quiekten wie in die Ecke getriebene Ratten und hielten sich an ihren Männern fest. Die Internationale brach ab, wie von einer ungeheuren Faust erwürgt.

Ein komischer kleiner Mann im Kellnerfrack war auf das Podium gesprungen und kreischte verzweifelt, während die große weiße Jazztrommel hinter ihm einen Rahmen für seine Verrenkungen lieferte und sie mit dumpfen Wirbeln untermalte. Die Menge verstummte, und der kleine Mann kreischte mit einer Reibeisenstimme: »Genossen« – es ging ihm wohl durch den Kopf, daß diese Parteianrede allein nicht ganz angebracht war, und er korrigierte sich – »und Arbeiterkameraden! Wir sind hier zusammengekommen, um uns ein bißchen zu unterhalten … Vergeßt nicht, daß wir alle Brüder sind im Kampf gegen den Faschismus, alle Arbeiter und Brüder … U. H. P.!«

Der Saale erbebte, als die Menge die drei magischen Buchstaben im Stakkato-Rhythmus wiederholte. Dann intonierte die Kapelle einen galoppierenden Foxtrott, und die Paare setzten zu einem wüsten Wirbel an. Sie hatten nun genügend Platz zum Tanzen, denn viele waren aus dem Saal verschwunden.

Rafael und ich drängten uns hinaus, als eine aus einem eng anliegenden Overall überquellende Fleischmasse sich an meinen Arm hängte, mit üppigen Brüsten fast in Höhe meiner Schultern und einer Woge Patschuliparfüms: »Komm mit, Schöner, lade mich auf eine Glas ein! Ich sterbe vor Durst.«

Ich hatte sie manche Nacht auf ihrem Strich an der Ecke der Plaza de Antón Martín hin und her trotten sehen. Ich machte meinen Arm frei.

»Tut mir leid, aber wir müssen gehen. Wir haben bloß einen Freund gesucht, aber er ist nicht hier.«

»Ich komme mit euch.«

Ich wage keine schroffe Ablehnung; eine mutwillige Phrase konnte leicht einen Angriff von Seiten dieser temperamentvollen sogenannten Milizmänner provozieren, insbesondere da Rafael und ich für das Lokal zu gut angezogen waren. Die Frau heftete sich an uns, bis wir auf der Plaza de Antón Martín angelangt waren. Dort führten wir sie in die Bar Zaragoza, spendierten ihr ein Glas Bier und verschwanden. Sie wurde von einer defilierenden Masse halb betrunkener Männer und Frauen geschluckt. In diesem schwankenden Meer von Köpfen und Leibern tauchten hier und da Pistolen und drohende schwarzrote Halstücher auf.

Wir überquerten die Straße und traten in Serafíns Schenke ein. Der kleine Schankraum war überfüllt, aber wir gingen ins Hinterstübchen. Dort waren vertraute Gesichter. Der alte Señor Paco war da, der politisierende Tischler, mit einem neuen glänzenden Ledergürtel und dem Riemenzeug eines Soldaten. Er hielt ein Gewehr zwischen den Knien. Eben trug er einer hingerissenen Zuhörerschaft vor: »Wie ich schon sagte, wir hatten einen großartigen Tag da draußen in der Sierra. Als ob wir auf Kaninchenjagd gegangen wären. In der Nähe von Villalba hielt uns ein Posten der Rollkommandos mitten auf der Straße auf und schickte uns mit einem Korporal und zwei Konstablern auf eine Hügelkuppe zwischen Felsen und Büsche. Die Frau hatte uns eine Tortilla mitgegeben, und Serafín hatte mir frühmorgens die Ledertasche mit Wein gefüllt, also war alles in schönster Ordnung. Schlimm war nur, daß wir uns zwischen den Steinen dort alle einen Sonnenbrand holten, denn die Sonne schien grell auf uns herab. Aber wir bekamen nicht einmal die Spitze einer Faschistennase zu sehen und hatten einen prächtigen Tag. Richtung Straße gab's ein paar Schüsse, und wir hörten auch Maschinengewehre, aber sehr weit weg. Der Korporal sagte, wir seien dort postiert worden, damit keiner zwischen den Hügeln durchschlüpfe, und er sagte auch, drüben bei Buitrago sehe es sehr ernst aus. Also, das war das Ganze. Wir haben großartig gegessen, meine Nase schält sich von der Sonne, und wir haben einen erstklassigen Tag gehabt. Die meisten von uns sind am Abend zurückgekommen. Der Leutnant vom Rollkommando wollte, daß wir bleiben, aber warum zum Teufel, sagte ich, wir sind doch gar keine Soldaten! Die sollen dort bleiben, dafür werden sie ja auch bezahlt.«

»Gehst du morgen zurück, Paco? «

»Um sechs Uhr früh, so Gott will. Was natürlich bloß eine Redensart ist, denn der Herr hat jetzt nicht mehr viel zu sagen.«

Ein Mann war am Stammtisch, den ich vorher nie gesehen hatte. Er roch nach Benzin und hatte kalte graue Augen und dünne Lippen. Er sagte:»Wir hatten einen noch besseren Tag. Wir haben gründlich gesäubert.«

»Hast du die Faschisten über die Dächer gejagt?«

»Das ist gut für kleine Kinder. Wir haben in der Casa de Campo Eintrittskarten ins Jenseits verkauft. Wie Lämmer haben wir sie hinausgeführt. Ein Schuß ins Genick, und erledigt! Wir haben nicht viel Munition zu verschwenden.« Während er sprach, unterstrich seine rechte Hand die Worte mit sprechenden Gebärden. Kalte Schauer rannen mir das Rückgrat entlang.

»Aber das alles ist doch nun Sache der Regierung, nicht wahr? Nicht deine!«

Er blickte mich aus seinen unflätigen Augen fragend an.

»Kamerad – die Regierung sind schließlich wir!«

Als Rafael und ich auf dem Heimweg an eine Straßenecke kamen, wo zwei Milizmänner unsere Ausweise verlangten, hörten wir vom fernen Ende der Calle del Ave María den Lärm von Rufen, trappelnden Füßen, einen Schuß und einen Schrei. Dann gab es wieder das Geräusch von trappelnden Füßen, diesmal etwas ferner, und die Straße verstummte. Die zwei Milizmänner wußten nicht, was tun. Einer von ihnen wandte sich zu uns:»Sollen wir nachsehen gehen?«

Die Straße war verödet, aber man spürte, wie hinter den geschlossenen Haustoren geflüstert wurde. Einer der Milizmänner lud sein Gewehr, der andere folgte dem Beispiel. Die Verschlüsse knackten laut. Weiter unten auf der Straße rief jemand:»Halt!«

Die Milizmänner beantworteten den Ruf. Zwei Schatten

bewegten sich uns entgegen, dicht an den Mauern. Ehe unsere Gruppen einander trafen, sahen wir den Toten.

Er lag quer über der Gosse und hatte ein winziges schwarzes Loch in der Stirne und ein Kissen von Blut unterm Kopf. Die Finger seiner gespreizten Hände krampften sich zusammen. Der Körper zuckte und lag dann still. Wir beugten uns über ihn, und einer der Milizmänner hielt ein brennendes Zündholz dicht vor den Mund des Mannes. Die kleine Flamme brannte stetig und beleuchtete das verkrampfte Gesicht und die verglasten Augen. Das große schwarzrote Halstuch sah wie eine Kehlwunde aus. Es war der Mann, der im Café Chantant gerufen hatte: »Es lebe die F. A. I.!«

Einer der Milizmänner sagte philosophisch: »Einer weniger.« Ein anderer ging zum Telephon. Drei Stunden Wache bei der Leiche. Die Haustore gingen auf, und neugierige Gesichter, runde graue Flecken im Halbdunkel, kamen näher.

Ich konnte nicht schlafen. Die Hitze erstickte mich, und durch das offene Fenster drangen Straßenlärm und die Musik der Lautsprecher. Ich stand auf und setzte mich im Schlafanzug auf den Balkon.

Ich konnte nicht weiter vor mir selber davonlaufen.

Als ich Samstag abend zum Volkshaus gegangen war, geschah das, weil ich in den Reihen der antifaschistischen Formationen in der Verwendung dienen wollte, in der ich mich am Nützlichsten erweisen konnte. Ich wußte, daß wir vor allem Offiziere brauchten und Kader geschulter Menschen, die Milizen führen und organisieren konnten. Solche Arbeit zu tun, war ich aus freiem Willen bereit gewesen, und ich hätte so meine verhaßten Erfahrungen aus dem Marokkokrieg verwerten können. Aber als nachher Azaña die Regierung Martínez Barrios ernannt hatte, mit Sánchez Román als diskretem Unterhändler, also eine klarerweise zum Paktieren mit den Rebellen geschaffene Regierung, und als der Befehlshaber der Sozialistischen Miliz seinen Leuten befohlen hatte, dies mit Disziplin hinzunehmen, während die Massen vor Wut heulten und den Präsidenten innerhalb einer Stunde zur Umkehr zwangen, hatte ich den Schauplatz verlassen. Ich war außerstande, mich dieser Art blinder politischer Disziplin zu unterwerfen. Aber ich konnte nicht weiter am Rande der Ereignisse dahinleben. Ich fühlte die Pflicht und ich empfand ein Bedürfnis, etwas zu tun. Die Regierung behauptete, der Aufstand sei beendet, aber es war klar, daß das Gegenteil zutraf. Der Aufstand hatte noch gar nicht in vollem Ernst begonnen. Dies war Krieg, Bürgerkrieg und eine Revolution. Sie konnte nicht enden, ehe das Land nicht in einen faschistischen oder einen sozialistischen Staat verwandelt war. Ich brauchte zwischen den zweien nicht zu wählen. Meine Wahl war durch mein ganzes bisheriges Leben längst getroffen. Entweder errang eine sozialistische Revolution den Sieg oder ich befand mich unter den Besiegten.

Es war klar, daß die Besiegten, wer immer sie waren, entweder erschossen oder in einer Gefängniszelle enden würden. Das bourgeoise Dasein, in das ich mich einzuleben versucht und gegen das ich innerlich angekämpft hatte, war am 18. Juli 1936 zu Ende gegangen. Mochte ich nun unter den Siegern oder unter den Besiegten sein, auf jeden Fall hatte ich ein neues Leben begonnen.

Ein neues Leben bedeutete neue Hoffnung. Die Revolution, die Spaniens Hoffnung war, war auch meine eigene Hoffnung auf ein volleres, klareres, lichtvolleres Leben.

Ein Weilchen schlummerte ich auf dem Balkon. Eines der Kinder im Zimmer hinter mir begann zu weinen. Ich fragte mich, was meinen Kindern widerfahren würde. Das Büro würde die Arbeit einstellen. Wovon sollten die arbeitslos Gewordenen leben? Ich besaß die Mittel, um monatelang durchzuhalten; aber was geschah mit denen, die von ihrem Wochenlohn lebten und ihre letzte Lohntüte am Samstag, dem 18. Juli, erhalten hatten?

Eine Hupe bellte ungeduldig unten auf der Straße. Der Tag brach an. Mein Junge drinnen weinte lauter. Das Tor unseres Hauses wurde geöffnet, und Manolo, der Sohn des Pförtners, trat heraus mit Lederzeug, Gewehr und allem andern! Ich rief hinunter: »Wohin gehst du?«

»Nach der Sierra, mit den Kerlen hier. Es wird eine Schießerei geben. Kommst du nicht mit?«

Das Lastauto war voll von Milizmännern in den blauen Arbeitsanzügen, die nun zur Uniform geworden waren. Viele trugen den fünfzackigen Stern der Kommunisten. Drei Mädchen waren unter ihnen.

Das Lastauto rollte die Straße bergab, und die Insassen sangen, was die Stimme hergab. Unten wurde eine Tür aufgetan: der Geruch von frischem Kaffee strömte zum Balkon herauf. Ich zog mich an und ging in Emilianos Schenke. Der Geschäftsführer, Emilianos Bruder, hatte rot umränderte Augen, sein Gesicht war aufgedunsen von Schlaflosigkeit.

»Ein Hundeleben ist das. Emiliano wird kommen und sich die Arbeit selbst machen müssen. Ich gehe morgen an die Front.«

Die ersten Gäste schoben sich herein, der Nachtwächter, die Milizmänner, die in der Straße auf Posten gewesen waren, die Bäckerjungen, ein Kraftfahrer.

»Salud!«

»Salud!«

Ein Schwarm von Spatzen pickte zwischen den Pflastersteinen und hopste auf den Balkongeländern herum. Aus einem Käfig in einem Fenster hoch oben kam der Ruf einer Wachtel: »Palpalá – Palpalá!«

Die Straße war verödet, überflutet von Licht und Frieden.

7.
MENSCHENJAGD

Die Funktionäre der Beamtengewerkschaft, die ich gemeinsam mit Carlos Rubiera vor fünf Jahren aufbauen geholfen hatte, sagten mir, ich könnte mich bei der Organisation des Beamtenbataillons nützlich machen. Und ich unterzog mich dieser Aufgabe in einer gewissen Verzweiflung. Ich konnte mir schwer vorstellen, daß man sich auf die Stehkragenproletarier wirklich verlassen durfte.

Man überließ uns ein beschlagnahmtes Haus mit einem Tennisplatz im aristokratischen Barrio de Salamanca. Fünfzig Freiwillige erlebten die Anfänge ihrer militärischen Ausbildung auf diesem Platz. Der theoretische Unterricht wurde in der großen Marmorhalle mit den prätenziösen dorischen Säulen erteilt. Die benötigten Bänke wurden aus einer nahen Schule geholt und dazu ein Podium mit einer großen Schultafel und einer Karte Spaniens aufgestellt. Das Kriegsministerium lieferte uns zwei Dutzend Gewehre und zu jedem Gewehr ein Reservemagazin.

Ich ließ meine Mannschaft auf dem Tennisplatz antreten und begann mit der Instruktion über den Umgang mit der Waffe. Vor mir stand eine Doppelreihe blutarmer Gesichter, die aus steifen Kragen hervorschauten, dazwischen rauhere Köpfe, unter denen Arbeitsblusen oder betreßte, enganliegende Livreejoppen zu sehen waren: Der größere Teil meiner Freiwilligen waren Beamte. Es gab aber auch einige Bürodiener und Laufjungen darunter. Etliche waren zu jung, andere zu alt. Viele von ihnen trugen Brillen, ihre Augen glitzerten und die Gesichter schienen sehr nervös.

Knapp zwei Minuten, nachdem ich mit meinem Vortrag begonnen hatte, trat einer der Rekruten aus der Reihe und erklärte: »Hör einmal, alle die Geschichten, die du uns erzählst, sind doch Unsinn. Wir brauchen nur zu wissen, wir man mit so einem Gewehr schießt. Erklär uns das, gib uns ein Gewehr in die Hand und gib an, wohin wir zu marschieren haben. Wir sind nicht hierhergekommen, um Rekrut zu spielen, wie zu friedlichen Zeiten in der Kaserne.«

Ich ließ sie abtreten, führte sie in die Halle und stellte mich dort aufs Podium. » Also, ihr alle wollt ein Gewehr haben und wollt an die Front gehen, um dort euer Gewehr abzufeuern und Faschisten umzulegen. Aber keiner von euch will eine militärische Ausbildung durchmachen. Nun, angenommen, ich gäbe jetzt jedem von euch ein Gewehr, packte euch in ein paar Lastautos und setzte euch auf dem Kamm der Sierra ab – gegenüber von Molas Armee mit ihren Offizieren und Feldwebeln, die gewohnt sind, Befehle zu erteilen. Und ihren Soldaten, die gewohnt sind, Befehlen zu gehorchen, und die wissen, was jeder Befehl zu bedeuten hat … Was würdet ihr tun? Jeder von euch, nehme ich an, würde seine Munition so verknallen, wie es ihm eben richtig scheint. Meint ihr denn, die Soldaten euch gegenüber wären nichts anderes als Hasen? Aber auch wenn ihr zu zehn oder zwölf nur auf Hasenjagd ginget, müßtet ihr zunächst mal wissen, wie das gemacht wird, wenn ihr euch nicht gegenseitig erschießen wollt.

Wir kehrten zum Tennisplatz zurück, und ich nahm den Unterricht wieder auf. Aber oft genug wurde ich unterbrochen, weil immer wieder einer ausrief: »Wir vergeuden bloß unsere Zeit … schließlich weiß jeder selbst am besten, wie er sich hinzuwerfen hat, wenn er muß!«

Genau das gleiche spielte sich zunächst mit jedem neuen Freiwilligenschub ab. Nach und nach aber begann eine Einheit Gestalt anzunehmen, obwohl noch immer nicht mehr als zwei Dutzend Gewehre zur Verfügung standen, die eine Gruppe der anderen zu übergeben hatte. Das war der Anfang des Bataillons La Pluma – Die Feder.

Während dieser Tage lebte Angel praktisch in meiner Wohnung. Seit seine Frau abgereist war, half er Aurelia im

Haus, bei den Kindern und beim Einkauf, wie er es bereits in den ersten Wochen unserer Bekanntschaft getan hatte. Er kannte so viele Menschen in dem Viertel, in dem er zur Welt gekommen und aufgewachsen war, daß er noch immer etwas Eßbares auftrieb. Eines Tages tauchte er plötzlich auf und schob einen Karren vor sich her – mit zwei Säcken Kartoffeln darauf. Ein Troß von Frauen folgte ihm. Vor unserer Haustür machte er halt und rief: »Schlange bilden, rasch! Alle!«

Die Frauen stellten sich gehorsam in eine Reihe, und Angel brachte wie ein Zirkuszauberer eine Waage und Gewichte aus dem Nichts hervor.

»Ein Kilo für jede meine Lieben, und daß mir keine zweimal auftaucht!«

Als die Kartoffeln aus dem ersten Sack verschwunden waren, öffnete Angel den zweiten und ließ den Blick über die Schlange wandern.

»Na, Mädchen, ich brauche auch Kartoffeln für mich. Die da sind für mich.« Er wog zehn Kilo ab und tat sie in den leeren Sack. »Und jetzt weg mit den andern, solange der Vorrat noch reicht!«

Um Kartoffeln zu holen, ging Angel zum Mataderos-Markt, auf dem die Frachtzüge entladen wurden. Seine Zungengeläufigkeit erwarb ihm die Freundschaft des Mannes, der die Verteilung an die alteingeführten Gemüsehändler vollzog.

»Ich bin selbst Gemüsehändler«, sagte Angel, »wenn auch nur Straßenverkäufer.« So verdiente er sich seinen Lebensunterhalt, und die Leute von Lavapiés hatten ja auch ein Recht auf Kartoffeln.

»Sieh, Kamerad, du gibst einem Obstkrämer aus dem Barrio de Salamanca Kartoffeln, damit er´die feinen Herren und die Faschisten füttern kann, und mir ... Wirst du mir nicht auch zwei Säcke geben?«

Eines Tages wollten die Anarchisten aus der Calle de la Encomienda die zwei Sack Kartoffeln enteignen, aber da wäre es fast zu einem Aufstand der Frauen gekommen, und die Sache

endete damit, daß die Anarchistenführer Angel ihren Schutz
zusicherten.

Aber schließlich brachte Angel keine Kartoffeln mehr, weil
keine mehr nach Madrid hereinkamen. Und Aurelia übersiedelte eines schönen Tages mit den Kindern in die Wohnung
ihrer Eltern. Als ich gerade im Begriffe war, meine Wohnung
zu verlassen, ohne recht zu wissen, was tun, sagte Angel zu
mir: »Wenn Sie mich zuerst nach Haus begleiten, gehe ich
dann mit Ihnen. Ich habe heute nichts zu tun.«

Angel lebte im Erdgeschoß eines kleinen Miethauses in der
Calle de Jesus y María, das zwischen zwei Bordelle eingezwängt
war. Seine Wohnung bestand aus einem einzigen großen, häßlichen Zimmer, das durch dünne Scheidewände in Schlafzimmer,
Eßzimmer und Küche unterteilt war. Die gesamte Einrichtung
des Schlafzimmers bestand aus nichts weiter als einem Doppel-
bett und einem Nachttisch. Licht und Luft kamen durch die
Tür und ein vergittertes Fenster, die beide auf einen engen Hof
von knapp vier Quadratmetern hinausgingen. In diesem Hof
befand sich das Klosett für die Mieter des Erdgeschosses, daneben der Brunnen fürs ganze Haus. Der verlassene Raum roch
nach Harn und Schimmel. Ich wartete vor der Tür auf Angel,
während er sich im Schlafzimmer umzog.

Plötzlich erschütterte eine Explosion das Haus. Angel sauste heraus, noch ohne Jacke. Von draußen drangen durchdringende Schreie und das Geräusch rennender Füße herein. Wir
traten auf die Straße. Die Menschen rannten wild durcheinander. Wenige Meter vom Haus entfernt lagen einige Frauen
kreischend auf dem Boden. Eine von ihnen schleppte sich auf
dem Bauch, aus dem die Eingeweide getreten waren, am Boden hin. Die Mauern der Häuser und die Pflastersteine waren
mit Blut bespritzt. Wir alle liefen zu den Verwundeten hin.

Im letzten Hause des breiten Streifens der Straße unterhielt der » Milchtropfen« eine Klinik für werdende Mütter.
Um diese Stunde stand dort eine lange Schlange von Frau-
en, die meisten mit einem Kind auf dem Arm. Sie warteten
auf die tägliche Milchverteilung. Ein paar Meter weiter un-

ten gingen die Prostituierten ihrem Beruf nach. Eine Bombe war in die Mitte der Straße gefallen, und es hatte Sprengstükke auf werdende Mütter und Straßenmädchen geregnet. Eine Frau versuchte, sich auf ihren blutenden Armstumpf gestützt aufzurichten, stieß einen Schrei aus und ließ sich schwer niederfallen. Neben mir lag ein Bündel von Röcken und Unterröcken, aus dem ein Bein hervorschaute, das sich in einem unmöglichen Winkel von einem geschwollenen Bauch abbog. Ich taumelte und mußte mich in der Gosse übergeben. Ein Milizmann neben mir fluchte und kotzte erst, begann dann aber, am ganzen Körper zu zittern und krampfhaft zu lachen. Jemand reichte mir ein Glas Kognak, und ich stürzte es mechanisch hinunter. Angel war verschwunden. Einige Männer waren eifrig dabei, die Verwundeten und die Toten aufzuheben und rasch in die Klinik hineinzutragen. Ein Mann steckte den Kopf beim Tor der Klinik heraus, ich erkannte sein weißes Haar und die Brille über einem blutbefleckten Ärztemantel. Er stampfte mit dem Fuß und brüllte: »Kein Platz mehr! Tragt sie in die Calle de la Encomienda!«

Von der Plaza del Progreso klangen ebenfalls Schreie herüber. Plötzlich stand Angel, wie aus dem Nichts aufgetaucht, neben mir; seine Jacke und seine Hände waren mit Blut bespritzt.

»Auf der Plaza del Progreso ist auch eine Bombe gefallen!«

Menschen kamen in panischer Angst die Straße herabgelaufen, dann Paare von Männern, die gemeinsam einen Menschenkörper trugen, dann Frauen mit Kindern auf den Armen; alle schrien und kreischten. Ich sah nichts als Arme und Beine und Blutflecken in wirrer Bewegung, und die Straße drehte sich mir vor den Augen.

»Nach der Encomienda! Geht zur Encomienda! Hier ist auch eine gefallen.«

Die wirbelnde Masse von Armen und Beinen verschwand durch die Calle de Esgrima.

Wir gingen in Angels Wohnung zurück und wuschen uns. Zum zweiten Mal zog Angel sich um. Als wir aus dem Haus traten, erzählten die Nachbarn, ein Flugzeug sei von Norden nach Süden ganz niedrig über Madrid dahingeflogen und habe auf seinem ganzen Weg Bomben fallen lassen. Von der Puerta de Toledo nach Cuatro Caminos zog sich eine blutige Spur. Zufällig oder weil der Pilot vielleicht unbebautes Gelände als Wegweiser genommen hatte, waren fast alle Bomben auf öffentliche Plätze gefallen. Viele Kinder waren getroffen worden.

Ich war während der Abendstunden zu Hause, als ein Bote von Antonio erschien. Die Ortsgruppe der Kommunistischen Partei organisierte Patrouillen, die die Straßenlaternen blau bemalen und sich um die Verdunkelung aller Lichter kümmern sollten, die Flugzeugen zur Orientierung dienen könnten. Rafael, Angel und ich gingen gleich mit. Wir arbeiteten in kleinen Gruppen, jede von zwei bewaffneten Milizmännern gedeckt; aber es erwies sich als eine nahezu unlösbare Aufgabe, im Monat August in Madrid eine Verdunkelung zu improvisieren. In den durch Fensterläden abgedichteten Häusern mußte man glatt ersticken. In keinem öffentlichen Lokal, das die Fensterläden vorgelegt hatte, konnte man es aushalten. Wir mußten uns mit einem Kompromiß zufriedengeben. Die Leute sollten alle Zimmer mit Balkon oder Fenster ohne Licht lassen, sich in den fensterlosen Innenräumen aufhalten und auch dort nur Kerzen anzünden. Leicht und einfach war es, die Straßenlampen mit einer Mischung aus Wasser, Anilinfarbe und Gips blau zu färben; nur ein paar winzige weiße Strahlen filterten durch. Jede zweite Laterne löschten wir aus.

Die Straßen hinter uns sahen geisterhaft aus, nachtschwarz, mit weißen Punkten auf dem Pflaster und kärglich blauen Lichtklümpchen darüber in der Finsternis. Zuweilen wurde die Fassade eines Hauses vom flüchtigen Schimmer einer Kerze beleuchtet, die durch ein Zimmer im Haus gegenüber getragen wurde: ein Balkon wurde zu einem gelben Lichtviereck, gestreift vom schwarzen Gitter des Geländers; dann huschte das verzerrende Licht weiter. Die Menschen füllten die Straßen wie jede Nacht, waren aber im Halbdunkel kaum noch sichtbar, wirkten wie gestaltlose schwarze Klumpen, von denen her Stimmen drangen und – von Zeit zu Zeit – der blendende Funke eines Feuerzeugs oder das kleine rote Glimmen einer Zigarette.

Mehrere Lastautos kamen an: mit Milizmännern, die aus der Sierra oder von der Toledofront zurückkehrten. Die Scheinwerfer waren eingeschaltet; im Lichtkegel sahen die Menschen wie nackte Leichen aus. Einstimmig erklang der Ruf:»Lichter aus!«

Bremsen kreischten, und die Lastautos rollten inmitten eines Gekrachs von Stühlen und Krügen langsam davon. Die roten Stopplichter glommen wie blutunterlaufene Augen. Im Dunkeln schien es, als keuchten da sprungbereite Ungeheuer aus einem Alptraum.

Um Mitternacht lag das ganze Viertel in vollkommener Finsternis. In der Calle de la Primavera blieben wir unter einer Straßenlaterne stehen, die vergessen worden war. Einer von uns kletterte hinauf, ein anderer reichte ihm den in blaue Farbe getränkten Pinsel. Ein Schuß krachte, und eine Kugel prallte von der Mauer über der Lampe ab. Jemand hatte aus einem der Häuser gegenüber auf uns geschossen. Die Menschen, die sich noch auf der Straße aufhielten, weil es da kühler war, suchten Deckung in den Torwegen. Wir holten die Mieter aller vier Häuser heraus, aus denen der Schuß gekommen sein konnte. Einer nach dem anderen wurde von Pförtner und Nachbarn identifiziert. Dann griffen wir diejenigen heraus, die auf der Straße gewesen waren, und durchsuchten eine Wohnung nach der anderen. Sie alle liefen uns nach und verlangten, daß wir mit ihnen zusammen in ihre Wohnung gingen; sie wollten ihre Schuldlosigkeit beweisen, hatten aber gleichzeitig Angst, es könne sich ein Fremder in ihren Zimmern versteckt halten. Wir durchsuchten Mansarden und Dachböden voller Spinnweben und alter Lumpen, wir kletterten Treppen hinauf und hinunter, verdreckten uns die Kleider mit Staub und Schmutz und rannten an Balken und unsichtbare Nägel an. Gegen vier Uhr morgens waren wir endlich fertig; wir waren schmutzig und schläfrig, es war heller Tag, aber den Heckenschützen hatten wir nicht gefunden. Jemand brachte einen Riesenkrug mit dampfendem Kaffee und eine Flasche Kognak. Wir tranken gierig.

»Der Kerl hat seine Haut gerettet«, sagte einer der Männer, und wie zur Antwort rief Angel: »Gehn wir zu den Schlachthäusern und schaun wir uns an, wer diese Nacht liquidiert wurde!«

Zuerst lehnte ich's ab mitzugehen, aber dann gab ich nach. Es war bequemer. Ich bohrte Angel meine Faust in die Rippen und sagte: »Du bist eine richtige Bestie – nach allem, was wir seit gestern nachmittag gesehen haben – nun das noch!«

»Eben darum. Gehen wir, und wir werden den bitteren Geschmack im Mund loswerden – nach den zerfetzten Kindern von gestern. Erinnern Sie sich an die Frau mit dem über dem Nabel abgebogenen Bein? Nun, die lebte noch und hat in der Klinik ein Kind geboren. Dann starb sie. Ein Junge war's. Kein Mensch im Viertel weiß, wie sie heißt.«

Die Hinrichtungen hatten weit mehr Menschen angelockt, als ich für möglich gehalten hätte. Familien mit aufgeregten und noch schlaftrunkenen Kindern und Milizmänner mit ihren Mädchen, Bräuten oder Frauen am Arm zogen den Paseo de las Delicias entlang, alle in derselben Richtung. Requirierte Autos und Lastautos fuhren vorbei, Menschen und Autos hatten sich am Eingang zum Gemüsemarkt und zu den Schlachthäusern auf der Glorieta versammelt. Während Karren und Lastautos mit Hülsenfrüchten kamen und abfuhren, machten Milizpatrouillen die Runde unter den Neugierigen und fragten jeden, bei dem es sie danach gelüstete, nach seiner Identitätskarte.

Hinter den Schlachthäusern liefen eine lange Ziegelmauer und eine breite Allee mit verkümmerten Bäumchen, die in dem sandigen Boden unter der grausamen Sonne nicht richtig Wurzeln gefaßt hatten, den Fluß entlang. Die Landschaft war wüstenhaft; die Nacktheit des zementierten Kanals, der Sand und die dürren gelben Grasbüschel strömten Kälte aus.

Die Leichen lagen zwischen den Bäumchen. Die Neugierigen gingen von einer zur anderen und rissen Witze; eine mitleidige Bemerkung hätte Verdacht erregen können.

Ich war darauf vorbereitet, Leichen zu sehen, und ihr Anblick konnte mich nicht erschüttern. Ich hatte in Marokko und am Tage vorher viel Schlimmeres gesehen. Was mich hier anwiderte, war die kollektive Brutalität und die Feigheit der Zuschauer.

Städtische Ambulanzen kamen an, um die Leichen einzusammeln, und einer der Fahrer sagte: »Jetzt werden sie den Platz mit Wasser besprengen und für heute nacht rein und sauber fegen.« Er kicherte, aber es klang wie Angst.

Jemand nahm uns im Wagen zu der Plaza de Antón Martín mit, und wir gingen in Emilianos Kneipe, um zu frühstükken. Sebastian, der Pförtner von Nr. 7, war da, ein Gewehr lehnte hinter ihm an der Wand. Als er uns erblickte, ließ er seinen Kaffee stehen und begann mit weit ausladenden Gebärden zu erklären: »Was für eine Nacht! Ich bin halb tot! Elf Mann kamen heute auf mein Konto!«

»Was hast du denn gemacht?« fragte Angel. »Wo kommst du her?«

»Von der San-Isidro-Wiese. Ich zog mit den Burschen von meiner Gewerkschaft los, und wir nahmen uns gleich ein paar Faschisten mit. Dann tauchten Freunde auf, und wir mußten ihnen helfen. Ich glaube, wir haben's diesmal auf mehr als hundert gebracht.«

Ich spürte einen heftigen Druck in der Magengrube. Da war jemand, den ich seit seiner frühesten Kindheit kannte, den ich als einen fröhlichen und fleißigen Menschen schätzte, der seine eigenen und anderer Leute Kinder gern hatte, der vielleicht etwas plump und engstirnig war, aber doch ehrlich und aufrecht. Hier stand er nun und war zum Mörder geworden.

» Aber, Sebastian, wer hat Sie denn« – ich sagte absichtlich Sie, statt des üblichen familiären Du – »in eine solche Sache hineingezogen?«

Er blickte mich aus schamerfüllten Augen an. »Schauen Sie, Don Arturo,« – er wagte es nicht, zu mir zu reden, wie er es zwanzig Jahre lang getan hatte – »Sie werden doch nicht mit Gefühlsduseleien anfangen, hoffe ich! Wir müssen ein Ende machen mit all diesen faschistischen Schweifen.«

»Danach habe ich Sie nicht gefragt, Sebastian. Ich will wissen, wer Sie dazu gebracht hat, so etwas zu tun!«

»Niemand.«

»Warum tun Sie's dann?«

»Na, jemand muß es ja wohl tun, nicht wahr?«

Ich sagte nichts mehr, und er begann zu stammeln: »Die Wahrheit ist ... die Wahrheit ist, um Ihnen im Vertrauen die Wahrheit zu sagen ... das ist nämlich so. Sie wissen ja, daß ich vor ungefähr einem Jahr mit einer Empfehlung der C.E.D.A., die mir mein Hausherr verschaffte, Arbeit bekam. Nach den Februarwahlen brauchte ich den Wisch nicht mehr und ging natürlich zu meiner alten Gewerkschaft zurück. Die Kerle verspotteten mich alle, weil ich zur C.E.D.A. gegangen war, und sagten, daß ich ein Reaktionär geworden sei, und noch allerlei sonst. Natürlich antwortete ich Ihnen, ich wäre ein ebenso guter Revolutionär wie sie. Eines Tags erwischten sie ein paar Faschisten, und einer der Burschen sagte zu mir: ,Na, nun zeig einmal, was du kannst! Du hast doch immer erzählt, wie viele Faschisten du umbringen wirst. Jetzt komm mit uns!' Den Rest können Sie sich denken. Ich war in eine Sackgasse geraten, es galt nun das eine oder das andere; entweder ich legte einen dieser armen Teufel um oder die Kerle hätten am Ende mich selber abgemurkst. Ja, und seitdem gehe ich immer mit, und die Kerle holen mich einfach ab, wenn's was zu tun gibt.«

Er machte eine Pause und dachte nach, dann bewegte er langsam den Kopf. » Wissen Sie, das schlimmste von allem ist, daß es mir zu gefallen beginnt.«

Er stand da, mit hängendem Kopf. Es war widerlich und mitleiderregend. Emilianos Bruder stürzte ein Glas Schnaps hinunter und fluchte. Auch ich fluchte. Und dann sagte ich:

»Sebastian, ich habe Sie mein Leben lang gekannt, und ich habe Sie immer respektiert. Aber jetzt sage ich Ihnen – und wenn Sie wollen, können Sie mich vom Fleck weg anzeigen –, daß ich mit Ihnen nie wieder ein Wort reden werde. « Sebastian hob den Blick, den Blick eines verprügelten Hundes. Seine Augen standen voll Wasser. Emilianos Bruder begann wieder zu fluchen und warf sein leeres Glas auf die Marmorplatte: »Raus hier! Auf die Straße!«

Der Mann taumelte hinaus, mit gekrümmtem Rücken. Keiner von uns hat ihn je wieder gesehen. Einige Tage später ist er an die Front gegangen. In einem Dachgeschoß gegenüber dem Alcázar von Toledo hat ihn eine Kugel getroffen.

An jenem Morgen gegen elf Uhr kam eine Frau mittleren Alters in schwarzer Kleidung in mein Büro. Sie weinte und war sehr erregt: »Ich bin Don Pedros Schwester. Die haben ihn heute früh verhaftet. Ich komme zu Ihnen, weil er mir auftrug, mich an Sie zu wenden, wenn etwas passieren sollte … Ich weiß nicht, wo man ihn hingebracht hat. Ich weiß nur, daß die Leute, die ihn geholt haben, Kommunisten sind und daß sie ihn in einem Auto weggeführt haben.«

Ich ging zu Antonio und erklärte ihm den Fall. »Ich an deiner Stelle«, sagte er, »würde mich in diese dreckige Sache nicht einmischen. Nach allem, was du sagst, muß ich annehmen, daß er zur Rechten gehört und daß die ganze Welt das weiß. Also kann ihm kein Herrgott helfen.«

»Sieh, wenn wir ihn nicht retten können, so ist das nicht zu ändern; aber wir müssen's wenigstens versuchen, und du mußt mir bei dem Versuch helfen.«

»Ich will dir helfen, ihn zu finden, wenn's wahr ist, daß unsre Leute ihn verhaftet haben; aber im übrigen werde ich mich völlig abseits halten. Ich habe auch so schon genug Verdruß mit solchen Dingen.«

Wir fanden heraus, vor welches Tribunal Don Pedro gebracht worden war, und gingen zusammen dorthin. Man zeigte uns die Denunziation. Wer immer dieses Schriftstück verfaßt hatte, mußte das Ministerium von innen und außen kennen. Bis in die kleinsten Einzelheiten wurde beschrieben, wie sich Don Pedro am Tage der Ermordung Calvo Sotelos benommen hatte, dargestellt, wie frommgläubig er war und daß er in seinem Hause eine Privatkapelle hatte; zum Abschluß wurde behauptet, er habe in dieser Kapelle einen Geistlichen versteckt. Die Denunziation fügte als eine Art Nachschrift hinzu, Don Pedro sei im übrigen ein recht vermögender Mann und besitze eine Münzensammlung von beträchtlichem Werte.

»Du begreifst, Genosse, da kann man nichts machen«, sagte der Mann, der uns die Akten zeigte. »Morgen werden wir ihn erledigen.«

Ich holte tief Atem und sagte: »Ihr klagt ihn an, zur Rechten zu gehören. Das ist wahr. Es stimmt auch, daß er ein überzeugter Katholik ist und dazu noch ein reicher Mann, wenn das ein Verbrechen ist. Er besitzt auch tatsächlich eine Sammlung antiker Goldmünzen. Aber ich glaube nicht, daß irgend etwas von alledem ein Verbrechen darstellt.«

»Nein, Verbrechen sind das alles keine. Wir wissen auch, daß der Bursche, der ihn denunziert hat, ein elender Schuft ist und daß er das Zeug über die Münzensammlung nur hinzugefügt hat, damit wir den Alten auch wirklich holen. Aber habe bloß keine Angst! Wir werden ihn vermutlich umlegen, aber wir sind keine Diebe.«

»Das weiß ich genau, denn sonst würde ich mit euch nicht zusammenarbeiten. Aber wie du siehst, stellt die einzige konkrete Angabe gegen ihn die Geschichte mit dem Geistlichen dar, den er versteckt hält. Sie überrascht mich gar nicht. Ich glaube, er würde auch mich verstecken, wenn die Faschisten hinter mir her wären. Aber sag mir jetzt, hat dieser Geistliche am Aufstand aktiv teilgenommen?«

»Das glaube ich nicht. Er ist einfach ein Pfarrer von San Ginés; er hat Angst bekommen und sich wie ein Karnickel im Bau versteckt, für eine Männerarbeit taugt er wohl überhaupt nicht mehr; er ist über siebzig, und sogar die Soutane ist ihm zuviel.«

»Dann mußt du zugeben, daß es kein Verbrechen war, ihn zu verstecken. Und jetzt werde ich euch etwas anderes erzählen, was der Mann, den ihr verhaftet habt, getan hat.« Und ich erzählte ihnen die Geschichte von Don Pedro und dem schwindsüchtigen jungen Beamten. »Es wäre ein Verbrechen, einen solchen Mann hinzurichten«, schloß ich.

»Ich kann in der Sache nichts tun, mein Lieber. Aber wenn du willst, kannst du für den guten Glauben des Mannes bürgen. Die anderen Mitglieder unseres Tribunals werden dann entscheiden, ob das eine genügend starke Garantie ist, doch möchte ich dir nicht anraten, das zu tun, denn es könnte wohl sein, daß wir dann auch dich einsperren müssen.«

Don Pedro wurde am gleichen Nachmittag freigelassen. Ich besuchte Antonio und berichtete ihm das Geschehene.

»Weiß ich schon alles«, sagte er. »Du kannst dir gar nicht vorstellen, wie sie mich über dich ausgefragt haben. Und offensichtlich war nichts Konkretes gegen den alten Mann zu finden. So haben sie ihn freigelassen. Ein Jammer, daß wir nicht jeden Fall auf die gleiche Art untersuchen können, aber glaube mir: es ist einfach unmöglich.«

Er hielt inne und fuhr erst nach einer langen Pause fort: »Weißt du, daß ich Verteidiger bei einem dieser Tribunale bin? Komm heute nachmittag mit! Du kannst als Zeuge dabei sein. Wir müssen heute abend ein halbes Dutzend Anklagen erledigen. Ich für meine Person bin ja der Meinung, daß die Regierung die ganze Angelegenheit in die Hände nehmen sollte. Am Tag der Bombenabwürfe sind die Tribunale gar nicht erst zusammengetreten, um Urteile zu fällen; jeder Eingelieferte wurde erschossen, damit war alles erledigt. Genau so haben's die Faschisten gehandhabt, als sie Badajoz einnahmen und unsere Leute in der Stierkampfarena hinschlachteten. Vorher konnte man den einen oder anderen Fall noch vernünftig behandeln, aber jetzt wird's von Tag zu Tag schwieriger. Das schlimmste an der Aufgabe, die ich da übernommen habe, ist, daß man sich im Laufe der Zeit selber verdächtig macht, weil man andere verteidigt und sich bemüht, ein

Verfahren anständig durchzuführen. Ich glaube, ich werfe das Ganze lieber hin. Sollen sich ihren Dreck selbst machen!«

Er nahm mich zu einer der beim Volk besonders beliebten Kirchen Madrids mit; sie war in ein Gefängnis und ein Tribunal verwandelt. Die Büros waren im Pfarrhof, das Gefängnis in der Krypta eingerichtet. Die Kirche stand in einer engen, schäbigen Gasse, aber der zweistöckige Pfarrhof war zwischen zwei hohen, modernen Gebäuden in einer der großen Straßen eingeklemmt. Wir traten durch eine enge Pforte ein und durchschritten einen endlosen Gang mit Steinwänden, Steindecke und steinernem Fußboden; alles war düster, feucht und bedrückend. Dann bildete der Korridor einen rechten Winkel, und wir standen am Eingang zu einem geräumigen, mit Tonfliesen gepflasterten Hof, in dessen Mitte zwei schöne Rasenteppiche eingebaut waren, während Blumentöpfe ringsum an den Mauern standen. Unmittelbar vor uns leuchtete das Riesenfenster in der Rückwand der Kirche; Sonnenstrahlen fielen auf die kleinen Glasstücke in ihrer bleiernen Fassung und ließen sie aufglitzern. Blaue, rote, grüne und violette Funken sprühten auf Fliesen, Gras und Mauern herab, und die Fliesen flimmerten grün-geflammt, der Rasen tief violett. Als wir vorbeigingen, blitzte jedes Scheibchen Glas in seiner eigenen reinen Farbe auf. Die Reben eines uralten Weinstocks bedeckten die Pfarrhausmauer mit grünem Laub und grüngoldenen Trauben; und ein Schwarm von Spatzen, der sich dort versammelt hatte, ließ sich durch unsere Schritte nicht verscheuchen.

Der Wachtposten saß rauchend im Schatten. Von seinem Armsessel aus beobachtete er die Vögel.

Antonio und ich erklommen eine enge Treppe und traten in ein Zimmer, das dem Gemeindepfarrer gehört haben mußte. Ein Meßbuch lag aufgeschlagen auf einem Chorpult in der Nähe des Balkons. Die Hälfte der linken Seite war von einem enormen vergoldeten, mit roten Arabesken umrandeten Q eingenommen. Das Buch war in einer sauberen alten Type gedruckt, und der erste Buchstabe jedes Kapitels und jedes Verses war handgemalt. Die Initialen der Kapitel waren vergoldet, die Initialen der Abschnitte waren kleiner und rot bemalt. Eine Stimme hinter mir sagte: »Es ist verboten, das Gebetbuch wegzunehmen.« Ein Milizmann saß in einem gepolsterten Lederarmsessel hinter einem alten, mächtigen Schreibtisch, der mit grünem Tuch bespannt war. Der junge Mann war etwa dreiundzwanzig Jahre alt, kräftig, breitschultrig, und sein fröhliches Grinsen entblößte große milchweiße Zähne.

»Du wirst mir nicht glauben, wie viele Menschen das Buch schon haben mitnehmen wollen. Aber es sieht doch sehr hübsch aus hier, meinst du nicht auch? Einer unserer Genossen kann die Messe singen, und manchmal tut er's auch für uns.«

Während unseres Gesprächs trat ein Mann von etwa vierzig Jahren ein, mit mächtigem Schnurrbart, unregelmäßigen schwärzlichen Zähnen und lebhaften grauen Augen. Sein »Salud« klang nicht wie ein Gruß, sondern wie das Knurren eines Hundes, und er begann sofort einen geradezu unerschöpflichen Wortschatz an Gotteslästerungen zu produzieren. Nachdem er schließlich seine schlechte Laune zur Genüge ausgetobt hatte, ließ er sich schwer in einen Sessel fallen und starrte uns an.

»Also gut«, sagte er nach einer Weile, »heute werden wir alle die Faschisten, die wir hier haben, liquidieren. Schade, daß es nur ein halbes Dutzend ist; sechs Dutzend wären mir lieber!«

»Was für ein Floh hat dich denn heute gebissen, Pfötchen?« fragte der junge Milizmann.

Ich sah mir die Hände des Älteren an. Sie waren riesenhaft, hatten knotige Finger und breite, schaufelförmige, schwarz geränderte Fingernägel.

»Du kannst mich Pfötchen nennen, solang's dir Spaß macht, aber wenn ich heute einen dieser Schweinehunde erwische und ihm eine in die Fresse schlage, dann fliegt sein Kopf vom Sockel. Weißt du, wen wir heute früh beim Abzäh-

len auf der Wiese gefunden haben? Lucio, den Milchmann
... kalt wie sein Großvater im Grab. Er hatte einen Schuß
ins Genick bekommen, und die Kugel war beim Adamsapfel
ausgetreten. Du kannst dir den Wirbel vorstellen. Einer unserer ältesten Parteigenossen, und den machen sie uns vor der
Nase zu kaltem Aufschnitt! Sie haben ihm einen der kleinen
Gummibälle für Kinder in den Mund gesteckt, damit er nicht
einmal einen Witz reißen kann. Und soviel ich weiß, haben
wir selbst unser Teil dazu beigetragen, weil wir nämlich anderen Genossen ausgeholfen haben, als die mit ihrer Ladung
daherkamen, und wir kannten sie nicht. Jemand hält uns zum
Narren. Wir besuchten Lucios Mutter, und sie erzählte uns,
daß am Abend vorher drei Kameraden ihn in einem Parteiau-
to abgeholt hätten. Sie muß es unseren Gesichtern angesehen
haben, daß etwas nicht in Ordnung ist, denn sie bestand darauf, daß wir ihr sagten, was geschehen war. Und wir haben es
ihr erzählt ... na, darüber möchte ich lieber nicht reden! Jetzt
müssen wir alle die Genossen warnen, damit sie aufpassen
und nicht in eine Falle laufen, und wir müssen versuchen, die
anderen zu fangen. Was hast du denn heute hier?«

»Drei Neue.«

»Nicht viel. Na schön, wir wollen erst einmal die Gestrigen erledigen.«

Der junge Milizmann, Pfötchen und ein dritter schweig-
samer Mann konstituierten sich als Volkstribunal, mit Antonio als Verteidiger. Zwei Milizmänner führten den ersten Gefangenen vor, einen jungen Mann von etwa zwanzig Jahren
mit müden Augen und elegantem Anzug, der von Staub und
Spinnweben verdreckt war.

»Komm näher, Vögelchen, wir fressen dich nicht!« rief
Pfötchen höhnisch.

Der Milizmann im Armsessel nahm eine Liste vom
Schreibtisch und las Namen und Sachverhalt vor. Der Angeklagte gehörte der Falange an; mehrere Genossen hatten ihn
beim Verkauf von faschistischen Zeitungen beobachtet, und
zweimal hatte er an Straßenkämpfen teilgenommen. Bei der

Verhaftung waren ein bleierner Totschläger, eine Pistole und eine Mitgliedskarte der Falange bei ihm gefunden worden.

»Was hast du zu deinen Gunsten noch zu sagen?« fragte der Richter im Armsessel.

»Nichts. Ihr habt mich erwischt – ich habe Pech gehabt.« Der Gefangene fiel in trotziges Schweigen zurück, stand gesenkten Kopfes da und rieb die Hände aneinander. Pfötchen lehnte sich aus seinem Sessel vor.

»Schön! Abführen! Der Nächste!«

Als er draußen war, fragte der Richter: »Einstimmig?«

Alle, auch Antonio, nickten zustimmend: der Faschist würde diese Nacht hinausgebracht und erschossen werden.

Der Nächste, der hereingeführt wurde, war ein grauhaariger Mann von etwa fünfzig Jahren mit vor Angst verzerrtem Gesicht. Ehe der Richter noch eine Frage hatte stellen können, sagte der Mann: »Ihr werdet mich umbringen, aber ich bin ein anständiger Mensch. Ich habe mein ganzes Leben lang gearbeitet und mir alles, was ich habe, mit meiner eigenen Arbeit verdient. Und ich habe mit Politik nie was zu tun gehabt.«

Pfötchen erhob sich mit einer drohenden Bewegung, und einen Augenblick lang glaubte ich, er wolle den Mann schlagen. »Halt's Maul, du räudiger Köter!«

Der Richter blätterte in den Papieren. Eine Brieftasche war darunter, die Antonio an sich nahm und leerte. Der Richter sagte: »Sei ruhig, Pfötchen! Und du, schau, wir bringen hier niemand um, wenn's nicht nötig ist«, wandte er sich an den Angeklagten. »Aber du wirst einiges zu erklären haben. Es liegt eine konkrete Anzeige vor, die dich als einen bigotten Klerikalen bezeichnet.«

»Ich bin Katholik, aber das ist kein Verbrechen. Es gibt Priester, die Republikaner sind.«

»Stimmt, es gibt ein paar ... ich würde ihnen freilich nicht über den Weg trauen. Aber die Anzeige sagt, du hast die C.E.D.A. mit Geld unterstützt.«

»Das ist eine Lüge.«

»Drittens ist dein Neffe, der oft in deinem Haus wohnt, ein Falangist, und dazu einer der ärgsten.«

»Das kann ich nicht leugnen. Aber was habe ich damit zu tun? Hat keiner von euch einen Verwandten, der zur Rechten gehört?«

Antonio hatte einstweilen Papiere durchgelesen und verglichen. Während der Angeklagte auseinandersetzte, er habe in der Calle de la Concepción Gerónima einen Laden besessen, ihn nie verlassen und nie etwas mit Politik zu tun gehabt, winkte Antonio mich heran.

Schweigend überreichte er mir zwei Papiere: die Anzeige und einen vor Monaten verfallenen Schuldschein auf zehntausend Pesetas.

»Die gleiche Handschrift«, flüsterte ich.

Antonio nickte. »Darum wollte ich, daß du einen Blick darauf wirfst!« Er wandte sich um und unterbrach den Wortschwall des Gefangenen: »Jetzt erkläre mir das da!« Er hielt ihm den Schuldschein hin.

»Aber da gibt's nichts zu erklären, das hat mit Politik überhaupt nichts zu tun. Ich lieh das Geld einem alten Freund, der in Schwierigkeiten geraten war. Ich hoffte, es würde ihm heraushelfen, aber es half nicht. Er ist auf einer abschüssigen Bahn und hat's einfach ausgegeben. Ich hatte den Schuldschein ganz vergessen. Zufällig war er mit meinen anderen Papieren in der Brieftasche.«

»Das müssen wir kontrollieren. Wie ist die Adresse deines Freundes?«

Als er sie angegeben hatte, befahl Antonio zwei Milizmännern, den Gefangenen aus dem Zimmer zu führen. Dann legte er die zwei Papiere nebeneinander auf den Schreibtisch.

»Wir müssen diese Geschichte aufklären. Wir müssen diesen Kerl sofort herbringen. Ihr wißt, ich bin durchaus gegen diese anonymen Denunziationen. Wenn jemand etwas anzuzeigen hat, mag er kommen und es dem andern ins Gesicht sagen. Wie die Dinge jetzt stehen, bringen wir Menschen um, die nichts getan haben oder einfach bigott sind, und andere, die bloß Dummköpfe sind.«

Der junge Richter nickte zustimmend. Pfötchen murmelte etwas vor sich hin. Während sie auf den Denunzianten warteten, wurden andere Gefangene verhört. Im Laufe einer halben Stunde wurden drei zum Tode verurteilt; dann führten die zwei Milizmänner den Mann herein, dessen Adresse der Gefangene angegeben hatte. Er war noch jung, mager, hatte ein müdes Gesicht und zitterte an Händen und Beinen. Antonio zeigte ihm gleich den anonymen Brief.

»Du hast das geschrieben, nicht wahr?«

Der Mann stotterte: »Ja ... ja ... Ich bin nämlich ein guter Republikaner, einer von euren Leuten ...« Dann gewann seine Stimme an Festigkeit: »Dieser Mann ist ein gefährlicher Faschist, Genossen.«

»Hör zu, wir sind weder deine Genossen noch sonst was Ähnliches. Wir haben nicht aus dem gleichen Trog gefressen wie du«, knurrte Pfötchen.

Antonio strich den Schuldschein glatt und fragte: »Und dieses Papierchen da – Genosse –, willst du uns nicht sagen, was das bedeutet?«

Dem Mann verschlug's die Sprache. Er bebte, und seine Zähne klapperten. Antonio sandte die Wache, um den Gefangenen zu holen, und wartete, bis die zwei einander von Angesicht zu Angesicht gegenüberstanden. Dann sagte er: »So! Da hast du den Mann, der dich denunziert hat.«

»Du, Juan – ja warum? Was hast du denn gegen mich? Du bist doch auch kein Politischer. Und ich war doch wie ein Vater zu dir. Da muß es irgendwo einen Irrtum geben, Señores ... Aber laßt mich's sehen .. Das ist ja deine Handschrift ...« Plötzlich schrie er auf und schüttelte den anderen am Arm: »Antworte mir!«

Der Denunziant hob ein totenblasses Gesicht mit bläulichen Lippen, die so hilflos bebten, daß er kein Wort hervorbringen konnte. Der andere ließ den Arm los und blickte uns an. Niemand sprach. Dann erhob sich Pfötchen, ließ seine

Hand auf die Schulter des Denunzianten fallen, der zusammenzuckte, und sagte: »Du hast dir selbst den Strick gedreht, Freundchen.«

»Was werden Sie mit ihm machen?« fragte der ältere Gefangene.

»Nichts. Ihm eine Kugel durch den Kopf jagen, das ist alles«, sagte Pfötchen. »Das Blut dieses Schweines muß schwärzer sein als ein Priesterrock.« Er deutete mit seinem schmutzigen Daumen auf die seidene Soutane, die hinter der Tür hing.

Der Richter erhob sich. »Schön, diese Angelegenheit ist aufgeklärt. Sie sind frei. Und der andere Mann da bleibt hier.«

»Aber Sie können ihn doch dafür nicht umbringen; schließlich bin ich's, den er denunziert hat, und ich vergebe ihm, wie ich hoffe, daß Gott mir vergeben wird.«

»Das ist unsere Sache; Sie brauchen sich nicht darum zu kümmern.«

»Aber nein, nein, es ist doch meine Sache! Ich kann von hier nicht weggehn, bevor Sie mir nicht Ihr Wort gegeben haben, daß ihm nichts geschehen wird.«

»Hör zu, mein Lieber, sei kein Hornvieh! Raus mit dir!« sagte Pfötchen. »Du hast uns in einem schwachen Augenblick erwischt. Jetzt bring du's nicht dahin, daß wir's bereuen. Sonst könnten wir noch euch beide auf einen letzten Spaziergang mitnehmen. He, ihr dort, führt den Kerl da ab und sperrt ihn ein!«

Die beiden Milizmänner führten den Denunzianten weg, aber der Mann, den er denunziert hatte, wollte nicht gehen. Er flehte und bettelte das Tribunal an, schließlich kniete er hin.

»Ich flehe euch an, Caballeros! Um eurer eigenen Mütter willen ... um eurer Kinder willen ... um dessentwillen, was Sie auf dieser Welt am meisten lieben! Mein Gewissen würde mich mein Leben lang nicht in Ruhe lassen ...«

»Der Kerl muß öfter im Theater gewesen sein, als ihm gut tut«, rief Pfötchen. Er packte den Mann bei den Ellbogen und hob ihn ohne sichtliche Mühe aus seiner knienden Stellung auf. »Jetzt schau, daß du weiterkommst! Geh heim und bete ein Paternoster, wenn du willst, aber laß uns jetzt in Ruhe!«

Ich ging auf den Balkon hinaus und sah den Mann auf die Straße hinaustaumeln. Ein Schwarm von Menschen aus dem Nebenhaus starrte ihn an, dann blickten sie auf die Pfarrhaustür und begannen zu flüstern. Eine ältliche Frau rief ihm nach: »Bist wohl gerade noch mit einem blauen Auge davongekommen, he?«

Der Mann glotzte sie an, als ob er betrunken wäre.

Der sechste Mann war ein Kohlenhändler aus derselben Gasse, ein ganz einfacher Mensch von ungeheurer physischer Kraft, mit einem brutalen, aufgedunsenen Gesicht. Der Richter knurrte ihn an: »Du hast also Gil Robles Geld gegeben ... der C. E. D. A., nicht wahr?«

»Wer? Ich?« Der Kohlenhändler riß die trüben Augen auf. »Und ihr habt mich hergeschleppt, um mir das zu erzählen? Ich habe mit dem Gauner nichts zu tun. Ich stehe hier, weil irgendwer mich auf dem Korn hat. Aber mit dieser Lausebande habe ich nichts zu tun. Ich bin ein alter Republikaner. Bei diesem Kreuz!« Er pappte einen schmatzenden Kuß auf seine gekreuzten schlackenschwarzen Daumen. Der Richter legte eine Quittung auf den Tisch: »Und was ist denn das da?«

Der Kohlenhändler nahm sie zwischen seine klobigen Finger und begann zu buchstabieren: »Confederación Española de Derechas Autónomas – C. E. D. A.? – was zum Teufel! – zehn Pesetas.« Er starrte uns mit aufgerissenem Mund an. »Weiß wirklich nicht, was ich dazu sagen soll. Ich hab's gezahlt. Aber um die Wahrheit zu sagen, ein armer Teufel wie ich kennt sich mit den geschriebenen Sachen und so weiter nicht gut aus, und als ich alle diese Stempel sah und das eine Wort Confederación, dachte ich mir: Das ist die Versicherung. Und jetzt sieht's aus, als ob die Schweinehunde mir zwei Duros aus der Tasche gezogen und mir außerdem noch eine üble Suppe eingebrockt hätten.«

»Ist dir klar, daß wir dich dafür, daß du der C. E. D. A. Geld gegeben hast, erschießen können?«

»Mich? Zum Teufel auch! Noch dazu, nachdem man mir mein Geld gestohlen hat? Ihr gehört ja ins Narrenhaus, alle miteinander! Wie oft soll ich euch das noch sagen?«

Pfötchen gab ihm einen Stoß in die Rippen, daß es ihn herumwarf. »Du da«, sagte Pfötchen, »schau mir in die Augen und antworte: Wußtest du oder wußtest du nicht, daß das Geld für die C. E. D. A. ist?«

»Verflucht noch mal! Wie oft soll ich euch dasselbe Zeug wiederholen? Wenn ich sage, es ist so, dann ist es so wahr wie die Heilige Schrift. Sie haben mich um diese zwei Duros betrogen, so sicher, wie ich Pedro heiße! Gott gebe, daß sie's beim Doktor und beim Apotheker ausgeben müssen!«

»Du führst Gott ja etwas reichlich im Munde!« brummte Pfötchen.

»Wie's mir paßt, Junge! Ist ganz nützlich, ihn bei der Hand zu haben, manchmal, damit man auf ihn fluchen kann, und manchmal, damit er einem ein bißchen aushilft.«

Als dem Kohlenhändler gesagt wurde, er sei frei, sagte er: »Hab's ja gewußt. Die Frau hat zu weinen begonnen wie eine büßende Magdalena, als eure Burschen kamen, um mich zu holen, aber ich sagte ihr gleich, mir wird man keinen Fahrschein fürs Jenseits geben. Mir nicht! Das ganze Viertel kennt mich seit zwanzig Jahren, und jeder Mensch wird euch sagen, daß ich mit den Pfaffen nie was zu tun gehabt habe. Und ich bin der erste gewesen, der für die Republik gestimmt hat. Gut, Jungs, nehmt's nicht übel, jeder tritt mal in den Dreck! Kommt mit, laßt uns was trinken, unten!«

Wir hörten ihn die ächzende Treppe hinunterstampfen.

»Wäre das alles für heute?« sagte der Richter.

»Ihr habt mich wieder einmal fein angeschmiert«, sagte Pfötchen. »Von den sechsen sind uns zwei davongegangen. Aber schließlich haben wir dafür diesen Lumpenkerl dabehalten. Mit dem will ich heute Nacht abrechnen.«

Wir schritten durch das große, kühle steinerne Kirchenschiff, durch Teiche von tiefen Schatten und Schwaden von farbigem Licht. Hoch oben in der Dämmerung sang jemand Flamenco. Metall klirrte. Auf dem First des Hochaltars schraubte ein Milizmann Bronzekandelaber ab und warf sie einem anderen zu, der am Fuß des Altars stand und jedes Stück auf einen unförmigen Haufen metallenen Zierats fallen ließ. »Alles für Patronenhülsen«, sagte Antonio.

Das Holz der Altäre lag bloß, und sie sahen nackt aus. Die auf dem Boden liegenden verstümmelten Heiligenbilder hatten ihre Würde eingebüßt. Alte, wurmzerfressene Holzstatuen schielten mit nasenlosen Gesichtern. Aus mehreren bunten Gewändern quoll die Füllung, ein Gemisch aus Werg und Gips. Am vergoldeten Gitter vor dem Hochaltar hing eine Almosenbüchse; ihr Deckel war noch immer mit einem dicken Vorhängeschloß gesichert, aber sie selbst durch einen Hammerschlag zertrümmert. Ein Jesuskind saß auf einer der Altarstufen. Es war nur noch ein himmelblauer, silbergestirnter Ball, von dem an einer besenstockartigen Holzgabel ein Paar winzige Füße herabhingen, während der Stock oben den Papiermachékopf eines blonden, blauäugigen Kindes trug. Ein zweiter Holzstiel, mit dem ersten verbunden, endete in einem rosigen Patschhändchen; der Daumen war auf den Handteller gekrümmt, die anderen vier Finger stachen steif in die Luft. Das Jäckchen fehlte, aber irgend jemand hatte auf das Holzgerüst einen alten Regenmantel gehängt und so das Ganze in eine Vogelscheuche verwandelt, von der das blonde Kinderköpfchen herunterhing.

»Steck ihm eine Zigarette in den Mund, dann wird er wie ein anständiger Proletarier aussehn!« rief der Milizmann von der Höhe des Altars herab. »Stell dir bloß die Moneten vor, die sie mit Hilfe des kleinen Engels da aus den albernen Betschwestern herausgepumpt haben! Aber wenn eine von ihnen die Unterröcke gehoben und den Besenstock darunter erblickt hätte, wäre sie sicher in Ohnmacht gefallen. Glaubst du nicht auch?«

Ich mußte an die Inszenierung in der Kirche von St. Martín denken, wie ich sie als Junge zu sehen pflegte. Da wurde am Vorabend des Heiligentages das Standbild aus seiner Nische geholt; die als Hintergrund gedachte bukolische Landschaft, von Glühbirnen umrahmt, wurde aufgetakelt und auf Holzbretter und leere Sardinenkisten gestützt, die man beim Fischhändler in der Calle de la Luna geborgt hatte; der Pfarrer schimpfte über den Fischgeruch, während die Betschwestern, die eben an der Reihe waren, die Kisten in der Sakristei mit Lumpen und Laken einhüllten; ein goldgefranster, scharlachfarbener Vorhang wurde an einer Schnur am Altar hochgezogen und die im Laufe der Jahre von Mäusen herausgenagten Löcher sorgfältig in seinen Falten verborgen. Und dann, am Ende der neuntägigen Andacht, wurde der ganze Prunk in einem Schauer von Staub und Spinnweben heruntergeholt, während der Heilige auf dem Boden lag und sich von einer nackten Wachspuppe in einem leeren Schaufenster durch nichts unterschied.

Jetzt vor mir, in der geplünderten Kirche, erkannte ich alle die Versatzstücke eins ums andere wieder. Hier waren die kleinen Gestelle aus wurmstichigem Föhrenholz, auf denen die Votivkerzen aufgesteckt worden waren. Hier war der Schrein des Ziboriums mit seiner abblätternden Bemalung, offen und leer. Es roch nach ranzigem Wachs und morschem Holz. In dem leeren Raum der vergoldeten Bogennische, in der das Jesuskind gestanden war, breiteten sich Spinnennetze aus.

Aber über all dem wüsten Plunder stiegen die unnahbaren steinernen Pfeiler und Kreuzgewölbe hoch empor, dunkel von Alter und Rauch. Die Orgel ragte wie ein Kastell quer über Haupt- und Seitenschiff, und das abendliche Sonnenlicht rieselte durchs Glas der schlanken Laterne droben auf der Kuppel.

8.
BEDROHUNG

Das Außenministerium war von Rollkommandos bewacht, und ich mußte in der riesigen Eingangshalle warten, wo der diensthabende Wachtmeister sich einen Schreibtisch hatte aufstellen lassen. Bis auf eines waren alle die massiven Tore verschlossen. Es sah wie die Aufnahmekanzlei eines Gefängnisses aus. Dann kam ein junger Mann mit einer großen Hornbrille und wirrem Haarschopf direkt auf mich zu. »Du bist natürlich der Barea.« Er nahm mir den Zettel, der mich an ihn wies, aus den Fingern und zerriß ihn, ohne ihn zu lesen. »In der Presseabteilung brauchen sie Sprachkundige.«

»Ich kann gut Französisch, spreche aber kein Wort Englisch. Nur daraus übersetzen kann ich.«

»Mehr brauchst du nicht. Komm mit mir zum Abteilungsvorstand!«

Eine einfache Schreibtischlampe warf einen Lichtkreis auf einen Stoß Papiere und ein Paar bleiche, gut gepolsterte Hände. Zwei blaß glitzernde Scheiben, an einem einförmigen großen Fleck geheftet, bewegten sich im Dämmer jenseits des Lichtkegels. Dann erkannte ich plötzlich den ganzen Umriß des Kopfes: eine fahle, kahle Kuppel und dunkle Gläser in Schildpattrahmen. Die zwei weichen Hände rieben sich aneinander. Dann schoß eine dreieckige, spitze Zunge zwischen den Lippen hervor und krümmte sich den Nasenlöchern entgegen.

Mein Führer stellte mich Don Luis Rubio Hidalgo vor, der mich einlud, Platz zu nehmen, wobei er dem kegelförmigen Lampenschirm einen Ruck gab, so daß nun das Zimmer, er selbst und seine wimpernlosen Augen mit den schweren Lidern sichtbar wurden. Dann fing er an zu erklären:

DIE STIMME VON MADRID

Er war der Chef der Presse- und Propagandasektion des Außenministeriums. Zu seinem Aufgabenkreis gehörte die Zensur der fürs Ausland bestimmten Presseberichte, und er wollte mich als Zensor der telegraphisch und telephonisch durchgegebenen Berichte einteilen. Bei Tag wurde die Arbeit im Ministerium verrichtet, bei Nacht von Mitternacht bis acht Uhr morgens im Gebäude der Companía Telfónica. Ich wurde für die Nachtschicht gebraucht und sollte am nächsten Abend zum Dienst antreten. Das Gehalt betrug vierhundert Pesetas monatlich. Eines der Autos des Ministeriums würde mich allnächtlich zur Arbeitsstätte bringen. Es genügte ihm, daß ich aus dem Englischen übersetzen konnte.

Ich nahm den Antrag an, weil ich etwas Nützliches tun wollte und mir diese Arbeit interessant schien.

Um sechs Uhr nachmittags trat ich im Außenministerium an. Rubio Hidalgo stellte mich meinen künftigen Kollegen vor und führte mich in die Arbeit ein. Ich las die Meldungen, die die Berichterstatter am Tag vorher abgesandt hatten, und er erklärte mir die Prinzipien der Zensur. Dann bekam ich einen offiziellen Passierschein, der mich ermächtigte, mich bei Tag und Nacht überall in Madrid frei zu bewegen, dazu eine Identitätskarte. Um ein Viertel vor zwölf kam ein Wagen, um mich vom Hause abzuholen. Alle Nachbarn schauten meinem Aufbruch zu.

Ich fühlte mich frei und in gehobener Stimmung. Ich hatte mit Aurelia und Maria die neue Situation durchgesprochen, hatte mir selber und den beiden Frauen, einer nach der anderen, erklärt, daß ich von nun an bei Nacht arbeiten und bei Tag schlafen müsse. Es würde mir in Zukunft unmöglich sein, an den Nachmittagen mit Maria auszugehen, wie sie gewünscht hatte. Ich würde nicht mehr darunter zu leiden haben, daß die anderen sich ängstlich an mich klammerten, wie es seit Beginn der Luftangriffe zur Regel geworden war. Schon beim Morgengrauen hatte ich über meine zukünftige Arbeit mit Aurelia gesprochen; sie hatte sofort den Nachteil erkannt, der ihr daraus erwachsen mußte, und versucht, mich zu überreden, mich doch nicht in »solche Sachen« einzumischen. Nachmittags traf ich Maria, die zwar durch meine Abwesenheit vom Büro an diesem Vormittag verärgert war und ihre Zweifel in bezug auf das neue Arrangement äußerte, es im ganzen aber günstig aufnahm: bedeutete es doch eine schärfere Trennung von meinem Heim und stimmte mit ihrem Glauben überein, ein Sieg der Regierung und eine anschließende soziale Revolution würden meine endgültige Trennung von Aurelia und meine Bereitwilligkeit, mit ihr, Maria, zusammenzuleben, herbeiführen. Sie fand es ganz natürlich, daß ich einen aktiven Anteil am Krieg nehmen wollte. Ihr jüngerer Bruder war gerade in ein Freiwilligenbataillon eingetreten. So bedeutete mein neuer Posten für sie eine neue Hoffnung. Ich begriff das alles ganz klar, sagte aber kein Wort dazu. Ich würde mich hinter meiner Arbeit wie in einer Festung verschanzen.

Der Wagen führte mich durch verödete Gassen, deren Dunkel nur von den schwachen Lichtstreifen, die aus Ritzen in Rolläden und Türen von Schenken drangen, unterbrochen wurde. Fünfmal auf unserer kurzen Fahrt wurden wir von Milizmännern angehalten, die uns mit ihren Taschenlampen blendeten und unsere Papiere prüften. Der Passierschein des Außenministeriums machte auf sie keinen Eindruck; als ich schließlich mein Gewerkschaftsbuch vorwies, sagte einer der Posten: »Warum hast du uns das nicht gleich gesagt, Genosse? Minister! ... Ha, mich können die Minister ...«

Die letzte Kontrolle fand am Tor der Telefónica statt. Es war zu dunkel, um mehr sehen zu können als die glatten Betonwände, die über der engen Calle de Valverde aufragten. Ein Rollkommandoposten führte mich in die Wachstube, wo ein Leutnant die Papiere des Ministeriums prüfte und mich zum Arbeitsausschuß der Telefónica weiterschickte.

Dieser hatte am Tor zur Eingangshalle eine direkte Kontrolle eingerichtet: An einer Art Schalter saß ein dunkelhäutiger, unrasierter, rauher Mensch, der ein schwarzrotes Tuch in verwegenen Knoten um den Hals geschlungen trug.

»Und was willst du, Kamerad?« Er schob die offiziellen
Dokumente beiseite, ohne auch nur einen Blick darauf zu
werfen. »Schön! Papiere habe ich genug gesehen. Sag mir,
wozu du herkommst!«

»Wie du sehen kannst, werde ich die Berichte der Auslandspresse zensurieren.«

»Und welcher Organisation gehörst du an?«

»Dem Allgemeinen Gewerkschaftsbund.«

»Schön! Du wirst oben einen von deinen Leuten finden.
Er ist kein Kirchenlicht, aber wir müssen dieses Problem mit
den Ausländern lösen. Alles Faschisten, der ganze Haufen!
Den ersten, der was Unrechtes tut, bring einfach zu mir hierher! Oder ruf mich an! Und halte die Löffel offen, wenn sie
in ihrer Sprache zu zirpen anfangen! Ich verstehe ja nicht,
warum man ihnen erlaubt, ihre eigene Sprache zu sprechen.
Wenn sie berichten müssen, zum Teufel auch, dann sollen
sie's auf gut spanisch tun und einen Übersetzer bezahlen. Und
dann kommen sie die Treppe herunter, machen einen Hei-
denlärm, reden ihr Englisch oder der Teufel was, und kein
Mensch weiß, wann sie ihn einen Hurensohn nennen. Na,
schön! Dein Büro ist im fünften Stockwerk, und die zwei da
begleiten dich.«

Ein hübsches, munteres Mädchen brachte mich und die
zwei Milizmänner im Aufzug zur fünften Etage; dann marschierten wir durch lange, düstere, winkelige Korridore mit
vielen Türen und traten durch die letzte in ein kleines Zimmer, in dem es wie in einer Kirche roch und dessen Dunkelheit von einem violetten Schimmer erfüllt war. Ein kleiner Lichtkreis zeichnete sich scharf auf einem Schreibtisch
ab. Der Schimmer und der Wachsgeruch rührten von einem
violetten Kohlepapier her, das an Stelle eines Verdunkelungs-
schirms um eine Glühbirne gewickelt war. Der diensthabende
Zensor, ein großer, knochiger Mann, erhob sich, um mich zu
begrüßen. Zwei Schatten bewegten sich im anderen Winkel
des Zimmers: die Ordonnanz und der Meldefahrer, von denen der eine das glatte Mondgesicht eines ältlichen Kammer-

dieners hatte, der andere das magere, zigeunerhafte Gesicht und die lebhaften Augen eines Schuhputzers. Dann stürzte ich mich in die Arbeit, die mich viele Nächte lang vollständig absorbierte. Die Organisation war einfach. Die Journalisten hatten ihre eigenen Zimmer auf der vierten Etage; dort schrieben sie ihre Berichte mit einer Kopie und unterbreiteten sie dem Zensor. Ein Exemplar wurde, gestempelt und paraphiert, dem Korrespondenten zurückgegeben, das andere brachte die Ordonnanz in den Fernsprechraum. War die Verbindung mit Paris oder London hergestellt, dann las der Korrespondent seinen Bericht vor, indessen ein neben ihm sitzender Zensor mit Kopfhörern die korrekte Wiedergabe des Textes wie auch jedes etwa sich entwickelnde Gespräch kontrollierte. Wollte der Korrespondent seinen Bericht telegraphisch oder drahtlos übermitteln, dann brachte der Meldefahrer ein zensuriertes Exemplar zur Transradiostation.

Die großen amerikanischen Agenturen und die Agence Havas unterhielten Gruppen von Reportern, die in Schichten arbeiteten und laufend Kurzberichte produzierten, die sie »snaps« nannten. Die wichtigeren englischen und amerikanischen Zeitungen hatten ihre Sonderberichterstatter. Die meisten der Korrespondenten sprachen englisch, es gab aber auch eine Anzahl Franzosen und Lateinamerikaner.

Mein Kollege und ich hatten mit ihnen allen fertig zu werden. Er beherrschte die englische Umgangssprache, dafür kannte ich das technische und das literarische Englisch besser als er. Sein Französisch war sehr dürftig, meines war nicht schlecht. Aber weder er noch ich hatten je mit Journalisten zu tun gehabt. Unser Auftrag war strikt und mehr als einfach: Wir hatten alles zu streichen, das nicht auf einen Sieg der republikanischen Regierung hinwies.

Die Korrespondenten kämpften gegen diese Vorschrift mit ihrer ganzen Energie, ihrer ganzen Intelligenz und ihrer ganzen Technik. Perea und ich vereinigten unsere Kenntnisse und riefen oft einen der Durchgabezensoren, der lange in Amerika gelebt hatte, zu Hilfe; wir suchten die Wörterbücher nach dem möglichen Doppelsinn einer Phrase ab und strichen alles, dessen Sinn wir nicht begriffen. Im Anfang dachte ich, ich würde bald eine klare Vorstellung von der Arbeit haben und etwas Positives daraus machen können. Genau das Gegenteil trat ein. Im Laufe des Herbstes erlitten die republikanischen Kräfte eine Niederlage nach der anderen, und die Journalisten taten ihr Bestes, um ihre Informationen darüber durchzubringen; die Franzosen halfen sich mit ihrem Argot, Engländer und Amerikaner mit Slang, und alle versuchten, den Durchgabezensor zu überrumpeln, indem sie in die Gespräche mit ihren Chefredakteuren einige Anspielungen einflochten oder in die Meldungen kleine Phrasen einschoben, die im ursprünglichen Text nicht enthalten waren.

Die wichtigste Schlacht wurde im September um den Alcázar gekämpft. Yagües Kolonne marschierte im Tajotal vor und näherte sich Toledo. Die Regierungstruppen trachteten, die Festung zu nehmen, ehe die Entsatzkolonne eintraf. Ein Teil des Alcázar wurde gesprengt, aber die Verteidiger hielten die Felsenkasematten und die Ruinen. Am 20. September – ich erinnere mich an das Datum, weil es mein Geburtstag ist – wurden große Benzintankwagen nach Toledo gefahren, die Keller des Alcázar mit Petroleum gefüllt und angezündet. Das Unternehmen schlug fehl. Am gleichen Tag paradierte eine von Barcelona kommende, gut ausgerüstete Freiwilligenkolonne durch die Straßen Madrids und wurde von den Volksmassen stürmisch gefeiert: die Männer waren gekommen, um gegen Yagües Kolonne zu kämpfen.

Zur gleichen Zeit bemühte sich die Regierung, die wilden Tribunale zu unterdrücken, indem sie eine neue, legalisierte Form von Volkstribunal schuf, in der ein Berufsjurist als Richter und zwei Delegierte der Miliz als Beisitzer fungierten; sie autorisierte eigene Sicherheitsabteilungen der Miliz, Faschisten aufzuspüren und zu verhaften. Aber die Flut von Furcht und Haß stieg noch immer an, und das vermeintliche Heilmittel war kaum besser als die Krankheit.

Wir hatten offiziell Order, nur Berichte durchzulassen,

wonach der Alcázar knapp vor dem Fall stand, Yagües Kolonne aufgehalten war und die Volkstribunale ein Muster an Justiz darstellten. Ich war überzeugt, daß unsere in der Zensur befolgte Politik dumm und zwecklos war. Aber wenn ich mit den Journalisten zu tun hatte, erboste mich die zynische Sicherheit, mit der sie unsere Niederlage als gegeben annahmen und Sensationen herauszupressen versuchten. Die Folge war, daß ich die offiziellen Anordnungen mit wilder Wut durchführte, als könnte ich durch das Unterdrücken eines einzigen Satzes eine verhaßte und gefürchtete Tatsache ausmerzen.

Allabendlich im Außenministerium, wenn ich kam, um meine Instruktionen für die Nacht zu holen, unterhielt ich mich mit Don Luis, der eine Vorliebe für mich zu haben schien. Er pflegte mir zu erzählen, wie er von Extremisten bedroht worden sei, weil er eine ungünstige Nachricht hatte durchgehen lassen, oder wie er zur Verantwortung gezogen wurde, nachdem der eine oder andere der Auslandskorrespondenten seine Berichte im diplomatischen Gepäck seiner Botschaft hinausgeschickt hatte; er hatte, so sagte er, sich verdächtig gemacht und fürchtete, eines Tages abgeholt zu werden, um nicht mehr zurückzukehren.

Zu beenden pflegte er seine Sache, indem er eine seiner Schreibtischladen aufzog und eine Pistole hervorholte: »Bevor sie mich umlegen, lege ich zumindest noch einen von ihnen um. Jedenfalls seien Sie sehr vorsichtig und lassen Sie nichts durch! Und vor allem passen Sie auf Ihren Kollegen auf, der sehr, sehr schwach ist!«

In der letzten Septemberwoche kam mein Freund Fausto, der Erfinder einer neuen Handgranate, in meine Wohnung und weckte mich aus meinem Tagesschlaf. Er hatte einen schriftlichen Befehl des Kriegsministeriums, die in der Waffenfabrik von Toledo eingelagerten Handgranaten zu holen, aber er hatte kein Vehikel zum Abtransport. Die Hunderte Last- und Lieferautos, die in Madrid ziellos herumfuhren, waren in den Händen der Milizen, über die das Ministerium keine Macht besaß. Jede Milizgruppe würde bereitwilligst die

Granaten holen, aber für die eigene Einheit, nicht für das Depot des Kriegsministeriums.

»Wenn Prieto davon hört, wird man die Handgranaten holen«, sagte ich.

»Zugegeben! Aber wird Prieto davon erfahren, ehe die Faschisten in Toledo einziehen? Ich fahre selbst hin, und ich möchte, daß du mitkommst.«

Ich fuhr mit. Die Straße nach Toledo war mit Miliz und Autos verstopft, die kamen und gingen. Einige riefen uns zu, der Alcázar sei bereits gefallen, einige andere, der Fall sei eine Frage von Stunden. In der Nähe von Toledo wurden die Menschenmassen noch dichter. Der Felsen war von Explosionen umkränzt. Ambulanzen fuhren langsam über die Alcántarabrücke, und die Menschen grüßten sie mit geballter Faust. Wir fuhren zur Waffenfabrik, gaben aber jede Hoffnung auf, als wir hörten, alle Lastautos der Fabrik stünden zum Abtransport der Messingröhren und der Maschinen zur Patronenerzeugung bereit. Fausto war verzweifelt. Keiner von uns war in der Laune, nach Toledo hineinzufahren, und ich schlug vor, die Heimfahrt über Torrijos zu machen, so daß ich in Novés haltmachen konnte.

In Torrijos waren die Straßen durch Karren blockiert. Die Menschen beluden sie mit Kleidungsstücken, Matratzen und Möbeln, stießen einander und schrien. »Die Faschisten kommen«, sagte ein alter Mann auf meine Frage. »Die Faschisten werden uns schnappen. Gestern haben sie aus ihren Flugzeugen Bomben abgeworfen und einen Haufen Menschen umgebracht, und heute früh war schon das Feuer ihrer Geschütze zu hören. Und die Menschen, die hier durchkamen! Von allen Dörfern kamen sie, sogar von Escalonilla, kaum eine halbe Stunde von hier!«

Novés war fast verlassen. Ein paar Frauen hasteten durch die Straße. Beide Kasinos hatten ihre Tore geschlossen. Ich bat Fausto, zu Onkel Juans Mühle zu fahren, und fand den alten Mann mit seinen zwei Gesellen beim Packen von Bündeln. Er war erstaunt, mich hier zu sehen. »Sie müssen sich beeilen, die Faschisten kommen. Wir gehen noch heute nacht nach Madrid.«

»So schnell werden sie nicht da sein«, sagte ich.

»Schauen Sie, Don Arturo, die Burschen sind schon auf der Landstraße! Vor zwei Tagen haben sie hier Bomben geworfen. Zwei Kühe haben sie im Dorf getötet und die Demetria, das Kind und den Mann. Heute früh sahen Flüchtlinge schon Marokkanerposten an der Straße zur Extremadura. Und ich sage Ihnen, wenn Sie sich nicht beeilen, werden Sie nicht mehr wegkommen. Wir treffen uns in Madrid, Don Arturo, und dann erzähle ich Ihnen, was hier vorgefallen ist.«

Wir verließen Novés in Richtung auf Puebla de Montalbán, um auf die Straße von Extremadura zu gelangen. Als wir hinkamen, warf Fausto einen Blick in die Runde und hielt an: »So, da säßen wir nun. Was sollen wir tun? Über Toledo zurückfahren?«

»Ich glaube, die Straße nach Madrid ist noch frei. Versuchen wir die, aber gib Gas! Die Ruhe da gefällt mir nicht.«

Die Straße war verödet. Haufen von Kleidungsstücken und Waffen lagen herum, Mützen, Mäntel, Gurten, Decken, Gewehre, Blechteller und Näpfe – die Straßengräben waren von ihnen besät. In der Ferne war Gewehr- und Maschinengewehrfeuer zu hören; aus der Richtung von Toledo kamen die dumpfen Explosionen von fünf Bomben. Fausto fuhr mit Höchstgeschwindigkeit. Wir begannen, Milizmänner zu überholen, die an der Straße saßen, barfuß, Stiefel oder Sandalen neben sich. Und es wurden ihrer immer mehr. Dann überholten wir welche, die mühselig weitermarschierten, die meisten ohne Gewehr, in Hemdsärmeln oder im Unterhemd, das Gesicht und die nackte Brust rotgebrannt. Sie riefen uns zu, wir sollten sie mitnehmen, und brüllten Beschimpfungen, wenn unser kleiner Wagen an ihnen vorbei weiterfuhr. Wir wären von einem Schuß in den Rücken nicht überrascht gewesen. Dann war die Straße mit Menschen nahezu verstopft. Hinkende Milizmänner mischten sich mit Bauern, die einen Esel oder ein Maultier am Zaum führten, mit Weib und Kindern darauf, und mit anderen, die einen Karren, der mit Bündeln und Geschirr beladen war, kutschierten. Die gesamte Familie war obenauf auf der Matratze verstreut. So erreichten wir Navalcarnero.

Ein Offizier und ein paar Mann von den Rollkommandos hatten quer über die Straße einen Kordon gezogen. Sie hielten die flüchtenden Milizmänner auf, nahmen ihnen die Waffen ab und befahlen ihnen, sich auf der Plaza zu sammeln. Die kleine Garnison hatte ihr einziges Maschinengewehr auf der Plaza aufgestellt: es verhinderte die drohende Panik. Die Einwohner von Navalcarnero waren dabei, zu packen und ihre Häuser zuzusperren.

Sie hielten auch unseren Wagen auf. Fausto und ich krochen heraus und erklärten dem Offizier, dessen Gesicht eine von Schweißbächlein durchzogene Staubmaske war, den Zweck unserer Fahrt. Wir müßten einfach nach Madrid durchkommen und dem Kriegsministerium Meldung erstatten, schloß Fausto, damit Armeelastautos hinausgeschickt würden und die Waffen sammelten, ehe die Faschisten kämen und sich ihrer bemächtigten.

In diesem Augenblick drängte sich eine Gruppe von Milizmännern mit Gewehren durch die Menge und schien den Kordon mit Gewalt durchbrechen zu wollen. Der Offizier ließ uns mitten im Satz stehen und kletterte auf das Dach unseres Wagens: »Halt! Zurück oder wir schießen! Hört zu …«

»Halts Maul mit deinen verdammten Befehlen! Laß uns durch oder wir brechen durch!« rief einer der Milizmänner.

»Schön! Ich laß euch durch, aber zuerst müßt ihr mich anhören!«

Die Milizmänner drängten sich um den Wagen.

»Wenn wir da heil herauskommen«, murmelte Fausto, »wird das heute noch unser richtiger Geburtstag!«

Aber der Offizier war ein guter Redner. Er sagte den Milizmännern ins Gesicht, daß sie Feiglinge seien, und bewies ihnen, wie schändlich es sei, in ihrem Zustand nach Madrid zurückzukehren. Er beschimpfte alle, die ihre Gewehre in den Straßengraben geworfen hatten, und erklärte ihnen, sie könnten sich in Navalcarnero reorganisieren und bleiben, bis die Truppen ankämen, die von Madrid unterwegs waren. Schließlich rief er:»Das ist alles! Die unter euch, die Männer sind, bleiben, die andern können weiterziehen. Aber die Gewehre haben, müssen sie uns dalassen, damit wir kämpfen können!«

Die letzten Worte ertranken schon in rauschendem Beifall. Er hatte gesiegt.

Der Offizier sprang zu Boden und schickte sofort Rollkommandos aus, die von den Gewehren auf der Straße so viele wie möglich einsammeln sollten. Dann wandte er sich zu uns und sagte:»Jetzt könnt ihr weiterfahren, Genossen.«

Als wir Madrid erreichten, war es nahezu dunkel. Wir hatten die Spitze der Flüchtlingskarren in Alcorcón hinter uns gelassen. Ich ging sofort ins Außenamt und berichtete Rubio Hidalgo.

»Machen Sie sich keine Sorgen«, sagte er.»Die Faschisten sind schon zum Stehen gebracht worden, und der Alcazár wird diese Nacht nicht mehr durchhalten. Ein paar Milizmänner sind durchgebrannt, das ist alles. Hauptsache ist, daß Sie keine Nachricht dieser Art durchlassen. Morgen früh gibt's gute Nachrichten, Sie werden sehen.«

Diese Nacht hatte ich einen fürchterlichen Kampf mit den Korrespondenten. Einer von ihnen, ein dünkelhafter junger Franzose vom»Petit Parisien«, versuchte so viele Kniffe und machte solchen Krach, daß ich ihm mit Verhaftung drohen mußte. Aus dieser Nacht kann ich mich nur noch daran erinnern, daß ich selbst zu brüllen begann und bei einer Gelegenheit nach der Pistole griff. Am Morgen war es unmöglich, die Tatsache geheimzuhalten, daß die Faschisten auf der Straße von Extremadura bis Maqueda vorgerückt waren, einem Dorf, das näher an Madrid liegt als Puebla de Montalbán, das wir vor wenigen Stunden noch passiert hatten. Und auf der Toledostraße waren sie bis nach Torrijos vorgerückt. Ihre Kolonne auf der Straße von Extremadura bedrohte Madrid, die andere bedrohte Toledo. Die Regierung milderte diese Nachrichten mit der Ankündigung, der Alcázar sei gefallen, was aber später offiziell dementiert werden mußte.

Ein paar Tage später, am 27. September, marschierten die Rebellen in Toledo ein. Die Waffenfabrik flog nicht in die Luft, sie fiel ihnen unversehrt in die Hände.

Die Zensurarbeit wurde zu einem endlosen Alpdruck. Mein Kollege in der Nachtschicht wurde von einer solchen Panik erfaßt, daß er entlassen werden mußte. Ich arbeitete allein, von neun Uhr abends bis neun Uhr morgens, und wußte kaum noch, was ich tat. Je näher Francos Streitkräfte an die Hauptstadt heranrückten, desto geheimnisvoller wurden die Berichte der Journalisten, desto herausfordernder ihr Benehmen. Die zunehmende Gefahr und die steigende Angst zogen eine neue Hinrichtungswelle in der Stadt nach sich. Die Ernährungslage wurde immer schwieriger; nur die Gemeinschaftsküchen waren noch imstande, Mahlzeiten zu verabreichen. Ein strenges Ausgehverbot für die Zeit von elf Uhr nachts an wurde verhängt, und es war gefährlich, sich auf die Straße zu begeben. Am 30. September beschloß die Regierung die Eingliederung aller Milizen in die reguläre Armee – die es noch gar nicht gab. Ich aß in der Kantine der Telefónica oder einem Café in der Nähe, und Angel trug Essen von dort zu meiner Familie. Während der Nacht krachten unter meinen Fenstern die Schüsse der »Pacos«. In diesen Nächten lebte ich vor allem von Kognak und schwarzem Kaffee.

Wenn ich frühmorgens die Straße überquerte, um zum Frühstück zu gehen, begegnete ich dem dünnen Bächlein von Flüchtlingen aus den Dörfern mit ihren Eseln, ihren Karren und ihren hageren, gelben Hunden. Aus Angst, bei Tag mit Bomben belegt zu werden, marschierten sie bei Nacht. Die ersten von ihnen wurden in requirierten großen Häusern untergebracht, die später angekommenen mußten auf den breiten Boulevards der Stadt kampieren. Unter den Bäumen der Castellana und Recoletos häuften sich die Matratzen, und die

Frauen kochten bei offenem Feuer auf dem Gehsteig. Dann änderte sich das Wetter, und die Wolkenbrüche trieben die Flüchtlinge in die überfüllten Häuser.

Während der folgenden Tage gab es kein Ende der Karawanen von Eseln und Karren mit todmüden Männern, Frauen und Kindern, die auf ihrem Hausrat hockten. Hastig wurden Bataillone von Milizmännern aufgestellt und an die verschiedenen Fronten geschickt. Jeden Tag kamen Nachrichten darüber, wie die Armeen der Rebellen wie Heuschrecken ausschwärmten und von allen Seiten auf Madrid vorrückten, vor der Sierra de Gredos und aus dem Alberchetal, an Aranjues vorbei, durch Sigüenza, bis zur Sierra de Guadarrama. Viele meinten, der Krieg werde nun schnell zu Ende sein. Gelang es den Rebellenarmeen, den Ring zu schließen und die Verbindung mit Albacete und Barcelona zu unterbinden, dann war Madrid verloren.

Am 13. Oktober hörte Madrid zum ersten Mal feindliches Geschützfeuer.

Ich hatte alle Hoffnung aufgegeben, die Arbeitsmethode der Auslandskorrespondenten besser zu begreifen und dadurch einigen Einfluß auf ihre Einstellung zu den Geschehnissen zu gewinnen. Die Journalisten, ihre Berichte, mein nächtliches Leben in der Telefónica, das Leben bei Tag in Madrid wurden zu einem rasend rollenden Band von Visionen, manche klar, manche verschwommen, aber alle so flüchtig, daß es unmöglich war, die Aufmerksamkeit auf eine von ihnen zu konzentrieren. Ich konnte die handbeschriebenen Blätter, die manche der Korrespondenten zur Zensur vorlegten, nicht mehr entziffern; sie schienen sie absichtlich unleserlich zu halten. Schließlich erließ ich die Vorschrift, jede Meldung müsse mit der Maschine geschrieben werden. Das half ein wenig. Einer der Franzosen nahm meine Vorschrift zum Vorwand abzureisen; aber als er gegen meine »Willkürmaßnahme« Einspruch erhob, merkte ich, daß er Angst hatte. Er bildete eine Ausnahme. Während ich ihre Berichte, den erhaltenen Anweisungen entsprechend, zusammenstrich, bewunderte ich den persönlichen Mut der Berichterstatter, so sehr mir ihre Gleichgültigkeit wider den Strich ging. Sie zogen hinaus, riskierten die Kugel irgendeines fremden feindlichen Milizmannes oder – im Hin und Her des Kampfes – die Gefangennahme durch Marokkaner, nur um ein paar magere Zeilen eines militärischen Berichtes zu produzieren, indessen wir die sensationellen Berichte, die sie gern geschrieben hätten, nicht passieren lassen konnten – wenn sie nicht doch geschrieben wurden und in irgendeinem unantastbaren Kurierkoffer durchkamen.

Während jedermann glaubte, ich wüßte, was vorging, sah ich mich im Dunkel sitzen, hinter dem fahlen Lichtkegel in der Finsternis ins Blinde hineinarbeitend. Ich wußte nur, daß sich der Ring um Madrid immer enger schloß und daß wir nicht gerüstet waren, der Gefahr zu begegnen. Es fiel schwer, stillzusitzen. Manchmal ging ich an einer Gruppe leicht angetrunkener Reporter vorüber, die die ganze Nacht lang mich hereinzulegen versucht hatten und denen das vielleicht auch gelungen war, und sehnte mich nach einem Streit mit ihnen. Was für uns eine Frage von Tod und Leben war – ihnen bedeutete es nichts als Material für einen Bericht. Manchmal, wenn mir die Anarchisten von der Arbeiterkontrolle unten in der Halle wieder einmal sagten, alle diese fremden Journalisten seien Faschisten und Verräter, sympathisierte ich mit ihren Vorstellungen. Als ich einen der Korrespondenten auf dem Bett im Telephonraum seinen Rausch ausschnarchen sah, während er auf seine Verbindung wartete, fiel mir ein, wie er uns, während er sich in der Gewißheit von Francos bevorstehendem Einmarsch in die Stadt wiegte, verhöhnt hatte, und ich haßte den Kerl.

Ich war außerstande, mich gegen Maria freundlich zu erweisen, wenn sie mich anrief und eine Zusammenkunft verlangte. Alle unsere Leben waren an einem toten Punkt angelangt.

Die Flugangriffe wurden zu einem nahezu täglichen Ereignis. Am 30. Oktober tötete ein einziges Flugzeug in Getafe fünfzig kleine Kinder. Die Bauarbeitergewerkschaften schickten Leute aus, die rund um Madrid Schützengräben aushoben und in den Straßen Bunker und Betonbarrikaden errichteten. In den Straßen gab es nun nicht bloß Massen von Flüchtlingen aus den Dörfern der Bannmeile, sondern auch solche aus den Vorstädten Madrids, und die Nächte waren von fernem Geschützfeuer durchrüttelt. Elite-Einheiten zogen hinaus und besetzten die nicht mehr weit entfernten Gräben; Milizmänner strömten herein, die vor den Panzern geflohen waren. La Pasionaria hielt sie am Stadtrand auf und tat ihr Bestes, ihnen neuen Mut einzuflößen. Die C.N.T., der Gewerkschaftsverband der Anarchisten, entsandte zwei Minister in die Kriegsregierung. Die Journalisten schrieben ununterbrochen Berichte, in denen sie meldeten, daß wir verloren seien, und wir bemühten uns ununterbrochen, sie dran zu hindern, diese Berichte durchzugeben.

Als ich am Abend des 6. November, um meine Instruktionen zu holen, ins Außenministerium kam, sagte Rubio Hidalgo zu mir: »Schließen Sie die Tür, Barea, und setzen Sie sich! Sie wissen doch: es ist alles verloren.«

Ich war an seine dramatischen Ausbrüche schon so gewöhnt, daß ich nicht beeindruckt war und bloß sagte: »Wirklich? Was ist denn jetzt wieder los?« Dann sah ich, daß im Kamin Papiere brannten und andere gebündelt auf dem Schreibtisch lagen, und fragte: »Übersiedeln wir etwa?«

Er trocknete sich die spiegelnde Glatze mit einem Seidentaschentuch, fuhr sich mit der dunklen, spitzen Zunge über die Lippen und sagte langsam: »Die Regierung übersiedelt heute nacht nach Valencia. Morgen wird Franco in Madrid einmarschieren.«

Er machte eine Pause. »Tut mir leid, lieber Freund! Aber da kann man nichts machen. Madrid wird sich morgen ergeben.«

Aber Madrid ergab sich am 7. November 1936 nicht.

Zweiter Teil

I.
MADRID

Die Belagerung von Madrid begann in der Nacht vom 7. November 1936 und endete zwei Jahre, vier Monate und drei Wochen später mit dem Ende des Krieges selbst.

Als mir Luis Rubio Hidalgo mitteilte, die Regierung reise ab und Madrid werde am nächsten Tag fallen, wußte ich zunächst nicht, was ich sagen sollte. Was hätte ich auch sagen können? Ich war benommen, obgleich ich die Formen zu wahren suchte, während er beflissen weitersprach. Die Schublade, in der er seine melodramatische Pistole aufbewahrte, stand halb offen.

»Auch wir gehen morgen«, fuhr er fort. »Ich meine natürlich, das ständige Personal. Ich würde Sie sehr gern nach Valencia mitnehmen, aber Sie müssen begreifen, daß ich dazu nicht in der Lage bin. Ich hoffe – ich sollte sagen: Die Regierung hofft – daß Sie bis zum letzten Augenblick auf Ihrem Posten ausharren werden.«

Er machte eine Pause, bewegte den glatten Kopf seitwärts, und seine dunkle Brille schimmerte. Ich mußte etwas sagen, dazu hatte er ja die Pause gemacht.

»O ja, natürlich«, sagte ich.

»Ausgezeichnet! Dann werde ich Ihnen jetzt die Lage erläutern. Wie ich schon sagte, wird die Regierung heute nacht nach Valencia übersiedeln, aber noch weiß niemand davon. General Miaja wird in einem geschlossenen Umschlag schriftliche Instruktionen erhalten, so daß er die Unterwerfung mit dem geringstmöglichen Blutvergießen aushandeln kann. Aber er selbst weiß das noch nicht. Wie ich Ihnen schon sagte, handelt es sich um einen verschlossenen Briefumschlag, den er nicht öffnen darf, bevor die Regierung nicht abgereist ist. Die Verantwortung, mit der wir Sie belasten, ist Ihnen wohl klar. Die Abreise der Regierung muß unbedingt geheimgehalten werden, sonst würde eine furchtbare Panik ausbrechen. Was Sie also zu tun haben, ist, zur Telefónica zu gehen, den Dienst wie gewöhnlich zu übernehmen und – nicht die leiseste Anspielung durchzulassen. Ich und mein Stab werden mit allen Auslandsjournalisten, die nicht riskieren können, beim Einmarsch Francos hier vorgefunden zu werden, früh am Morgen abreisen.«

»Aber wenn Sie die Journalisten mitnehmen, dann müssen sie doch wissen, was gespielt wird.«

»Sie wissen nicht, daß die Regierung übersiedelt. Sie mögen etwas erraten, und natürlich sagten wir ihnen, daß die Lage ungemein ernst sei, so ernst, daß die Regierung sie jeden Moment bitten könnte, die Stadt zu verlassen, und ihnen dann Autos zur Verfügung stellen würde. Manche werden bleiben, aber das spielt keine Rolle. Ich sagte ihnen, daß ihnen unsere Zensurerleichterungen nicht mehr zur Verfügung stehen würden, weil das Militär den Dienst übernimmt, und daß die Zensurstelle in der Telefónica nicht mehr arbeiten wird. Es bleiben also nur jene Korrespondenten zurück, die sich in ihren Gesandtschaften sicher fühlen, nichts riskieren und froh sein werden, an Ort und Stelle zu sein, wenn die Truppen einmarschieren.«

»Sie sind also sicher, daß sie einmarschieren werden?«

»Aber, mein Lieber, was glauben Sie denn, was ein halbes Dutzend Milizmänner machen kann? Sagen Sie mir: Was können die gegen das Tercio tun, gegen die Marokkaner, die Artillerie, die Panzer, die Flieger, die deutschen Fachleute? Na schön, was ich Ihnen sagen wollte: Sie können die Nachricht passieren lassen, daß die Regierung als Vorsichtsmaßnahme die Evakuierung der Auslandspresse durchgeführt hat. Das weiß jetzt ohnedies schon jeder. Morgen wird es eine Proklamation der Regierung geben.«

»Was soll ich also morgen tun?«

»Sie haben gar nichts zu tun. Morgen um neun Uhr früh, wenn Ihre Schicht aus ist, werden Sie das Zensurbüro zusperren, heimgehen und sich um Ihre eigene Haut kümmern, da doch kein Mensch weiß, was noch geschehen kann. Ich werde Ihnen die Löhne für unseren Amtsgehilfen, der bei Ihnen als Ordonnanz eingeteilt ist, und für die zwei Meldefahrer übergeben; denen können Sie sie morgen früh auszahlen und sagen, sie könnten tun und lassen, was ihnen beliebt.«

Er gab mir achthundert Pesetas – zwei Monatsgehälter –, dann erhob er sich und ergriff meine Hand, die er feierlich wie bei einem Begräbnis schüttelte.

In der Telefónica fand ich die Korrespondenten in wildester Aufregung vor. Sie warteten auf ihre Verbindungen, gaben Nachrichten von der Vorstadtfront weiter und vertraten einander, wenn eine Verbindung für einen zustandekam, der sie bestellt hatte, aber gerade nicht anwesend war. Die Tische im Journalistenzimmer waren mit Papieren, schmutzigem Geschirr, Kaffeekannen und Schnäpsen aller Art übersät; alle Telephone schienen gleichzeitig zu klingeln; alle Schreibmaschinen klapperten wütend. Keiner sprach ein Wort über die Übersiedlung der Regierung.

Vom Fenster im Zensurbüro aus hörte ich in der Dunkelheit der Straße Menschen gegen den Feind marschieren, singend und rufend, hörte vorüberrasende Autos mit kreischenden Hupen, und hinter dem Lärm der Straße konnte ich das Getöse des Angriffs hören: Gewehre, Maschinengewehre, Mörser, Geschütze und Bomben.

Gegen zwei Uhr morgens brachte jemand die Nachricht, die Faschisten hätten drei von den Brücken über den Manzanares, die Segovia-, die Toledo- und die Königsbrücke, überschritten, und in den Höfen des Modellgefängnisses seien bereits Handgemenge im Gange. Das bedeutete also, daß sie schon im Stadtbereich waren. Ich weigerte mich, die Nachricht durchzulassen, ehe ich eine offizielle Bestätigung erhielt, und ging ins Telephonzimmer, um dort zuzusehen, daß die Sperre auch tatsächlich durchgeführt würde. Der lange Amerikaner, der ungefähr zwei Meter groß und über hundert Kilogramm schwer war und die ganze Nacht hindurch unausgesetzt getrunken hatte, wurde aggressiv; Franco war in Madrid eingezogen, und er würde seine Zeitung das wissen lassen, so oder so. Der republikanische Zensor habe nichts mehr zu sagen. Er faßte mich am Rockaufschlag und schüttelte mich wie eine Gliederpuppe. Ich zog meine Pistole und stellte ihn unter die Bewachung von zwei Milizmännern. Er fiel schwer auf eines der Notbetten und begann unverzüglich zu schnarchen. Als die letzten Korrespondenten ihre Meldung durchgegeben hatten, blieben die zwei Kontrollzensoren und ich mit dem schnarchenden Klumpen auf dem Feldbett in dem riesigen Saal allein.

All unsere Nerven konzentrierten sich in den Ohren. Wir lauschten dem zunehmenden Getöse der Schlacht. Der Amerikaner schlief höchst geräuschvoll seinen Rausch aus. Jemand hatte eine graue Decke über ihn geworfen, und seine zwei enormen Füße in schwarzen, dickbesohlten Schuhen ragten hervor. Ruhig lagen sie nebeneinander wie die Füße einer Leiche.

Wir sprachen nicht. Wir hatten alle das gleiche im Sinn und wußten es.

Die Gran Vía, die breite Straße, in der die Telefónica steht, führte schnurgerade zur Front. Die Front rückte näher. Wir hörten es. Wir erwarteten von einem Augenblick zum andern, unter unserem Fenster Schüsse, Maschinengewehrgarben, Handgranaten und das Rattern und Kreischen der Raupenketten von Panzern auf den Pflastersteinen zu hören. Sie würden die Telefónica stürmen. Es gab kein Entkommen mehr für uns. Sie war eine ungeheure Falle, in der sie uns jagen würden wie Ratten. Aber jeder von uns hatte eine Pistole und einige Reservemagazine.

Das Kampfgetöse flaute ab. Wir öffneten die Fenster auf die Gran Vía. Während der kalte graue Morgennebel in den Saal hereintrieb, strömte eine dichte blaue Wolke von Tabakrauch und menschlicher Wärme durch den oberen Teil des Fensters hinaus. Ich machte die Runde durch die Büros. Die meisten Korrespondenten waren gegangen, einige schliefen auf den Feldbetten. Die Stickluft ihres Zimmers war gesättigt mit kaltem Rauch und Alkoholdunst, und ich riß schweigend

ein Fenster auf. Die vier Kontrollzensoren warteten schläfrig
auf ihre Ablösung. Die Mädchen an den Schalttafeln gehörten schon zur Morgenschicht, hatten frischbemalte Lippen
und glattgestrichenes Haar. Die Ordonnanzen brachten dik-
ken schwarzen Kaffee aus der Kantine, und wir gossen ein
Gläschen Schnaps in jede Tasse.

Einer der Kontrollzensoren, ein stiller, grauhaariger Mann,
wickelte aus einem Fetzen Papier zwei Würfel Zucker aus.
»Die letzten«, sagte er.

Gegenüber, vor dem Gran Vía Hotel, stand eine Reihe von
Autos. Ich ging hinunter, um mich von Rubio Hidalgo zu
verabschieden. Die Zeitungsverkäufer riefen die Morgenblät-
ter aus. Es war kein Geheimnis mehr, daß die Regierung nach
Valencia übersiedelt war. Über Madrid war der Belagerungszustand verhängt, und die Stadt würde von der Junta de Defensa,
einem neu aufgestellten Verteidigungsrat, regiert werden.

»Und was nun, Don Luis?« fragte ich. »Madrid ist noch
nicht gefallen.«

»Nicht von Belang. Tun Sie, was ich Ihnen gestern sagte!
Ihre Arbeit ist getan; kümmern Sie sich um sich selber! Überlassen Sie die Zensur der Junta de Defensa. Mögen ein paar
Offiziere sie besorgen, solange es eben dauert! Madrid wird
heute oder morgen fallen. Ich hoffe, sie haben die Straße nach
Valencia noch nicht abgeschnitten, aber ich bin nicht ganz
sicher, daß wir durchkommen. Die Geschichte ist zu Ende.«
Im Scheine der Sonne erschien er sehr blaß, und die Muskeln
unter seiner dicken weißlichen Haut zuckten.

Ich ging in die Telefónica zurück, zahlte Luis, der Ordonnanz, und Pablo, dem Meldefahrer, ihre Löhne aus und sagte
ihnen, was mir Rubio Hidalgo zu sagen aufgetragen hatte.
Luis, ein ältlicher Amtsdiener des Ministeriums, zeremoniös
und ein wenig salbungsvoll in seinem Gehaben, aber dabei ein
resignierter, einfacher und kluger Mensch, wurde aschfahl.
»Aber sie können mich doch nicht einfach hinauswerfen! Ich
gehöre zum Personal des Ministeriums, bin ein pragmatisier-
ter Staatsangestellter und habe meine Rechte.«

DIE STIMME VON MADRID   177

»Schön! Was soll ich dir darauf sagen, Luis? Geh ins Ministerium und trage deinen Fall vor, aber ich glaube nicht, daß du etwas erreichen kannst. Sie sind einfach davon, Luis, und haben dich auf dem Trockenen gelassen.« Ich selbst fühlte eine verzweifelte Wut. »Ich für meinen Teil gehe heim. Die Arbeit hier ist zu Ende.«

Während ich noch umherlungerte, kam ein Kontrollzensor, um mir mitzuteilen, Monsieur Delume habe sein tägliches Morgengespräch nach Paris angemeldet und bestehe darauf, seinen Bericht durchzugeben. »Wir haben keinen Befehl bekommen, Pressegespräche einzustellen«, sagte der Mann, »aber wie kann ich die Journalisten mit ihren Leuten im Ausland reden lassen, ehe ihre Berichte zensuriert sind? Und jetzt sagst du, du hast dein Büro endgültig zugesperrt! Meinst du, wir sollten die Gespräche einstellen?«

Ich versuchte, ihm Rubio Hidalgos Instruktionen auseinanderzusetzen, aber noch während ich sprach, war mein Entschluß gefaßt.

Ich unterbrach mich mitten im Satz und sagte zu dem Mann: »Ich komme mit dir, und wir wollen mit den anderen reden. Man kann die Dinge nicht einfach fahren lassen!«

Ich beriet mich mit den vier Kontrollzensoren, die eigentlich Angestellte der American Telephone Company waren, aber zur Aushilfe in die offizielle Zensur befohlen worden waren. Unser Beschluß lautete dahin, daß ich zum Ministerium und, wenn nötig, zu der neuen Junta de Defensa gehen sollte, um offizielle Instruktionen einzuholen. Mittlerweile würden sie, so gut sie konnten, die Berichte der Journalisten zensurieren. Ich sammelte die Zensurstempel ein und begab mich mit Luis und Pablo nach dem Außenministerium auf der Plaza de Santa Cruz.

Die glasüberdachten Höfe des Ministeriums waren mit heftig debattierenden und gestikulierenden Gruppen gefüllt. Inmitten der ansehnlichsten Gruppe führte Faustino, der majestätische Oberpförtner, das große Wort; der Wachtmeister des Rollkommandos, der zum Wachdienst im Gebäude eingeteilt war, stand neben ihm und hörte verdrossen zu.

»Das sind die Weisungen, die ich auszuführen habe, und ich habe sie vom Herrn Stellvertretenden Staatssekretär erhalten«, brüllte Faustino, »und Sie werden jetzt, sofort, auf der Stelle dieses Gebäude verlassen.« Er ratterte mit einem großen Schlüsselbund wie ein Sakristan, der eben seine Kirche zusperren und verspätete Betschwestern hinausjagen will.

»Was geht hier vor?« fragte ich.

Der Sturzbach von Erklärungen war so unverständlich, daß ich mich um Auskunft an Faustino wandte. Er zögerte mit der Antwort. Es war klar, was in seinem Kopf vorging. Ich war ein Niemand, ohne Rang in der offiziellen Hierarchie und nicht einmal Angestellter im »Haus«, während er der Oberpförtner des wichtigsten Ministeriums von Spanien war. Andererseits aber war die ganze Welt um ihn zusammengebrochen, und Menschen wurden erschossen, wenn sie ... also beschloß er, mir zu antworten.

»Ja; sehen Sie, Señor, heute früh rief mich der Unterstaatssekretär an und teilte mir mit, die Regierung sei nach Valencia übersiedelt. Er selbst verlasse Madrid im gleichen Augenblick. Ich solle das Ministerium zusperren und den Beamten gleich bei der Ankunft sagen, daß sie heimzugehen haben.

»Haben Sie einen schriftlichen Befehl erhalten, das Ministerium zuzusperren?« fragte ich.

Darauf war er nicht gefaßt gewesen, und ebensowenig jemand anderer.

»Nein, Señor! Es war ein persönlicher Auftrag des Unterstaatssekretärs.«

»Verzeihen Sie! Aber Sie haben gerade gesagt, daß es ein telephonischer Auftrag war.«

»Sie werden mir doch nicht erzählen wollen, daß ich seine Stimme nicht erkenne!«

»Ebensowenig werden Sie mir erzählen wollen, daß Stimmen nicht nachgeahmt werden können.« Ich redete im Kommandoton den Wachtmeister an: »Auf meine Verantwortung werden Sie dafür sorgen, daß dieses Ministerium nicht geschlossen wird, solange kein schriftlicher Befehl von einer zuständigen höheren Behörde eintrifft. Dafür haften Sie persönlich!«

Er stand stramm: »Ich wäre ohnedies nicht gegangen, auch wenn das Gebäude geschlossen worden wäre, denn ich habe keinen Befehl erhalten. Aber was Sie sagen, scheint mir richtig. Keine Sorge, das Lokal da wird von niemand geschlossen werden, solange ich da bin.«

Ich drehte mich um, um festzustellen, was die andern sagten.

Wir waren etwa zwanzig, die wir da in der Mitte des frostigen, mit Steinfliesen ausgelegten Hofes standen: zehn Beamte in steifen weißen Kragen, die in diesem Madrid der Milizen völlig absurd wirkten, fünf oder sechs Amtsgehilfen in goldbetreßter blauer Uniform und ein halbes Dutzend Arbeiter aus der Druckerei des Ministeriums. Ich erkannte eine wankende, mit Furcht gemischte Hoffnung in allen außer fünf Gesichtern, und der Grund war nicht schwer zu verstehen. Diese bescheidenen Mittelständler mit dem Glanz des Staatsbeamtentums, die meisten ohne jede politische Überzeugung, sahen den Boden unter ihren Füßen schwinden. Nun, da das Ministerium im Begriff war zu schließen, waren sie plötzlich hilflos und ohne Halt. Sie gehörten keiner Gewerkschaft an. Wohin konnten sie sich wenden, was konnten sie tun? Es war zu spät, sich dem einen oder anderen Lager anzuschließen. Meine Intervention gab ihnen neue Hoffnung und rettete sie vor zukünftiger Verantwortlichkeit.

Alle stimmten laut zu. Sie erklärten sich bereit, meinen Vorschlag zu unterstützen, und Faustino zog sich langsam vom Schauplatz zurück, murmelte vor sich hin und rasselte mit seinem Schlüsselbund.

Torres, ein junger Buchdrucker, erbot sich, mit mir zur Junta de Defensa zu gehen, aber keiner von uns wußte, wo sie zu finden sei. Schließlich beschlossen wir, uns an Wenceslao Carillo zu wenden, einen alten Arbeiterführer, den wir beide kannten und der Unterstaatssekretär im Innenministerium war. Wie wir erwarteten, weilte er noch in Madrid in seinem Amt, einem kaltfeuchten Loch zwischen Steinmauern, das nach wurmstichigem Papier und feuchtem Keller roch. Etwa zwei Dutzend Menschen drängten sich in dem lächerlich winzigen Raum, und die Luft stank nach Rauch. Carillo stapfte wütend inmitten eines Schwarmes von Beamten und Rollkommandooffizieren auf und ab. Der alte Sozialist, der sonst einen gesunden, robusten Optimismus ausströmte, war an diesem Morgen schlechter Laune: Seine Augen waren von der schlaflosen Nacht blutunterlaufen und sein Gesicht fast schlagflüssig. Er sprach derb wie gewöhnlich, aber ohne sein sonstiges spitzbübisches Zwinkern.

»Nun? Und ihr zwei, was wollt ihr?«

Wir erklärten ihm die Lage im Außenministerium: Es sei falsch, das Ministerium und seine Zensurstelle auszusperren, solange es Botschaften und ausländische Journalisten in Madrid gebe.

»Und was soll ich da tun? Ich bin in der gleichen Dreckgasse. Die andern sind davon, und nur der Wenceslao ist noch da, um die Sache auszufressen. Der Teufel soll sie alle zusammen holen! Natürlich hat man mir kein Wort gesagt, daß sie sich davonmachen, denn sonst … Schaut her, macht die Sache untereinander aus! Geht zur Junta de Defensa!«

In jener Nacht schlief ich auf einem Notlager im Pressezimmer des Ministeriums.

Am nächsten Tag gingen Torres und ich zum Palast des Bankiers Juan March, in dem die Junta de Defensa einige ihrer Büros eingerichtet hatte. Der Sekretär des Exekutivkomitees übergab mir ein Blatt Papier mit dem Briefkopf: Junta de Defensa de Madrid, Ministerio de la Guerra – Verteidigungsrat von Madrid, Kriegsministerium. Er besagte:»Der Verteidigungsrat von Madrid ordnet an, daß bis zur Erlassung eines neuen Befehls dieses Verteidigungsrates das ganze Personal des Außenministeriums auf seinem Posten auszuharren hat. Das Sekretariat. Gezeichnet: Frades Orondo. Datiert: Madrid, 8. November 1936. Gestempelt vom Exekutivkomitee der Junta.« Ich besitze das Dokument heute noch.

Als wir wieder im Ministerium ankamen, kam der aufgeblasene Faustino zu mir und tat sehr geheimnisvoll: »Der Herr Unterstaatssekretär ist in seinem Zimmer.«

»Schön. Lassen Sie ihn dort! Ist er also doch nicht nach Valencia gefahren?«

»O ja! Aber sein Wagen hatte eine Panne.«

»Ich werde ihn später aufsuchen. Jetzt seien Sie so freundlich und rufen Sie das ganze Personal ins Pressezimmer!«

Ich zeigte den Befehl der Junta de Defensa den versammelten Angestellten und erklärte: »Ich glaube, daß sofort ein Volksfrontkomitee gebildet werden sollte, um die Führung der Geschäfte zu übernehmen. Davon abgesehen habt ihr alle auf euren Posten auszuharren; bis weitere Anordnungen aus Valencia kommen, kann es eine gute Weile dauern.«

Torres, der jung und naiv war, wollte die Dinge in großem Stil durchführen. Er verlangte von Faustino, daß er den Botschaftersalon aufschließe, und fügte hinzu: »Da die meisten von euch keiner politischen Organisation angehören, werden nur diejenigen im Botschaftersalon zusammentreten, die Mitglieder einer solchen sind.«

Wir waren unser neun: die sechs Buchdrucker, zwei Büroangestellte und ich. Torres übernahm den Vorsitz. Er war klein und mager, und sein unansehnlicher Körper versank viel zu tief in der Polsterung des Ministersessels.

Der Botschaftersalon war eine lange Halle, die von einem enormen Mitteltisch fast ausgefüllt wurde. Die Wände waren mit rotgoldenem Brokat behangen, die Sessel hatten geschweifte, vergoldete Rückenlehnen und rotsamtene Sitze, die Klauen ihrer Füße bissen tief in die Blumensträuße des dicken Teppichs. Vor jedem Sitz lag eine Ledermappe mit dem in Gold geprägten spanischen Wappen. Torres – in Hemdsärmeln – sprach die sechs Drucker in ihren blauen Blusen und uns drei Beamte in unseren zerdrückten Anzügen mit einem feierlichen »Genossen!« an.

In dem enormen Saal wirkten wir zwergenhaft und verschwommen; um diese Empfindung zu überwinden, diskutierten wir, indem wir uns anbrüllten. Als wir den Salon verließen, war der Teppich mit Zigarettenasche bedeckt und der Brokat vom kalten Rauch von schlechtem Tabak durchtränkt. Kaum hatten wir im Gänsemarsch den Raum verlassen, riß Faustino alle Fenster weit auf, um das Sanktuarium zu reinigen; wir jedoch waren's zufrieden. Wir hatten ein Volksfrontkomitee gebildet: Torres war der Obmann, ich der Sekretär, und wir hatten auch die Gewerkschaft der Angestellten des Außenministeriums gegründet. Eine Stunde später war das gesamte Personal ihr beigetreten.

Der Wachtmeister vom Rollkommando rief mich in sein Zimmer und schloß mit betonter Sorgfalt die Tür.

»Und was machen wir mit dem alten Kerl?«

»Was für einem Kerl?«

»Dem Unterstaatssekretär. Ich glaube, der sollte erledigt werden. Der ist ein Faschist. Wissen Sie, was ihm passiert ist? Er fürchtete sich, durch Tarancón zu fahren, wegen der Anarchisten, die dort sind, und ist deshalb zurückgekommen. Kannten Sie die Geschichte nicht? Ganz Madrid erzählt sie sich. «

Ich ging zum Unterstaatssekretär. Die Pupillen Señor Ureñas hinter ihren dicken Brillengläsern waren groß und starr, sein Gesicht hatte die grünliche Tönung einer Votivkerze.

»Ich wollte Ihnen bloß sagen, daß ich einen Befehl der Junta de Defensa in Händen habe, wonach das Ministerium nicht geschlossen werden darf.«

»Schön! Sie haben zu verfügen.« Es bestand kein Zweifel, daß der Mann vor Furcht zitterte und im Geist schon Hinrichtungspelotons sah.

»Das ist alles, was ich Ihnen mitzuteilen wünschte.«

»Sehr gut, sehr gut! Aber ich muß heute nachmittag nach Valencia abreisen. «

»Sie sind der Unterstaatssekretär, ich nehme an, daß Sie direkte Befehle von der Regierung haben. Ich hatte Ihnen nur zu sagen, daß das Ministerium des Äußeren nicht geschlossen wird. Der Rest geht mich nichts an.«

»Oh, dann ist ja alles in Ordnung. Vielen Dank.«

Señor Ureña fuhr am selben Nachmittag ab, und Madrid bekam ihn nicht mehr zu sehen. Torres überbrachte mir einen vom Volksfrontkomitee gezeichneten Befehl, wonach ich die Leitung der Presse-Abteilung zu übernehmen hatte. Im Zensurbüro saß ein schon reiferer Mann mit weißer Haartolle, der Journalist Llizo, ein sanftmütiger Mensch von unbedingter Integrität. Er empfing mich mit einem Ruf der Erleichterung.

»Gott sei Dank, daß da eine Regelung im Gange ist! Wissen Sie, daß die Journalisten gestern ihre Berichte unzensuriert durchgaben?«

»Aber die Kontrollzensoren versprachen doch, sich darum zu kümmern! «

»Mag sein, und während der Nacht scheinen sie das auch getan zu haben. Aber tagsüber meldeten immer viele der Journalisten ihre Gespräche hier an und telephonierten ihre Berichte vom Pressezimmer des Ministeriums aus, weil das für sie bequemer war. Die Kontrollzensur während der Gespräche wurde dann hier von uns durchgeführt. Und die Leute von der Telefónica müssen auch gestern hierher umgeschaltet haben, im Glauben, daß die Berichte wie üblich hier zensuriert und kontrolliert werden. Oder hat's einfach ein Durcheinander gegeben? Auf jeden Fall sollten Sie sich ansehen, was gestern in die Welt draußen durchgegeben worden ist.«

Ich sah mir die Bescherung an, und der Magen drehte sich mir um. Die unterdrückten Gefühle der Journalisten waren durchgebrochen. Manche verbargen ihre Schadenfreude darüber, daß Franco in der Stadt war, wie sie es nannten, kaum noch. Die Menschen, die im Ausland diese Berichte lasen, mußten glauben, Franco hätte Madrid erobert, und der letzte schwache desorganisierte Widerstand würde bald zu Ende sein. Es gab auch gerechte, nüchterne Berichte; aber das allgemeine Bild, das sich ergab, war das eines furchtbaren Durcheinanders – das zweifellos bestand –, ohne daß das ebenso bestehende Aufflammen von Entschlossenheit und Kampflust klargemacht wurde. Ich bin von der Notwendigkeit einer Kriegszensur nie so vollkommen überzeugt gewesen, wie beim Lesen dieser kleinlichen und zutiefst unwahren Meldungen, aber ebenso eindeutig klar wurde mir, daß der Schaden im Ausland bereits angerichtet war. Es war eine vollständige Niederlage, die wir dem Mann zu verdanken hatten, der aus Angst desertiert war.

Am gleichen Tage suchte mich ein hagerer, schwarzgekleideter Mann auf, der schwer magenkrank aussah.

»Ich bin der Staatskontrolleur der Transradiogesellschaft. Man hat mir gesagt, Sie hätten die Dinge hier wieder in Gang gebracht, und so dachte ich mir, daß ich Ihren Rat einholen sollte. Die Sache liegt nämlich so: Ich habe alle Radiodepeschen zu zensurieren, und die meisten kommen von den diplomatischen Vertretungen. Sie gehören zum Außenministerium, also können Sie mir vielleicht helfen, da alle anderen auf und davon sind. Offen gestanden, ich weiß nicht, was ich tun soll. Sie müssen das begreifen: Ich bin kein Mann der Tat.« Er rückte seine Krawatte zurecht und überreichte mir ein Bündel Telegramme. Ich erklärte ihm, daß ich kein Recht hätte, in seine Angelegenheiten einzugreifen, und versuchte, ihn an die Junta de Defensa zu verweisen.

»Dort war ich schon. Man sagte mir, ich möge weiter zensurieren wie bisher. Das war alles. Aber jetzt schauen Sie einmal her, was soll ich mit dem Zeug da machen?« Er zog eine Depesche heraus, die an »Seine Exzellenz Generalissimus Francisco Franco, Kriegsministerium, Madrid« gerichtet war. Es war ein blumenreicher Glückwunsch an den Eroberer von Madrid, gezeichnet vom Präsidenten einer der kleineren spanisch-amerikanischen Republiken.

»Der Fall ist einfach«, sagte ich. »Schicken Sie das mit dem Dienstvermerk zurück: ‚Hierorts unbekannt‘.«

Um dem Kontrolleur der Radiogesellschaft zu helfen, nahm ich es auf mich zu entscheiden, welche Telegramme zurückzuhalten und welche weiterzugeben seien. Aber ich gab mich keinen Illusionen hin: Wir waren durchaus nicht in der Lage, uns der Angelegenheiten anzunehmen, die von den dafür Verantwortlichen im Stich gelassen worden waren.

Ich reorganisierte die Auslandspressezensur mit den fünf Leuten vom Personal. Einige der Journalisten zeigten uns sofort feindselige Ablehnung, da die wieder eingeführte Kontrolle sie reizte. »Jetzt werden sie«, sagte einer unserer Zensoren, »ihr Gift im diplomatischen Gepäck ihrer Botschaften hinausschicken.« Das Gebäude, das ich zu errichten versucht hatte, war von sehr brüchiger Struktur. Wir waren völlig isoliert, ohne offizielle Weisungen und Informationen, ohne eine höhere Behörde über uns außer der Junta de Defensa, und die Junta ihrerseits hatte andere Sorgen als die Zensur der Auslandspresse. Niemand wußte genau, zu welchem Departement wir eigentlich gehörten. Ich konnte keine telephonische Verbindung mit Valencia bekommen. Aber es machte mich stolz, den Dienst aufrechtzuerhalten.

Rings um uns lebte Madrid in fiebernder Begeisterung: Die Rebellen waren nicht durchgebrochen. In den Schenken beglückwünschten Milizmänner einander und sich selbst; trunken von Müdigkeit und Wein, wurden sie ihre unterdrückte Furcht und Erregung in ein paar Gläsern los, ehe sie an ihre Straßenecke oder zu improvisierten Barrikaden zurückkehrten. An diesem Sonntag, dem endlosen 8. November, paradierte eine mit modernen Waffen ausgerüstete Formation durch die Stadtmitte: die legendäre Internationale Brigade, in Albacete ausgebildet, war Madrid zu Hilfe gekommen. Nach den Nächten vom 6. und 7. November, in denen Madrid völlig allein Widerstand geleistet hatte, bedeutete die Ankunft dieser Antifaschisten aller Länder eine unbeschreibliche Erleichterung. Russische Panzer, Flak, Flugzeuge und Munition waren im Anrollen. Ein Gerücht ging um, wonach die Vereinigten Staaten der Spanischen Republik Waffen verkaufen würden. Wir wollten es glauben. Wir alle hofften, daß jetzt, als Folge der Verteidigung Madrids, die Welt den Sinn unseres Kampfes endlich begreifen werde. Darum war die Auslandspressezensur Madrids ein Teil dieser Verteidigung; zumindest glaubte ich das damals.

An einem dieser Tage begannen die neuen Belagerungsgeschütze, die die Rebellen herangebracht hatten, bei Sonnenaufgang ihre tägliche Beschießung. Ich schlief in einem Armsessel im Ministerium, als mich eine Serie von Explosionen in der Nachbarschaft weckte. Die Granaten fielen auf die Puerta del Sol, die Calle Mayor und die Plaza Mayor – kaum dreihundert Meter weit entfernt. Plötzlich erbebten die festen Mauern, aber die Explosion und die Zerstörung, die meine Nerven erwarteten, erfolgten nicht. Abseits in den oberen Stockwerken gab es Geschrei und Getrappel, und halbbekleidete Menschen stürzten die Treppen herab: Faustino in einem Schlafrock, seine Frau in Unterrock und Bettjacke mit wogenden schwammigen Brüsten, ein paar Rollkommandos in Hemdsärmeln mit halb zugeknöpften Hosen. Im westlichen Teil der großen Halle rieselte eine Staubwolke von der Decke herab.

Eine Granate hatte das Gebäude getroffen, war aber nicht explodiert. Sie war durch die dicken alten Mauern gedrungen und in der Tür zum Schlafsaal der Rollkommandos gelandet. Da lag der Blindgänger nun, wuchtig und groß, auf der Schwelle. Das Holz des Parkettfußbodens schwelte, und in der Mauer gegenüber gähnte ein mächtiges Loch. Eine Reihe von Bänden des Espasa-Calpe-Lexikons war aus ihren Regalen gesprungen. Es handelte sich um eine 24-cm-Granate, so groß wie ein Kind. Nach endlosem Hin- und Hertelephonieren kam endlich ein Feuerwerker vom Artilleriedepot, um den Zünder zu entfernen; das Geschoß selbst würde später geholt werden.

Die Wachen trugen das nun unschädlich gemachte Geschoß in den Hof. Einer übersetzte den Zettel, den die Feuerwerker zwischen Granatkappe und Granatkern gefunden hatten. Darauf stand in deutscher Sprache: »Habt keine Angst, Genossen! Die Granaten, die ich fülle, explodieren nicht. – Ein deutscher Arbeiter.« Langsam taten sich die schmiedeeisernen Torflügel auf, und wir stellten das Geschoß auf einen Tisch im Portal, damit alle es sehen konnten. Sie kamen zu Tausenden, um das Geschoß und den Zettel mit den gotischen Lettern anzustarren. Nun, da die deutschen Arbeiter uns halfen, würden wir den Krieg gewinnen! »No pasarán, no pasarán« – »Sie kommen nicht durch!« Ein Flugzeug, das in der Sonne wie ein silberner Vogel glitzerte, flog hoch über unseren Köpfen dahin. Einer zeigte es dem andern: »Eins von den unseren! Ein Russe! Es lebe Rußland!« Das Flugzeug zog eine Kurve, raste im Sturzflug über die Dächer hinweg und ließ in der Stadtmitte einen Kranz von Bomben fallen. Die Menge lief für einen Augenblick auseinander und versammelte sich, um ihren Glauben wieder zu stärken, vor dem von Rollkommandos flankierten Blindgänger.

Am Morgen des 11. November kam Luis zu mir und sagte, zwei Ausländer erwarteten mich im Büro Rubio Hidalgos.

Beim Betreten des düsteren, dumpfigen Zimmers, aus dem die Spuren plötzlicher Flucht noch nicht geschwunden waren, erblickte ich einen noch jungen Mann mit energischen Zügen von lebhafter Farbe, mit Hornbrille und braunem Kraushaar; er ging auf und ab, während eine blasse, magere Frau mit dünnen Lippen und einem mausfarbenen Haarknoten am Schreibtisch lehnte. Ich hatte nicht die geringste Ahnung, um wen es sich handelte. Der Mann warf ein Bündel Papiere auf den Schreibtisch und sagte mit gutturalem Akzent in schlechtem Spanisch: »Wer ist hier für alles verantwortlich? Du wahrscheinlich, wie?« Er stellte die Frage in so aggressivem Ton, daß ich es übel nahm.

»Und wer bist du?« schnappte ich zurück.

»Genosse, das ist der Genosse Koltzow von der ‚Prawda‘ und der ‚Iswestja‘! Wir kommen vom Kriegskommissariat und wollen dich einiges fragen.« Die Stimme der Frau zeigte deutlich französischen Akzent. Ich warf einen Blick auf das Bündel Papiere. Es waren die Presseberichte, die ohne Zensurstempel am 7. November durchgelassen worden waren.

Der Russe wandte sich mir zu und schrie mich an: »Das ist ein Skandal! Wer immer für diese Art Sabotage verantwortlich ist, verdient, erschossen zu werden. Wir fanden sie im Kriegskommissariat, als jemand vom Ministerium diese Papiere in einem Briefumschlag hereinbrachte, damit sie nach Valencia weitergeleitet würden. Bist du es, der den Journalisten diese Dinge zu berichten erlaubte? Weißt du, was du da getan hast?«

»Ich weiß nur eins – ich habe verhindert, daß das so weitergeht! Das ist es, was ich weiß«, erwiderte ich. »Kein Mensch hat sich darum gekümmert, und auch du kommst ein bißchen spät.« Und dann begann ich die ganze Geschichte zu erklären, denn die hochmütige Art Koltzows ärgerte mich weniger, als mich die Tatsache freute, daß sich nun endlich doch einmal jemand mit unserer Arbeit beschäftigte. Ich schloß mit der Mitteilung, daß niemand als ich selbst und das improvisierte Volksfrontkomitee mich beauftragt hatten, die Leitung der Zensur zu übernehmen, die jetzt aus neun Mann bestand.

»Deine Behörde ist das Kriegskommissariat. Komm mit uns, Susana wird dir einen Auftrag vom Kriegskommissariat geben!«

Sie brachten mich in ihrem Wagen zum Kriegskommissariat, wo ich herausfand, daß die Susana genannte Frau die verantwortliche Büroleiterin des Madrider Kriegskommissariats war, augenscheinlich nur aus dem Grunde, weil sie hiergeblieben war und den Kopf nicht verloren hatte. Bis dahin war sie eine einfache Stenotypistin gewesen. Milizoffiziere kamen und gingen, Leute stürmten herein und brüllten, sie hätten die ihnen zugesagten Waffen nicht erhalten, und dieser Mensch Koltzow griff in die meisten Gespräche ein, wobei nichts anderes ihn legitimierte als seine Vitalität und seine Arroganz.

Der schriftliche Auftrag, den ich vom Kriegskommissariat am 12. November erhielt, lautete: »Mit Rücksicht auf die Übersiedlung des Außenministeriums nach Valencia und die unumgängliche Notwendigkeit des unausgesetzten Funktionierens der Presseabteilung des obengenannten Ministeriums in Madrid verfügt das Generalkriegskommissariat, daß das oben erwähnte Büro der Presseabteilung hinfort dem Generalkriegskommissariat unterstellt ist, daß Arturo Barea Ogazón dessen Leitung übernimmt und dem Generalkriegskommissariat persönlich täglichen Bericht über die Tätigkeit der Abteilung zu erstatten hat.«

Am Abend desselben Tages rief Rubio Hidalgo aus Valencia an; er komme nach Madrid, um die Dinge in Ordnung zu bringen. Als ich das dem Kriegskommissariat mitteilte, trug man mir auf, ihn keinerlei Dokumente anrühren zu lassen. Ich möge ihn zum Kriegsministerium bringen, wo sie mit ihm sprechen würden.

»Und wenn er nicht kommen will?«

»Dann bringst du ihn zwischen zwei Rollkommandos her!«

Bis dahin hatte ich es vermieden, Rubio Hidalgos Zimmer zu benützen. Es gehörte dem offiziellen Chef der Abteilung, der darin alle Ehren seines Amtes genießen mochte, ohne von der Arbeit der anderen behelligt zu werden. Außerdem stieß mich schon der bloße Geruch des Zimmers ab. Als aber Rubio Hidalgo aus Valencia eintraf, empfing ich ihn in seiner eigenen Kanzlei, an seinem Schreibtisch sitzend, und teilte ihm sofort den Befehl des Kriegskommissariats mit. Er wurde noch blasser, als er schon war, und blinzelte beklommen, sagte aber ohne Bedenken: »Gehen wir also!«

Im Kommissariat ließ er den bitter groben Verweis schweigend über sich ergehen, dann spielte er seine Karte aus. Er sei der Pressechef des Außenministeriums; das Kriegskommissariat müsse sich jeder wilden, desorganisierten Aktion entgegenstellen, da es doch die Autorität der Regierung anerkenne, in welcher der Chef des Kriegskommissariats Minister war. Rubios formale Position war unangreifbar. Man kam überein, daß das Auslandspresse- und Zensurbüro in Madrid auch weiterhin ihm als Pressechef unterstellt bleibe, doch würde es die laufenden Aufträge vom Madrider Kriegskommissariat erhalten und durch dieses der Junta de Defensa unterstellt sein. Die Presseabteilung des Außenministeriums würde auch weiterhin für die Kosten des Madrider Büros aufkommen; die zensurierten Berichte sollten Rubio auch weiterhin zugesandt werden. Er war aalglatt und versöhnlich.

Wir kehrten ins Außenministerium zurück, wo er mit mir die Einzelheiten des Dienstes besprach; die allgemeinen Vorschriften für die Zensur blieben die gleichen, indessen ich die militärischen Sicherheitsvorschriften von den Madrider Behörden erhalten würde. Wir kamen überein, das Zensurbüro ganz zur Telefónica übersiedeln zu lassen. Rubio versprach, mir einen weiteren Zensor aus Valencia zu schicken. Mit Versicherungen seiner Freundschaft und der Wertschätzung unserer harten Arbeit reiste er ab. Ich blieb mit der Überzeugung zurück, daß er mich noch mehr haßte als ich ihn.

Als wir uns in der Telefónica eingerichtet hatten, machte ich einen mehrstündigen Spaziergang. Es war meine erste Arbeitspause seit dem 7. November. Ich wanderte zum Argüellesbezirk, dem Wohnviertel über dem Manzanarestal, das in den ersten Tagen der Belagerung durch konzentrierte Beschießung in Trümmer gelegt worden war. Die Panzer der Rebellen waren im Begriff gewesen, den Hang zur Plaza de España hinaufzuklimmen. Sie hatten auch tatsächlich begonnen, den Steilhang des Paseo de San Vicente hinaufzufahren, waren aber zurückgeworfen worden – fast in Sicht der Bronzestatue Don Quijotes.

Der Nebel der vergangenen Nacht war verraucht, und der Himmel leuchtete erbarmungslos blau. Die Gärten zu Füßen des Cuartel de la Montaña waren verschmutzt und voller Unkraut. Etliche Löcher bildeten den Rahmen für die sonnenbeschienenen Mauern eines Binnenhofs. Das Gebäude war ein großes, hohles Gehäuse, das die Geräusche von der Front auffing und vervielfacht zurückwarf. Das Rattern eines Maschinengewehrs unten am Fluß fand sein Echo in den Galerien der Kaserne.

Ich wollte in den Paseo de Rosales einbiegen, aber ein Soldat schickte mich zurück: »Da kannst du nicht durch, Kamerad, das steht unter Maschinengewehrfeuer!«

Ich ging also durch die Parallelgasse, die Calle de Ferraz. Sie war verlassen. Und während ich so weiterging, ergriff die tote Straße Besitz von mir. Neben Trümmerhaufen standen noch völlig unbeschädigte Häuser. Andere waren sauber gespalten und zeigten ihr Leibesinnere wie ein Puppenhaus. In den wenigen seither vergangenen Tagen hatte der Nebel sein schweigendes Werk getan; er hatte die Tapeten von den Wänden geschält, und lange blasse Streifen flatterten in der steifen Morgenbrise. Ein umgekipptes Klavier fletschte seine schwarzen und weißen Zähne. Lampen schwangen ihre gestickten Schirmröckchen von den Balken verschwundener Zimmerdecken. Hinter einem leeren Fensterrahmen reflektierte ein schamlos glatter Spiegel einen aufgerissenen Diwan.

Ich ging an Weinstuben und Kneipen vorbei: Der Fußboden der einen war vom schwarzen Maul des Kellers geschluckt worden; vor einer andern standen die Mauern unzerstört, aber die Theke war zu einem Stück Wellblech geworden, die Wanduhr war eine verflochtene Masse von Rädern und Federn; ein kleiner roter Vorhang flatterte vor einem Nichts. Ich ging in eine Schenke, die keine Wunde trug, sondern nur verlassen war. Stühle und Schemel standen um rotbemalte Tische, mit Gläsern und Flaschen drauf, wie die Stammgäste sie stehen gelassen hatten. Das Wasser im Spülbecken der Theke war dick und schlammig. Aus dem Hals einer großen viereckigen Flasche, die geschwärzt war von vertrockneten Weinresten, kam langsam eine Spinne gekrochen, klammerte ihre haarigen Beine an den Flaschenhalsrand und starrte mich an.

Schnell, fast laufend, ging ich davon, verfolgt vom Starren und Schreiben der toten Dinge. Die Straßenbahnschienen, die aus den Pflastersteinen gerissen waren und sich zu verkrampften Windungen verdreht hatten, sperrten mir den Weg gleich wütenden Schlangen.

Die Straße nahm kein Ende.

2.
IN DER TELEFÓNICA

Wenn man in Todesgefahr schwebt, wird man vorher, während ihrer Dauer oder nachher von Angst befallen. Im unmittelbaren Augenblick der Gefahr jedoch erlebt man einen Zustand, den ich die »Macht der Schau« nennen möchte. Die Wahrnehmung aller Sinne und Instinkte wird so geschärft und geläutert, daß sie es ermöglicht, in die tiefste Tiefe des eigenen Lebens zu schauen. Dauert die Todesgefahr längere Zeit an, und zwar nicht als persönliche, isolierte Empfindung, sondern als kollektive Erfahrung, dann kann sie einen sinnlos tapfer oder dumpf passiv machen oder auch diese Macht der Schau vertiefen und zu einem Grad der Sensitivität steigern, als ob die Grenze zwischen Tod und Leben durchbrochen wäre.

In diesen Novembertagen des Jahres 1936 lebte das Volk von Madrid, alle zusammen und jeder einzelne für sich, in dauernder Todesgefahr.

Der November war kalt, feucht und nebelig, und der Tod war schmutzig.

Die Granate, von der die alte Straßenhändlerin an der Ecke der Telefónica getroffen wurde, schleuderte eines ihrer Beine in die Mitte der Straße. Der November fing es auf, schmierte seinen Schleim und Lehm auf das, was ein Frauenbein gewesen war, und verwandelte es in die dreckigen Lumpen einer Bettlerin.

Die Brände spien Ruß aus, den die Feuchtigkeit löste und in eine zähe schwarze Flüssigkeit verwandelte, die sich an die Sohlen klebte, an Händen, Haar, Gesicht und Hemdkragen festsetzte und dort haften blieb.

Von Bomben aufgerissene Gebäude zeigten zertrümmerte, nebeldurchtränkte Zimmer mit aufgequollenen, gestaltlosen Möbelstücken und Geweben, deren Farben in schmieriger Mischung herabsickerten, als wäre die Katastrophe vor Jahren eingetreten und als wären die Gebäude seither verödet gestanden. Und in die Wohnungen der Lebenden drang der Nebel in eisigen Schwaden durch die zerbrochenen Fensterscheiben.

Habt ihr euch je bei Nacht über den Randstein eines alten Brunnens gelehnt, in dessen Tiefe das Wasser schläft? Drinnen ist alles schwarz und stimm, und man kann den Boden nicht sehen. Die Stille ist dicht, sie steigt aus den Eingeweiden der Erde und riecht nach Moder. Spricht man ein Wort, dann antwortet ein heiseres Echo aus der Tiefe. Beobachtet und lauscht man weiter, so werden die samtenen Pfoten von schleimigen Tierchen an den Wänden des Brunnenschachtes hörbar. Plötzlich fällt eines ins Wasser. Das Wasser fängt von irgendwoher einen Lichtfunken auf und blendet einen mit einem flüchtigen, fahlen, metallischen Blitz, wie das Aufblinken einer nackten Messerklinge. Mit kaltem Schauder wendet man sich von dem Brunnen ab.

Dieses Gefühl hatte man, blickte man von einem der Fenster hoch oben in der Telefónica auf die Straße herab. Aber dann wurde die Stille der toten Stadt von Lärm zerrissen; im Brunnenschacht stiegen durchdringende Schreie hoch, Lichtbündel fegten durch die Straßen, übertönt von den heulenden Sirenen der Motorräder; und das Dröhnen der Kampfflugzeuge füllte den Himmel.

Gegen Mitternacht gab es eine Luftwarnung, und wir gingen in den engen Korridor, wo man vor fliegenden Glassplittern in dem kleinen fensterlosen Vorraum hinter der Tür gedeckt war. Beim Schein elektrischer Taschenlampen setzten wir dort das Zensurieren der Berichte fort.

Vom anderen Ende des Korridors kamen ein paar Menschen auf uns zu.

»Können diese Journalisten nicht einmal während eines Luftalarms Ruhe geben?« knurrte einer von uns.

Es war eine Gruppe von Journalisten, die gerade aus Valencia angekommen war. Einige von ihnen waren vorher in Madrid gewesen und am 7. November davongelaufen. Wir begrüßten einander im Halbdunkel. Eine Frau war mit ihnen gekommen.

Als der kurze Luftalarm vorüber war, führte ich sie alle ins Büro. Im trüben Licht der in violettes Kohlepapier eingewickelten Lampe konnte ich ihre Gesichter nicht recht sehen, und ich hatte einen ganz unklaren Eindruck von ihnen, um so mehr, als inzwischen andere Journalisten mit dringenden Meldungen über den Luftangriff kamen, die ich sofort zensurieren mußte. Die Frau setzte sich mir gegenüber an die andere Seite des Schreibtisches: ein rundes Gesicht mit großen Augen, stumpfer Nase, breiter Stirne, umrahmt von einer Fülle dunklen Haares, das fast schwarz wirkte, und breite, vielleicht zu breite Schultern in einem grauen oder grünen Wintermantel. Sie war über dreißig und keine Schönheit. Warum zum Teufel hatten sie mir aus Valencia eine Frau hergeschickt, da ich schon mit den Männern die Hände voll zu tun hatte?

Ich mußte häufig im Wörterbuch nachschlagen, nicht nur wegen meines dürftigen Englisch, sondern auch wegen des Journalistenjargons und wegen der vielen neuen Wörter, die der Krieg und die nie vorher benützten Waffen täglich mit sich brachten. Die Frau sah mir neugierig zu. Plötzlich griff sie nach einem Bericht auf dem Papierhaufen und sagte auf französisch: »Möchtest du, daß ich dir helfe, Genosse?«

Wortlos gab ich ihr ein Blatt voll verwirrender Neubildungen. Es machte mich übellaunig und ein wenig mißtrauisch zu sehen, wie schnell und leicht ihr Blick die Zeilen entlanglief, aber ich mußte einen enormen Stoß von Papieren loswerden und wandte mich mehrere Male um Auskunft an sie. Als wir allein blieben, fragte ich sie: »Warum haben Sie mich ,Genosse' genannt?«

Sie blickte mich überrascht an: »Weil wir hier alle Genossen sind – oder ist es nicht so?«

»Ich glaube nicht, daß Sie das auf die Journalisten beziehen dürfen. Manche von ihnen sind ganz offene Faschisten.«

»Ich bin als Sozialistin hergekommen und nicht als Berichterstatterin.«

»Schön«, sagte ich unfreundlich. »Also Genossen!« Ich sagte es barsch und ungern; diese Frau da würde Komplikationen schaffen.

Ich prüfte und paraphierte ihre Dokumente, quartierte sie im Hotel Gran Vía gegenüber der Telefónica ein und bat Luis, die Ordonnanz, sie über die dunkle Straße zu geleiten. Sie schritt den Korridor hinunter, aufrecht und bedrohlich ernst in ihrem schweren Mantel. Aber sie verstand zu schreiten. Eine Stimme hinter mir sagte: »Die gehört in ein Rollkommando!«

Als Luis zurückkam, rief er aus: »Das ist eine Frau für Sie!«

»Wie? Hat sie dir gefallen, Luis?« fragte ich erstaunt.

»Das ist eine großartige Frau, Don Arturo! Aber vielleicht zuviel des Guten für einen Mann – und was für ein Einfall, gerade jetzt nach Madrid zu kommen!«

Am nächsten Tag kam sie zur Zensur wegen eines Passierscheins, und wir hatten eine längere Unterredung in steifem Französisch. Sie sprach offen über sich selbst und nahm meine Verärgerung nicht zur Kenntnis oder bemerkte sie gar nicht. Sie war eine österreichische Sozialistin mit achtzehn Jahren politischer Arbeit hinter sich; sie hatte am Februaraufstand der Wiener Arbeiter im Jahre 1934 teilgenommen sowie an der darauffolgenden illegalen Bewegung; dann hatte sie sich nach der Tschechoslowakei geflüchtet, wo sie mit ihrem Gatten gelebt hatte. Sie hatte sofort nach Ausbruch des Krieges beschlossen, nach Spanien zu gehen. Warum? Nein, sie dachte, das wäre für Sozialisten die wichtigste Sache der Welt und wollte mithelfen.

Ich stöhnte innerlich auf. Da war mir ein Brocken zugefallen: eine Revolutionärin, eine Intellektuelle und eine Besserwisserin!

Nun, sie war entschlossen gewesen, nach Spanien zu gelangen, und da war sie Gott weiß wie hergekommen, mit geborgtem Geld, auf die Versprechungen einiger linksstehender Zeitungen in der Tschechoslowakei und in Norwegen bauend, daß sie ihre Artikel veröffentlichen würden, aber ohne Gehalt oder Geld für Telephon- oder Telegrammspesen, mit nichts als ein paar gewichtigen Empfehlungsbriefen. Die spanische Botschaft in Paris hatte sie an die Presseabteilung verwiesen, die beschlossen hatte, ihre Aufenthaltskosten zu tragen. Rubio Hidalgo hatte sie in seiner Autokolonne nach Valencia mitgenommen, aber als Madrid nicht fiel, hatte sie auf ihrer Überzeugung bestanden, daß wenigstens ein Arbeiterjournalist von Ort und Stelle aus Bericht erstatten solle, und so hatte sie ihre Rückkehr durchgesetzt. Sie hatte die Absicht, ihre eigenen Artikel zu schreiben und als eine Art Sekretärin für einen französischen und einen englischen Korrespondenten zu arbeiten, die bereit waren, sie dafür gut zu bezahlen. Nicht, daß sie das sehr wichtig genommen hätte! Sie habe sich unserer Presse- und Propagandaabteilung zur Verfügung gestellt und betrachte sich als unserer Disziplin unterworfen.

Eine saubere kleine Rede. Ich wußte nicht, was ich mit ihr anfangen sollte. Sie wußte einerseits zuviel, andererseits zu wenig. Auch kam mir ihre Geschichte ein wenig zu phantastisch vor, trotz all den Briefen, die sie mir gezeigt hatte.

Ein dicker, jovialer dänischer Journalist kam herein, einer der Männer, die zusammen mit dieser Frau angekommen waren. Er wollte, daß ich ihm einen langen Bericht für »Politiken« zensuriere. Täte mir leid; ich könne nichts Dänisches zensurieren, er würde es auf französisch unterbreiten müssen. Er sprach zu der Frau; sie las die handgeschriebenen Seiten und wandte sich zu mir.

»Es ist ein Artikel über das Bombardement von Madrid. Lassen Sie mich an Ihrer Stelle lesen! Ich habe schon dänische Artikel für die Zensur in Valencia zensuriert.«

»Ich kann keine Berichte in einer Sprache durchgehen lassen, die ich nicht verstehe.«

»Rufen Sie Valencia an und fragen Sie Rubio Hidalgo, und Sie werden sehen, daß er es mir gestatten wird!«

Ich mochte ihre Beharrlichkeit nicht, meldete den Fall jedoch Rubio, als ich mein mittägliches Gespräch mit ihm führte. Ich fand, daß ich den Namen der Frau nicht aussprechen konnte, aber es war keine andere ausländische Journalistin in der Stadt. Zu meiner äußersten Überraschung sagte Rubio sofort ja und sagte: »Bieten Sie Ilsa eine Stellung in der Zensur an! Die übliche Bezahlung, dreihundert Pesetas monatlich plus Hotelkosten. Sie kann uns sehr nützlich werden, sie kennt eine Menge Sprachen und ist sehr intelligent. Aber sie ist ein wenig impulsiv und vertrauensselig. Machen Sie ihr das Angebot heute noch!«

Als ich sie einlud, Zensorin zu werden, zögerte sie einen Augenblick und sagte dann: »Ja! Es ist für unsere Propaganda nicht gut, daß keiner von euch mit den Journalisten in ihrer Berufssprache reden kann. Ich will es tun.«

Sie trat noch in der gleichen Nacht den Dienst an. Wir arbeiteten zusammen, jeder an einer Seite des großen Schreibtisches. Der Schatten des Lampenschirms fiel auf unsere Gesichter, und nur wenn wir uns über die Papiere beugten, konnte einer des anderen Nase und Kinn im Lichtkegel sehen, vom grellen Schein verkürzt und abgeflacht. Sie arbeitete sehr schnell. Ich konnte sehen, daß die Journalisten sich freuten und zu ihr in raschem Englisch sprachen, wie zu einem der ihren. Das machte mir Sorgen. Einmal legte sie den Blaustift hin, und ich beobachtete sie, während sie in den Bericht vertieft war. Er muß amüsant gewesen sein, denn ihr Mund krümmte sich zu einem fast unmerklichen Lächeln.

»Aber … sie hat doch einen entzückenden Mund«, sagte ich mir. Und plötzlich überfiel mich die Neugierde, sie näher zu sehen.

Ilsa – ich habe sie nie bei ihrem deutschen Namen, Ilse, genannt – ging nicht ins Hotel zurück. Sie gab zu, in der Nacht vorher, als die Junkers und Capronis Brandbomben herabschauern ließen, sich in ihrem Hotel nutzlos und abge-

schnitten gefühlt zu haben. Ich bot ihr das dritte Feldbett im
Büro an und freute mich, als sie ja sagte. Sie schlief also mit
Unterbrechungen und zensurierte mit Unterbrechungen die
ganze Nacht, so wie ich es tat, während Luis in seinem Winkel
sanft schnarchte.

Den ganzen nächsten Tag arbeiteten wir ununterbrochen
und nützten jede freie Minute aus, um miteinander zu reden.
Als sie ausging, um ihre eigenen Artikel zu schreiben, und mit
einigen englischen Journalisten länger wegblieb, wurde ich
ungeduldig. Die Nachrichten von der Front waren schlecht.
Der Lärm der Schützengräben pochte den ganzen Tag über an
unsere Fensterscheiben.

Nach Mitternacht warf ich mich auf mein Feldbett unter
dem Fenster und überließ Ilsa die Zensur der Nachttelegram-
me. In den letzten Nächten hatte ich wegen der Luftangriffe
nicht geschlafen. Außerdem hatte ich mich, wenn auch nur
kurze Zeit, an einer Löschaktion beteiligt, als in einem der
Höfe der Telefónica Brandbomben gefallen waren. Nun war
ich von schwarzem Kaffee und Kognak wie betäubt, ohne
Schlaf zu finden.

Dann legte sich auch Ilsa auf das Bett an der Wand gegenüber und schlief sofort ein. Es war die ruhige Zeit, zwischen
drei und fünf Uhr. Um fünf würde einer der Leute von der
Agentur mit seinem endlosen Morgenbericht kommen. Ich
döste in einer halbwachen Erstarrung.

Durch meine Träume hindurch begann ich ein noch sehr
fernes Surren zu hören, das sich schnell näherte. Ich würde
also auch diese Nacht nicht schlafen, weil die Bomber kamen.
Ich sah durch die violettgraue Finsternis, daß Ilsa die Augen
öffnete. Beide stützten wir den Kopf auf die Hand, halb sitzend, halb liegend, und blickten einander an.

»Ich dachte zuerst, es seien die Aufzüge«, sagte sie. Die großen Aufzüge hatten die ganze Zeit über in ihren Schächten
hinter der Mauer gesummt.

Die Flugzeuge kreisten direkt über unseren Köpfen, und
das Geräusch kam näher. Sie gingen tiefer, langsam und plan-

voll, und zogen eine Spirale um den Wolkenkratzer. Stupid hörte ich dem zweitönigen Surren der Propeller zu, einer tiefen und einer hohen Note: »Schla-fen-schla-fen-schla-fen.«

»Was tun wir?« fragte Ilsa.

Sie sprach ganz einfach, mit kühler, gleichgültiger Stimme. Glaubte diese Frau denn, daß es sich um einen Spaß handelte? Mein Kopf hämmerte im Takt der Motoren die stupiden Worte weiter: »Schla-fen-schla-fen-schla-fen.« Und nun diese alberne Frage: »Was tun wir?«

Wollte sie sich jetzt das Gesicht schminken? Sie hatte ihre Handtasche geöffnet, hatte eine Puderquaste hervorgeholt und fuhr sich damit über die Nase. Ich antwortete barsch: »Nichts!«

Wir blieben und lauschten dem Dröhnen der Motoren, die unerbittlich über uns kreisten. Sonst herrschte tiefste Stille. Die Ordonnanzen mußten in die Keller hinuntergegangen sein. Was taten wir hier?

Die Explosion hob mich zwei Fingerbreit über meine Matratze. Einen unermeßlich kurzen Augenblick lang fühlte ich mich in der Luft schweben. Die schwarzen Vorhänge wurden ins Zimmer hereingeblasen und ergossen aus ihren Falten eine Kaskade von Glassplittern auf meine Decke. Das Gebäude, dessen Vibrieren ich nicht gespürt hatte, schien nun langsam in seine richtige Lage zurückzuschwingen. Von der Straße kam ein wirres Getöse von Schreien und Glasscherben, die auf Stein klirrten. Eine Mauer stürzte. Ich erriet das gedämpfte Aufschlagen der Staubwolke und der Trümmer, die sich in die Straße ergossen.

Ilsa erhob sich und setzte sich ans Fußende meines Bettes, vor die flatternden Vorhänge. Wir begannen zu reden, ich weiß nicht mehr, wovon. Wir brauchten das Reden, suchten im Reden eine Zuflucht, wie verängstigte Tiere. Der feuchte Nebel mit seinem Geruch von Gipsstaub kam in Schwaden zum Fenster herein. Mich erfaßte ein wütendes Verlangen, diese Frau hier und in diesem Augenblick zu besitzen. Wir hüllten uns fest in unsere Mäntel ein und kauerten so. Das

Dröhnen der Flugzeuge hatte aufgehört. Sehr fern gab es noch ein paar Explosionen. Luis steckte sein erschrockenes Gesicht zur Tür herein. »Aber sind Sie denn hier oben geblieben, Sie beide allein? Was für ein Wahnsinn, Don Arturo!« Er hörte mit seinem nervösen, sprunghaften Geschwätz nicht auf. Einer der Korrespondenten kam mit dem ersten »Schnappschuß« über den großen Luftangriff. Er berichtete, eines der großen Häuser in der Calle de Hortaleza, zwanzig Meter von der Telefónica, sei vollständig zerstört worden. Ilsa ging zum Schreibtisch, um schnell seine Meldung zu zensurieren; und der schwache Schimmer, der durch das violette Kohlepapier um die Birne drang, beleuchtete ihr Gesicht. Das Papier wurde langsam versengt und roch nach Wachs – es war wie der Geruch einer Kirche, in der die großen Kerzen des Hauptaltars gerade ausgelöscht worden waren. Ich ging mit den Journalisten zur zwölften Etage hinaus, um mir die grünen Feuer anzusehen, die als Ring um die Telefónica brannten.

Dann dämmerte ein sonniger Morgen, und wir lehnten uns aus dem Fenster. Das Stück der Calle de Hortaleza zu unseren Füßen war von einem Kordon von Milizmännern für den Verkehr gesperrt worden. Die Feuerwehrleute halfen beim Wegräumen der Trümmer. Die Leute zogen die Jalousien hoch und schlugen die Vorhänge zurück. Alle Fenstersimse und Balkone waren mit Glasscherben übersät. Jemand begann, den glitzernden Haufen auf die Straße hinunterzufegen. Es klirrte in Schellentönen aufs Pflaster. Plötzlich tauchte in jeder Balkontür und an jedem Fenster die Gestalt einer schlaftrunkenen Frau oder eines Mannes mit einem Besen auf. Die Glasscherben regneten auf beide Gehsteige der Straße hinunter. Das Bild war lächerlich komisch und fröhlich. Es erinnerte mich an die berühmte Szene in »Sous les toits de Paris«, in der in jedem beleuchteten Fenster eine menschliche Gestalt erscheint und in den Chor einstimmt. Das Glas klingelte auf den Fliesen, und die Leute, die es hinunterfegten, tauschten Späße mit den Milizmännern auf der Straße aus, die sich vor dem Glasregen in den Haustoren decken mußten.

Nun würde ich ein anderes Zimmer für unser Büro finden müssen, denn an neue Fensterscheiben war nicht zu denken. Um zehn Uhr tauchte Aurelia auf, entschlossen, mich zu überreden, für kurze Zeit heimzukehren; ich sei schon über eine Woche lang nicht dagewesen. Sie habe es so eingerichtet, daß die Kinder bei den Großeltern blieben, so daß wir in der Wohnung allein sein würden. Zwei Monate oder noch länger waren wir nicht allein zusammen gewesen. Ich fühlte mich von ihrem Vorschlag abgestoßen, und unsere Worte wurden bitter. Sie wies mit dem Kopf zu Ilsa hinüber und sagte: »Natürlich, du bist ja in guter Gesellschaft ...!« Ich sagte ihr, sie würde die Kinder aus Madrid wegbringen müssen. Sie erwiderte, ich wolle sie doch bloß loswerden, und sosehr ich von der Notwendigkeit, die Kinder aus den vielfachen Gefahren der Stadt wegzuschaffen, überzeugt war, wußte ich doch, daß sie sich nicht ganz täuschte.

Zu Mittag richteten wir uns in einem Konferenzsaal auf dem vierten Stockwerk ein. Ich ließ einen riesigen Tisch in die Mitte und vier Schreibtische an die Fenster stellen. Die drei Feldbetten wurden an der Wand gegenüber ausgerichtet, ein viertes fand Platz in einer Ecke. Die Fenster gingen auf die Frontlinie am Manzanares hin. Der große Konferenztisch trug eine Schrapnellnarbe; das Haus gegenüber hatte durch eine Granate eine Ecke verloren; das Dach eines andern dahinter war vom Feuer weggenagt; wir selbst befanden uns in dem Flügel der Telefónica, der dem Geschützfeuer von den blauen Bergen der Casa de Campo am stärksten ausgesetzt war. Wir setzten an die Stelle der fehlenden Fensterscheiben Pappendeckel und hängten Matratzen über die Fenster hinter den Schreibtischen, an denen wir die Zensurarbeit durchzuführen gedachten. Die Matratzen würden uns vor Schrapnellkugeln schützen, gegen Granaten gab es keine Deckung.

Während dieser Vorbereitungen waren wir sehr lustig. Das große Zimmer war, verglichen mit dem eben verlassenen, hell und freundlich. Wir beschlossen, es zu unserem ständigen

Amtsraum zu machen. Ilsa und ich gingen zu Mittag in eines der Restaurants in der Carrera de San Jeronimo, die noch in Betrieb waren; ich war des Essens in der Kantine überdrüssig und hatte keine Lust, mit den Journalisten im Hotel Gran Vía zu sitzen. Als wir den tiefen Trichter passierten, den eine Bombe im Hauptgasrohr und im Gewölbe der Untergrundbahn gerissen hatte, hängte sich Ilsa in mich ein. Wir überquerten gerade den weiten Platz der Puerta del Sol, als mich jemand am Arm zupfte.

Maria stand neben mir – mit völlig verzerrtem Gesicht. Ich bat Ilsa, auf mich zu warten, und ging ein paar Schritte mit Maria, die sofort ausbrach: »Wer ist diese Frau da?«

»Eine Ausländerin, die in der Zensur mit uns arbeitet.«

»Erzähl mir keine Geschichten! Sie ist deine Geliebte. Wenn sie's nicht ist, warum hängt sie sich dann an deinen Arm? Und inzwischen läßt du mich allein, wie einen alten Fetzen, den man wegwirft!«

Während ich ihr zu erklären versuchte, daß es einer Ausländerin nichts bedeute, den Arm eines Mannes zu nehmen, überschüttete sie mich mit einem Sturzbach von Beschimpfungen und fing an zu weinen. Ohne ihre Tränen zu verbergen, lief sie weg.

Als ich wieder zu Ilsa stieß, mußte ich die Situation erklären; ich erzählte ihr kurz vom Fehlschlagen meiner Ehe, von meiner geistigen Einstellung zu den zwei Frauen und meiner Flucht vor ihnen. Sie sagte nichts dazu, doch sah ich in ihren Augen den gleichen Ausdruck von leichtem Erstaunen und Ekel, den ich am Morgen gesehen hatte, als ich mit meiner Frau stritt.

Nach Mitternacht versuchten Ilsa und ich auf unseren harten Feldbetten zu schlafen, während einer der Zensoren am Schreibtisch döste. Das Krachen von Gewehrschüssen und das gelegentliche Rattern von Maschinengewehren fegte in Wellen durch die Fenster. Es war sehr kalt und feucht, und es war schwer, den Gedanken daran auszuschließen, daß wir in der direkten Feuerlinie der Geschütze lagen. Wir redeten weiter, als hielten wir uns aneinander fest. Dann schlief ich ein paar Stunden lang wie ein Toter.

An den nächsten Tag kann ich mich nur ungenau erinnern. Ich bewegte mich in einer Art schwankendem Helldunkel von Denken und Sinnen. Es gab keinen Luftangriff; von der Front kamen schlechte Nachrichten. Ilsa und ich arbeiteten miteinander, redeten miteinander und schwiegen miteinander. Das ist alles, was ich weiß.

Um Mitternacht richtete Luis die drei Betten her und machte sich dann im Saal zu schaffen. Für sich selbst wählte er das Bett im entlegenen Winkel, hängte seine Tressenjacke über einen Sessel, zog die Schuhe aus und wickelte sich in die Decken. Ilsa und ich legten uns auf die Feldbetten, keinen halben Meter voneinander, und begannen halblaut zu reden. Von Zeit zu Zeit starrte ich das Profil des diensttuenden Zensors an. Der Lichtkegel machte es graubleich. Wir erzählten einander, was wir erlebt hatten, sie in den langen Jahren revolutionären Kampfes und der Niederlage, ich in den kurzen, endlosen Monaten unseres Krieges.

Als der Zensor sich um ein Uhr entfernte, verriegelte ich die Tür hinter ihm und schaltete alle Lampen ab, mit Ausnahme der Schreibtischlampe mit dem Kohlepapierschirm. Luis schnarchte friedlich. Ich ging ins Bett zurück. Außerhalb des violetten Lichtkreises auf dem Schreibtisch und der kleinen rötlichen Insel um den einzigen elektrischen Ofen lag das Zimmer nun völlig im Dunkel. Nebel filterte durch die Fenster, zusammen mit den Geräuschen der Front, und bildete einen veilchenblauen Nimbus rings um die Lampe. Ich stand auf und schob mein Bett an ihres heran. Es war das natürlichste Ding von der Welt, daß unsere Hände sich fanden und den Stromkreis schlossen.

Ich erwachte bei Morgengrauen. Die Front schwieg, das Zimmer war ruhig. Der Nebel darin war dicker, und der Nimbus um die Schreibtischlampe war zu einer violettgrauen, durchsichtigen, schimmernden Kugel geworden. Ich konnte die Umrisse der Möbel erkennen. Behutsam löste ich meinen

Arm und wickelte Ilsa in ihre Decken. Dann schob ich mein Bett an seinen alten Platz zurück. Eines der eisernen Beine knirschte auf dem gewichsten Parkettboden, und ich hielt gespannt wartend inne. Luis fuhr fort, rhythmisch zu atmen – es war kaum mehr ein Schnarchen. Von meinem Schrecken erholt, zog ich die Decke enger um mich und fiel wieder in Schlaf.

Am Morgen schien mir das Außerordentlichste an meinem Erlebnis zu sein, daß es so völlig natürlich war. Ich hatte nicht das Gefühl, eine Frau zum ersten Mal erkannt zu haben, sondern sie immer gekannt zu haben: Immer – nicht im Laufe meines Lebens, sondern im absoluten Sinne, vor meinem Leben und außerhalb meines Lebens. Es war die Empfindung, die man manchmal beim Wandern durch die Straßen einer alten Stadt hat: Wir gelangen auf einen kleinen, schweigenden Platz, und wir kennen ihn; wir wissen, daß wir hier gelebt, daß wir ihn immer gekannt haben, daß er in unser wirkliches Leben bloß zurückgekehrt ist, daß wir mit diesen moosüberwucherten Steinen vertraut sind, wie sie mit uns. Ich empfand nicht einmal die männliche Neugierde, die am Morgen beobachtet, was die Frau, mit der man geschlafen hat, sagen und tun wird. Ich wußte, was sie tun und wie ihr Gesicht aussehen werde, so wie wir etwas wissen, das Teil unseres eigenen Lebens ist und das wir sehen, ohne es beobachten zu müssen.

Sie kam vom Waschraum der Telephonistinnen mit frischem Gesicht, noch mit Puderspuren auf der feuchten Haut, und als Luis uns das Frühstück holen ging, küßten wir uns fröhlich wie ein glückliches Ehepaar.

Ich fühlte mich unwahrscheinlich befreit, und es war mir, als ob ich Menschen und Dinge mit anderen Augen sähe, in einem anderen Licht, wie von innen her beleuchtet. Meine Müdigkeit und meine Verdrießlichkeit waren geschwunden. Ich hatte eine ätherische Empfindung, als tränke ich Champagner, und lachte, mit einem Mundvoll Schaumbläschen, die platzten und kitzelten und fröhlich meinen Lippen entwischten.

Ich sah, daß sie ihren abwehrenden Ernst und ihre Strenge verloren hatte. Ihre graugrünen Augen zeigten tief drinnen ein heiteres Licht. Als Luis das Frühstück auf einen der Tische stellte, hielt er inne und warf einen Blick auf sie. Im sicheren Bewußtsein, sie würde Spanisch nicht verstehen, sagte er zu mir: »Heute ist sie ganz besonders hübsch anzuschauen.«

Sie merkte, daß wir von ihr sprachen.

»Was hat Luis über mich gesagt?«

»Daß du heute früh noch hübscher aussiehst als sonst.« Sie errötete und lachte. Luis blickte von einem zum andern. Als er und ich allein waren, kam er zu mir und sagte: »Mag es in einer guten Stunde sein, Don Arturo!«

Er sagte es ohne Ironie und ohne Bosheit. Mit seinem gesunden Menschenverstand hatte Luis klar gesehen, was mein Geist noch nicht erfaßt hatte: daß sie und ich zueinander gehörten. Mit der ganzen tiefen Ergebenheit mir gegenüber, den er als Retter seiner Existenz betrachtete, beschloß er einfach und klar, der Schutzengel unserer Liebe zu sein. Aber er wagte kein weiteres Wort darüber.

Denn es war so, daß ich zu dieser Zeit noch nicht wußte, was er wußte. Während alle meine Sinne und Instinkte gefühlt und gemerkt hatten, daß dies »meine Frau« war, hatte alles, was ich an Vernunft in mir hatte, dagegen rebelliert. Im Laufe des Tages fand ich mich in jene sorgfältig formulierten geistigen Dialoge verwickelt, die sich aus einem vernünftelnden Kampf gegen die Instinkte ergeben: »Jetzt steckst du wieder drin ... jetzt hängst du schon wieder an einer anderen Frau ... deiner eigenen Frau bist du davongelaufen, und jetzt läufst du deiner langjährigen Geliebten, die an dir hängt, davon und verliebst dich in die erste Frau, die daherkommt, nach kaum fünf Tagen Bekanntschaft. Sie spricht nicht einmal deine Sprache. Jetzt wirst du den ganzen Tag mit ihr zusammen sein, ohne eine Möglichkeit zu entrinnen. Weißt du, was du tust? Weißt du, was du vorhast? Du wirst dir doch nicht einreden, daß du sie liebst! Du warst in deinem ganzen Leben noch nie verliebt.«

Ich stellte mich vor Ilsa hin, schaute ihr ins Gesicht und sagte mit der fragenden Stimme eines Menschen, der ein Problem zur Sprache bringt, das er nicht lösen kann: »Mais – je ne t'aime pas!«

Sie lächelte und sagte in dem Tonfall, mit dem man kleine Kinder beruhigt: »Selbstverständlich nicht, mein Lieber!« Was mich zornig machte.

Während der Nacht lauschten wir dem Klang der Mörserexplosionen. Im feuchten Morgengrauen gingen wir zum Fenster und hörten zu, wie sich der Horizont von Geräuschen zur Ruhe legte. Einer der Leute vom Arbeiterausschuß kam zu mir und zeigte mir ein mexikanisches Gewehr: Mexiko hatte Waffen gesandt. Die Jagdflugzeuge hoch oben waren unsere; Sowjetrußland hatte sie gesandt. In der Casa de Campo kämpften und starben deutsche und französische Genossen für uns, und im Parque de Oeste grub sich das baskische Bataillon ein. Es war sehr kalt, und unsere Fensterscheiben waren voller Löcher und Sprünge. Die Auslandsberichterstatter meldeten kleine, äußerst verlustreiche lokale Fortschritte der Madrider Kräfte und kleine, schwer erkaufte, bedrohliche Fortschritte des Einkreisungsringes. Aber in uns lebte eine freudige Hoffnung, unter und über der Furcht, der Drohung, dem Durcheinander und der kleinlichen Feigheit, die uns unentrinnbar begleiteten. Wir standen zusammen in der Furcht, der Bedrohung, dem Kampf; die Menschen waren eine Zeitlang viel einfacher und zueinander viel gütiger. Es hatte keinen Sinn, sich etwas vorzumachen: Es gab so wenige Dinge, die wirklich wichtig waren. Diese Nächte des Kampfes, diese Tage hartnäckiger, zermürbender Arbeit lehrten uns – wenigstens für kurze Zeit –, fröhlich mit dem Tod Schritt zu halten und zu glauben, daß wir uns so zu einem neuen Leben durchringen würden.

3.
MADRID UND VALENCIA

Eine enge Treppe führt von der letzten Etage der Telefónica zur Terrasse ihres viereckigen Turms hinauf. Hier scheint die Stadt ferner, die Luft durchsichtiger. An stillen Tagen weht eine sanfte Brise, an windigen glaubt man, auf der sturmgepeitschten Kommandobrücke eines Schiffes zu stehen. Um den Turm läuft eine Galerie, jede der vier Seiten entspricht einer der vier Himmelsrichtungen, und über ein Betongeländer kann man ins Weite schauen.

Im Norden stehen die zackigen Kämme der Sierra de Guadarrama, eine Felsenmauer, die mit dem Stand der Sonne die Farbe wechselt. Aus tiefem Blau wandelt sie sich zu stumpfem Schwarz; wirft der Fels die Sonnenstrahlen zurück, dann beginnt sie zu leuchten; bei Sonnenuntergang glüht sie in kupfernen Tinten, und wenn die dunkelnde Stadt schon die elektrischen Lampen anzündet, glimmt auf den höchsten Gipfeln noch immer ein Licht.

Dort drüben begann die Front und krümmte sich unsichtbar um tiefe Schlünde und Schluchten, die sich in der Ferne verloren. Dann machte sie eine Wendung nach Westen, folgte den Tälern und bog auf die Stadt zu. Man erblickte sie zuerst von dem Winkel der Galerie zwischen ihrer West- und Nordseite; ein paar Rauchwölkchen aus einer Zigarette: Granatexplosionen. Dann rückte die Front näher, entlang dem glitzernden Bogen des Manzanares, der sie südwärts und durch die Stadt selbst führte. Von der Höhe des Turmes aus schien der Fluß still und bewegungslos, während das Land um ihn herum von Krämpfen erschüttert wurde. Man sah und hörte, wie es sich bewegte. Dieser Teil der Front sandte Schwingungen aus. Der Boden trug sie zum Wolkenkratzer, und hier erstiegen sie seine Stahlträger, bis sie sich einem unter den Füßen zu einem Zittern wie von fernen Eisenbahnzügen vervielfacht hatten. Die Laute erreichten einen durch die Luft, ungebrochen und unverhüllt: Aufschläge und Explosionen, das Rattern von Maschinengewehren, das trockene Knattern von Gewehrschüssen. Man sah die Blitze des Mündungsfeuers der Geschütze, und man sah die Bäume in der Casa de Campo schwanken, als rieben sich Ungeheuer an ihren Wipfelzweigen. Man sah ameisengleiche Gestalten wie Punkte auf den Sandufern des Flusses. Dann kamen Wellen des Schweigens, während deren man auf die Landschaft schauen und das Geheimnis der plötzlichen Stille zu enträtseln versuchen mußte, bis plötzlich Boden und Luft wieder in Krämpfen erzitterten.

Oben auf dem Turm schien die Front näher als auf der Straße zu Füßen des Gebäudes. Lehnte man sich über das Geländer, um auf die Gran Vía hinunterzuschauen, dann war die Straße eine düstere, tiefe Steilschlucht, von deren ferner Sohle Schwindel nach einem zu greifen schien. Blickte man jedoch geradeaus, dann lagen die Landschaft und der Krieg in ihr wie auf einem Tisch ausgebreitet da, als brauchte man bloß hinzugreifen, um sie zu berühren. Es war verwirrend, die Front so nahe zu sehen, innerhalb der Stadt, während die Stadt selbst doch unberührbar und gleichgültig blieb unter ihrem Schild von Dächern und Türmen, unter dem Rot, Grau und Weiß, das durch ein Labyrinth von Spalten, die ihre Straßen waren, aufgeteilt war. Aber dann spien die Hügel jenseits des Flusses weiße Punkte aus, und das Mosaik der Dächer tat sich auf in Schauern von Rauch, Staub und Dachschiefern, während man das Geheul der über dem Kopf hinwegfliegenden Geschosse noch in den Ohren hatte. Denn sie alle schienen unter dem Turm der Telefónica hinwegzufliegen.

Die Etagen über dem achten Stockwerk der Telefónica waren verlassen. In der dreizehnten Etage, wo einige Artilleriebeobachter auf dem Auslug saßen, kam der Aufzug gewöhnlich leer an. Die Stiefel der Soldaten dröhnten auf dem Parkett der großen Zimmer. Eine Granate hatte zwei Stockwerke durchschlagen, und das Loch war wie ein Schacht, dessen Wände von verbogenen Stahlstangen und zerschmetterten, hilflos herabhängenden Stahlträgern starrten.

Die Aufzugwärterin, die wie ein Vögelchen auf ihrem Hokker saß, war ein hübsches und fröhliches Mädchen.

»Ich fahre nicht gern bis da hinauf«, sagte sie zu mir. »Man ist hier jetzt so einsam, daß ich immer das Gefühl habe, der Aufzug wird plötzlich aus dem Turm in die dünne Luft emporschießen.«

Dann fiel man wie ein Stein nach Madrid hinunter, während sich die Wände des Aufzugschachtes über einem schlossen und man in den rasselnden Lärm stählerner Türen und den Geruch von Schmieröl, erhitztem Eisen und Spritzfirnis eingehüllt war.

Die Stadt war voll gespannten Lebens, das vibrierte wie eine tiefe Messerwunde, in der das Blut in Stößen aufsprudelte und an deren Rändern die Muskeln vor Schmerz und kraftvollem Leben bebten.

Sie beschossen das Zentrum von Madrid, und dieses Zentrum floß von Menschen über, die einander beweisen mußten, daß sie noch am Leben waren. Alles war flüchtig wie Bilder auf einer Filmleinwand, flüchtig und verkrampft. Die Leute sprachen nicht, sie schrien; und wenn sie lachten, waren es schrille Ausbrüche. Sie tranken lärmend und klirrten mit den Gläsern. Schritte auf der Straße tönten laut, fest und schnell. Bei Tag war jedermann ein Freund, bei Nacht mochte jeder ein Feind sein. Die Freundlichkeit war mit einem Gefühl der Trunkenheit durchsetzt. Die Stadt hatte das Unmögliche versucht und war aus diesem Versuch triumphierend und in Trance emporgetaucht.

O ja, der Feind stand da, vor den Toren, zwei Kilometer von dieser Ecke der Gran Vía! Manchmal schlug eine Streukugel ein Sternloch in eine Fensterscheibe. Nun, wenn auch! Sie waren in der Nacht vom 7. November nicht einmarschiert, wie sollten sie jetzt einmarschieren? Als Granaten auf die Gran Vía und die Calle de Alcalá fielen, am höheren, der Front näheren Ende begannen und die »Granatenallee« hinunter zum Denkmal der Göttin Kybele abstreuten, flüchteten sich die Leute in die Portale auf der als sicherer angesehenen Straßenseite und beobachteten aus zwanzig Meter Entfernung die Explosionen. Manche kamen aus den Außenbezirken, um sich so eine Beschießung anzusehen, und gingen zufrieden und stolz weg, nicht ohne noch warme Sprengstücke als Andenken mitzunehmen.

In unserem neuen Zensurzimmer kehrte das Leben allmählich in normale Bahnen zurück. Wir schauten einander an und fanden einander hohläugig, müde, verdreckt, aber fest und menschlich. Neu ankommende Journalisten waren geneigt, die Alteingesessenen als Veteranen und Ilsa als Heldin zu betrachten. Die Wachen in der Telefónica wechselten den Ton. Manche der Ausländer waren über Nacht zu Genossen geworden, andere noch immer unter Verdacht, wie etwa der große Amerikaner, der eines Tages still von der Bildfläche verschwand und durch einen Mann ganz anderen Kalibers ersetzt wurde, der Vertrauen und Respekt einflößte.

Ilsa bekam von den meisten unserer Männer wortlos das Bürgerrecht der Telefónica zugestanden, während ihr das feindselige Gemurmel der meisten unserer Frauen folgte. Ich überließ es endgültig ihr, mit den englisch sprechenden Journalisten fertig zu werden, nicht bloß, weil ihre Energie frisch war und ich verbraucht und erschöpft, sondern auch weil ich zugeben mußte, daß sie tat, was wir nie zu tun fähig gewesen waren: Indem sie Zensur mit mehr Einfühlung und Nachsicht ausübte, verbesserte sie die Beziehungen zu den ausländischen Korrespondenten und gewann Einfluß auf ihre Art der Berichterstattung. Einige Zensurbeamte nahmen das übel, und ich mußte Ilsa mit meiner ganzen Autorität decken; aber durch Susana vom Kriegskommissariat kam die offizielle Anerkennung und Billigung vom Generalstab, wo man die zensurierten Berichte las, ehe sie nach Valencia weitergingen.

Und sehr bald sollte Ilsas Methode einer harten Prüfung unterzogen werden.

Das nationale Deutschland erkannte offiziell Franco an und entsandte General von Faupel als Sondergesandten nach Burgos. Die meisten der deutschen Staatsbürger waren schon früher von ihrer Botschaft evakuiert worden, und die Botschaft in Madrid war geschlossen. Aber es hatte keine Kriegserklärung gegeben, nur eine deutsche Intervention, getarnt als technische und strategische Unterstützung der Rebellen.

An einem grauen Novembertag führte unsere Polizei eine Razzia auf die deutsche Botschaft in Madrid durch und beschlagnahmte dort vorhandene Waffen und Dokumente. Der Form nach war es eine Verletzung der Exterritorialität, aber die Auslandsberichterstatter, die der Razzia beigewohnt hatten, legten der Zensur Berichte vor, die mit überraschender Genauigkeit und Offenheit die Beziehungen zwischen der Botschaft und der Leitung der Fünften Kolonne behandelten. Doch mußten wir, unseren strikten offiziellen Vorschriften entsprechend, ihre Berichte zurückhalten; wir hatten jede Bezugnahme auf Polizeimaßnahmen zu unterdrücken, es sei denn, sie wurden in einer Verlautbarung aus Valencia freigegeben. Die Korrespondenten waren wütend und bestürmten uns mit Anfragen und Forderungen. Es wurde spät, und sie fürchteten, den Redaktionsschluß zu versäumen. Ich rief das Kriegskommissariat an, aber nur Michail Koltzow war dort und sagte, ich solle auf eine offizielle Verlautbarung warten.

Ilsa war zwar weniger wütend, aber viel besorgter als die Journalisten. Nachdem wir eine weitere Stunde gewartet hatten, nahm sie mich beiseite und verlangte, ich möge sie die Berichte in der Reihenfolge, in der sie eingelaufen waren, passieren lassen. Sie würde die Berichte mit ihren Initialen paraphieren, so daß die Verantwortung auf sie fallen würde, und sie war bereit, sich mit der sehr ernsten Situation auseinanderzusetzen, die sich aus ihrer Verletzung einer eindeutigen Vorschrift ergeben mußte. Aber sie war nicht bereit, gegen ihr besseres Wissen und Gewissen den guten Willen der Korrespondenten in Widerwillen zu verkehren und der deutschen Version das Monopol in den Morgenblättern der ganzen Welt zu überlassen. Etwas melodramatisch sagte sie: »Ich bin nicht euren Bürokraten in Valencia verantwortlich, sondern der Arbeiterbewegung, und wenn ich es verhindern kann, werde ich's nicht zulassen, daß man diese ganze Sache verpatzt.«

Ich weigerte mich, ihr die alleinige Verantwortlichkeit zu überlassen, und wir beide gaben die Berichte über die Razzia auf die Botschaft frei.

Spät nachts wurde ich von Koltzow angerufen, der mir zornig ein Kriegsgerichtsverfahren gegen Ilsa und mich androhte. Aber am Morgen rief er nochmals an und nahm alles zurück: seine eigenen Vorgesetzten, wer immer sie sein mochten, waren von den Ergebnissen unserer Insubordination begeistert. Rubio, aus Valencia sprechend, hatte die gleiche Einstellung dazu, wiewohl er den ernsten Charakter des Schrittes, den Ilsa »in ihrer impulsiven Manier« getan hatte, sehr betonte. Da sie nun aber den Sieg davongetragen hatte, versuchte sie ihren augenblicklichen Vorteil auch weiter zu verfolgen.

Eines Tages kam der deutsche Kommunist Gustav Regler in hohen Lederstiefeln von der Front, höchst eingenommen von seiner neuen Würde als politischer Kommissar der XII. Brigade, der ersten der Internationalen, und hielt eine leidenschaftliche Rede, die ich, da sie deutsch war, nicht verstand. Ilsa hörte aufmerksam zu und wandte sich dann zu mir: »Er hat recht. Die Internationalen Brigaden sind die größte Sache, die seit Jahren in der Arbeiterbewegung vorgekommen ist, und müßten für die Arbeiter der ganzen Welt ein gewaltiger Ansporn sein, wenn sie davon nur etwas erführen. Überleg dir einmal: während ihre Regierungen die Nichtintervention organisieren! ... Gustav ist bereit, Journalisten zu seinem Stab mitzunehmen, und General Kleber will sie empfangen. Aber das Ganze hat keinen Zweck, wenn wir dann ihre Berichte grundsätzlich nicht durchlassen. Was mich betrifft, ich will es riskieren.«

Wieder war der Schritt tollkühn und der Erfolg unmittelbar. Die Korrespondenten, an ihrer Spitze Sefton Delmer vom Londoner »Daily Express« und Louis Delaprée vom »Paris-Soir«, kamen mit Eindrücken vom Besten, was es in der Internationalen Brigade gab, zurück, ehrlich erschüttert, mit Berichten, die unzweifelhaft die Schlagzeilen liefern würden. Der Stein war im Rollen.

Nach ungefähr einer Woche jedoch zeigte es sich, daß die Presseberichte von nichts anderem als den Internationalen Brigaden sprachen, als wären sie allein die Retter von Madrid. Ilsa begann ihre Zweifel zu haben; die Sache war weiter gegangen, als sie gewünscht hatte. Ich war wütend, weil ich es ungerecht fand, daß das Volk von Madrid, die improvisierten Soldaten in Carabanchel, dem Parque de Oeste und der Sierra de Guadarrama, vergessen wurden, nur weil es keine Propagandamaschine gab, die sie in den Vordergrund stellte. Noch ehe wir Instruktionen vom Generalstab in Madrid und der Presseabteilung in Valencia erhielten, schränkten wir das Ausmaß der Berichte über die Internationalen Brigaden, die wir durchließen, ein. Und ich behielt das bittere Gefühl, daß zwischen uns, den Spaniern und der übrigen Welt, eine Kluft bestand.

Eines Tages bat Regler mich als den einzigen Spanier, zu dem er eine Beziehung hatte, etwas für seine Schützengrabenzeitung zu schreiben. Ich schrieb ein Mischmasch aus konventionellem Lob und persönlichen Eindrücken. Ich gab meiner frühen instinktiven Angst Ausdruck, die internationalen Einheiten könnten so werden, wie die Spanische Fremdenlegion, die ich in ihrem selbstischen Mut, ihrer Brutalität und ihrer Rücksichtslosigkeit kennengelernt hatte, und ebenso der freudigen Erleichterung, die ich fühlte, als mir klar wurde, daß es in diesen Einheiten Menschen gab, deren Triebkraft ein reiner politischer Glaube war und die Sehnsucht nach einer Welt ohne Schlächterei.

Wiewohl wir immer noch französisch miteinander sprachen, las Ilsa schon ziemlich fließend spanisch und nahm es auf sich, meinen Artikel ins Deutsche zu übersetzen. Sie machte sich auch gleich an die Arbeit und rief plötzlich aus: »Weißt du, daß du schreiben kannst? Das heißt, wenn du alle die pompösen Phrasen unterdrückst, die mich ans Jesuitenbarock erinnern, und in deinem eigenen Stil schreibst! Der Artikel da ist zum Teil scheußlich und zum Teil sehr gut.«

»Aber ich wollte doch schon immer schreiben«, sagte ich, wie ein Schuljunge stotternd, aber voll Freude an ihr und ihrem Urteil.

Der Artikel wurde nie veröffentlicht, weil er nicht das vom Politischen Kommissar Gewünschte war, für mich jedoch hatte der Zwischenfall zweifache Bedeutung: Er brachte meinen alten, verschütteten Ehrgeiz an den Tag, und ich hatte meine unterdrückte Abneigung gegen die Fremden in offenen Worten ausgesprochen und mich so davon freigemacht.

Eine Autokolonne des Außenministeriums fuhr nach Valencia, um einzelne Mitglieder des Personals und ihre Familien aus Madrid wegzubringen. Aurelia und die drei Kinder fuhren mit ihnen, und ich ging hin, um von ihnen Abschied zu nehmen.

Es war besser so. Die Kinder würden in Sicherheit sein. Aurelia verlangte, daß ich mit ihnen komme, und die letzten Tage waren voll von Gekeif und Gezänk gewesen, sinnloser als je zuvor. Sie war vom ersten Augenblick an überzeugt, daß »die Frau mit den grünen Augen«, wie sie Ilsa nannte, die Ursache meiner Haltung war; aber trotzdem fürchtete sie weniger die Ausländerin, die sich ihrer Ansicht nach bloß auf ein kurzes Abenteuer mit mir eingelassen hatte, als Maria, die ihre Stellung zu sehr stärken mochte, sobald sie und ich allein in Madrid waren. Wie sie es sah, wollte ich nur deshalb in der Stadt bleiben, um meine Freiheit besser genießen zu können. Das wiederholte sie sogar noch, während ich mich von den Kindern verabschiedete.

Ich ging zur Telefónica zurück. In der engen Calle de Valverde stand eine endlose Schlange von Frauen und kleinen

Kindern, im eisigen Morgenregen mit den Füßen stampfend, neben sich unförmige Bündel. Vier Evakuierungsautos mit rohen Brettern als Bänken warteten ein Stück davon entfernt. Gerade als ich zur Seitentür des Gebäudes gelangte, kam im Gänsemarsch eine Gruppe heraus, die evakuiert werden sollte: Frauen, Kinder, Greise; grünliche Gesichter, zerdrückte Kleider mit dem Geruch der überfüllten Bunker in den Falten; die gleichen unförmigen Bündel, wie sie die Menschen in der Schlange trugen, die gleichen verwirrten, lärmenden Kinder, Rufe, Schreie, Gotteslästerungen und Scherze. Sie erkletterten die Lastautos und richteten sich notdürftig ein, eine einzige solide Masse von armseligen Körpern; und inzwischen ließen die Fahrer die kalten, spuckenden Motoren anspringen.

Und nun quollen die Frauen in der Schlange an den Posten vorbei und drängten sich einzeln durch die enge Tür in die Halle, schüchtern oder laut schreiend. Der Strom erfaßte mich, und ich wurde, am Arbeiterkontrollschalter vorbei, die Treppe ins Tiefgeschoß hinunter und durch das kabelerfüllte Labyrinth von Korridoren mitgerissen. Vor und hinter mir stießen die Mütter vorwärts, um einen freien Platz zu ergattern. Schrille Stimmen riefen: »Hier, Mutter, hier!« Bündel wurden geöffnet und ergossen schmutziges Bettzeug in wunderbarerweise freie Winkel, während die Bewohner der Strohsäcke rechts und links die Neuankömmlinge zu verfluchen begannen. Und gleich stieg auch neben der Zentralheizung Dampf aus den regennassen Kleidern auf, und die dicke, sauer riechende Luft wurde noch dichter und stickiger. »Wann essen wir, Mutter?« schrien die Kinder.

Ich erkämpfte mir mit den Ellbogen den Weg die Treppe hinaus und zurück in den großen, kalten grauen Saal, wo Ilsa auf ihrem Feldbett saß und die Beschwerden von drei Menschen gleichzeitig anhörte, mit einer Geduld diskutierend und antwortend, die mir unverständlich war. Ich wandte mich zu den Ordonnanzen; die fluchten so wie ich.

Rubio rief mich aus Valencia an und beorderte mich, bei dem dortigen Pressebüro anzutreten. Ich sagte, ich könne das nicht, ich unterstünde den Befehlen der Madrider Junta. Er gab nach und erteilte mir Anweisungen für unsere Madrider Stelle. Eine halbe Stunde später gab mir Koltzow für das Kriegskommissariat eine lange Liste genau gegenteiliger Anweisungen. Zornig schrie ich in die Sprechmuschel hinein. Wem hätte ich nun zu gehorchen, da Madrid das Gegenteil von Valencia sagte? Aber keine der beiden Amtsstellen war gewillt, diese Entscheidung zu treffen. Ich selbst hatte gegen die eine oder andere von ihnen zu entscheiden.

Um vier Uhr morgens ging ich ins zweite Kellergeschoß hinunter, das im Schein der elektrischen Lampen in tiefem Schlaf lag. Schnarchen, Stöhnen, Husten und im Alptraum gemurmelte Worte durchbrachen die Stille. Die Leute von der Rollkommandowache spielten Karten. Sie gaben mir ein Gläschen Kognak; es war lau und schmeckte nach Schlaf. Die Zimmer hatten die Wärme von langsam in seiner eigenen Ausdünstung dampfendem Fleisch, den Geruch einer Bruthenne, und der Kognak hatte die gleiche Wärme und den gleichen Geruch.

Ich machte meine Arbeit schlecht in jenen Tagen. Nur solange ich mit Ilsa zusammen war, war alles klar und gewiß, aber sobald sie arbeitete und ich ihr zusah, war ich nicht einmal ihrer sicher. Sie erlitt den Bürgerkrieg nicht in ihrem eigenen Blut wie ich; sie gehörte zu den anderen, die den leichteren Weg politischer Arbeit gingen. An den Abenden trank ich Wein und Kognak, um mich aus meiner Müdigkeit aufzupeitschen. Ich erzählte Geschichten, bis ich schreien und so meine Erregung loswerden konnte. Ich fing Krach mit jenen Journalisten an, die mir die Spanier als »Eingeborene« zu behandeln schienen. Täglich verlangte ich von Valencia und vom Kriegskommissariat eindeutige Instruktionen für unsere Arbeit. Täglich antwortete mir Rubio, daß ich gegen seine Weisungen in Madrid sei; täglich sagten mir Koltzow und seine Mitarbeiter, daß ich nicht auf Rubio hören solle und daß sie das Kommando führten. Wenn Maria mich anrief, war ich zuerst grob mit ihr, führte sie dann aber zu einem Glas Wein aus, da es überall soviel Schmerz gab, daß ich nicht noch einen mehr verursachen wollte.

Ilsa sah mich aus ruhigen Augen an, in denen ein Vorwurf lag, aber sie stellte keine Fragen über mein Privatleben. Ich hätte es vorgezogen, von ihr gefragt zu werden, denn dann hätte ich alles herausschreien können. Sie hielt die Zügel der Büroarbeit in festen Händen, während ich voller Zweifel war.

Dann kam ein Tag, an dem mir Rubio durchs Telephon sagte, ich müsse einsehen, daß ich dem Außenministerium und nicht der Junta de Defensa unterstünde. Im Kriegskommissariat sagten sie mir wieder das Gegenteil. Ich rief Rubio Hidalgo ein zweites Mal an. Er gab mir strikten Auftrag, mich bei ihm in Valencia zu melden. Ich wußte wohl, daß er mich haßte und nur auf eine Gelegenheit wartete, mir die Arbeit wieder zu entreißen, die ich ihm aus den Händen genommen hatte, aber ich war des ewigen Hin und Her müde. Ich wollte nach Valencia, um die Sache Auge in Auge auszutragen und reinen Tisch zu machen.

Die Junta lehnte es ab, mir einen Passierschein nach Valencia zu geben, da ich meine Arbeit in Madrid hatte und keine Order aus Valencia daran etwas ändern konnte. Rubio Hidalgo hatte nicht die Befugnis, mir einen Passierschein auszustellen. Es schien ausweglos zu sein.

Da traf ich eines Abends meinen alten Freund Fuñi-Fuñi, der nun einer der Führer des anarchistischen Transportarbeiterbundes war. Er bot mir einen Passierschein und für den nächsten Tag einen Platz in einem Auto nach Valencia an. Ich nahm an. Ilsa sagte fast nichts dazu. Am gleichen Tag hatte sie eine neue Einladung Rubios nach Valencia abgelehnt.

Am 6. Dezember verließ ich Madrid. Ich kam mir vor wie ein Deserteur, der in einen noch schlimmeren Kampf geht.

Nach den Dezembernebeln und Stürmen Madrids stieg einem die Sonne Valencias zu Kopf wie schwerer Wein. Ich schlenderte langsam durch eine fremde Welt, wo der Krieg nur aus ungeheuren antifaschistischen Plakaten und den Uniformen der umherlungernden Milizmänner bestand. Die Straßen waren von Autos verstopft, die Kaffeehausterrassen überfüllt. Inmitten des großen Marktplatzes spielte eine Kapelle Militärmärsche. Blumenmädchen verkauften Garben von weißen, roten und rosa Nelken. In den Marktbuden gab es Lebensmittel in Menge: Truthähne, Hühner, große Blökke Nougat, Trauben, Orangen, Granatäpfel, Datteln, Ananas. Ein Schuhputzer überfiel mich, und ich ließ mir den Madrider Staub von den Schuhen putzen. Als ich an einem Lastauto mit Kindern vorbeikam, die aus Madrid evakuiert worden waren, gab es mir einen Stich. Ich hatte Lust, zu ihnen zu reden, weil sie gewiß ebenso verwirrt waren wie ich.

Die Presseabteilung war in einem alten Palast untergebracht. Ich ging eine schäbig gewordene Prachttreppe hinauf und befand mich in einem Empfangssalon mit verblichenem, rotem Brokat an den Wänden: Von dort schickte mich ein Amtsdiener durch ein Labyrinth von Gängen, in die eine Reihe kleiner Zimmer mündete, alle von Schreibmaschinen, Vervielfältigungsapparaten, Gummistempeln und Papierstößen überfließend. Ich stolperte herum wie ein Tölpel vom Land, bis mich der Amtsgehilfe Peñalver entdeckte und als einen begrüßte, der aus dem Reich des Todes zurückkehrte. Peñalver war eine meiner Ordonnanzen in Madrid gewesen.

»Sie müssen bei uns wohnen, während Sie in Valencia sind«, sagte er. »Es gibt nirgends Platz, und Ihr Bruder schläft ohnehin bei uns. Ich werde Don Luis gleich sagen, daß Sie hier sind.«

Rubio empfing mich höchst feierlich, wahrhaft das Haupt des Departements, obwohl der Pomp um ihn herum schäbig und liederlich war: leutselig, aalglatt, unverbindlich. Die Schlangenaugen lagen hinter den dunklen Brillengläsern halb verborgen, und die dunkle Pfeilspitze der Zunge flitzte über die Lippen. Und ich sagte nichts von dem, was ich mir zu sagen vorgenommen hatte.

Er erklärte mir mit höflicher Unverblümtheit, es tue ihm leid, aber er habe an diesem Tage keine Zeit, die unerledigten Dinge mit mir zu besprechen; ich möge mir die Stadt ansehen und am nächsten Tage wiederkommen. Ich ging weg. Am Nachmittag besuchte ich meine Kinder und Aurelia in dem kleinen Dorf, wo man sie einquartiert hatte. Die Schmalspurbahn, die mich hinbrachte, war langsam wie ein Maultierkarren. Das Dorf stand unter der Verwaltung eines anarchistischen Arbeiterkomitees, das ein paar große Häuser für die aus Madrid Evakuierten beschlagnahmt hatte. Ich fand Aurelia in einem riesigen Bauernhof mit mächtigen Tragbalken und verfallenden Mörtel- und Steinmauern, der zweiundzwanzig Mütter mit ihren Kindern beherbergte, insgesamt etwas über hundert Personen. Das Komitee hatte Betten und Matratzen beschlagnahmt und die größten Zimmer als Schlafsäle eingerichtet. Es sah aus wie in einem Krankenhaus oder einem der altmodischen Einkehrgasthöfe, wo es für alle Gäste gemeinsame Schlafsäle gibt. Das Komitee lieferte Milch für die Kinder und gab Bezugscheine auf Lebensmittel aus. Eine der Frauen in Aurelias Schlafsaal – ihr Gatte war in den ersten Tagen der Erhebung getötet worden – wurde vom Komitee vollständig erhalten und von den Dörflern jeden Tag mit kleinen Geschenken überschüttet.

In Aurelias Saal waren zehn Betten in zwei Reihen entlang der Längswände ausgerichtet. Sie und die drei Kinder teilten sich zwei Ehebetten nahe einem Balkon, der eine blendende Sonnenflut einließ. Das Ganze war sauber und frisch getüncht, und die vier Mütter schienen sich miteinander gut zu vertragen. Innerhalb der ersten Viertelstunde meines Aufenthaltes fand ich freilich heraus, daß die verschiedenen Schlafsäle einander grimmig befehdeten. Die Frauen hatten nichts zu tun, als die Zimmer reinzuhalten, sich um ihre Brut und umeinander zu kümmern.

Am Abend fragte mich Aurelia: »Was für Pläne hast du für heute nacht?«

»Ich fahre mit dem letzten Zug nach Valencia zurück. Peñalver hat mir ein Bett in seiner Wohnung zur Verfügung gestellt. Ich komme und besuche dich wieder, sobald ich kann.«

»Nein, heute nacht wirst du hierbleiben. Ich habe schon für alles vorgesorgt. Die Frauen werden, sobald die Kinder eingeschlafen sind, für heute nacht in die andern Zimmer übersiedeln, und so werden wir allein sein.«

»Bitte, bleib, Papa …«

Ein unendlicher Widerwille würgte mich in der Kehle, gleichzeitig jedoch stieg eine Welle von Zuneigung und Mitleid in mir auf. Die Kinder drängten sich um mich und erlaubten mir nicht, mich auch nur zu rühren; Aurelias Augen flehten. Ich blieb.

Diese Nacht schlief ich überhaupt nicht. Es ist so schwer zu lügen.

Der große Saal war von zwei Öllampen beleuchtet, deren kränkliches Schwelen ihn mit Schatten füllte. In Reichweite meines Armes schliefen die Kinder friedlich im anderen Bett. Aurelia schlief neben mir. Und ich log durch jeden Augenblick meiner bloßen Anwesenheit dort. Ich log die Kinder an, indem ich eine Harmonie mit der Mutter vorgab, die nicht vorhanden war. Ich log die Mutter an, indem ich ihr eine Zärtlichkeit vorspiegelte, die tot war und sich zu physischem Widerwillen gewandelt hatte. Ich log Ilsa drüben in Madrid an. Ich log mich selbst an, indem ich falsche Rechtfertigungen dafür fand, daß ich in einem Bette lag, in dem ich nicht liegen wollte, nicht hätte liegen sollen, nie wieder würde liegen können.

Am Morgen fuhr ich mit dem ersten Zug nach Valencia und schlief im stickigen, geschlossenen Abteil, bis mich Reisegefährten weckten. Ich ging zu Peñalvers Haus und schlief dort bis Mittag weiter. Am Nachmittag wiederholte mir Rubio, er habe keine Zeit für die Unterredung mit mir und müsse sie verschieben. Am nächsten Tag war er nach Madrid gefahren. Als er zurückkam, erfuhr ich von anderen, er habe Ilsa formell zum Chef des Madrider Büros ernannt. Mir sagte er nichts, außer daß wir gelegentlich eine Unterredung haben würden und daß er dann meine Angelegenheit erledigen würde. Ich wartete von einem Tag zum anderen. Einmal machte Rubio eine Eilreise nach Madrid; als er zurückkam, war er mir gegenüber von offenerer Feindseligkeit als zuvor, mit einem unverschämt arroganten Ton in der Stimme. Wir hatten einen scharfen Zusammenstoß, aber zum Schluß schwieg ich und wartete weiter. Mein Kampf, in Madrid so klar umrissen, erschien in Valencia, wo ich allein und hilflos festgefahren war, hoffnungs- und zwecklos.

Eine nervenzermürbende langsame Woche ging vorüber. Der Himmel war gleichförmig klar, die Nächte gleichförmig friedlich, das Leben der Stadt unveränderlich, unerträglich laut und fröhlich. Jeden Abend holte mein Wirt Peñalver ein Paket Karten hervor und stellte eine Flasche Schnaps auf den Tisch. Mein Bruder Rafael, der nach der Evakuierung seiner Familie nach Valencia gekommen war, saß schweigend und mürrisch herum. Um Mitternacht ging Peñalver beschwipst zu Bett. Im Dorf verbrachte ich keine Nacht mehr.

Journalisten kamen aus Madrid zu kurzem Erholungsurlaub nach Valencia, und ihre überströmenden Loblieder auf Ilsa bereiteten mir viel mehr Sorgen als alle vagen Gerüchte. Ich sah sie dem Neid ausgesetzt, sich selbst im Netz bürokratischer Vorschriften verwickelnd, die sie nicht zur Kenntnis nahm oder nicht kannte, und ich sah sie fern von mir, allein. Ich begann, ihr einen tagebuchartigen Brief zu schreiben, auf französisch. Er klang steif, künstlich und unsicher, und ich wußte, daß das Ganze eigentlich eine dumme Rechtfertigung vor mir selber war.

Als Antwort auf einen kurzen Brief, in dem ich Ilsa gebeten hatte, zu mir nach Valencia zu kommen, traf eine Nachricht von ihr ein. Sie würde nach Weihnachten auf ein Paar Tage Urlaub kommen, den ihr Rubio Hidalgo angeboten hatte, und hoffe, daß ich mit ihr nach Madrid zurückkehren werde. Unsere Ordonnanz Luis würde mir weitere Einzelheiten darüber mitteilen; sie schicke ihn auf einen kurzen Familienurlaub nach Valencia, und er müsse bald nach diesem Brief eintreffen. Ich ging ins Ministerium: Nein, es sei kein Wagen aus Madrid gekommen und auch keine Vorankündigung. Als ich einige Stunden später wieder anfragte, erwähnte jemand, er habe von einem Unfall gehört, bei dem zwei Journalisten und eine Ordonnanz verletzt worden seien. Nein, sie wüßten nicht genau, um wen es sich handelte.

Das Krankenhaus von Valencia ist ein riesiges Gebäude, das wie ein Kloster aussieht, mit Sälen mit gewölbter Decke, kalten Steinmauern, dunklen Winkeln, in denen die Sterbenden versteckt werden, und einer Steinplatte mit dem Namen eines Heiligen über der Tür zu jedem Zimmer. Die Steinplatten der Fußböden hallten unter den Schritten einer gesprächigen, gestikulierenden Menschenmenge; Gläser und Geschirr klapperten; die Luft roch dick nach Karbol. Die alte Ordnung war vom Krieg zu Unordnung verkehrt worden. Ein Haufen von Besuchern, denen niemand Vorschriften zu machen wagte, hatte sich auf Stühlen und Bettstätten eingerichtet, manchmal eine ganze Familie zugleich, und beengte die Kranken und Verwundeten. Die Gewölbe summten wie ein riesiger Bienenkorb.

Die Pflegerinnen und die Heilgehilfen waren in ihrer Verzweiflung grob geworden. Sie bahnten sich stoßend ihren Weg durch die Menschenschwärme und gaben auf Fragen keine Antwort.

Niemand wußte, wo Luis lag. Ein Bett in einem Winkel, zu dem man mich dirigierte, stand leer, schmutzig und zerwühlt. Er war darin gestorben, oder das Ganze mochte ein Irrtum sein. Ich ging durch ein Labyrinth kalter Korridore und fand ihn schließlich auf einer Tragbahre vor der Tür zur Röntgenabteilung.

Als er mich erblickte, wurde sein Gesichtsausdruck so weich und zärtlich, daß es mich in der Kehle würgte. Ich sah sofort, daß er verloren war. Mit Blut verschmierter Speichel rann ihm in dünnem Rinnsal aus dem Mundwinkel, sein

Zahnfleisch war grünlich und von den Zähnen zurückgewichen, die Haut aschfarben, die Glieder völlig gelähmt. Nur seine Augen, Lippen und Finger waren am Leben. Der Doktor erlaubte mir, ihn zu begleiten, und zeigte mir schweigend das Schattenbild auf der anderen Seite des Leuchtschirms: Die Wirbelsäule war in der Mitte des Rückens gebrochen, zwischen zweien der Wirbel klaffte eine Lücke von drei oder vier Zentimetern.

Dann setzte ich mich an sein Bett, Luis mühte sich ab zu sprechen und brachte schließlich hervor: »Der Brief. In meiner Jacke.« In der Uniformjacke, die am Fußende des Bettes hing, fand ich einen dicken Briefumschlag. »Jetzt ist alles in Ordnung. Sie wissen doch, daß ich sterben werde?« Er lächelte und es wurde eine Grimasse. »Komisch, ich hatte eine solche Angst vor den Bomben! Erinnern Sie sich an die Nacht damals in der Telefónica? Wenn man dem Tod davonlaufen will, läuft man ihm direkt in die Arme. So ist das Leben. Wegen meiner Tochter tut's mir leid. Nicht wegen meiner Frau.« Er gab dem »nicht« einen bitteren Akzent. »Sie wird froh sein und ich auch. Geben Sie mir, bitte, eine Zigarette!«

Ich zündete eine Zigarette an und steckte sie ihm zwischen die Lippen. Von Zeit zu Zeit legte er die Finger rund um den Stummel, nahm ihn aus dem Mund und sprach.

»Don Arturo, lassen Sie diese Frau nicht verlorengehen! Ich hatte recht. Sie ist eine großartige Frau. Erinnern Sie sich an die Nacht, als sie nach Madrid kam? Und sie liebt Sie. Wir haben viel miteinander geredet. Wissen Sie, daß sie schon Spanisch spricht? Jedenfalls haben wir einander gut verstanden, und wir sprachen sehr viel von Ihnen. Sie hat Sie lieb, und Sie haben sie lieb. Ich weiß es. Es gibt vieles, was ich jetzt erst klar sehe. Verlieren Sie sie nicht, es wäre ein Verbrechen an ihr und an Ihnen selbst! Sie kommt am 26. hierher. Sie werden sehr glücklich sein, Sie beide, und Sie werden sich eines Tages an den armen Luis erinnern. Sie haben den Brief doch? Ich habe mir seinetwegen die ganze Zeit Sorgen gemacht, daß man ihn mir wegnimmt.«

Die Agonie bei Bauchfellentzündungen ist grauenhaft. Der Bauch, stetig und unerbittlich schwellend, hebt die Betttücher. Von dem ungeheuren Druck werden die Eingeweide gemartert, ihr Inhalt wird schließlich aus dem Mund herausgetrieben – in einem abscheulichen Brei von vermischten Exkrementen, dem Blasen von Gasgestank entströmen. Seine Frau hielt es nicht aus und ging davon. Ich blieb viele Stunden lang allein mit ihm, ununterbrochen ihm den Mund abwischend. Seine Augen waren bis zum letzten Augenblick lebendig, resigniert und liebevoll. Vom Schaum fast erwürgt, nahm er mit sehr leiser Stimme Abschied von mir.

Ilsa kam am 26. Dezember nach Valencia. Die Presseabteilung füllte ihr Hotelzimmer mit Blumen, weil sie »eine Heldin« war. Sie war müde, und ihr rundes Gesicht sah eingefallen aus, aber sie war bei strahlender Laune. Als ich mit ihr zusammentraf, stand alles in der Welt wieder auf seinem richtigen Platz.

Am nächsten Morgen kam ihr deutscher Freund Rolf Reventlow in den Rauchsalon des Hotels, um mich zu holen: Ein Agent der politischen Polizei hatte am Empfangsschalter auf Ilsa gewartet und sie mitgenommen. Sie war Rolf auf der Treppe begegnet und hatte ihm aufgetragen, mich und Rubio Hidalgo zu verständigen.

Ich rief die Presseabteilung an und verlangte Rubio Hidalgo. Er unterbrach mich. Er wisse alles, werde alles, was in seiner Macht stehe, tun und bald herausfinden, was geschehen sei. Ja, sagte ich, er würde es sehr bald herauszufinden haben. Darauf sagte er, er werde sofort ins Hotel kommen. Es waren auch einige Ausländer um mich versammelt. Ich glaube, es war Julius Deutsch, der den Sekretär des Ministerpräsidenten anrief. Rubio kam und belegte das Telephon mit Beschlag. Ich legte meine Pistole vor mich hin auf den Tisch. Sie blickten mich alle an, als wäre ich wahnsinnig geworden, und sagten, ich möge mich beruhigen.

Ich sagte ihnen, sie brauchten sich keine Sorgen zu machen, ob Ilsa noch diese Nacht auftauche oder nicht. Und ich legte zwei volle Patronenmagazine auf den Tisch. Rubio rief den Außenminister an.

Kurz darauf sagten sie mir, alles sei aufgeklärt; es habe sich nur um eine stupide Denunziation gehandelt, und Ilsa werde binnen kurzem hier sein. Ich glaubte ihnen nicht recht. Sie kam zwei Stunden später, lächelnd und ihrer selbst sehr sicher. Ich konnte mit ihr nicht sprechen. Die anderen umdrängten sie, und sie erzählte ihnen mit ironischem Vergnügen, was ihr passiert war. Der Agent, der sie verhaftete, stellte ihr schon auf dem Wege zum Gebäude der Polizei Fragen, aus denen hervorging, daß sie als »trotzkistische Spionin« angezeigt worden war. Es gab keinen konkreten Anklagepunkt, aber ihre Freundschaft mit dem österreichischen Sozialistenführer Otto Bauer fiel schwer in die Waagschale, vor allem der Empfehlungsbrief, den er ihr mitgegeben hatte. Dann, während zwei Männer sie ins Kreuzverhör nahmen – auf so plumpe und unsichere Art, daß sie sich als Herrin einer eher lächerlichen als gefährlichen Situation fühlte –, begann das Telephon zu klingeln. Nach dem ersten Anruf frage man sie, ob sie hungrig sei; nach dem dritten oder vierten tischte man ihr ein Festessen auf. Schließlich hatte man sie wie eine alte Freundin der Familie behandelt.

Es war unwichtig, daß sie sich der Gefahr, in der sie geschwebt hatte, nie bewußt wurde. Sie war wieder da, sie lebte. Ich blieb bei ihr.

In dieser Nacht leuchtete der Mond von Valencia wie geschmolzenes Silber. Valencia hat Gärten und Springbrunnen, es hat einen breiten, von Palmen flankierten Korso, hat alte Paläste und Kirchen. Alles war in Dunkel getaucht, aus Angst vor feindlichen Flugzeugen, und dieser blankpolierte Mond war der Herrscher der Stadt. Die kleine, leuchtende Scheibe schwamm in einem blauschwarzen, samtigen Himmel, der mit winzigen, blinkenden weißen Flammen besteckt war, und die Erde war ein Feld von Schwarz und Silber.

Nach dem Abendessen gingen wir aus und wanderten in dem Licht und der Dunkelheit umher. Der Duft kühler, feuchter Erde stand in der Luft, der Geruch durstiger Wurzelfasern, die die Säfte des Bodens tranken, der Duft von atmenden Bäumen und Blumen, dem Mond und den Schatten aufgetan. Wir schlenderten an den Säulen von Palmen vorbei, deren breite Fächer wie Pergament knisterten, und der Sand unter unseren Füßen fing Funken vom Mond, als wäre die Welt aus Kristall. Wir sprachen leise, damit der Mond seine Augen nicht schließe und die Welt in Blindheit lasse.

Ich weiß nicht, was wir sagten. Es waren tiefe Dinge, wie man sie in einer Brautnacht sagen mag. Ich weiß nicht, wie lange wir so gingen. Die Zeit hatte ihr Maß verloren und hielt inne, um uns, die wir jenseits ihrer Bahn schritten, zuzusehen. Ich weiß nicht, wohin wir gingen. Da waren Gärten und der Mond, Sand und Springbrunnen, das Knistern trockenen Laubes in Teichen von Schatten, und wir wanderten weiter, Hand in Hand. Vom Körper gelöst, folgten wir traumhaft dem Murmeln eines Wiegenliedes.

Am Morgen gingen wir zum Meer und besprachen sachlich den Kampf, der uns bevorstand, ehe wir nach Madrid zurück und an unsere gemeinsame Arbeit gehen konnten. Wir gingen über das weiße Dorf Cabañal hinaus, an den baufälligen Hütten der Fischer und Arbeiter vorbei. Wo der Strand, fern von Menschen und Häusern, zurückschwingt, setzten wir uns in den Sand. Er war gelb, fein und warm wie Menschenhaut. Meer und Himmel waren zwei Schattierungen des gleichen sanften Blaus und verschwammen in der diesigen Ferne ohne eine Grenzlinie. Flache Wellchen leckten am Strand, ihre glasigen Kämme trugen Sandspritzer. Die Sandkörner ritten wie mutwillige Kobolde fröhlich voran, bis sich die Wellchen überschlugen und den Sand in langen reglosen Schlangenlinien liegen ließen, der Spur der Lippen des Meeres.

Mein Nacken lag auf ihrem nackten Arm, Haut an Haut. »Ich weiß nicht mehr, wo ich aufhöre und wo du anfängst. Es gibt keine Grenzlinie.«

Alles war so friedlich. Wir hatten es nicht nötig, viel über uns selbst zu reden. Jeder von uns hatte ein paar Sätze gesagt.

Sie mußte ihrem Gatten schreiben und ihm sagen, daß ihre Ehe zu Ende sei. Ich mußte meine eigenen wirren Affären bereinigen und dabei versuchen, denen, die davon betroffen waren, so wenig Schmerz zuzufügen wie irgend möglich.

»Du weißt, wir werden den anderen sehr weh tun müssen und uns selber auch, damit wir glücklich sein können. Man muß alles bezahlen.«

»Ich weiß.«

Aber all dies schien völlig abseits von unserem gemeinsamen Leben zu liegen, dem einzigen Leben, das wir fühlen konnten. Die verworrenen, verknäuelten Angelegenheiten, von denen mein Gehirn wußte, betrafen jemand anderen. Ich erzählte ihr von meiner Knabenzeit, von meinem Vergnügen daran, den Kopf in den Schoß der Mutter zu vergraben und ihre leichten Finger in meinem Haar zu spüren. Das war noch immer mein Ich. Es gehörte zu Ilsas nachdenklichem Lächeln und den kleinen Muscheln, die sie aus dem Sand grub, Muscheln weiß wie Milch, golden wie das Brot aus einem Bauernofen, tief rosig wie die Beeren einer Frauenbrust, glatt und blank wie ein Schild, gekräuselt und gefaltet wie ein vollendeter Fächer.

Dann spürten wir Hunger und stapften durch den gelben Sand zu einer kleinen Schenke am Strand. Dort saßen wir auf einer hölzernen Plattform, schauten aufs Meer hinaus und redeten von Madrid. Der Kellner brachte eine flache Steingutschüssel und wies auf zwei schlanke rote Krebse, die obenauf lagen: »Von den Genossen dort drüben.« Ein Fischer erhob sich, machte eine Verbeugung und sagte: »Wir dachten, die ausländische Genossin sollte einmal was Richtiges essen. Wir haben diese Langostinos eben gefangen, sie sind ganz frisch.«

Der Reis schmeckte nach Tang. Wir tranken herben Rotwein dazu.

»Hat nicht heute das neue Jahr begonnen?«

»Nein, noch drei Tage bis dahin.«

»Weißt du, es ist merkwürdig, aber ich habe erst heute herausgefunden, daß wir zusammen auch bei Tageslicht und in Fröhlichkeit leben können, ein ganz normales Leben.«

»Wirst du mir immer sagen, woran ich gerade denke?«
Es war herrlich, einmal so kindisch zu sein. Ich fühlte mich
stark wie nie zuvor. Wir gingen auf den Strand hinaus, lagen
im Sand und sammelten mehr von den rosigen und goldenen
Muscheln. Als wir in der überfüllten und ratternden Straßenbahn zurückfuhren, klapperten die Muscheln in Ilsas Tasche
wie Kastagnetten.

DIE FRONT

»Der Schwindel mit der Nichtintervention hat den Schwerpunkt der Dinge von Madrid nach Valencia verschoben«, hörte ich einen Auslandskorrespondenten sagen. »Natürlich hängt alles davon ab, ob Madrid aushält oder nicht; ich habe gehört, daß die Nationalisten die Offensive gegen die große Nordstraße wieder aufnehmen. Aber wir müssen mit der Valencia-Regierung in ständiger Verbindung bleiben.«

Das traf zu. Madrid war im Krieg, aber Valencia war in der Welt. Die Mühe und Plage der administrativen Reorganisation und der diplomatische Verkehr waren wieder zu ihren Rechten gekommen; sie waren notwendig, wiewohl sie Schmarotzertum begünstigten. Ich aber wußte, daß ich nicht daran teilhaben konnte, ohne den letzten Rest meines Glaubens zu verlieren. Ich mußte nach Madrid zurück. Ich wollte von der Hauptstadt aus im Rahmen der Auslandspropaganda etwas zu sagen haben, mußte also lernen, wie man auf die Außenwelt dadurch indirekten Einfluß gewinnt, daß man das als Rohmaterial für die Presse verwendet, was für uns das nackte Leben und den Tod darstellt. Es bedeutete aber auch, daß ich nach Madrid nicht in Opposition zu den »offiziellen Instanzen« der Presseabteilung zurückkehren durfte, sondern erst nachdem ich mich mit ihnen geeinigt hatte. Der schwierigste Akt dabei war: mich selber darauf einzustellen.

Mit einem Male lösten sich alle Hindernisse in Luft auf. Ich wartete in einem Vorzimmer de Ministeriums, als Ilsa von einer Unterredung mit dem Minister herauskam. Ihr Gesicht war ausdruckslos, was an ihr sehr merkwürdig wirkte, und sie sagte mir nur, Rubio Hidalgo warte auf uns beide. Er empfing uns sehr herzlich und teilte mir mit, daß er mich nach Madrid zurückschicke – als Chef der Auslandspressezensur, mit Ilsa als meiner Stellvertreterin. Ohne sich um meine Verwirrung zu kümmern, fuhr er aalglatt fort: Sein Sekretär werde die administrativen Einzelheiten erledigen; unsere Gehälter würden eine geringfügige Erhöhung erfahren; das Ministerium würde für unsere Lebenskosten aufkommen; sonst habe er mir nicht viel zu sagen, da doch niemand alle die Schliche und Kniffe besser kenne, als ich, und Ilsa scheine die ausländischen Reporter in eine konstruktive Einstellung hineingezaubert zu haben; allerdings müsse ich sie vor übertriebener Güte und Duldsamkeit, wozu sie sehr neige, bewahren.

»Sie, Barea, sind zusammen mit Ilsa für die Abteilung in Madrid verantwortlich und arbeiten beide unter meiner direkten Leitung. Wir werden Ihnen Lebensmittelpakete schicken und was immer Sie sonst brauchen. Geben Sie nur gut acht auf sich! Es tut mir sehr leid, aber Sie müssen bereits morgen nach Madrid.«

Alles sei geregelt: das Auto, die Benzinzuteilung, die Passierscheine, die Ministerialausweise, sogar ein Quartier im Hotel Gran Vía, denn es würde zu anstrengend sein, weiterhin auf den Notbetten im Büro zu schlafen. Uns tat Ausruhen not. Diesmal würde unsere Arbeit »wie auf Gummirädern« laufen. Ich gab all die Antworten, die man von mir zu erwarten schien. Rubio Hidalgo klopfte mir auf die Schulter.

Die Straße von Valencia nach Madrid hatte sich in den knapp vier Wochen, seit ich in der entgegengesetzten Richtung gefahren war, gründlich verändert. Es gab weniger Kontrollposten an der Straße; viele der Wachen und Barrikaden in den Dörfern waren verschwunden, dafür waren die übriggebliebenen Posten sachlich und kontrollierten unsere Papiere sehr sorgfältig. Wir überholten Militärfahrzeuge und eine Kolonne leichter Panzer. Die Luft der Berge war frisch und kräftigend; als wir aber in der Dämmerung ins Hochland klommen, biß der Wind in die Haut. Von der Höhe von Vallecas gesehen, stiegen die Wolkenkratzer der Stadt weiß aus einem See dunklen Nebels empor, und in der Ferne grollte die Front.

Der Wagen sauste den Hang hinunter, an den Betonblöcken der Straßenbarrikaden vorbei, und plötzlich waren wir wieder zu Hause: in der Telefónica.

Während meiner Abwesenheit hatten sich die ausländischen Journalisten daran gewöhnt, es als selbstverständlich hinzunehmen, daß das Zensurbüro ihnen persönlich vielfältige Hilfe zu leisten hatte und ihre Berichte ungehindert passieren ließ. Soldaten der Internationalen Brigaden kamen und gingen, brachten uns ihre Briefe und wechselten ein paar Worte mit Menschen, die ihre Sprache sprachen. Korrespondenten, die keinen Sekretär hatten, der Material für sie hätte holen können, kamen und tauschten mit uns Eindrücke und Informationen aus. Unser Büro stellte Hotelzimmer für Neuankömmlinge bei und besorgte ihnen Benzinbezugscheine. Ilsa hatte offizielle Beziehungen zu den Servicios Especiales aufgenommen, einem Zweig der Militärischen Sicherheitspolizei, die auf unser Ersuchen ausländischen Korrespondenten Passierscheine zum Besuch gewisser Frontabschnitte ausstellte. Es wurde Brauch, daß uns die politischen Kommissare der Internationalen Brigaden besuchten und uns mit Informationen zur Weitergabe an die Journalisten versorgten. Der russische General Goliew oder Goriew, der dem Stab Miajas als Berater und gleichzeitig als Befehlshaber der an der Madrider Front eingesetzten Abteilungen russischer Techniker und Panzersoldaten zugeteilt war, ließ Ilsa regelmäßig nach Mitternacht holen, um mit ihr aktuelle Presseprobleme zu besprechen. Seine Wertschätzung von Ilsas Arbeit hatte wesentlich dazu beigetragen, ihre schwierige Stellung zu stärken und die Feindseligkeit jener ausländischen Kommunisten abzuwehren, die sie als unerwünscht erachteten, weil sie Kritik übte und sich von ihnen unabhängig hielt. Manchmal, wenn Goliews Adjutant, der einen kindischen Stolz auf seinen Posten bekundete, Ilsa gegen drei Uhr morgens abholen kam, fuhr ich mit ihr.

Der russische General beunruhigte und beeindruckte mich. Er war blond, groß und stark, hatte vorspringende

Backenknochen, kalte blaue Augen, war oberflächlich ruhig und darunter dauernd unter Hochspannung. An Menschen war er völlig uninteressiert, es sei denn, sie zwangen ihn, sie als Individuen zu behandeln, und auch dann war er kurz angebunden. Sein Spanisch war gut, sein Englisch ausgezeichnet, seine Arbeitsfähigkeit anscheinend unbegrenzt. Er war in der Behandlung spanischer Offiziere überlegt und korrekt, bei der Diskussion spanischer Probleme jedoch rücksichtslos und kühl bis ins Herz hinein, sofern er sich mit ihnen überhaupt beschäftigte, und das tat er nur, wenn seine militärischen Überlegungen es forderten. Er lebte, aß und schlief in einem düsteren, dumpfen Keller. Dort sah ich ihn den Kommandeur der Panzertruppen empfangen, einen mongolisch aussehenden Mann mit einem Kahlkopf, der wie eine Gewehrkugel geformt war. Er war nie ohne eine mit Zellophan bedeckte Landkarte unter seinem Arm anzutreffen. Die Beamten der Sowjetbotschaft fertigte er schnell und, nach dem Ton zu schließen, meist brüsk ab. Dann wandte er sich uns zu und widmete seine konzentrierte Aufmerksamkeit den Problemen von Presse und Propaganda. Er versuchte nie, uns einen Befehl zu erteilen, doch war klar, daß er die Befolgung seiner Ratschläge erwartete; von seiten Ilsas ließ er sich überraschend viel Widerspruch gefallen, weil sie, wie er sagte, ihr Geschäft verstand und nicht Parteimitglied war.

Allmorgendlich überflog er die zensurierten Presseberichte vom Vortag, ehe sie mit einem Kurier des Kriegskommissariats an das Ministerium in Valencia befördert wurden. Manchmal hatte er gegen unsere Art zu zensurieren Einwände und sagte das; dann wieder erklärte er uns Punkte von militärischem Nachrichtenwert, die uns hätten auffallen sollen; in der Regel jedoch konzentrierte er sich auf die Tendenzen der Auslandsmeinung, wie sie die Korrespondenten verrieten, wobei er den Berichten an konservative Zeitungen und solche der Mitte besondere Aufmerksamkeit widmete. Die merkliche Wandlung ihres Tons von offener Animosität gegen das republikanische Spanien zu sachlichen Berichten hatte ihm Eindruck gemacht. Für die Berichte der kommunistischen Zeitungsleute hatte er nur herrische Verachtung übrig.

Mich ließ er in Frieden, weil er mich für einen romantischen Gefühlsrevolutionär hielt, auf seine Art wohl zu brauchen, aber unvernünftig und schwer zu behandeln. Zweifellos hatte er von seinem Gesichtspunkt aus recht. Er machte übrigens gar kein Hehl daraus und war so ehrlich, daß ich mir seine Art gefallen ließ und mit gleicher Münze zurückzahlte, indem ich schweigend diese neue Rasse, den Offizier der Roten Armee, abschätzte und zu dem Urteil kam: aufrichtig, stark, rücksichtslos, mir unverständlich. Er kam mir wie ein Marsbewohner vor. Dabei war er ungefähr in meinem Alter, und ich versuchte oft, mir vorzustellen, welche Erfahrungen er wohl im Jahre 1917 gemacht hatte.

Ein paar Türen weiter am gleichen Kellerkorridor, aber in einer vollkommen anderen Welt, lebte General Miaja. Die Operationen wurden vom Generalstab geleitet, und er selbst, dem Namen nach Oberbefehlshaber, hatte wenig dreinzureden. Und doch war er weitaus mehr als eine dekorative Figur. In dieser Periode, als die Bedeutung der Junta de Defensa geringer geworden war und die neue Verwaltung noch nicht recht funktionierte, war er Gouverneur von Madrid und konzentrierte beträchtlich viel administrative Gewalt in seiner Hand, ohne davon viel Gebrauch zu machen. Er besaß die träge Schlauheit eines Bauern, der sich in Dinge, die über sein Verständnis hinausgehen, nicht einmischen will, auch war er sich über seinen Wert als Symbol vom Widerstand Madrids völlig im klaren. Er wußte, daß er an Wert gewann, wenn er die Gefühle der Menschen in den Gräben und auf der Straße in rüden, derben Worten ausdrücken durfte, wie er sie liebte und mit diesen Menschen gemein hatte, und er wußte ebensogut, daß er am wenigsten zählte, wenn es um das Spiel der Politik oder die Wissenschaft der Strategie ging.

Miaja war ein kleiner Dickwanst mit rotem Gesicht und einer dicken, langen Nase; hinter den sonderbar geformten Brillengläsern sahen seine Augen wie Froschaugen aus. Er zog

Bier dem Wein vor. Als Kriegsrecht und Belagerungszustand ihm die Auslandspressezensur unterstellt hatten, wovon er nichts verstand und wofür er sich auch nicht interessierte, fand er das höchst lästig. Seine Abneigung gegen alle Intellektuellen wirkte sich gegen Ilsa lediglich wegen ihrer körperlichen Rundungen und schönen Augen nicht aus, aber er wußte nie recht, wie er mit ihr umgehen sollte. Dagegen hielt er mich für einen guten Jungen: Es machte mir Vergnügen, mit ihm zu trinken, Intellektuelle und Politiker zu beschimpfen und es ihm im Gebrauch des schlimmsten Kasernenjargons gleichzutun, in den er sich vor der bilderreichen Sprache flüchtete, zu der ihn seine offizielle Würde verpflichtete. Solange ich ihm nicht den Zorn »dieser Kerle in Valencia« zuzog, war er bereit, mich innerhalb seines Madrider Herrschaftsgebiets gegen Wind und Wetter zu unterstützen.

Der Patio des Finanzministeriums, den man auf dem Weg zum unterirdischen Generalstabsquartier überqueren mußte, war von den regengetränkten Papierabfällen, die im November dort herumgelegen waren, gesäubert worden. Damals trat man auf Berichte über Wirtschaftsplanung und Steuerreform des achtzehnten Jahrhunderts, auf entfärbte Staatsanleihezertifikate und Stöße von Agrarstatistiken, die alle aus den geräumigen Archivgewölben hinausgeworfen worden waren, als man diese in bombensichere Büros umwandelte. Jetzt war der Hof voll von Last- und Personenwagen, Motorrädern und gelegentlich ein paar leichten russischen Panzern, die eben aus einem Hafen am Mittelländischen Meer eingetroffen waren. Der Geruch von feuchtem Schimmel und Rattennestern klebte noch immer an den Steinplatten, zu denen das Sonnenlicht nie durchdrang, aber nun war er gemischt mit dem Geruch von Benzin und erhitztem Metall.

Auf der ersten Etage des häßlichen Gebäudes hatten sich die Kanzleien der Militärregierung von Madrid eingerichtet: die Militärjustiz und die Servicios Especiales. Diesem Nachrichtendienst stand eine Gruppe von Anarchisten vor, die sich des verlassenen Amtes bemächtigt hatten, als in den ersten

Tagen des Novembers der Regierungsapparat Hals über Kopf
nach Valencia gezogen war. Ich habe nie mit einer Polizeibehörde zu tun gehabt, die so peinlich gerecht zu sein versuchte
und so sparsam in der Ausübung ihrer Macht; dennoch waren
einige der Agenten in ihrem Dienst dunkle und primitive Gestalten, sehr vom Typ des Agent provocateur, und sie mischten die alten romantischen Spionagemethoden mit einer neu-
en, barbarischen Brutalität, die den Ideen ihrer derzeitigen
Vorgesetzten fremd war.

Der Mann, der sich mit den Angelegenheiten von Ausländern befaßte, war Pedro Orobón, dessen Bruder unter den
Mitarbeitern des großen Anarchisten Durruti Berühmtheit erlangt hatte. Pedro war klein, dunkel, mager und hatte kluge,
traurige, gütige Augen in einem häßlichen Affengesicht, ein
kindliches Lächeln und nervöse Hände. Er war völlig selbstlos,
ein asketischer Heiliger mit einem brennenden, unbestechli-
chen Gerechtigkeitssinn, von dem Stamm derer, denen Spanien einen Kardinal Cisneros und einen Ignatius von Loyola
zu verdanken hatte. Offen, hilfreich und immer bereit, der
Freund eines jeden zu sein, dem er vertraute, hätte er seinen
besten Freund erschossen, wäre dieser von ihm schuldig befunden worden, und das begriff man sofort, wenn man neben ihm
stand. Man spürte aber auch, daß er mit allen Kräften gegen
jede Strafe gekämpft hätte, die er für ungerecht hielt, daß er
nie jemand angeklagt hätte, ohne von dessen Schuld überzeugt
zu sein, und niemals früher, als bis er alle Mittel erschöpft hatte, ihn zu entlasten oder zu rechtfertigen. Für ihn hatte ein
Aristokrat das moralische Recht, ein Faschist zu sein, weil seine
Umgebung ihn auf eine bestimmte Art geformt hatte, der er
nicht entrinnen konnte. Ihn füsilieren? Nein, am liebsten hätte
Pedro einem solchen Menschen Picke und Schaufel gegeben
und ihn sein Brot mit seiner Hände Arbeit verdienen lassen.
Er hielt es für möglich, daß eine solche Lebensweise den Geist
des Aristokraten für die Ideale des Anarchismus geöffnet hätte.
Aber ein zum Faschisten gewordener Arbeiter oder ein Verrä-
ter, der vorgab, Revolutionär zu sein, galt vor ihm als unrett-

bar verloren; sie hatten sich selbst verurteilt. Er hatte vor den Überzeugungen anderer Menschen Respekt und war willens, mit allen aktiven Antifaschisten zu arbeiten; er und Ilsa hatten Vertrauen zueinander, und mich betrachtete er als seinen Freund. Aber noch während er selbst als Rad in der Kriegsmaschinerie funktionierte, ohne daß seine Ideen getrübt wurden, machte er sich Sorgen über die Teilnahme anarchistischer Minister an der Regierung, weil er fürchtete, sie könnten den Fallstricken der Macht erliegen und ihre Ideale verwässern. Ich war Pedro Orobón dafür dankbar, daß er immer rechtlich, aber auch immer menschlich blieb.

Ich wurde vom Militärnotkrankenhaus im Hotel Palace angerufen: Ein verwundeter Milizmann wünsche mich zu sehen. Angel García heiße er.

Ich war überzeugt, daß Angel in Todesgefahr schwebte. In meiner Vorstellung sah ich ihn zum Sterben verurteilt, wie alle einfachen Menschen guten Glaubens in dem ungleichen Kampf dazu verurteilt zu sein schienen. Der Tag war neblig und schmutzig. Der Lärm des Kampfes im Süden der Stadt wurde von Windstößen in die Straßen getragen. Ich nahm Ilsa mit, denn ich fühlte mich dem Alleinsein mit einem sterbenden Angel nicht gewachsen.

Wir fanden ihn auf dem Bauch ausgestreckt liegend, mit Lehm bespritzt, Streifen vertrockneten Blutes auf seinem zerrissenen, schmutzigen Hemd. Da haben wir's, dachte ich, das ist das Ende. Er wandte mir das Gesicht zu und grinste. Seine Augen funkelten vor Spitzbüberei. Ein breiter, schmieriger Verband bedeckte ihn von der Leibesmitte abwärts, ein zweiter umspannte seine Brust in der Höhe der Schulterblätter.

»So, da wäre ich, und da Sie gekommen sind, wird alles besser gehen. Hier haben Sie den neu geborenen Angelillo, denn ich bin heute geboren worden! Diese Hurenbankerte, die Marokkaner, haben versucht, mich zu vergewaltigen.«

Ich hatte solche Fälle in Marokko gesehen. Als er mein Gesicht sah, brach Angel in Gelächter aus. Seine Zähne, die in dem beerenroten Gesicht hätten weiß glänzen sollen, waren vom Tabaksaft dunkelbraun gefärbt.

»Nein, Don Arturo, jetzt sind Sie auf der falschen Fährte! Was denken Sie denn von Ihrem Angelillo? Ah nein, so war es nicht! Diese feinen Herren haben mich bloß in den Arsch geschossen; verzeihen Sie, Frau Ilsa! Und ein feiner Schuß war's. Wir machten nämlich einen Nachtangriff auf ein MG-Nest, das uns auf die Nerven ging, und als wir in die Feuergarbe kamen, blieb nichts übrig, als die Köpfe in den Lehm zu stecken und sich wie eine Schnecke an den Boden zu heften. Ich habe noch immer Lehm im Gesicht, nicht wahr? Nun, eine Kugel traf mich in die Schulter, lief die Wirbelsäule entlang und ging glatt durch eine meiner Hinterbacken, und auf dem ganzen Weg stieß sie auf nichts als Fleisch. Nicht ein einziger Knochen gebrochen. Hätte ich mich nicht so flach an den Boden geklebt, als der Held, der ich nun einmal bin, hätte sie einen Tunnel durch mich gegraben – vom Schulterblatt zur Fußsohle. Aber mich kriegen sie nicht, nein, meine Herrschaften, diesmal bleibt's dabei, daß sie Appetit auf mich gehabt haben!«

Ich verschluckte mich an einem etwas hysterischen Lachen. Natürlich, welche andere Verletzung hätte zu Angel gepaßt? Angel war unzerstörbar. Zum Tod verdammt? Welch ein Unsinn, er war lebendiger als ich. Er stank nach Lehm, Schweiß, Blut und Karbol, aber er zwinkerte mir zu, hüpfte auf seinem Bauch, erzählte von dem schönen Unterstand, den er sich an der Front in Carabanchel gebaut hatte, und wie wir uns am ersten Tag, den er aus dem Bett heraus war, betrinken würden, denn man brauchte die Hinterbacken doch nicht zum Trinken, nicht wahr? Noch auch für gewisse andere Dinge.

Ein junger Bursche im Bett gegenüber ärgerte sich über Angels ununterbrochenes Spaßen. Er begann eine verbitterte, heftige Anklagerede. Er war am Fluß Jarama verwundet worden, und seine Verletzung war kein Spaß. Seine Formation, die siebzigste Brigade, war ohne genügende Panzerdeckung und ohne automatische Waffen ins Feuer geschickt worden, einfach weil sie Anarchisten von der F. A. I. und der C. N. T. waren, die Nachbarbrigade aber, eine kommunistische, die ausgezeichnet ausgerüstet war, wurde in Reserve gehalten.

»Wir griffen dreimal an, Bruder, und die Faschisten haben uns fest verdroschen. Beim dritten Mal nahmen wir die Stellung, die wir ihnen wegnehmen wollten, aber wir hätten es vielleicht nicht durchgestanden, hätten wir den Lumpen nicht zeigen wollen, wer wir waren. Sie haben uns einen üblen Streich gespielt, und früher oder später werden wir's mit den Kommunisten mit Gewehren austragen müssen.«

Angel wurde zornig und drehte den Kopf herum, um den Jungen anzustarren. »Hör einmal, du Trottel, ich bin selbst ein Kommunist, und ich laß meine Leute nicht beschimpfen«, sagte er. »Auch wir können böllern, wenn du schon Schießen spielen willst.«

»Ich habe nicht dich gemeint, sondern eure großen Tiere! Es sind immer die armen Teufel, die die Rechnung bezahlen, Leute wie du und ich und alle die anderen, die auf der Strecke geblieben sind, um fetten Boden fürs Gras abzugeben.«

»Große Tiere – rede doch keinen Blödsinn!« erwiderte Angel. »Mich legt kein großes Tier herein. Da ist zum Beispiel unser Hauptmann. Zehn Jahre war er mein Nachbar, und er ist jünger als ich, und da kommt er mir daher mit Parteidisziplin und Heeresdisziplin, denn jetzt sind wir ein Heer, sagt er, und Gott weiß, was. Na, recht hat er, jetzt sind wir alle Soldaten, aber es paßt mir nicht, ihm rechtzugeben. Da beschießen sie uns wie toll mit Mörsern, und er gibt uns den Befehl, die Hütten zu räumen, die wir uns eingerichtet haben, und uns in richtige Fuchslöcher zu verkriechen. Weißt du, was ich ihm gesagt habe? Daß ich keine Lust habe, mich im Schlaf erwischen zu lassen, und daß der Graben für meinen Rheumatismus Gift ist. Und ich habe ihm noch gesagt: ›Schau, du kannst lang reden, aber als du noch vor dem Beichtvater Angst gehabt hast, war ich schon Sozialist oder Kommunist oder wie du's nennen willst, und mit mir wirst du's nicht

schaffen.' Und da wird der Kerl ganz ernst und nennt mich
Korporal García und sagte, ich solle mir einen mörsersicheren Unterstand verschaffen, seinetwegen in der Hölle. Das
hab ich getan. Ich holte mir einen Haufen Türen aus den
zerstörten Häusern und eine Menge Drahteinsätze von Betten, und ich stellte die Türen in meiner Hütte auf, eine ganze
Reihe von ihnen, bis es aussah wie ein Lager von Baumaterialien. Dann trug ich das Dach meiner Hütte ab und legte
andere Türen über die Mauern. Dann schaufelte ich Erde auf
meine Hütte, einen halben Meter hoch, und pflanzte einen
Haufen Matratzen auf die Erde, und das war mein Dach. Ich
machte die Matratzen mit Draht fest, so daß sie nicht abgleiten konnten, und der Hauptmann sagte, ich sei verrückt
geworden.«

»Und hat er nicht recht, Angelillo?«

»Aber merken Sie denn gar nichts? Das Ganze ist eine Frage der Ballistik. Wenn jetzt eine Mörserbombe auf mein Dach
aufschlägt, während ich schlafe, fällt sie auf etwas Federndes
und wird zurückgeworfen. Dann geschieht eines oder das andere: Entweder die Bombe explodiert während des Rückpralls
in der Luft, und das ist mir recht, oder sie hüft auf meinen
Matratzen weiter wie ein Gummiball, bis sie auf einer Matratze liegen bleibt. Dann habe ich nur noch am nächsten Morgen die Bombe auszuheben und auf die andere Seite zurückzuschicken. Und du da drüben, paß auf und merke dir was:
So habe ich also dem Befehl meines Hauptmanns gehorcht,
mit Disziplin und so weiter, aber meine Freiheit habe ich gewahrt, und ich werde auch bestimmt nicht in einem drekkigen Fuchsloch begraben werden. Die anderen haben jetzt
auch angefangen, Drahteinsätze und Türen zu sammeln. Was
erzählst du mir also von großen Tieren, du Grünschnabel?
Wir sind eine revolutionäre Armee, ja, das sind wir.«

Der Anarchist brummte: »Du machst noch Witze darüber,
daß ihr Kanonenfutter seid.«

Als wir nach dem Büro zurückgingen, konnten Ilsa und
ich das Lachen nicht unterdrücken.

»Man könnte Angel zu einem Symbol machen ähnlich dem braven Soldaten Schwejk«, sagte sie und erzählte mir von Hašeks Buch über den tschechischen Rebellen, das ich noch nicht kannte. Aber dann mußten wir wieder farblose Berichte über Scharmützel und Beschießungen zensurieren, von Journalisten verfaßt, die von Angel und seinesgleichen nichts wußten. Und wenn sie versuchten, über anderes zu schreiben …

Ein sehr tüchtiger englischer Journalist, vor kurzem erst eingetroffen, hatte den Auftrag, für das Londoner Büro der republikanischen Agence Espagne Artikel zu schreiben, die die menschliche Seite des Kampfes zeigten. Er beschrieb die Geschichte Glorias, einer unserer Aufzugwärterinnen, die außerordentlichen Mut gezeigt hatte; sie hatte nämlich die Aufzüge in Betrieb erhalten und Leute aus den obersten Stockwerken ins Tiefgeschoß verpflanzt, während Sprengstücke auf das Dach des Fahrstuhles knatterten. Es war eine der klassisch gewordenen Geschichten der Telefónica, aber der Journalist konnte nicht umhin, die blonde, in eine Strickjacke gehüllte Gloria als dunkle spanische Schönheit zu beschreiben, mit einer roten Rose hinter dem Ohr, weil »die Leser in London ihr Lokalkolorit verlangen und diese Erinnerung an Carmen nicht vermissen möchten«. Dabei zitterte er vor Kälte in seinem dicken Wintermantel.

Beunruhigt durch ein einstündiges Gespräch mit Maria kehrte ich ins Büro zurück. Mit eindrucksvoller, mir furchtbarer Zärtlichkeit hatte sie mich gebeten, jeden Tag doch wenigstens ein Weilchen mit ihr zu verbringen, denn sie habe Angst, auch noch das einzige zu verlieren, was in ihrem Leben Wert hatte. Sie lehnte es ab, meine Vereinigung mit Ilsa als Tatsache hinzunehmen; ich würde zu ihr zurückkehren, würde schließlich sehen, wer mehr wert war; ich könnte doch unmöglich diese Ausländerin lieben oder sie mich. Ich wußte, daß Maria in verzweifelter Einsamkeit lebte, aber sie war mir nun eine Fremde, mit der ich nur Mitleid haben konnte. Wie sollte ich das je zu Ende bringen?

In der Telefónica fand ich Ilsa gespannt und erregt. Ihr Gatte hatte aus Paris angerufen. Ein unglückseliger Zufall hatte es gewollt, daß er ihren Brief aus Valencia nicht erhalten hatte, den Brief, in dem sie erklärt hatte, daß ihre Ehe jeden Sinn verloren habe, daß sie sich auseinandergelebt hatten. Durch alle Nebengeräusche des Telephons hindurch hatte Ilsa ihm in steif korrektem Französisch auseinandergesetzt, was sich ereignet hatte. Sie hatte keinen Augenblick mit ihm unter falschen Voraussetzungen sprechen wollen, aber die Grausamkeit ihrer Mitteilung hatte sie zutiefst erschüttert. Sie war kaum imstande, mit mir zu sprechen. Der junge Zensor, der gerade im Dienst war, starrte sie durch seine Brille an und schüttelte fortwährend seinen Pferdeschädel.

»Ich konnte nicht anders als zuhören«, sagte er mir. »Und wie sie das machte! So etwas liest man sonst nur in Romanen. Ich hätte nicht geglaubt, daß es im wirklichen Leben vorkommt. Es muß eine große Sache sein, aber ich brächte es nicht zustande.«

Noch in derselben Nacht telephonierte sie wieder mit Paris und traf alle Maßnahmen für einen Flug von Alicante nach Toulouse. Die spanische Botschaft reservierte ihr einen Platz im Flugzeug. Sie wollte nach Paris fliegen, um Propagandaangelegenheiten zu besprechen, ihren Gatten zu treffen und die Sache ein für allemal zu ordnen.

Mich ergriff eine fürchterliche Panik, aber ich hatte kein Recht, irgend etwas von ihr zu verlangen. Mir schien, daß sie im Augenblick, in dem sie Spanien verließ, von ihrem früheren Leben wieder erfaßt werden würde. Ihre vielen Freunde und ihre politische Arbeit würden stark genug dazu sein. Sie hatte noch immer eine tiefe Zuneigung zu Kulesar, ihrem Gatten, der zu dieser Zeit als Presseattaché an der spanischen Botschaft in Prag tätig war. Ebensowenig konnte ich mir in meinem spanischen Gehirn vorstellen, daß eine Frau imstande wäre, ihren Gatten aufzusuchen, um ihm ins Gesicht zu sagen, sie habe ihn für immer verlassen und gedenke, sich mit einem anderen Manne zu verbinden. Hatte mein eigenes, von Wirrnissen erfülltes Leben, hatte mein finsteres Temperament sie meiner müde gemacht? Oder war die Liebe nur mein Erlebnis und nicht das von uns beiden? Das Liebhaben ist so schwer, so leicht es einem auch fällt! Es ist etwas, das im Leben, wie wir es kennen, keinen Platz zu haben scheint. Würde sie mich verlassen? Ich hatte kein Recht, sie danach zu fragen.

Sie fuhr am nächsten Tag weg, allein, in einem kleinen Auto. Ich bangte um sie und fürchtete Paris. Die Telefónica war ein leeres Gehäuse, und die Arbeit hatte keinen Sinn. Ich konnte nicht schlafen, bis ich mich mit Kognak betäubt hatte. Mein Gehirn rotierte um die hundertundeine Chance, daß sie nie zurückkehren würde, gegen die eine, daß sie käme. Die Angriffe des Feindes im Südosten von Madrid deuteten auf einen neuen Vorstoß zum Abschneiden der Straßen hin. Wenn sie doch zurückkam, konnte sich ihr Fahrer in Unkenntnis des neuen Frontverlaufs auf einer der Seitenstraßen am Jaramafluß verirren, so daß sie in einer faschistischen Stellung landen würden. Oder vielleicht kehrte sie zurück und wurde von einer der Granaten getroffen, die auf die Stadt herniederschauerten. Das Wahrscheinlichste war, daß sie beschloß, im Ausland zu bleiben.

Nach sechs endlosen Tagen kehrte sie zurück. Meine Ängste hatten mich so erschöpft, daß ich ihr einen dürftigen Empfang bereitete. Ihr Fahrer erzählte mir eine lange Geschichte, wie sie den Militärgouverneur von Alicante erpreßt hatte, ihr eines der Amtsautos zur Verfügung zu stellen, und wie sie Benzin bekommen hatten, indem er den Wachen auf den Tankstellen erzählte, er fahre die Tochter eines Sowjetbotschafters – war es nicht der reine Wahnwitz von dieser Frau gewesen, daß sie ihn gezwungen hatte, bei Nacht durch die Schneestürme der Mancha zu fahren, als alle Tankstellen geschlossen waren? Das letzte Benzin hatten sie in El Toboso bekommen, dem Heimatort der Dulcinea, sozusagen als Schlußsymbol der Quijoterie.

Ilsas Gatte hatte versprochen, in eine Scheidung zu willigen, sobald sie nach dem Ende des spanischen Krieges ihn dazu auffordere. Er hatte gesehen, daß sie sich ihrer selbst vollkommen sicher fühlte, hoffte aber doch, ihre Bindung an mich würde reißen. Die Reaktion der Welt da draußen zu Madrid hatte Ilsa in tiefste Niedergeschlagenheit versetzt: Zu viele Menschen hatten sich nur noch dafür interessiert, ob es stimme, daß die Kommunisten alle Machtpositionen innehatten, statt den Geist von Madrid begreifen zu lernen, aus dem die linksstehende Presse doch so aufregende Schlagzeilen machte. Dennoch würden ausländische Schriftsteller und Publizisten in immer größerer Anzahl nach Madrid kommen, und wir würden uns ihrer annehmen müssen.

Ich hatte damals nicht viel Zeit für meine Privatangelegenheiten, weil die Wogen von Arbeit und Gefahr wieder einmal höher schlugen. Doch beschloß ich, die Scheidung von Aurelia durchzuführen und Maria die Situation unmißverständlich klarzumachen; die Pein und die Erlösung nach Ilsas Reise hatten es mir unmöglich gemacht, dieses Durcheinander von Beziehungen, das unwahr und falsch geworden war, noch länger mitzumachen. Es genügte nicht, daß Aurelia nur noch dem Namen nach meine Frau war und daß meine Beziehung zu Maria sich auf eine Stunde in einem Kaffeehaus oder einen Spaziergang durch die Straßen beschränkte. Bisher hatten die Leute mein Zusammenleben mit Ilsa hingenommen und respektiert, weil wir es durch vollkommene Offenheit und Natürlichkeit über das Niveau eines »Verhältnisses« hinausgehoben hatten; jedoch wußte ich, daß diese romantische Duldsamkeit nicht von Dauer sein werde und wir nicht davonkommen würden, ohne Anstoß zu erregen und zu nehmen. Ich sprach mit Ilsa nicht darüber; das war mein eigenes Problem, während es ihr unwirklich vorkam.

Der Februar war ein dunkler und bitterer Monat. Während die Schlacht am Jarama, die Schlacht um den Zugang zu Madrid vom Südosten, im Gange war und skeptische Journalisten die Möglichkeiten eines Falles von Madrid nach dem Abschneiden seiner Lebenslinie nach Valencia erörterten, eroberten die Rebellen und ihre italienischen Hilfstruppen Málaga. Madrid litt Hunger, und die Tunnels der Untergrundbahn waren, wie die Tiefgeschosse der Telefónica, mit Tausenden Flüchtlingen vollgestopft. Und wir wußten, daß auf der Straße von Málaga nach Osten ein Strom von Flüchtlingen sich heranwälzte, vor den Maschinengewehren der tieffliegenden deutschen und italienischen Flugzeuge Deckung suchend. Große Luftangriffe auf Madrid gab es nicht, aber von Zeit zu Zeit wurden ein paar Bomben auf den Stadtrand abgeworfen, sozusagen als ständige Mahnung. Die Beschießung setzte nie aus. Wenn wir zum Mittagessen ins Hotel gingen, liefen die meisten von uns über die Gran Vía, und ich hörte nicht auf, Ilsa ihre Gelassenheit beim Überqueren der Straße übelzunehmen, während ich auf sie im Eingang zur Bar wartete und die Sekunden bis zur nächsten nahen Explosion einer Granate zählte.

Aber bald war die Luft voll von den ersten Gerüchen des Frühlings. Der trockene Wind fegte schnell weiße Wolken über den strahlenden Himmel, und die Wasserlachen holten aus einer neuen Erde alle ihre Düfte heraus.

Der Schlachtenlärm im Westen, dumpfe Mörserabschüsse und das Rattern der Maschinengewehre waren Musik in unseren Ohren. Wir wußten, daß dort drüben, am Hang unter dem Modellgefängnis, wo vor vier Monaten Miaja eine Handvoll toll verzweifelter Freiwilliger gegen die eindringenden Marokkaner gesammelt hatte, jetzt Antonio Ortegas baskisches Regiment den Parque de Oeste wiedererobert hatte, Fußbreit um Fußbreit, und den Feind zurückdrängte.

Major Ortega, ein knochiger Mann mit einem wie aus Holz geschnitzten, aber doch springlebendigen Gesicht, hatte seinen Abschnitt so gut organisiert und war darauf so stolz, daß wir ihm gern Journalisten und Besucher aus dem Ausland hinschickten, die zur Front schnuppern wollten. Natürlich mußten wir selbst kennen, was wir die anderen sehen lassen wollten.

Eines Tages – nach einem endlosen und sehr fröhlichen, echt baskischen Festmahl und einer halben Stunde Liedersingen mit seinen jüngsten Offizieren, darunter einem Maler und einem internationalen Fußballer – führte uns Major Ortega aus seinem Kommando durch einen engen Tunnel. Innerhalb des Parkes kamen wir ans Tageslicht, im komplizierten Netzwerk mustergültig gehaltener Gräben, die sich quer durch die mit keinem Gärtnerrechen in Berührung gekommenen Sandpfade zogen. Die Bäume hatten abgesplitterte Äste und klaffende Strünke, aber das junge Laub brach gerade aus seinen Knospen. In den im Zickzack verlaufenden Gräben gingen die Soldaten einer friedlichen Beschäftigung nach: Sie ölten und polierten die Metallbestandteile ihrer Waffen. Einige saßen vor den Unterständen, andere schlummerten oder lasen. Von Zeit zu Zeit gab es einen pfeifenden Laut und ein sanftes Platzen, und eine weitere sternförmige Blume mit weißen Splitterblütenblättern sproß aus einem der Strünke.

Schließlich standen wir im vordersten Graben. Er war, wie uns Ortega mit professionellem Stolz zeigte, überraschend trocken und sauber. Stellen, wo ein Wasserrinnsal vom Hügel herabkam, waren mit Türen aus den zertrümmerten Häusern am Pasco de Rosales bedeckt. Durch Schießscharten in der Brustwehr konnte ich einen Blick auf einen Erdwall vor dem feindlichen Graben werfen, aus dem von Zeit zu Zeit kleine Staubwölkchen aufstiegen.

Dort also stand der Feind, kaum etwas über hundert Meter von uns: Marokkaner, Falangisten, Legionäre, Italiener, eine Handvoll Deutsche, zwangsläufig eingezogene Soldaten aus Altkastilien. Die weiträumigen Gebäude der Universitätsstadt erhoben sich mächtig, aber von Granaten durchlöchert im Hintergrund. Eine puppengleiche Gestalt ging hinter einer Fensterhöhle vorbei, und hoch oben unter dem Dach des Ziegelbaus der medizinischen Fakultät hämmerte ein Maschinengewehr, aber ich konnte nicht feststellen, wohin die Kugeln flogen. Die Sonne glitzerte auf einer Krümmung des Manzanares.

Die Stadt im Rücken und die hochgewachsenen Basken, die Gallegos und die Asturier, die mit uns spaßten, rings um uns, verlor der Feind an Bedeutung. Man mußte lachen. Wir waren hier sicher, die Stadt war sicher, der Sieg war sicher. Dann zeigte uns Ortega einen primitiven Mörser. Die Bombe wurde von einer großen Spiralfeder abgeschnellt, wie von einem Katapult. Der Baske, der den Mörser bediente, machte ihn feuerbereit.

»Da die Genossen nun einmal hier sind«, sagte er, »werden wir ein Feuerwerk veranstalten. Kitzeln wir sie ein wenig! Ihr werdet sehen, wie sie sich ärgern.«

Beim zweiten Versuch schnellte das Geschoß lautlos vorwärts, und eine Sekunde später erschütterte uns eine heftige Explosion. Dann ging der Teufel los. Das Krachen der Gewehrschüsse lief die Brustwehren entlang, und rechts von uns begann ein Maschinengewehr zu knattern. Die Bauten der Universitätsstadt stimmten ein. Ein dünnes, hohes Pfeifen tönte in meinem Schädel. Die verborgene Macht der Sprengstoffe war entfesselt, und wir waren nun nicht mehr sicher.

Zehn Tage später begannen italienische Panzerdivisionen eine große Offensive in der steinigen Hochebene der Alcarria, nordöstlich von Madrid. Ihre Panzer überrannten unsere Stellungen, nahmen Brihuega und Trijueque, standen vor Torrija und näherten sich Guadalajara. Es war ein Versuch, den nördlichen Vorsprung unserer Front einzudrücken und die Straße durch Alcalá de Henares abzuschneiden, die für Madrid um so wesentlicher geworden war, als die Straße nach Valencia nur noch auf Umwegen zu erreichen war.

General Goliew nahm den Rückzug gleichmütig auf; er redete, als stünden uns die weiten Räume Rußlands zum Manövrieren zur Verfügung. Ich glaube nicht, daß der Ernst der Situation vielen Menschen in Madrid klar wurde. Die ausländischen Journalisten wußten, daß dies die erste offene Aktion der italienischen Armee in Spanien war. Das war des Berichtens wert. Aber als sie meldeten, daß italienische Panzer und italienische Infanterie an der Spitze der Rebellentruppen vorrückten, rannten sie gegen die Zensur ihrer eigenen Redakteure an. Das Märchen von der Nichtintervention mußte aufrechterhaltenwerden. Auf einmal trafen sich unsere Zensur und die Auslandsberichterstatter in dem Wunsch, die Nachrichten von dem, was vorging, dem Volk und den Zeitungen in England, Frankreich und den Vereinigten Staaten zu übermitteln.

Nachdem Herbert Matthews einen seiner Telephonberichte durchgegeben hatte, führte er ein dienstliches Gespräch, in dessen Verlauf ihm der Mann am Pariser Ende sagte: »Sprechen Sie doch nicht fortwährend von den Italienern! Sie und die kommunistischen Zeitungen sind die einzigen, die diese Propagandageschichte bringen.«

Matthews, durch unsere Zensurvorschriften gebunden, antwortete nicht, kam dann aber mit zusammengepreßten Lippen zu meinem Schreibtisch und unterbreitete ein Dienstkabel, das er zu senden wünschte: Wenn man zur Objektivität seiner Berichterstattung kein Vertrauen habe, müsse er seinen Posten zur Verfügung stellen.

Die Antwort von der Redaktion der »New York Times« lautete, kein Mensch habe geglaubt, daß er persönlich Propaganda machen wolle, sondern nur, daß er möglicherweise auf das offizielle Informationsmaterial der Republikaner hereingefallen sei.

Herbert Matthews triumphierte. Als ich aber viele Monate später las, in welcher Form verschiedene englische, amerikanische und französische Zeitungen die Berichte veröffentlicht hatten, die wir in Madrid durchgelassen hatten, fand ich, daß die meisten der Ausdrücke »italienische Panzer« und »italienische Infanterie« in »nationalistische« Kräfte, Panzer, Infanterie geändert hatten, um das peinliche Beweismaterial eines internationalen Krieges auszumerzen.

Dann wandte sich das Blatt von einem Tag auf den anderen. Die republikanischen Jagdflugzeuge, die Sowjetrußland lieferte, diese »Ratas« und » Moscas«, die uns so großartig vorkamen, sausten auf die vorderen Feindlinien herab. Ein anarchistisches Regiment lockte eine große italienische Formation in eine Falle und vernichtete sie. Die Internationalen Brigaden reihten sich in die Front ein. Die Lautsprecher des Garibaldi-Bataillons sprachen zu den Italienern auf der anderen Seite. Dann marschierten sie vor: Die antifaschistischen Italiener und Deutschen zusammen mit den spanischen Einheiten. Trihueque und Brihuega wurden wiedererobert, mehr als tausend Gefangene wurden eingebracht – alles Italiener –, und unter der Beute befanden sich der Postsack und die Dokumente eines Brigadestabes. Autos des Kriegskommissariats führten die Journalisten in die wiedereroberten Städte hinaus. Und ihre Berichte nach dem Sieg von Guadalajara bildeten ausgezeichnetes Pressematerial, das nicht mehr verzerrt oder verstümmelt werden konnte. So machten sie die Schlacht auch zu einem Erfolg unserer Propaganda.

Die Front wurde viel weiter im Nordosten stabilisiert, als sie vor der italienischen Niederlage verlaufen war, aber die Hoffnung auf einen entscheidenden Vormarsch nach Aragonien verblaßte. Immerhin war Madrid seit der Schlacht von Guadalajara nicht länger isoliert; der Halbkreis der Belagerung drohte nicht mehr, sich in einen Ring zu verwandeln. Ein dauernder Zustrom von Besuchern setzte ein, und niemand sprach mehr vom Fall von Madrid. Die Reorganisation der Zivilbehörden wurde beschleunigt. Auslandsdelegationen trafen ein; wir führten sie durch Argüelles und Cuatro Caminos, durch den Palast des Herzogs von Alba und, wenn sie wollten, durch Ortegas Gräben. Sie machten Miaja ihre Komplimente, besichtigten die eine oder andere von einem Arbeiterausschuß verwaltete Modellfabrik, die eine oder andere Schule für Erwachsene, schließlich noch ein Waisenheim, und reisten wieder ab.

Immer mehr Schriftsteller und Journalisten kamen. Ernest Hemingway traf ein, und Oberst Hans Kahle von den Internationalen Brigaden führte ihn über das Schlachtfeld von Guadalajara. Dann arbeitete er mit Joris Ivens an dem Film

»Spanische Erde«, indessen sein amerikanischer Sekretär, Sidney Franklin, ein ehemaliger Stierkämpfer, von Amt zu Amt zog, um Benzin, Passierscheine und Gerüchte zu sammeln. Martha Gellhorn – später Hemingways dritte Gattin – traf ein und wurde von Hemingway in die Telefónica eingeführt: »Sei lieb zu Martha ... Sie schreibt für ‚Collier's' ... Ihr wißt doch, eine Million Auflage ...« Oder war es eine halbe Million oder zwei Millionen? Weder kann ich mich daran erinnern, noch war es mir wichtig, aber wir alle starrten die elegante Gestalt an, um die ein Heiligenschein von blondem Haar stand und die hüftenschwingend in dem dunklen, häßlichen Bürosaal auf und ab ging, mit Bewegungen, die wir aus Filmen kannten.

Aus dem März war April geworden. Außer in den Stunden, in denen der kühle Wind von der Sierra herabblies, war es heiß in den Straßen. An den Abenden waren sie voll von Menschen, und die Kaffeehäuser quollen von Gästen über, die sangen und lachten, während fern Maschinengewehre in kurzen Feuerstößen knatterten, als spucke die Front vor Wut. Die Drohung der Bomber schien nicht mehr zu existieren.

Nachdem ich Aurelias unwillige Zustimmung erlangt hatte, begann ich mein Scheidungsverfahren. Ich war ruhelos. Die Arbeit belastete mich nicht mehr so sehr. Wir hatten unser Teil getan, aber nun schien alles flach und leer. Die Propaganda hatte sich des Klischees vom heldenhaften Madrid bemächtigt, war bequem geworfen und klang hohl, geradeso als ob der Krieg – unser Krieg – nicht an Ausmaß und bösen Verzweigungen zugenommen hätte.

Wenn Angel an einem freien Abend kam und mir, halb betrunken, von einem neuen Kniff erzählte, den sie sich in den Gräben ausgedacht hatten, von seinen ständig in nichts auslaufenden Liebesabenteuern und seiner hoffnungslosen Sehnsucht nach seiner Frau, half mir das jedesmal. Mein Schwager Agustín half mir, wenn er mir erzählte, wie das Leben in den Miethäusern und Werkstätten weiterging. Ich führte Ilsa in Serafíns Schenke ein, wo ich als junger Mann mich zu Hause gefühlt hatte, und war froh, als sie den Bäcker und den Metzger und den Pfandleiher gut leiden mochte, die meine Freunde waren, oder wenn ein unbekannter Arbeiter, der auf der Bank im Hinterstübchen saß, für sie ein paar eßbare Eicheln aus der Tasche holte, einfach weil ihm ihr Gesicht gefiel. All das war Wirklichkeit, die anderen Dinge waren es nicht. So begann sich mein Leben zu klären.

An einem Aprilnachmittag – Ilsa trug zum erstenmal ein neues graues Kostüm statt der soldatischen Lederjacke – führte ich sie in den ältesten, engsten und gewundensten Gäßchen Madrids herum und zeigte ihr die Cava Baja, wo ich als Junge auf die Postkutsche nach Brunete und als Mann auf den Autobus nach Novés gewartet hatte. Ich zeigte ihr Winkel und Brunnen in verlassenen alten Straßen, wo ich jeden Stein kannte. Während wir über besonnte Plätze und durch schattige Gäßchen schlenderten, blickten uns Frauen aus den Haustoren nach und begannen zu schwatzen. Ich wußte bis aufs letzte Wort, was sie über uns zu sagen hatten.

Von der Höhe von Las Vistillas, in der Nähe einer Geschützstellung, blickte ich auf den Viadukt über der Calle de Segovia und über den Fluß hinweg nach der Casa de Campo, wo der Feind stand, und sah mich selbst wieder, wie ich mit meiner vom Waschen am Fluß todmüden Mutter den Hang hinauftrottete.

Ich erzählte Ilsa Geschichten aus meiner Kindheit.

5.
SCHOCK

Valencia hatte uns eine Abordnung englischer Politikerinnen geschickt. Unser Büro sollte sich während ihres kurzen Aufenthaltes in Madrid um sie kümmern. Sie brachten sich ihren eigenen Führer mit, André Simon von der »Agence Espagne«, einen Mann mit einem farblosen, zerknitterten Schauspielergesicht und den Manieren eines Lustspielgalans vom Ende des letzten Jahrhunderts.

Valencia war an ihnen sehr interessiert, waren doch drei Parlamentsmitglieder dabei, die Herzogin von Atholl, Eleanor Rathbone und Ellen Wilkinson, und außerdem Dame Rachel Crowdy, ein an Wohlfahrtsarbeit interessiertes Mitglied der guten Gesellschaft. Ilsa brauchte einige Zeit, um mir ihre Namen, ihre Titel, ihre politischen Beziehungen und vor allem das einzuhämmern, was sie an Madrid interessierte. Ich stand dem ständigen Zustrom wohlmeinender, aber zumeist höchst egozentrischer »Touristen«, die seit dem Sieg von Guadalajara Madrid heimsuchten, nicht sehr freundlich gegenüber. Damals nahmen Druck und Einfluß der Bürokratie von Tag zu Tag zu. Eine Veränderung hing in der Luft, und die Besichtigungsmethode schien dazuzugehören.

Ich überließ Ilsa den persönlichen Kontakt mit der Abordnung und plante die Exkursion durch Madrid im üblichen Rahmen. Zuerst kam der Einführungsbesuch bei Miaja. Die vier Frauen warteten erregt im Vorraum, während wir Miaja überredeten, sie zu empfangen. Er hatte eine Gelegenheit, über die Anforderungen der vielen Menschen, die ihm ihre Aufwartung machen kamen, zu brummen, gar nicht so ungern. Zweimal fragte er Ilsa, wer zum Teufel diese Weiber seien, und zweimal fragte er mich, warum zum Teufel ich ihm nicht wenigstens junge hübsche Frauen mitbrächte oder vernünftige Menschen, die uns Waffen und Munition senden würden.

»Wenn man mich schon zu einem Varietéstar macht, so sollte man mir auch Geschenke bringen, ein MG zum Beispiel oder ein Flugzeug. Ich gebe ihnen dafür eine Photographie mit meinem Autogramm.«

Schließlich gab er nach, hörte sich ihre kleinen Reden »an den Verteidiger von Madrid« an und schielte dabei an seiner langen Nase entlang. Dann dankte er mit ein paar liebenswürdig gemeinten Grunzlauten. Ilsa übersetzte alles mit einem Unterton ironischen Vergnügens, das in mir den Verdacht erweckte, sie habe, was beide Seiten gesagt hatten, gründlich redigiert.

Miaja knurrte: »Sag ihnen, sie sollen morgen nachmittag zum Tee hierherkommen, da ihr sie für so wichtige Leute haltet! Und Tee müssen wir ihnen geben, weil sie englisch sind – und hol sie der Teufel! Sie sollen aber nicht zuviel Getue von uns erwarten, sag ihnen das! Wir befinden uns hier nämlich im Kriege. Salud!«

Die Kanonade nahm noch immer an Intensität zu, und die ganze »Granatenallee« im Zentrum der Stadt wurde belegt. Als wir von einer Besichtigungstour in den Vorstädten zurückfuhren, schwammen über der ganzen Länge der Calle de Alcalá Wölkchen von grauem Rauch in der Luft; die Menschen hielten sich auf der sogenannten sicheren Seite der Straße und sprangen von Haustor zu Haustor. Wir brachten unsere Gäste hastig ins Hotel Gran Vía.

Ich lud die Damen ein, das Mittagessen mit uns oben in unserem Zimmer einzunehmen, hauptsächlich, weil ich nicht wollte, daß sie als Bild von Madrid den Eindruck davontrügen, den die grelle internationale Atmosphäre des allgemeinen Speisesaals darbot. Aber sie wollten lieber das Leben im Tiefgeschoß sehen, und so bestellte ich das Mittagessen dort. Die Auslandskorrespondenten erhoben sich von den Tischen, an denen sie mit Freunden von den Internationalen Brigaden saßen, und stürzten sich auf ihr jeweiliges Opfer unter den Besuchern; Soldaten, Nutten und ängstliche Mütter mit ihren Kindern, die alle hier Zuflucht vor den Granaten gesucht hatten, trotteten hin und her, riefen, aßen, tranken und warteten auf eine Pause in der Beschießung. Durch die Fensterluken drangen das Krachen der Explosionen und ein beizender Dunst herein, doch der Lärm und der Geruch drinnen übertäubte sie. Ja, das Mittagessen wurde ein Erfolg.

Nach dem schwarzen Kaffee führte ich die Abordnung in die Eingangshalle, auf unserer Zeittafel stand ein Besuch von Ortegas Artilleriebeobachtungsstand, und zwei Autos erwarteten uns draußen. In der von Rauchdünsten durchschwelten Halle drängten sich ungewöhnlich viele Menschen. Der Hoteldirektor eilte auf mich zu. »Don Arturo, wollen Sie, bitte, gleich mitkommen! In Ihrem Zimmer oben ist ein Feuer ausgebrochen, und die Feuerwehr löscht es gerade. Muß ein Sprengstück gewesen sein.«

Ich hatte während des Essens die Feuerglocke läuten gehört, mich aber nicht weiter darum geschert.

Wir drängten uns durch die neugierigen Menschen, die auf der Treppe und im Korridor den Weg versperrten. Unser Zimmer war voll von grauem Rauch und Ruß. An einer Wand und am Schrank gab es Brandspuren, die Stühle lagen auf dem Boden; zwei Feuerwehrleute rollten gerade einen Schlauch zusammen, ein anderer riß einen schwelenden Vorhang von der Stange.

Ein einfacher Blick genügte, um festzustellen, daß keine Granate im Zimmer gelandet war. Auf dem Tisch jedoch lag ein großes, dreieckiges Sprengstück. Es war noch warm. Ehe es, schon kraftlos, hingefallen war, mußte es heiß genug gewesen sein, um die Vorhänge in Brand zu stecken. Es war nicht viel geschehen. Zwei Eier in einer Schüssel auf einem Abstelltischchen waren unbeschädigt. Meine Zigaretten waren verschwunden. Das Tischtuch war zerrissen, ein paar Teller in Stücken; der Tisch war, wie jeden Tag, für Ilsa und mich gedeckt gewesen. Ihre Schuhe, die auf einem Gestell unter dem Fenster ihren Platz hatten, waren ein erbarmungswürdiges Häufchen versengten, zusammengeschrumpften Leders. Kissen und Kleider waren von Ruß- und Wasserflecken bedeckt. Es war nichts passiert.

Ilsa schaute betrübt auf die kleinen Lederleichen ihrer Schuhe und klagte, daß ein neues blaues Paar, das sie sehr gern hatte, eingeschrumpft war und seine Form verloren hatte. Die Engländerinnen küßten sie innig, weil sie es gewesen seien, die durch ihre Anwesenheit Ilsas Leben gerettet hätten. Hatte sie nicht gesagt, daß wir, wären sie nicht gewesen, an diesem Tisch zu Mittag gegessen hätten, als das Sprengstück eben darauf fiel?

Ich hörte Ilsa antworten, es wäre nicht gar so ernst gewesen, sogar wenn wir gerade im Zimmer gewesen wären, aber die Frauen hörten nicht auf, sie zu umsorgen, während ich schweigend dabeistand. Es war ja nichts passiert. Ich führte sie alle wieder zum Hotelportal hinunter. Unsere Fahrer warteten, und es gehörte sich nicht, sie während der Mittagsbeschießung länger als nötig in der Gran Vía herumstehen zu lassen.

Die Straße war voll von grellem Sonnenlicht und sich langsam verdünnenden Rauchwölkchen. Vom oberen Ende der Gran Vía her kamen dumpfe Aufschläge. Der Pförtner teilte mir mit, unsere Fahrer warteten um die Ecke in der Calle de la Montera, wo sie besser gedeckt waren. Ich ging den Frauen voraus, um die Wagen zu suchen. An der Ecke selbst schlug mir eine Welle des böse vertrauten beißenden Geruchs ins Gesicht. Aus dem Augenwinkel sah ich, daß etwas Seltsames, Schleimiges an dem großen Schaufenster der Grammophongesellschaft haftete. Ich ging näher hin, um festzustellen, was es war. Es bewegte sich.

Ein Klumpen grauer Substanz von der Größe einer Kinderfaust war auf dem Fenster flachgedrückt und zuckte noch. Kleine bebende Tropfen grauer Materie waren rundherum verspritzt. Ein dünnes Rinnsal wäßrigen Blutes sickerte die Scheibe hinunter; es kam aus dem grauweißen Klumpen mit den winzigen roten Äderchen, in dem die zerrissenen Nerven noch immer um sich schlugen.

Automatisch faßte ich die alte Dame neben mir, deren ehrliches rotwangiges Gesicht alle Farbe verloren hatte, am Ellbogen und führte sie ein paar Schritte weiter, um ihr von diesem Platz fortzuhelfen. Im Steinpflaster an der Ecke gab es eine neue weißgraue Wunde: der Platz der alten Zeitungsverkäuferin. Ich blieb stehen. Was hatte ich bloß vorgehabt? In dem Vakuum rund um mich schien es keinen Straßenlärm zu geben. Ich zwang mich zu laufen. Jemand rief mich. Ilsa klammerte sich an meinen Arm und sagte mit rauher, drängender Stimme: »Arturo, komm! Weg von hier! Arturo!«

Da waren ja diese Ausländerinnen. Wir hatten sie irgendwohin zu bringen. Ilsa stützte die schwere Grauhaarige. Der Wagen stand direkt vor mir. Aber meine Füße klebten am Pflaster, und als ich sie zu heben versuchte, glitt ich aus. Ich blickte auf diese meine Füße hinunter. Sie standen in einer kleinen klebrigen Lache gerinnenden Blutes.

Ich ließ mich von Ilsa in den Wagen schieben. Einmal, glaube ich, rieb ich meine Sohlen an der Wagenmatte, und ich weiß, daß ich nicht sprach. Stupid blickte ich durch die Windschutzscheibe und sah Menschen und Gebäude vorüberziehen. Dann standen wir vor dem hohen Gebäude, in dem Major Ortega seinen Beobachtungsstand eingerichtet hatte, mit dem Distanzmesser, auf den er so stolz war. Er war selbst da, um die Honneurs zu machen. Seine jungen Offiziere machten sich über mich lustig, weil ich mich in den Bärenführer einer Herzogin verwandelt hatte. Alles war normal, und es war nicht schwer, auf ihre Späße einzugehen.

Man führte uns auf die höchste Etage hinauf. Aus den Riesenfenstern konnte man einen breiten Abschnitt der Front und der Stadt überblicken. Einer unserer Gäste nach dem andern warf einen Blick durch das Telemeter und ließ sich von Ortega die feindlichen Geschützstellungen, getarnte Gräben, die weißen und roten Bauten der Universitätsstadt, den Blitz und den Rauch einer feuernden Batterie und den Ort, wo die

Granaten ins Ziel einschlugen, zeigen. Als er die Damen auf den Balkon hinausführte, um ihnen den Verlauf der Front zu erklären, schaute ich selbst durch das Telemeter.

Es war auf ein niedriges Gebäude gerichtet, das von weißen Rauchwölkchen umkränzt war. Ich fragte mich, was für ein Ziel das war, das die Batterie beschoß, und stellte das Telemeter ein. Was ich im Blickfeld erkannte, war die Kapelle des Friedhofs von St. Martín, der Ort, an dem ich zahllose Male gespielt hatte, während Onkel José dort seine Amtsbesuche machte. Ich sah den alten Ziegelbau, seine Innenhöfe und die Galerie mit ihren weißen Nischen. Eine der Rauchschwaden löste sich auf, und ich sah das Loch, das die Granate in die dicke Mauer gerissen hatte.

Als schaute ich in eine magische Kristallkugel, sah ich die Bilder meiner Kindheit im Rahmen der Telemeterlinsen.

»Wir müssen gehen«, murmelte Ilsa mir ins Ohr.

Durch die Balkontür sah ich Straßen voll von Sonne und Menschen und auf den offenen, lenzgrünen Feldern von Amaniel einen dunklen Fleck, die spitzen Wipfel von Zypressen, umkränzt von einer anderen weißen Wolke, sehr fern und miniaturhaft.

Wir mußten zu Miaja, zur großen Teegesellschaft für die englischen Damen.

Der General hatte einige Leute vom Propagandaministerium eingeladen, damit sie ihm bei den Ausländern beistünden. In einem der großen Räume des Kellergewölbes war ein prächtiges Vesperbrot vorbereitet worden. Die Wände hatten Stockflecken und der Mörtel fiel von ihnen ab, aber die Ordonnanzen hatten Blumensträuße herangeschafft und servierten den ihnen ungewohnten Tee mit grinsenden Gesichtern. Während ich mit den Stabsoffizieren Witze riß, fungierte Ilsa als Dometscher in der Konversation zwischen General und Herzogin und milderte die Schärfe von Fragen und Antworten.

»Was zum Donnerwetter gehn sie die russischen Instruktoren unsrer Piloten an? Sag ihr, daß wir unsere eigenen großartigen Burschen haben und keine Russen brauchen! Warum interessiert sie sich nicht für die, Donnerwetter noch einmal?«

»Oh, ich kann mir schon denken, was er sagt. Ich weiß, wie Generäle reden – von meinem eigenen Mann«, sagte die Herzogin munter und unbeschwert.

Als die Getränke gebracht wurden, hob Miaja das Glas und sagte in seinem besten Französisch: »Auf den Frieden!«

»Und auf die Freiheit«, erwiderte die Herzogin, »denn der Friede kann auch zu teuer erkauft werden.«

»Salud!« rief Ellen Wilkinson vom anderen Ende der Tafel.

Nachdem unsere Gäste ins Florida-Hotel zurückgekehrt waren, arbeiteten wir ein paar Stunden in der Telefónica und gingen dann über die Straße ins Hotel Gran Vía. Man hatte uns zwei luftige neue Zimmer auf der Straßenseite gegeben.

Als ich um acht Uhr morgens aufwachte, wollte ich Ilsa nicht wecken. Die Verdunkelungsvorhänge waren durch eine dünne, leuchtende Lücke gespalten. ich wollte ein Bad nehmen, aber wir hatten Seife, Rasierzeug und Zahnbürsten im alten Badezimmer vergessen. Ich ging sie holen.

Unser altes Zimmer war sehr hell. Es roch noch immer nach Rauch und versengtem Leder, und der Fußboden war mit halb ausgetrockneten Wasserlachen bedeckt. Es war ein wolkenloser Morgen. Die glatte Fassade der Telefónica gegenüber war blendend weiß. Ich stellte mich ans Fenster und blickte auf die Straße hinunter, um zu sehen, ob das Pflaster nicht gerade mit Wasser besprengt wurde und nach feuchter Erde roch, ein Geruch, den ich sehr liebe. Eine Explosion krachte am oberen Ende der Straße. Die Morgenbeschießungen hatten begonnen, pünktlich wie der Milchmann. Es gab nur wenig Menschen in der Granatenallee. Ich blickte gedankenlos einer Frau nach, die etwas höher oben die Straße überquerte. Plötzlich fragte ich mich: War das nicht Ilsa? Sie schlief in unserem Zimmer, ich wußte es, aber diese Frau war ihr so ähnlich, dieselbe Größe, von hinten gesehen die gleiche Gestalt, das gleiche dunkelgrüne Kostüm. Ich starrte den

Rücken der Frau an, als das gellende Pfeifen einer Granate die Luft zerriß. Sie schlug ins Fontalba-Theater ein, gerade über dem Kartenbüro. Die Frau taumelte, fiel hin, und ein dunkler Fleck begann sich auszubreiten. Einer der Rollkommandoposten lief zu ihr hin, zwei Männer rannten direkt unter meinem Fenster über die Straße, und zu dritt hoben sie den Körper auf. Er sackte zusammen und schlüpfte ihnen durch die Hände. Die Glieder hingen, als wären alle Gelenke mit Hammerschlägen zermalmt worden.

Ich ging in unser Zimmer zurück und fand Ilsa, wie sie in ihren Schlafrock gehüllt am Fenster stand. Ich blickte sie an, und mein Gesicht muß seltsam ausgesehen haben, denn sie kam zu mir und fragte: »Was ist los mit dir?«

»Nichts.«

Wieder kam das Pfeifen, und meine Augen folgten instinktiv der Richtung des Lautes. Ein Fenster uns gegenüber, auf der fünften Etage der Telefónica, war mit Brettern vernagelt. Die Bretter bogen sich nach innen und spuckten Splitter in die Luft, ein dunkler geisterhafter Schatten verschwand durch das Loch, dann bogen sich die zerfetzten Bretter wieder nach außen. Ich duckte mich und zerrte Ilsa mit mir zum Fußboden herunter; wir waren im Streubereich der umherfliegenden Sprengstücke und Mauertrümmer.

Auf dem Boden kauernd, erbrach ich mich: Plötzlich krampfte sich mein Magen heftig zusammen, so wie damals, als ich angesichts der Leichen von Melilla vor fünfzehn Jahren mich übergeben hatte, wenn mir das auch im Augenblick nicht einfiel. Ich blieb in einem Winkel hocken, zitternd und unfähig, meine Muskeln zu kontrollieren, die ihr eigenes Leben führten. Ilsa packte mich am Arm und führte mich ins Hotelfoyer hinunter, in eine dunkle Ecke hinter den Telephonzellen. Man gab mir ein paar Kognaks zu trinken, und das Zittern hörte auf. Aus meiner Ecke sah ich durch die schattige Halle gerade auf den Eingang hin. Die Sonne glitzerte und spiegelte sich in der Drehtür. Es war, als wäre ich in einer dunklen Höhle, die sich auf die Felder öffnet, oder als erwachte ich aus einem lebhaften Traum innerhalb seltsam verzerrter Schlafzimmerwände. In diesem Augenblick war mein ganzes Leben verzerrt.

Die anderen bemerkten es nicht. Sogar Ilsa dachte, es sei bloß die zeitweilige Nachwirkung des gestrigen Schocks.

Die englische Abordnung reiste ab, und wir nahmen die anstrengende tägliche Routinearbeit wieder auf. Aber ich weigerte mich, heute oben im Zimmer Mittag zu essen, wie es Ilsa wünschte, und beharrte darauf, daß wir unsere Mahlzeiten künftig unten im Tiefgeschoß einnahmen, am lärmenden Tisch der Journalisten, wo ich nie viel sprach und die Menschen an mein mürrisches Gesicht gewöhnt waren.

Als wir vor der Rückkehr ins Büro in unser Zimmer hinaufgingen, bemerkte ich in dem Pappendeckel, der eine der Fensterscheiben ersetzte, eine winzige Öffnung und fand, in der gegenüberliegenden Wand eingebettet, einen Stahlsplitter.

Wir stellten unsere Bücher auf einem Regal neben dem Fenster auf. Es war ruhig; auf der Straße unten gingen die Leute spazieren und plauderten; alles hatte das Licht, die Farbe und den Geruch des Frühlings. Der Himmel war von klarer Bläue, und die Mauern der Häuser schienen warm von der Sonne. Ein Rollkommandoposten an der Ecke bei der Telefónica sagte jedem vorübergehenden Mädchen etwas Schmeichelhaftes, und von meinem Fenster aus sah ich, daß das eine oder andere Mädchen die Straße überquerte, nur um an ihm vorbeizukommen und sich anzuhören, was der hübsche Junge ihnen zu sagen hatte. Die Drehtür der Telefónica hinter ihm war unaufhörlich in Bewegung, und das Glitzern ihrer Gläser warf Bündel von Licht über den Schatten am Fuß des Gebäudes.

Drei Menschen überquerten die Gran Vía, ein Soldat und zwei Mädchen. Eines der Mädchen, in einem schwarzen Kleid, trug ein in rosa Papier eingewickeltes Paket, hell und fröhlich vor dem schwarzen Hintergrund. Ilsa bemerkte, das Mädchen gehe wie ein junges Tier, und ich sagte: »Wenn eine

Frau so geht, dann sagen wir, sie sei una buena jaca, eine junge Stute.«

Dann heulte das Geschoß, und ich hatte das Gefühl, es sei ein paar Meter von unseren Gesichtern vorbeigesaust. Der Soldat warf sich flach auf den Boden und riß die Arme über den Kopf. Mit einem Blitz und einer Wolke dicken schwarzen Rauches explodierte die Granate direkt vor ihm. Der Rollkommandoposten verschwand, als wäre er von der Mauer geschluckt worden. Die zwei jungen Mädchen sanken in sich zusammen wie leere Säcke.

Ich sah wie durch einen Nebel, daß Menschen mit den zwei Körpern davoneilten. Dann war die Straße verlassen, und nur das rosa Paket lag da, von dunklen Flecken umgeben. Niemand hob es auf. Die verlassene Straße war fröhlich und lenzlich, von unmenschlicher Gleichgültigkeit.

Es war die Stunde, in der unsere Nachmittagsschicht begann. Wir gingen über die Straße zur anderen Ecke der Telefónica.

Ich setzte mich an den Schreibtisch und las die mageren Berichte der Journalisten, die nichts anderes zu melden hatten, als daß die Beschießung Madrids mit unverminderter Heftigkeit andauere. Ilsa ging im Saal auf und ab, endlich einmal aus dem Gleichgewicht gebracht. Plötzlich setzte sie sich an die Schreibmaschine und schrieb mit größter Geschwindigkeit. Als sie fertig war, rief sie Ilsa Wolff, die deutsche Journalistin, die die Rundfunkstation der Gewerkschaftszentrale leitete. Von dort gingen in verschiedenen Sprachen Sendungen an die Arbeiter im Ausland aus, und zum Unterschied von Ilsa Wolff wurde die unsere damals Ilsa de la Telefónica genannt.

Sie sprachen deutsch miteinander, und ich war nicht interessiert. Aber dann erhob sich Ilsa, griff nach ihrem Mantel und sagte: »Ich muß etwas tun, sonst kann ich das rosa Paket nicht vergessen. Ich muß zu unseren Arbeitern zu Hause reden – an manchen Orten kennen sie noch meine Stimme –, und ich habe Ilsa Wolff gesagt, daß ich heute an ihrer Stelle im Rundfunk sprechen muß.«

Ich wußte sofort, was sie im Sinne hatte. Es hatte unter den Granaten viele Blindgänger gegeben, und wir alle waren fest überzeugt, daß in den deutschen Fabriken, die Franco mit Waffen oder Munition versorgten, sabotiert wurde. Ilsa hatte vor, die österreichischen Arbeiter aufzurufen. Aber nur wenige von ihnen würden sie hören. Als sie auf die Straße hinunterging, saß ich da und lauschte den Explosionen krepierender Granaten.

Es gab nicht viel Arbeit. Ich war darauf versessen, die wahrscheinliche Flugbahn der Granaten zu verfolgen. Das Stück Metall, das unseren Vorhang in Brand gesteckt hatte, war in einer Kurve geflogen, in deren Verlauf es Ilsas Kopf hätte treffen müssen, wenn wir im Zimmer gegessen hätten. Der winzige Stahlsplitter, der vor einigen Stunden den Pappendeckel im Fensterrahmen unseres neuen Zimmers durchstoßen hatte, war tief in die Wand gegenüber eingebohrt. Hätten wir, wie Ilsa es wünschte, dort zu Mittag gegessen, dann wäre ihr Kopf auf halbem Wege zwischen dem Loch im Pappendeckel und dem Loch in der Wand gewesen. Bilder von ihr verfolgten mich – in Gestalt der Frau, die ich heute früh auf der Straße hatte fallen sehen, oder am Tisch sitzend, mit einem Loch im Kopf.

Journalisten kamen und gingen, und ich sprach ebensoviel oder ebensowenig zu ihnen wie sonst; schließlich sagte ich zu dem alten Llizo, er möge die Zensur übernehmen, damit ich schreiben könne.

Ich kann mich an die Erzählung nicht sehr gut erinnern; sie würde für einen Psychiater von Interesse sein. Wie in einem Traum war darin Gesehenes und Visionäres vermischt: das Schaufenster der Grammophongesellschaft, die Platten, auf deren farbenfröhlichen Etiketten ein weißer Terrier mit gespitzten Ohren zu sehen war; das glatte Glas, das die vorübergehende Menge spiegelte, eine Gespenstermenge von leblosen lebenden Geschöpfen; und schwarze Platten, die in ihren Rillen eine Vielzahl von Gespensterstimmen einschlossen; alles unwirklich, und die einzige wirkliche Sache über ihnen

– auf der Fläche dieser soliden Glasscheibe – ein Stück zukkender Gehirnmasse, noch lebend, mit den Antennen der abgetrennten Nerven einen verzweifelten stimmlosen Schrei an die tote Menge hinauspeitschend. Und dann tat ich die Frau hinter die Glasscheibe, ließ sie reglos liegen, mit einem Loch im Kopf, die Mundwinkel wie Fragezeichen zu einem kaum merklichen, ruhig heiteren Lächeln gekräuselt. Eine Handlung gab es nicht.

Als Ilsa, beruhigt und ermüdet, zurückkkam, saß ich noch immer an der Schreibmaschine. Ich reichte ihr die Seiten, die ich geschrieben hatte. Als sie zur Beschreibung der Frau kam, warf sie mir einen erschrockenen Blick zu und sagte, ohne nachzudenken: »Aber da hast du ja mich umgebracht«

Ich nahm ihr die Blätter aus der Hand und zerriß sie.

Die Routinearbeit ging weiter, doch wir hatten einen neuen Gast, den ich liebte und hoch achtete: John Dos Passos, der von unseren Bauern und Landarbeitern mit mildem Verständnis sprach und seine fragenden braunen Augen von einem zum andern wandern ließ. Er half uns an diesem Abend; ich bemerkte, daß Ilsas Blicke mit unterdrückter Sorge meinen Bewegungen folgten und daß sie das Gespräch in Gang hielt, um mich zu normalen menschlichen Beziehungen zurückzuführen.

Viel später fand ich, daß John Dos Passos diese Begegnungen in einer seiner Skizzen in »Journeys between Wars« erwähnt. Es heißt dort: »Im großen, stillen Büro findet man die Pressezensoren, einen leichenhaften Spanier und eine rundliche kleine Österreicherin mit angenehmer Stimme ... Gestern – es ist nicht länger her – kam die Österreicherin heim und entdeckte, daß ein Sprengstück ihr Zimmer in Brand gesteckt und alle ihre Schuhe in Brand gesteckt hatte; der Zensor wieder hatte gesehen, wie eine Frau neben ihm zu Hackfleisch gemacht worden war ... Es ist nicht überraschend, daß der Zensor ein nervöser Mensch ist; er sieht unausgeschlafen und unterernährt aus. Er redet, als verstünde er, ohne persönlich daran viel Vergnügen zu empfinden, die Wichtigkeit seiner Stellung als Hüter dieser Telephone, welche die Verbindung zu den formal friedlichen Ländern bilden, wo der Krieg noch mit Goldkrediten auf Bankkonti weitergeführt wird, und mit Munitionslieferungsverträgen und Verhandlungen auf roten Plüschsofas in Vorzimmern der Diplomatie, anstatt mit 15-cm-Granaten und Hinrichtungspelotonen. Er macht nicht den Eindruck, als ob er das zufrieden hinnähme. Aber wie schwer ist es für einen, der mehr oder weniger freizügig ist und seine Bewegungsfreiheit hat und aus einem Land in Frieden kommt, über Dinge mit Menschen zu sprechen, die an die Galeerenbänke des Krieges gekettet sind!

Es ist eine Erlösung, von den Schaltbrettern der Macht wegzukommen und wieder auf die sonnige Straße zu treten.«

Aber ich war an mich selbst gekettet und in mir selbst gespalten.

Als ich sieben Jahre alt war und eines Morgens zur Schule ging, lief mir, um die Ecke kommend, ein Mann entgegen. Rufe erklangen hinter ihm und das Getrappel einer unsichtbaren Menge. Das Stück Straße war, von dem Mann und mir abgesehen, leer. Nahe von mir blieb er stehen und schob sich etwas in den Mund. Es gab einen Knall; die Mütze des Mannes wirbelte in die Luft, und schwarze Fetzen flogen herum; es gab einen Blitz, mehr sah ich nicht, denn ich erwachte erst auf der Unfallstation, wo mir jemand Wasser einflößte, das abscheulich roch.

Als ich neun Jahr alt war, saß ich eines Morgens, in einem Buche lesend, auf dem Balkon der Wohnung meines Onkels. Plötzlich hörte ich, daß auf der Straße unten etwas dumpf aufschlug. Auf dem Gehsteig gegenüber lag der auf den Steinen zerschmetterte Körper einer Frau. Sie hatte die Augen mit einem weißen Taschentuch verbunden, das sich zuerst rot und dann fast schwarz färbte. Über den Fußknöcheln wurde ihr Kleid von einer grünen Vorhangschnur zusammengehalten. Eine der Schnurquasten schwang über dem Randstein. Der

Balkon begann zu schwanken, und die Straße drehte sich vor meinen Augen.

Als ich vierundzwanzig Jahre alt war und das Zimmer in der Kaserne der Zivilgarde von Melilla betrat, das aussah, als hätten die toten Soldaten an den Fenstersimsen und in den Winkeln einander während einer Sommerschlacht im Schwimmbad mit ihrem Blut bespritzt, erbrach ich mich. Der Gestank der zerstückelten Körper blieb in meiner Nase kleben, und mehr als drei Jahre lang war ich nicht imstande, auch nur den Anblick von rohem Fleisch zu ertragen.

All das stand jetzt mit einem Schlag wieder vor meinen Augen.

Ich lauschte mit meinem ganzen Körper, um aus den tausend Geräuschen der Straße das Heulen einer Granate oder das Dröhnen eines Flugzeugs zu erhorchen; mein Gehirn bemühte sich fieberhaft, alle Geräusche auszuschalten, die nicht feindlich waren, und jene zu analysieren, die eine Drohung enthielten. Ich mußte dauernd gegen diese Besessenheit ankämpfen, die jedesmal, wenn ich etwas tat, hörte oder sagte, den Faden abzuschneiden drohte. Menschen und Dinge in meiner Nähe verschwammen und verzerrten sich zu Phantomgestalten, sowie sie nicht mehr in direkter Berührung mit mir waren. Ich hatte Angst, allein und eingeschlossen zu sein, aber ebenso fürchtete ich mich, im Freien und unter Menschen zu sein. War ich allein, dann fühlte ich mich wie ein verlassenes Kind. Ich war außerstande, allein aus dem Hotel in die Telefónica zu gehen, weil es das Überschreiten der Gran Vía bedeutete, und ebensowenig war ich imstande, allein in meinem Hotelzimmer zu verweilen. War ich dort, dann starrte ich die weiße Fassade der Telefónica an, die mit Ziegeln ausgefüllten Fensteröffnungen und die schwarzen Fensteröffnungen und die Pockennarben von Dutzenden Granaten. Ich haßte sie und starrte sie an. Aber hinunter, auf die Straße, konnte ich nicht mehr schauen.

In dieser Nacht bekam ich hohes Fieber und erbrach, obwohl ich nichts gegessen hatte, in krampfhaften Stößen bitteren Magensaft. Und am nächsten Tag füllte die saure Flüssigkeit meinen Mund jedesmal, wenn ich das Geräusch eines Motorrads, einer Straßenbahn, das Kreischen einer Bremse, das Heulen der Luftwarnungssirenen, das Dröhnen von Flugzeugen und das Aufschlagen von Geschossen hörte. Die Stadt war voll von diesen Geräuschen.

Ich war mir völlig klar darüber, was mit mir vorging, und kämpfte dagegen an; ich mußte arbeiten und hatte kein Recht, Nervosität oder Furcht zu zeigen. Vor den andern hatte ich Ruhe zu bewahren, wenn ich wollte, daß sie Ruhe bewahrten. Ich klammerte mich an den Gedanken, daß ich verpflichtet sei, keine Angst zu zeigen, und so wurde ich von einer andern Art Angst besessen: der Angst vor dem Angsthaben.

Von Ilsa und meinem Schwager Agustín abgesehen, der an Luis' Stelle als erste Ordonnanz in unser Büro eingetreten war, dachten die Leute nur, ich fühle mich nicht wohl und sei in besonders düsterer Laune. Die Journalisten selbst verlangten eine Verlegung des Zensurbüros in ein weniger gefährdetes Quartier; auf ihr Verlangen wurde das Telephonzimmer im Tiefgeschoß installiert, aber auch so mußten sie die Granatenallee oft passieren, was zu einer unnötigen, vernunftwidrigen Gefährdung geworden war. Ilsa war beinahe der einzige Mensch, der für das Verbleiben in der Telefónica eintrat; sie hatte sogar die Mauern der Telefónica liebgewonnen und fühlte sich zu ihr gehörig. Aber gegen Ende dieser Zeit war auch für sie die Situation unhaltbar geworden.

Wir übersiedelten auf die Rückseite des Hotels, wo unsere Zimmer auf einen schachtartigen Hof hinausgingen, der jeden Laut einfing und verstärkte. Ich wurde von Fieber- und Brechanfällen geschüttelt, schlief nicht und aß nicht. Eines Tages blieb ich in der dunklen Ecke der Hotelhalle sitzen und machte Büroarbeiten, während Ilsa drüben in der Telefónica die eigentliche Zensur durchführte. Sie war es, die Rubio Hidalgos Einwilligung zur Übersiedlung unseres Büros ins Außenministerium erhielt; im Ministerium waren die Telephonleitungen im Pressezimmer und im Zensurbüro noch intakt. Die Räume hatten dicke Steinmauern und boten Schutz, obwohl das Gebäude innerhalb des Schußbereichs der Belagerungsgeschütze lag. Aber eine bessere Lösung gab es nicht.

Die Telefónica war von mehr als hundertzwanzig Granaten getroffen worden, und obzwar während dieser ganzen Zeit innerhalb ihrer Mauern kein einziges Leben verlorengegangen war, spürten Journalisten und Zensoren doch das drohende Verhängnis.

Am 1. Mai übersiedelte die Auslandspresse- und Zensurabteilung wieder ins Außenministerium auf der Plaza de Santa Cruz. Gegen mich selbst ankämpfend und in mir selbst verloren, wartete ich in meinem Winkel hinten im Hotelfoyer auf die Übersiedlung. Ich hatte damals keine Ahnung, daß Ilsa acht Tage lang immer wieder die beschossene Straße überquerte und sich im vierten Stockwerk der Telefónca zur Arbeit setzte, in der unverrückbaren Überzeugung, sie sei zum Tode verurteilt. Ich überließ es ihr sogar, mit Agustíns Hilfe alle Papiere zu bündeln und ins Ministerium zu schaffen.

Am Tage, nachdem sie die Telefónica endgültig verlassen hatten, einige Minuten nach fünf Uhr nachmittags, schlug durch eines der Fenster unseres verödeten Büros eine Granate ein und explodierte neben dem großen Schreibtisch. Jeden Tag um fünf hatte Ilsa den Dienst übernommen und sich an diesen Schreibtisch gesetzt.

Das Außenministerium ist um zwei große, mit Steinplatten gepflasterte, glasüberdeckte Binnenhöfe herumgebaut und durch eine monumentale Treppe geteilt, die von dem dreiteiligen Eingangstor hinaufführt. Bogengänge laufen in zwei Reihen um die beiden Höfe; die obere Galerie hat einen Parkettfußboden und ein vergoldetes Geländer, die Arkade im Erdgeschoß ist mit großen Steinplatten ausgelegt, und die schweren Gewölbe lassen jeden Schritt widerhallen. Die Büroräume münden in diese Galerien. Das Gebäude ist aus Stein und Backstein und hat ungeheuer dicke Mauern. Zwei

Türme mit spitzen Schieferdächern flankieren es. Es ist eine Insel inmitten stiller alter Gassen, in der Nähe der alten Plaza Mayor, wo die Ketzerverbrennungen und die Stierkämpfe stattfanden, und der lärmenden Puerta del Sol. Unter dem Gebäude gibt es mächtige Kellergewölbe und Gänge, die aus einer noch früheren Zeit stammen und einmal ein Verlies gewesen waren. Zweitrangige Skulpturen von Bildhauern, denen der spanische Staat Stipendien gegeben hatte, stehen albern im Hof herum.

Ilsa und ich richteten uns in einem kleinen Zimmer ein. Das Zensurbüro übersiedelte in seine alte Behausung, und Rubio Hidalgos Büro wurde für festliche Anlässe geöffnet, aber kaum je benützt. Es roch zu muffig. Um den Journalisten überflüssige Gänge durch den Granatenregen zu ersparen, wurde eine Art Kantine eingerichtet; in einem Dienstwagen brachten die Ordonnanzen das Essen – armseliges Essen – vom Hotel Gran Vía. Kamen die Granaten uns näher und hörte man ihr Aufschlagen auf der Plaza Mayor, dann stand uns das Gewölbe der Kellertreppe mit fünf Metern Stein und Mörtel darüber zur Verfügung: ein sicherer Luftschutzkeller.

Das Getöse und Getue der Übersiedlung hatte mich aus meiner Benommenheit gerissen. Eines der Elemente meiner fixen Idee, die grelle Fassade der Telefónica, war nun geschwunden, aber die anderen waren durch den Umzug nicht zum Verschwinden gebracht worden, wie ich heimlich erhofft hatte. Ich ging hinunter in die Bibliothek des Ministeriums, in die Kellergewölbe, und saß dort, auf das Klappern von Ilsas Stöckeln auf den Steinfliesen des Hofes wartend. Ich zwang sie, im Gebäude zu bleiben, aber ich konnte sie nicht im Auge behalten, denn sie hatte ja die Arbeit von zweien zu tun, um die Tatsache zu tarnen, daß ich nicht arbeitete.

Als ich nach ein paar Tagen merkte, daß ich auch in der neuen Behausung nicht schlief, bat ich den Arzt des Ministeriums, mich zu untersuchen und mir ein Schlafmittel zu geben. Er gab mir ein Morphiumpräparat. Ilsa war der Ansicht, daß ich die Sache eher psychisch auskämpfen solle, aber sie begriff das mir Wesentliche nicht: Ich konnte einfach nicht schlafen. An diesem Abend ging ich früh zu Bett, vor Erschöpfung und Schlaflosigkeit taumelnd, und nahm die vorgeschriebene Dosis.

Ich sank in einen tiefen Schacht. Die Umrisse des Zimmers lösten sich auf. Agustín war nichts als ein Schatten, der sich endlos entlang der endlosen gelben Wände bewegte, die sich in dunkle Tiefen verloren. Das Licht war ein schwacher Schimmer, der immer schwächer wurde. Mein Körper verlor das Gewicht; ich schwebte; ich schlummerte.

Ein bodenloser Schrecken überkam mich. Jetzt, in diesem Augenblick, würde die Beschießung wieder beginnen. Ich würde an mein Bett gefesselt, würde unfähig sein, mich zu bewegen und etwas zu meinem Schutz zu tun. Die anderen würden in den Keller gehen und mich allein lassen. Ich kämpfte verzweifelt. Das Morphium hatte auf das vasomotorische Nervensystem gewirkt, und ich konnte mich nicht rühren. Mein Wille wollte sich nicht unterwerfen, ich wollte nicht schlafen oder mich einschläfern lassen. Schlaf bedeutete Todesgefahr. Mein Gehirn sandte dringende Befehle aus: Rühr dich! – Spring aus dem Bett! – Sprich! – Schrei! Aber das Betäubungsmittel war mächtiger.

Dicht über meinem Kopf sprach jemand und bemühte sich, mir etwas zu sagen, aber es war zu fern, obwohl ich die Schatten ungeheurer Köpfe über mir dämmern sah. Ich wurde in bodenlose Schächte geschleudert, fiel ins Leere, der Druck auf meinen Magen war entsetzlich, und gleichzeitig bemühte ich mich, nach oben zu stoßen und dem Fall und Aufprall auf den unsichtbaren Boden des Abgrundes zu widerstehen. Ich zerfiel in Stücke, meine Glieder wurden in eine gestaltlose, wollige Masse verwandelt und schließlich unsichtbar, obwohl sie da waren, und ich bemühte mich, diese meine Arme und Beine, diese Lungen und Eingeweide, die sich in nichts auflösten, wieder einzufangen. Gespenstige Gesichter, Hände von Ungeheuern und schwebende Schatten bemächtigten sich meiner, hoben mich, ließen mich fallen, trugen mich hin und her. Und ich wußte, daß jeden Augenblick die Explosionen wieder beginnen würden. Ich fühlte, wie ich in der Auflösung meines Körpers starb, und nichts als ein unmeßbar kleines Gehirn blieb übrig, um alle seine Energien gegen den Tod zu stemmen, gegen die Auflösung des Körpers, an den ich gebunden war.

Ich habe nie recht gewußt, ob es die Schwelle des Todes oder des Wahnsinns war, an der ich in jener Nacht stand, und auch Ilsa hat niemals herausgefunden, ob sie mich dem Tode oder dem Wahnsinn entgegentreiben sah.

Langsam wurde mein Wille stärker als das Schlafmittel. Bei Morgengrauen war ich wach, mit kaltem Schweiß bedeckt, zu Tode erschöpft, aber wieder imstande, mich zu regen und zu denken. Am Nachmittag kam eine zweite Welle, in der ich mich auf meinem Bett hin- und herwarf und darum kämpfte, bei Sinnen zu bleiben, während Ilsa, die mich nicht allein zu lassen wagte, am Tisch in unserem Zimmer Fragen von zwei unfreundlichen polnischen Besuchern – Alte und Erlich – beantworten mußte. Ich sah ihre Gesichter in verzerrten, boshaft grinsenden Umrissen und unterdrückte meinen Wunsch zu schreien. Es scheint aber, daß ich gestöhnt habe.

Der schlimmste Teil meines Erlebnisses und aller Stadien des Erlebnisses eines Kriegsschocks war, daß ich mir die ganze Zeit des Vorganges und seines Mechanismus' bewußt war. Ich wußte, ich war krank und – ich mußte es so nennen – abnormal; mein Ich kämpfte gegen mein zweites Ich, weigerte sich, sich ihm zu unterwerfen, zweifelte jedoch an meiner Stärke, den Kampf zu gewinnen, und verlängerte ihn so. Ich fragte mich, ob das zweite Ich, das diese elende Angst vor Vernichtung erzeugte, nicht in Wirklichkeit recht hätte, und ich mußte diese Frage unterdrücken, um unter Menschen weiterleben zu können.

Als ich aufstand und zur Arbeit zurückkehrte, fühlte ich mich von den anderen abgesondert, die mir abnormal vorkamen, weil sie meine Angstvorstellungen nicht teilten. Ich konnte mich von meiner Selbstbeobachtung nicht freimachen, weil ich mich ja bewußt kontrollieren mußte, und diese dauernde Selbstbeherrschung veranlaßte mich, auch die übrigen auf eine neue Art zu sehen.

Ich verlor mein Interesse an der Büroarbeit, die die andern in den gewohnten Gleisen fortsetzten, allerdings unter dem Druck einer wachsenden passiven Resistenz der Zentrale in Valencia. Mein ganzes Vorstellungsvermögen war damit beschäftigt, die Triebfedern, von denen andere Menschen in unserem Kriege bewegt wurden, und den Verlauf des Krieges an sich zu begreifen.

Es schien mir, daß jedes Individuum zum Kampf durch kleinste, nicht durchdachte und unvernünftige Dinge getrieben wurde, durch Dinge, die ungeformte, tiefe Emotionen verkörperten. Ein Partikel zuckender grauer Materie hatte in mir eine Kette von Gedanken und okkulten Emotionen ausgelöst. Was aber übte eine solche Wirkung bei den anderen aus? Nichts, was sie in wohlgeordneten Worten sagten.

Ein paar Tage, nachdem ich mich von meinem Alpdruck erholt hatte, schrieb ich meine erste Erzählung – über einen Milizmann im Graben, der dort aushielt, weil die Faschisten die Nähmaschine seiner Frau demoliert hatten, weil er einfach dort sein mußte, und schließlich, weil eine blinde Kugel eine Fliege zermalmt hatte, ein Tierchen, das auf einem Sonnenfleck auf der Brustwehr umherzukriechen pflegte und das er gern beobachtete. Ich brachte das Geschriebene Ilsa und sah, daß es etwas in ihr traf. Hätte sie gesagt, es tauge nichts, ich glaube, ich hätte nie wieder etwas geschrieben; es hätte bedeutet, daß ich unfähig war, an verborgene Triebfedern zu rühren.

Aber dies brachte mir nur geringe Erleichterung. Von der Vision des Krieges, mit der ich aus meiner Betäubung aufgewacht war, konnte ich nicht wegkommen.

Im Geiste sah ich, wie die Berge von Leichen wuchsen, sah die pausenlos sich ausbreitende Zerstörung, und ich mußte sie als notwendig, als unvermeidlich hinnehmen, als etwas, an dem ich teilzunehmen hatte, wiewohl mir der Trost blinden Glaubens oder der Hoffnung fehlte. In diesem Stadium wurde es unerträglicher denn je zuvor, den Mangel an Einigkeit auf unserer Seite zu beobachten. Das Ideal, die Republik als Grundlage demokratischen Wachstums zu retten, war unter den Führern des Kampfes geschwunden; jede Gruppe war monopolistisch und intolerant geworden. Für eine kurze Zeit hatte ich die Atmosphäre außerhalb der Front von Madrid vergessen. Nun kam die Nachricht von Straßenkämpfen zwischen Antifaschisten in Barcelona. Die Staatsbeamten, die von Valencia nach Madrid zurückgeschickt wurden, nahmen auf ihre politische Etikette peinlich Bedacht. Wir, die an den Tagen der Novemberkrise weitergekämpft hatten, waren fehl am Ort, und es war für uns gefährlich geworden, unseren Gefühlen freien Lauf zu lassen.

Aber es gab noch immer viele Menschen wie Angel und die schüchternen, ungelenken Milizmänner, die er zum Besuch bei Ilsa und mir ins Ministerium mitbrachte, Jungen, die ein erbärmliches Sträußchen von Rosenknospen mit ihren Fingern umklammerten, die von Ölgärten und Ziegelbrennereien gekommen waren, um für die Republik zu kämpfen, und nun wollten, daß ich ihnen Gedichte von García Lorca vorlese. Es gab die Menschen, die wir kennengelernt hatten, als ich an stillen Abenden Ilsa in Serafíns Schenke geführt hatte: müde Arbeiter, schicksalsergeben, murrend und unerschüttert. Es gab das Mädchen, das während der Beschießungen die ganze Zeit Menschen in seine Pförtnerloge führte, weil sein Großvater es so gehalten hatte, ehe er einer Schrapnellkugel erlegen war.

Ich wollte zu ihnen und in die Welt hinausschreien. Wenn ich weiter gegen meine Nerven und meine Vorstellungen ankämpfen sollte, meiner selbst und der anderen unablässig bewußt, dann mußte ich in diesem Krieg etwas mehr tun, als bloß die Zensur zunehmend uninteressanter Zeitungsberichte überwachen.

Also fuhr ich fort zu schreiben, und ich begann, im Rundfunk zu sprechen.

6.
DIE STIMME MADRIDS

Bei Ausbruch des Bürgerkriegs wurden die spanischen Rundfunksender, die halb offiziellen wie die zahlreichen Amateursender, von politischen Gruppen mit Beschlag belegt und in den Dienst ihrer Propaganda gestellt, nicht etwa in allgemeiner, sondern in parteiischer, dem speziellen Gruppeninteresse angepaßter Form. Das Ergebnis war eine Verwirrung voller Widersprüche, die glücklicherweise nicht zu sehr auffiel, da nur einige der Sender im Ausland überhaupt zu hören waren und kein einziger in allen Teilen Spaniens. Als die Regierung dem öffentlichen Leben wieder den Stempel ihrer Autorität aufdrückte, nahm sie zuerst diesen Stand der Dinge als kleineres Übel hin, griff aber dann allmählich ein und dekretierte endlich die Schließung aller Parteisender; nur noch Sendungen unter offizieller Überwachung wurden gestattet.

Eines Morgens tauchte der Staatskontrolleur von Transradio im Ministerium auf, derselbe schüchterne, hagere Staatsbeamte, der mir in den ersten Tagen der Belagerung seine Sorgen wegen der Radiotelegramme aufgebürdet hatte, und stellte mich vor ein neues Rätsel.

Der spanische Staat hatte ein vertragliches Recht, täglich während gewisser Stunden die Kurzwellenstation EAQ zu benützen, den Sender der Transradiogesellschaft. Dieser Dienst stand formell unter der Aufsicht eines Regierungsbeauftragten, doch wußte der Kontrolleur nicht, welches Ministerium dafür zuständig war. Bis jetzt hatte eine kleine Gruppe von Sprechern offizielle Verlautbarungen in spanischer, französischer, portugiesischer, englischer und deutscher Sprache ausgeschickt und ihre Nachrichtensendungen mit Hilfe von Zitaten der spanischen Presse zusammengestellt. Seit dem Beginn der Reorganisierung des Rundfunkwesens aber hatte es der Regierungsbeauftragte unterlassen, die Gehälter der Sprecher zu bezahlen, und nun waren zur Weiterführung nur noch der spanische und der portugiesische Sprecher übriggeblieben.

Der Kontrolleur hatte amtlich mit den Sendungen nichts zu tun, machte sich aber Sorgen über diese Vernachlässigung einer der besten Waffen, die der Regierung zur Verfügung standen. Er hatte die Angelegenheit auch mit dem Arbeiterausschuß besprochen, dessen Mitglieder seine Ansicht teilten. Es mußte etwas geschehen, sonst würde der einzige Kurzwellensender Madrids, soweit es Propaganda betraf, schließen müssen. Die Sprecher konnten nicht länger durchhalten. Der Portugiese war schon halb verhungert und lief in Schuhen umher, die keine richtigen Sohlen mehr hatten. Der Kontrolleur hatte versucht, die Sache mit einem der Sekretäre der Junta de Defensa im Innenministerium und seinen eigenen Vorgesetzten in der Postbehörde auszufechten, aber als die herausfanden, daß die EAQ-Sendungen an das Ausland gerichtet waren, verloren sie alles Interesse an der Sache. Im Grunde dachten sie wohl, Auslandspropaganda sei ein überflüssiger Luxus; sie verstanden nichts davon, und jedenfalls war die für Auslandsangelegenheiten zuständige Behörde das Außenministerium. Dieses sei in Valencia, sagte der Kontrolleur, und ich wisse doch, wie unmöglich es war, Valencia zu veranlassen, etwas für uns in Madrid zu tun. Aber nun sei ich ja wieder im Außenministerium. Ob ich mich nicht der Sache annehmen wolle?

Ich verstand von der ganzen Angelegenheit ebensowenig wie der Kontrolleur. Als Generalgouverneur von Madrid hätte Miaja eingreifen können, aber ich hatte das Gefühl, es sei verlorene Liebesmüh, dem General mit diesem verwickelten Problem zu kommen. Doch teilte ich die Überzeugung des Kontrolleurs, daß wir handeln mußten. Das einzige, was mir der Augenblick eingab, war, daß der portugiesische Sprecher mit uns in unserer Kantine essen und, wenn er kein Quartier hatte, auf einem Diwan in einem der leeren, verstaubten Zimmer des Ministeriums schlafen konnte. Ich bat den Kontrolleur, den Portugiesen zu mir zu schicken, und versprach, mir das ganze Problem zu überlegen.

Ich war froh, mich mit etwas konkretem herumschlagen zu müssen. Die Zensur lief in ausgefahrenen Gleisen. Die Zentrale in Valencia, wo Rubio die Zügel seiner neuen Assistentin, Constancia de la Mora, überließ, sabotierte unsere im Namen der Journalisten gestellten Forderungen mit zermürbender Systematik. Es gab noch mehr Besucher und mehr Sonderberichterstatter auf Blitzausflügen an die Madrider Front; General Goliew war an die baskische Front versetzt worden. Die Beschießung nahm kein Ende, und mein Alpdruck dauerte an.

Der Portugiese Armando suchte mich auf, ein schmutziges, unrasiertes Gerippe mit zuckenden Nerven und jämmerlich fadenscheinigen Kleidern. Seine knochige Hakennase und die Zahnlücke in dem breiten Mund spielten keine Rolle; die Augen unter der Kuppelstirne waren lebendig und intelligent, die Hände lang und schmal, mit knappen, exakten Bewegungen. Er sprach pausenlos über die politischen Verbrechen, die aus Gleichgültigkeit und geistiger Korruption begangen wurden, und entwarf das Bild der Möglichkeiten, den Kurzwellensender zu intensiver Beeinflussung Amerikas auszunützen, das mich packte. Als ich von seiner eigenen Lage sprach, lehnte er alle Vorschläge mit wildem Stolz ab: er wolle keine Almosen, man schulde ihm das Gehalt für mehr als drei Monate, und er habe keinen Grund, Wohltaten anzunehmen. Wenn er sich zu Tode hungerte, sei das ein guter, klarer Fall von offizieller Sabotage. Ilsa war es, die ihn schließlich umstimmte, und so aß auch er an dem langen Tisch unserer improvisierten Kantine, an dem Journalisten und durchreisende Besucher mit den Zensoren, Meldefahrern und Ordonnanzen ihre Mahlzeiten einnahmen.

Vielleicht kam es daher, daß seine brennende, unermüdliche, laute Entrüstung über den Stand der Dinge meinen eigenen Anschauungen so sehr entsprach: jedenfalls wurden wir Freunde.

Ich lernte durch Armando nicht nur die unausgenützten Möglichkeiten des EAQ-Senders kennen, sondern erfuhr auch, daß eine dirigierende Kontrolle und Zensur der Sendungen erforderlich sei. Es war schon vorgekommen – und nun wurde mir klar, wie das möglich war –, daß Journalisten, denen wir eine Nachricht strichen, weil der Militärische Sicherheitsdienst sie unterdrückte, scharf protestiert und uns bewiesen hatten, daß die gleiche Nachricht schon im Rundfunk durchgegeben worden war, so daß die ganze Welt sie hatte hören können.

Zu meinen regelmäßigen Besuchen gehörte ein Mann, den ich Ramón nennen will, ein spanischer Journalist, der Miajas Hauptquartier zugeteilt war und dem General als eine Art Privatsekretär und Reklamechef diente. Ich erzählte Ramón von dem Durcheinander im Rundfunk. Er begriff meinen Wunsch nach einer Intervention Miajas sehr bald, wußte jedoch nicht recht, wie er ihn dazu veranlassen sollte. Zwei Tage später befahl Miaja mich zu sich.

»Was hast du mir da für eine lausige Geschichte vom Rundfunk erzählen lassen, du? Ihr Burschen wollt immer, daß ich die Suppe für euch auslöffle. Eines Tages werde ich euch alle ins Loch stecken.«

Ramón zwinkerte mir zu. Nachdem ich Miaja einfach und unverblümt dargestellt hatte, um was es ging, wischte der General sorgfältig seine Brillengläser ab und rief seinem Adjutanten zu: »Du, mach für Barea eines dieser Papierchen fertig! Von heute an übernimmt er die Rundfunkzensur. Du weißt hoffentlich, mein Junge, was du dir da eingebrockt hast!«

Ich begann, ihm von Auslandspropaganda zu erzählen, vom EAQ-Sender und der Wichtigkeit seiner Möglichkeiten, aber Miaja unterbrach mich, und Ramón holte aus dem Schlafzimmer ein paar Flaschen Bier. Die Angelegenheit war erledigt. Ein paar Tage später wurde ich neuerdings hinberufen, und der General gab mir ein »Papierchen« mit seiner Unterschrift, das mich zu seinem bevollmächtigten Delegierten bei dem EAQ-Sender ernannte.

Ich berief einen Kriegsrat ein, der aus dem Kontrolleur, dem Arbeiterausschuß und den zwei Sprechern bestand. Ich sagte ihnen, ich hätte die finanzielle Frage noch nicht gelöst, glaubte jedoch an die Wichtigkeit ihrer Arbeit.

Die Sprecher könnten in unserer Kantine essen, sonst wäre das Ernährungsproblem für sie unlösbar, und ich würde bei der Programmgestaltung helfen. Ilsa würde in den Internationalen Brigaden Freunde finden, die in fremden Sprachen Vorträge halten oder Ansagerdienste leisten könnten.

Sie erklärten sich bereit fortzufahren, etwas skeptisch, aber zu verliebt in ihren Sender, um ihn einstellen zu lassen.

Dann kam der Zusammenbruch der baskischen Front.

Wir in Madrid waren egozentrisch; wir dachten, das Hinterland – »das verrottete Hinterland« – von Valencia und Barcelona gehöre zu einer anderen Welt, die zu begreifen wir nicht einmal versuchten. Aber Bilbao kämpfte, Asturien kämpfte, und die schienen zu uns zu gehören. Und Bilbao fiel.

Ich hörte es zuerst von den Auslandskorrespondenten, deren Redakteure in London und Paris von ihnen Berichte über Madrids Reaktion auf die Nachricht verlangten, die von der Rebellenseite im Rundfunk ausgegeben worden war. Wir wußten nichts – offiziell. Gerüchte hatten die Runde gemacht, aber Presse und Rundfunk hatten strikten Befehl erhalten, nichts als offizielle Verlautbarungen zu veröffentlichen; bisher hatte noch keine Verlautbarung den Fall von Bilbao zugegeben, hingegen hatten viele von seiner siegreichen Verteidigung gesprochen. Diese Nachrichtenpolitik war in ihrer Albernheit erniedrigend. Ich ging zu Miaja und erklärte, die Amerikasendung an diesem Abend werde sich mit der Tatsache von Bilbaos Fall auseinanderzusetzen haben. Schwiegen wir, dann würde das unserer moralischen Geltung mehr schaden, als der Fall selbst. Miaja lehnte ab, eine Entscheidung zu treffen: Befehl dazu hatte von Valencia zu kommen, er könne die Verantwortung nicht übernehmen und wisse nicht, in welcher Form man die Nachricht ausgeben sollte. Ich schlug vor, eine Rundfunkrede über das Thema zu schreiben, die ich ihm vor der Sendung unterbreiten wollte.

»Ich kann mir nicht vorstellen, wie zum Teufel du es darstellen kannst, ohne daß es uns weh tut«, sagte Miaja. »Aber schreib's, meinetwegen; ich habe ja noch immer Zeit, es zu zerreißen und es den Herrschaften in Valencia zu überlassen, mit der Sache fertig zu werden.«

Ich schrieb eine Funkrede. Um mir über die schwierige Situation hinwegzuhelfen, machte ich aus dem Vortrag eine Botschaft an den englischen Kapitän, der unter dem Spitznamen »Kartoffel-Jones« bekannt war, einen Blockadebrecher, der Bilbao mit Lebensmitteln versorgte. Ich warnte ihn, Bilbao sei gefallen, erklärte ihm, was Bilbao für Spanien bedeutet hatte, für unser Spanien, und was es in der Zukunft wieder bedeuten werde, wenn wir es zurückeroberten. Ich sagte ihm, daß wir weiterkämpften und keine Zeit hätten, um Bilbao Tränen zu vergießen. Miaja las es, schlug mit der Faust auf den Tisch und befahl mir, den Vortrag im Rundfunk durchzugeben. Er rief auch den Chefredakteur der einzigen Zeitung an, die am nächsten Tage, einem Montag, in Madrid erschien und ersuchte ihn, meinen Text abzudrucken. Und so, in dieser Form, erfuhr Madrid offiziell vom Fall Bilbaos.

Es war das erste Mal, daß ich vor einem Mikrophon sprach. In dem engen Zimmerchen, das in ein Studio umgewandelt worden war, versammelten sich die Ingenieure des Senders und die Gebäudewachen, und ich bemerkte, daß ich sie gerührt hatte. Mich würgte es selbst in der Kehle, aber ich fühlte auch, daß mir da ein Machtinstrument anvertraut war. Also teilte ich dem Arbeiterausschuß mit, daß ich täglich nach der Nachrichtensendung für Lateinamerika, um ein Viertel nach zwei Uhr morgens, eine Rede halten würde. Der Sprecher hatte mich als »Eine unbekannte Stimme von Madrid« angekündigt, und bei diesem Namen für den Rundfunk beabsichtigte ich zu bleiben, denn das war es, was ich sein wollte.

Da ich alle von Madrid ausgehenden Rundfunksendungen zu zensurieren hatte, war der Tag nun mit zweifacher Büro-

arbeit belastet. Ich tat sie mechanisch, immer auf Granatein-
schläge hinhorchend. Kamen die Explosionen näher, dann
ging ich in den Keller hinunter und schrieb dort. Die neuen
Korrespondenten, die auftauchten, wurden kaum je zu wirklichen Menschen für mich.

Ich begann wieder auf die Straße hinauszugehen und mich
daran zu gewöhnen, mich wie andere Leute zu benehmen.
Nachts sprach ich zur Welt da draußen als die »Stimme von
Madrid«, also mußte ich wirklich einer vom Volk von Madrid
sein. Mit Ilsa verbrachte ich ruhige Stunden im Hinterstübchen der Schenke Serafíns und ließ mir von ihm Geschichten aus seiner Straße erzählen. Er führte mich in den Keller
des Pfandleihers, wo er und seine Freunde, um in Sicherheit
zu sein, auf den nackten Holzborden übernachteten, wo früher verpfändete Matratzen aufgestapelt gewesen waren. Die
Frauen schliefen in einem benachbarten Keller auf Feldbetten. Aber Serafín hatte eine Beule auf der Stirne, die nie ab-
schwoll und zum Anlaß zahlloser Witze wurde: bei jeder Explosion sprang er auf und schlug gegen das Brett über ihm,
und dasselbe geschah, wenn er aus seiner Schlafbank heraus-
kroch, um beim Aufräumen der Trümmer zu helfen, die die
letzte Granate hinterlassen hatte. Seine Angst wie sein Mut
verursachten ihm Beulen.

Ich erzählte seine Geschichte über den Rundfunk, ebenso
wie ich von den Straßenreinigern erzählte, die die Granatenallee mit Wasser besprengten und dunkle Rinnsale von Blut
wegwuschen; von den Straßenbahnen, deren Geklingel mir
während der Luftangriffe Mut gab; von der Telephonistin, die
weinte, bis ihr Augen und Nase anschwollen, die aber auf ihrem Posten aushielt, obwohl der Luftdruck die Fensterscheiben zertrümmerte; von den alten Frauen, die strickend in den
Türen eines Frontdorfes saßen, wohin mich Pietro Nenni in
seinem Auto mitgenommen hatte; von Kindern, für die es ein
lustiges Spiel war, hinter dem Ministerium die noch warmen
Geschoßzünder aufzulesen. Ich glaube, alle diese Geschichten, die ich schrieb und am Ende eines Tages der Arbeit im

düsteren, widerhallenden Ministerium ins Mikrophon sprach, waren Geschichten von gewöhnlichen Menschen, die in jener Mischung von Angst und Mut dahinlebten, wie sie damals den Straßen von Madrid und den Gräben seiner Front eigen war. Ich teilte alle ihre Ängste, und ihr Mut wärmte mir das Herz. Ich mußte das weitergeben.

Miaja hatte Ilsa und mir einen Fahrer und einen Kleinwagen, einen der italienischen Balillas, die wir bei Guadalajara erbeutet hatten, für unsere Rundfunkarbeit zur Verfügung gestellt. Nach ein Uhr morgens, wenn die Pressezensur Schluß gemacht hatte, führte er uns durch die engen Straßen, wo die Posten Feldruf und Losung verlangten. Der Sender war in der Calle de Alcalá, in dem Hochhaus, auf dessen höchster Etage sich die wohlausgestatteten Studios befunden hatten. Die Beschießung hatte die höheren Stockwerke unbewohnbar gemacht; Notstudio und Büro waren im Tiefgeschoß eingerichtet worden, notdürftig, so wie es die Leute eben verstanden. Man ging eine kleine Betontreppe hinunter und befand sich in einem schmutzigen, feuchten, engen Korridor; das Klosett auf diesem Korridor hatte keine Tür, und man konnte nicht bloß den Anblick seiner weißen Fliesen und der ewig tropfenden Wasserröhren genießen, sondern auch den Geruch, der alles durchdrang. Die kleinen Verschläge entlang dem Korridor hatten ursprünglich als Kohlenkeller gedient; jeder hatte hoch in der Mauer eine vergitterte Luke, die sich über dem Gehsteig auf die Straße hin öffnete. Einer dieser Kohlenverschläge war ausgeräumt und in ein Studio umgewandelt worden, einfach indem man Armeedecken an die Wände gehängt hatte, um die Geräusche zu dämpfen. Der Raum enthielt eine doppelte Installation für Grammophonplatten, ein Schaltbrett und ein Mikrophon, das von der Decke herabhing.

Der anschließende Kohlenkeller diente nun als Büro. Ein halbes Dutzend Stühle stand dort und zwei riesige alte, mit Tinte befleckte Schreibtische. In der Mitte des Raumes stand ein großer, eiserner Ofen, der auch in den heißesten Sommernächten brannte, weil die Keller Feuchtigkeit ausschwitzten. Der Raum war erfüllt von durch Tabakrauch verdicktem und gefärbtem Dampf. Der Korridor und die leeren Verschläge waren mit Strohsäcken angestopft. Es schliefen dort: die Familie des Pförtners, die Ingenieure, einige Angestellte der Transradiogesellschaft, die Laufjungen, die dort eingeteilten Milizmänner, zwei Rollkommandos und eine Horde von Kindern, die keine andere Zuflucht hatten. Jeder redete und schrie, die Kinder kreischten, und von den vibrierenden Betonwänden hallte das alles zurück. Manchmal mußte man die Sendung für einen Augenblick unterbrechen, und   »Ruhe!« rufen oder gar dem Befehl mit ein paar Flüchen Nachdruck verleihen.

Am anderen Ende des Korridors tat sich wie ein Brunnenschacht ein rundes Loch auf; eine eiserne Wendeltreppe führte zu einem Kellerloch hinab, in dem mein Freund, der Kontrolleur, sein Büro hatte. Im grünen Schimmer des Lampenschirms wirkte der ausgemergelte Mann mit dem schlotternden Anzug wie ein Gespenst, und die plötzliche Stille hinter den dicken Mauern ließ einen glauben, man sei in eine Gruft hinabgestiegen. Dort saßen wir mit dem Sekretär des Arbeiterausschusses, einem dürren Mann aus der Mancha, mit vorspringenden Backenknochen und kleinen, glimmenden Augen, und planten unsere Programme. Dort lasen wir auch die ersten an »die unbekannte Stimme von Madrid« gerichteten Briefe. Einer kam von einem alten spanischen Kumpel in den Vereinigten Staaten. Er sagte – und ich glaube, ich kann mich an den genauen Wortlaut des einfachen Briefes erinnern: »Als ich dreizehn war, begann ich unter Tag in Peñarroya Kohle zu hauen. Aber bei uns im Dorf hatten es der Graf und der Geistliche nicht gerne, wenn wir in die Schule gingen. Geht arbeiten, sagten sie. Ich segne euch, die ihr für ein besseres Leben kämpft, und ich verfluche all diejenigen, die nicht wollen, daß unser Volk sich in die Höhe arbeitet.« Wenn ich meine Nachtsendung las, stand jedesmal die ganze Belegschaft des Tiefgeschosses im Studio, Kopf an Kopf gedrängt. Diese Menschen schienen zu empfinden, daß sie an

meinen Sendungen einen Anteil hatten, weil ich ihre Sprache
sprach, und sie waren nachher auch meine strengsten Kriti-
ker, aus einem Gefühl des Besitzerrechtes heraus. Der Elektriker der Kontrollstelle in Vallecas, der die Tonstärke zu regeln hatte, nahm sich immer die Mühe, mich anzurufen, um
mir mitzuteilen, ich sei für seinen Geschmack wieder einmal
zu sanft gewesen. Die primitivsten unter den Leuten hatten
eine Vorliebe dafür, wenn ich die Mächte des Bösen auf der
Gegenseite in biblischer Sprache anklagte; einige der Arbeiter waren von den brutalsten realistischen Darstellungen, die
ich schrieb, zugleich schockiert und hingerissen; die Beamten
fanden meinen Stil zu ungeschlacht und unliterarisch, weil
ihm die abgerundeten, geschliffenen Passagen fehlten; die
meisten wunderten sich, daß sie ohne geistige Schwierigkeiten den Sinn jedes Satzes begreifen konnten. Dabei folgte ich
keiner besonderen Methode und hatte keine Theorie, sondern
suchte einfach das in Worte zu fassen, was sie dunkel fühlten, wie ich es fühlte, damit so die Menschen unserer Sprache
jenseits des Meeres gezwungen waren, einen Blick unter die
Oberfläche unseres Kampfes zu tun.

Der Mann, dessen Reaktionen mir als beste Richtschnur
dienten, war der Wachtmeister der Rollkommandowache im
Ministerium. Mit der von keinem Zweifel getrübten Ergebenheit eines Knappen stellte er sich mir zur Verfügung, gemäß
der Weisung seines Vorgängers, der sich mit mir am 7. November solidarisch erklärt hatte. Überzeugt, die Fünfte Kolonne habe mich zu einem ihrer Opfer ausersehen, weigerte er
sich, mich nach Einbruch der Dunkelheit aus den Augen zu
lassen, und begleitete mich mit einem wortlosen, kindlichen
Stolz zum Sender. Dort stand er, alle anderen überragend, in
einem Winkel und blinzelte, wenn er gerührt war. Sein Gesicht war platt und rauh, wie aus einem verwitterten Stein-
block roh zugehauen, und seine Augen waren ganz hell, fast
farblos. Nachdem er ein paar Wochen lang meine Sendungen
angehört hatte, kam er eines Tages in mein Zimmer, schluck-
te, blinzelte und überreichte mir ein paar Blätter: Er hatte

niedergeschrieben, was er an Schlechtem getan und gesehen hatte – während seiner Dienstzeit in der Armee und in der Zivilgarde. Nun wollte er, daß ich, sozusagen als Sühne dem Volk gegenüber, seine Geschichte für eine Sendung verwende. Seine Handschrift war ungefähr wie die des alten Mannes, der mir aus Pennsylvania geschrieben hatte.

Die neue Regierung der Republik, unter Dr. Negrín, war nun schon einige Zeit im Amt. Negrín selbst hatte seine ersten, grimmig nüchternen Rundfunkreden gehalten; von Indalecio Prieto wurde erzählt, er habe den Generalstab gesäubert; die soldatische Disziplin wurde verschärft, der Parteicharakter der Einheiten verblaßte, die Rolle der politischen Kommissare wurde eingeschränkt. An den Abschnitten westlich von Madrid gab es Truppenverschiebungen; auf den Straßen von der Küste wurde ununterbrochen Kriegsmaterial herangeführt; viel mehr neue Jäger flogen über unseren Köpfen dahin; aus Valencia trafen Kriegsberichterstatter ein. Ich wurde nach dem Hauptquartier berufen und bekam strikteste Befehle:
Prieto war in Madrid, aber sein Aufenthalt war geheimzuhalten. Nach dem Beginn der Operationen durfte nichts als die offiziellen Kriegsberichte durchgelassen werden; private sowohl als auch diplomatische Telegramme waren mehrere Tage lang zurückzuhalten. Den Berichterstattern wurden Frontbesuche verboten.
Der Kampf um Brunete begann in sengender Julihitze. Der republikanische Vorstoß, zum ersten Mal erfolgreich von Luftstreitkräften unterstützt, gewann westlich von Madrid an Boden. Es ging darum, die feindliche Front zu durchbrechen und eine Flankenbewegung zu machen, um so die Räumung der gegnerischen Stellungen in der Universitätsstadt zu erzwingen. Zu Beginn sah es günstig aus, aber die Offensive blieb stecken; ungeachtet der besser gewordenen Ausrüstung waren unsere Truppen zu schwach, ihren Druck zu verschärfen, ehe der Feind Reserven heranbringen konnte. Dem siegreichen Vormarsch folgte eine Niederlage; Brunete und

Quijorna, die mit großen Opfern genommen worden waren, gingen wieder verloren und wurden im Laufe der Kämpfe dem Erdboden gleichgemacht.

Torres und ich kletterten die mit Spinnweben tapezierte Wendeltreppe zum westlichen Turm des Ministeriums hinauf. Durch die Dachluken blickten wir auf das Schachbrett der Schieferdächer und auf das weite Schlachtfeld hinunter. Ganz fern in der Ebene, viel zu fern, als daß unsere Augen eine Einzelheit hätten erkennen können, gab es eine von Blitzen zerrissene Wand von Rauch und Staub, von deren dunkler Grundlinie eine ungeheure Rauchsäule zum hellen Himmel aufstieg. Die Wolke schwankte und bebte, und meine Lungen zitterten im Vibrieren von Himmel und Erde mit. Feiner Staub sickerte von den alten Balken des Turmes und tanzte im Licht, das durch die Scheiben fiel. Unten auf der Plaza de Santa Cruz gingen die Menschen ihren Geschäften nach, und auf dem Dach gegenüber setzte sich eine schwarzweiße Katze neben einen Schornstein, starrte uns an und begann sich die Ohren zu putzen.

Dort drüben lag Brunete. Im Geiste sah ich das erdgraue Dorf vor mir, die weißgetünchten Lehmmauern, den verschlammten Teich, die trostlosen Felder mit ihren trockenen, gebleichten, steinharten Erdschollen, die Dreschtennen, die staubgewordene Weizenspreu. Ich sah mich als Junge die Dorfstraße hinuntergehen, die Madrider Straße zwischen Onkel José und seinen Brüdern.

Hinter der dunklen, blitzdurchzuckten Wolke dort drüben wurde Brunete von Panzern und Bomben umgebracht. Es war eine Sache, die mich auch persönlich anging. Denn im Boden Brunetes steckten einige Wurzeln meines Blutes, meines Rebellentums. Sein herbes, trockenes Erbe hatte in mir immer mit der freudigen Wärme gekämpft, die mir in dem anderen Blutstrom zugefallen war, von jenem anderen Dorf meiner Jugend her: Méntrida mit seinen Weingärten, seinen grünen Wiesen, dem langsam zwischen den Binsen dahinfließenden Fluß – Méntrida, ein Pünktchen dort draußen in der Ebene,

fern von der bösen Wolke und doch in der Knechtschaft der
Männer, die die Felder Spaniens in unfruchtbare Wüste verwandelten.

In der Nacht nach diesem Tag und nach manchen anderen
Tagen schrie ich ins Mikrophon hinein, was ich in dem Turm
angesichts der Front gefühlt hatte.

Die Journalisten, dem Brennpunkt des Krieges so nahe
und doch außerstande, über ihn zu berichten, waren wütend
und hartnäckig. Sie gaben zwar die Heeresberichte weiter,
aber sie stritten mit mir, und ich stritt mit ihnen, weil ich
mich an die Vorschriften halten und sie nicht mehr sagen lassen durfte. Bei Beginn der Offensive waren die Vorsichtsmaß-
nahmen selbstverständlich notwendig. Aber als die Operationen in vollem Gange waren, hielt ich es in unserem eigenen
Interesse für richtiger, die Journalisten ihre Berichte aussen-
den zu lassen. Ich ging in den Generalstab zu Prieto und er-
reichte nach einer hitzigen Auseinandersetzung eine Milde-
rung der Vorschriften.

Aber dadurch, daß die Journalisten über mich aufgebracht
waren und ich über die Journalisten, hatten sich meine Beziehungen zu ihnen nicht eben gebessert. Es fiel ihnen auf,
daß ihre Ansuchen um verschiedene Erlaubnisscheine, die
früher schnell erledigt worden waren, nun entmutigend lange
aufgehalten wurden; sie hatten aber keine Ahnung von dem
Kampf zwischen unserem Büro und der neugeborenen Bürokratie, die hinter den Verzögerungen steckte. Für sie war ich
die Quelle des Übels, und ich machte nicht einmal den Versuch, ihnen die Lage klarzumachen oder sie zu besänftigen,
obwohl ich wußte, daß sie sich bei Prieto und dem Büro in
Valencia beschwert hatten und daß zumindest das Personal in
Valencia damit nicht unzufrieden war, mich angeschwärzt zu
sehen.

Es war klar, daß mehrere Feldzüge persönlicher und politischer Natur gegen uns im Gange waren. Ich war zu erschöpft,
um mich darum zu kümmern, es mag sogar sein, daß ich sie
in meinem Innersten begrüßte.

Als die Offensive vorüber war, meine Scheidung im letzten Stadium lief und der Internationale Kongreß antifaschistischer Schriftsteller mit seiner Schaustellung posierender Intellektueller vor dem Hintergrund des kämpfenden Madrid sein Ende erreicht hatte, verfiel ich in eine Art Erstarrung.

Maria kam noch immer einmal die Woche zu mir ins Amt, um mich anzuflehen und zu bedrohen, bis mich das in einen Zustand von Wut, Ekel und Abneigung hineinsteigerte, der mich mit ihr brutal offen brechen ließ. Sie kam nie wieder, schrieb jedoch eine Zeitlang anonyme Drohbriefe an Ilsa und mich. Aurelias Mutter, die sich über den Anteil ihrer Tochter am Zusammenbruch unserer Ehe im klaren war, machte sich's zur Gewohnheit, Ilsa und mich regelmäßig zu besuchen. Als sie zum ersten Mal kam, beobachteten die Angestellten des Ministeriums uns durch die Türspalten, um nur ja keinen aufregenden Streit zu versäumen; als sie jedoch sehen mußten, daß die alte Frau ausgesprochene Zuneigung für die zukünftige Frau ihres ehemaligen Schwiegersohnes empfand, wurde die Sache zur Sensation, weil da ein geradezu revolutionäres Spektakel im Gange war. »Es ist noch immer wie in einem ausländischen Roman«, sagte der Zensor mit dem Pferdekopf zu mir. »Ich hätte nie gedacht, daß sich spanische Menschen so benehmen können.«

Zu dieser Zeit begannen Leute, die nicht mehr als Zufallsbekannte waren, zu mir über den Irrtum zu sprechen, den ich beging, da ich eine Ausländerin heiraten wollte, anstatt einfach mit ihr als einer Geliebten zusammenzubleiben. Solange sie geglaubt hatten, ein Spanier habe eine »erobert«, fühlte sich ihr männlicher Korpsgeist geschmeichelt. Da sie mich aber jetzt ihren ganzen Verhaltenskodex durchbrechen sahen, hielten sie es für unmoralisch. Das stimmte mit Rubios Andeutungen überein und ekelte mich an, gab mir aber auch einen zusätzlichen Grund, das mir zu Ohren gekommene Geflüster über meine zunehmende Nachlässigkeit, meine Wutausbrüche, meinen unsicheren Gesundheitszustand zu verachten. Ja, dieses Geflüster gefiel mir geradezu, und ich leistete ihm Vorschub. Nur wenn ich sah, wie sorgenvoll und gehetzt Ilsa war, oder wenn Torres oder mein alter Wachtmeister oder Agustín oder Angel oder die alten Kumpane in Serafíns Schenke mir ihren Glauben an mich bewiesen, rüttelte ich mich selbst zu einer sprunghaften Tätigkeit auf.

Während ich in diesem Krisenzustand war, kam Constancia de la Mora zum ersten Mal nach Madrid. Ich wußte, daß sie die Leitung der Zensurabteilung in Valencia faktisch an sich gerissen hatte und Rubio nicht mochte; daß sie eine tüchtige Organisatorin war, eine Dame von Welt, die aus freiem Willen zur Linken gestoßen war, und daß wir die Besserung zwischen dem Büro in Valencia und der Presse großenteils ihr zu danken hatten. Ich war mir auch dessen bewußt, daß sie es ärgerlich gefunden haben mußte, daß wir in Madrid unweigerlich vorgingen, als wären wir von Valencia – also von ihrer Autorität – unabhängig. Groß, üppig, mit sehr gewölbten Augäpfeln und schwarzbrauner Iris, mit dem gebieterischen Auftreten einer Patriarchin, der einfältigen Logik eines Schulmädchens und dem Selbstvertrauen einer Enkelin des selbstherrlichen politischen Drahtziehers Antonio Maura, ging sie mir wider den Strich, so wie ich ihr gegen den Strich gegangen sein muß. Als sie jedoch Ilsa und mir den Rat gab, den lange fälligen und uns offensichtlich sehr nottuenden Urlaub zu nehmen, war ich bereit, ihrem guten Willen zu trauen. Ich mußte ausspannen und schlafen – und ich wollte herausfinden, was die Valencianer mit uns vorhatten.

General Miaja ersuchte mich, für einen Stellvertreter in der Radiozensur zu sorgen, ermächtigte uns, den Fahrer und den kleinen Wagen während der Urlaubszeit zu behalten, »als einzigen Lohn, den ihr je dafür erhalten werdet, daß ihr in die Bresche gesprungen seid«, und gab uns Passierscheine von und nach Madrid.

Der Weg nach Valencia war nicht mehr die direkte Landstraße über die Argandabrücke, die wir im Januar eingeschlagen hatten. Wir mußten einen Umweg durch Alcalá de Henares machen, der uns nach dem Erklimmen nackter roter

Hügel und vielen ermüdenden Stunden auf die heiße weiße Straße zurückführte. Die meiste Zeit verschlief ich an Ilsas Schulter. Einmal blieb unser Wagen stehen, um einer langen Kolonne jämmerlicher, räudiger, lahmer Maultiere, Esel und Pferde Platz zu machen. Staub und Fliegen bedeckten die Wunden der erschöpften Tiere, die auf ihren eingesunkenen Rücken alle Krankheiten und Übel der Welt zu tragen schienen. Ich fragte den Zigeuner, der sich an unserem Kotflügel vorbeidrückte: »Wo führst du diese ganze Versammlung denn hin?«

»Fleisch für Madrid! Gib mir eine Zigarette, Kamerad!«

Auf den steinigen Hügeln blühte Lavendel wie rauchblauer Dunst, und als wir ins Tal hinunterkamen, war der Bach dort von rosenrotem Oleander gesäumt. Dann tauchten wir hinunter in die Senke von Valencia, in feuchte, stickige Hitze, in den Lärm und den Geruch von Menschenmengen.

Wir meldeten uns in Rubios Büro. Er war vernichtend höflich: »Hätten wir geahnt, daß Sie heute abend ankommen, wir hätten Sie mit Blumen empfangen, Ilsa … Nein, wir reden jetzt nicht von Geschäften. Gehen Sie und ruhen Sie sich aus! Wie ist Ihre Adresse? Altea? Sehr hübsch, wahrhaftig! Und machen Sie sich über das Büro in Madrid keine Sorgen! Wir werden uns um alles kümmern; Sie haben das Ihrige getan.«

Nach nervösem Schlaf in dem dampfenden, mückenverseuchten Hotel entflohen wir in den strahlenden, heißen Morgen. Die Stadt war grellbunt und überfüllt. Ich überließ Ilsa sich selbst und fuhr in das Dorf, wo Aurelia evakuiert war, um meine Kinder zu besuchen und die letzten Scheidungsformalitäten beim Richter des Ortes zu beschleunigen. Ich mußte einige offene Hände schmieren, und ich mußte mein Herz gegen das Bewußtsein der Unbill verhärten, die ich den Kindern antat. Ich war überrascht, daß ich so gefühllos sein konnte. Aurelia war zum Friseur gegangen, und so war ich viele Stunden allein mit den Kindern. Ich hätte gern meine jüngere Tochter mit mir genommen, wußte aber, daß kein Kompromiß möglich war.

Bei meiner Rückkehr in die Stadt fand ich Ilsa an unserem Treffpunkt im Café, in ernstem Gespräch mit demselben Polizeiagenten, der sie im Januar verhaftet hatte. Er war ein vierschrötiger Mann mit tief zerfurchtem, humorvollem Gesicht, der, ehe ich noch etwas hatte sagen können, mich ansprach: »Tut mir leid, daß du mir bei Ilsa zuvorkamst und sie geschnappt hast. Ich hätte gern mein Glück bei ihr versucht. Aber wie dem auch sei, ihretwegen will ich euch als Freund etwas sagen.«

Was er uns mit einer Menge Einzelheiten auftischte, war, daß laut seiner Information aus erster Quelle Rubio und Constancia nicht die Absicht hatten, uns auf unsere Posten in Madrid zurückkehren zu lassen. Constancia hatte meinen Nachfolger schon bestimmt, eine kommunistische Intellektuelle namens Rosario del Olmo. »Ihr müßt das verstehen, diese spanischen Frauen vertragen es nicht, daß eine Ausländerin wie Ilsa einen solchen Einfluß ausübt. Außerdem sind sie alle neue und eifrige Parteimitglieder.« Es hatte mehr als eine Beschwerde gegen uns gegeben. Ilsa zum Beispiel hatte einen Artikel für das sozialdemokratische Organ in Stockholm durchgehen lassen, der die Ausschaltung der sozialistischen und anarchistischen Gewerkschaften aus der Regierung kritisierte, was als Ausfluß ihrer eigenen politischen Sympathien aufgenommen wurde. Aurelia erfüllte das Ministerium mit Beschimpfungen gegen Ilsa und mich, sooft sie mein Monatsgehalt, das ich ihr und den Kindern zu überweisen hatte, abholen kam. Mit einem Wort, wir täten besser, unsere Freunde in Bewegung zu setzen und unseren Aufenthalt in Valencia abzubrechen – es wäre gesünder für uns.

Aufgrund dieser vertraulichen Information konnten wir nur sehr wenig tun. Wir sprachen mit ein paar Menschen, die etwas unternehmen konnten, falls wir spurlos verschwanden. Unser einziger Weg war: zurück nach Madrid, sobald wir erst etwas Kraft für die kommende Prüfung zurückgewonnen hatten.

Wir fuhren nach Altea.

Die Straße entlang der steilen Levanteküste, der Costa Brava, führte uns über terrassierte Hügel am Fuß der nackten blauen Berge, durch verfallende Städte mit tönenden Namen – Grandía und Oliva und Denia und Calpe –, durch steinige, mit Unkraut bestandene Schluchten, vorbei an weißgetünchten Bauernhöfen mit Torbögen und farbigen, mit gerippten Fliesen bedeckten Dächern. Am ersten Weinberg ließ ich den Wagen halten. Der alte Flurhüter kam heran, besah sich die Nummerntafel und brummte: »Von Madrid, wie? Und wie steht's dort?«

Er gab Ilsa eine mächtige Traube goldgrüner Beeren, ein paar Tomaten und eine Gurke. Wir fuhren durch Dörfer, holperten über die Katzenköpfe des Pflasters und sahen schwarzgekleidete alte Frauen auf Schemeln vor ihren Haustoren sitzen, hinter sich statt einer Holztür schwingende Vorhänge aus Glasperlenschnüren, neben sich eine Kiste mit langen Stangen grünlicher Seife, zum Verkauf dargeboten, wie sie die Landleute dieser Gegend aus Rückständen ihrer Ölpressen mit kaustischem Soda sieden. In Madrid gab es keine Seife.

In der Abenddämmerung erreichten wir das kleine Einkehrgasthaus in Altea – eine weißgetünchte, sauber riechende Halle, dunkel polierte Anrichten, Stühle mit binsengeflochtenen Sitzen und eine Brise vom Meer. In unserem Schlafzimmer mischte sich der Seegeruch mit dem Duft eines Gartens und frisch gesprengter Erde, aber vor unserem Fenster war nichts als dunkler Dunst, in dem Wasser und Erde verschmolzen, mit einem schwarzblauen Sternenhimmel darüber, und eine Kette sanft schaukelnder Lichter, die sich ins Dunkel hinein bewegten. Die Männer von Altea waren auf Fischfang. In dieser Nacht schlief ich.

Altea ist beinahe so alt wie der Berg, auf dem es liegt; es ist phönikisch, griechisch, römisch, arabisch und spanisch gewesen. Seine weißen Häuser mit den flachen Dächern und glatten, von Fensterscharten durchbrochenen Mauern klettern den Berg in einer Spirale hinauf, die dem Saumtierpfad mit seinen altersglatten, ausgehöhlten Stufen folgt. Die Kirche hat einen schlanken Turm – das Minarett einer Moschee – und eine Kuppel aus blauen Fliesen. Die Frauen, die aus der Dunkelheit ihrer stillen Häuser zum Meer hinunterschreiten, wo die Männer ihre Fischnetze flicken, tragen auf den Köpfen Wasserkrüge aus hellgelbem Ton, mit schwellender Rundung, schmalem Fuß, anmutigem Hals – eine eigenartige Amphoragestalt, die von den ansässigen Töpfern nach uraltem Muster nur für Altea erzeugt wird. Der alte Hafen ist verlassen, aber die lateinischen Segel der Fischer von Altea kommen auf ihren Fischzügen und Schmuggelfahrten bis an die Nordküste Afrikas. Um den Berg herum liegen Ölgärten und Granatäpfelhaine und dem Felsen abgerungene Terrassen bebauten Landes. Die Küstenstraße ist neu, und an ihr entlang ist ein neues Dorf entstanden, wohlhabender und weniger an den Boden gebunden als die Bergsiedlung; im neuen Dorf gibt's ein Polizeirevier, ein paar Schenken und Weinhäuser und die Villen reicher Leute, die von draußen kamen. Die Bergstadt ist dadurch noch viel mehr in sich selbst abgeschlossen als zuvor. Nach all den Wandlungen, die sie durchgemacht hat, ist sie unwandelbar geworden.

Wenige Meilen von Altea entfernt pochte der Krieg an die Küste. Auf dem Gipfel des Peñon de Ifach, Klein-Gibraltar, wie der Felsen genannt wurde, war in den Ruinen eines alten Wachturms ein Posten zur Beobachtung des Meeres eingerichtet worden. Soldaten der Internationalen Brigaden, die zur Ausheilung ihrer Verletzungen nach dem Krankenhaus von Benisa gebracht worden waren, wurden jeden Tag in Lastautos herangeführt – zum Bad in einer der drei seichten Buchten am Fuße des Felsens. Wenn wir nicht nach dem afrikanisch wirkenden Strand von Benidorm fuhren, mit seinen blauen Bergen und Palmen und Mistkäfern, die ihre Spur durch den heißen Sand zogen, dann fuhren wir zum Felsen von Ifach und kehrten bei Miguel ein, dem Schankwirt, den wir den Piraten nannten, weil er wie der starke, freie Seeräuber aller je geschriebenen Abenteuergeschichten aussah.

Er verkaufte Wein in einem offenen, schilfgedeckten Hüttenbau mit langen Bänken und einfachen Tischen auf Bökken, der vor der sengenden Sonne durch geflochtene Binsenvorhänge geschützt war. Er· hatte Hütten wie diese in Kuba gesehen, sagte er. Seine Augen waren graublau und spiegelten die Ferne, seine Haut war golden. Er war nicht mehr sehr jung, aber er war stark und hatte die lautlosen Bewegungen einer Katze. Als wir zum ersten Mal in den kühlen Schatten traten, musterte er uns von oben bis unten. Als erweise er uns eine Gunst, brachte er uns in einem glasierten Krug Wein und setzte sich zu einem Glas mit uns hin. Dann blickte er Ilsa an und hielt ihr plötzlich ein Päckchen norwegischer Zigaretten hin. Zigaretten hatten damals einen Seltenheitswert.

»Du bist eine Ausländerin«, sagte er. »Gut, ich sehe, daß du zu uns gehörst.«

Er hatte es einfach festgestellt. Dann führte er uns in die rauchige Küche, damit wir mit seiner dunkeläugigen jungen Frau und dem kleinen Sohn im Kinderbettchen bekannt würden. Ein stämmiges fünfjähriges Mädchen folgte schweigend jedem seiner Schritte. Die Frau stand wortlos am offenen Herd unter dem glockenförmigen Rauchabzug, während er erklärte: »Schau, diese Genossin ist von weither gekommen, um mit uns zu kämpfen. Sie weiß eine Menge. Mehr als ich. Ich sagte dir ja, daß Frauen auch etwas wissen können und daß wir einige von der Art brauchen.«

Aber der jungen Frau gefiel das nicht. Die stille Feindseligkeit, mit der sie Ilsa betrachtete, war mit Scheu gemischt, als hätte sie mit einem seltsamen Ungeheuer zu tun.

Wir verließen zusammen die Küche, er brachte einen weiteren Krug Wein und setzte sich wieder zu uns.

»Schau«, sagte er zu Ilsa, »ich weiß, warum du hergekommen bist. Ich kann's nicht erklären. Vielleicht kannst du's. Aber es gibt viele wie wir auf der Welt. Wir verstehen einander, wenn wir uns zum ersten Mal begegnen. Genossen oder Brüder. Wir glauben an die gleichen Dinge. Ich wüßte, was du glaubst, auch wenn du kein Wort Spanisch sprächest.« Er hob sein Glas wie bei einer Zeremonie: »Salud!«

»Miguel, was bist du?«

»Ein Sozialist. Spielt das eine Rolle?«

»Glaubst du, daß wir den Krieg gewinnen werden?«

»Ja, vielleicht nicht diesmal. Was ist schon dieser Krieg? Es wird andere geben, und am Ende werden wir gewinnen. Es wird eine Zeit geben, wo alle Menschen Sozialisten sein werden, aber vorher werden viele umkommen.«

Wir gingen jedesmal zu ihm, wenn ich der verschlafenen Ruhe von Altea übersatt war. Er erzählte nicht viel von sich selbst. Er war an dieser Küste mit seinem Vater bei Nacht zum Fischen ausgefahren, in einem Boot mit einer Laterne im Bug. Dann hatte er sich nach New York eingeschifft. Er hatte zwanzig Jahre Seefahrt hinter sich. Jetzt war er verheiratet, weil zu einem bestimmten Zeitpunkt ein Mann seine Wurzeln in den Boden treiben muß. Er hatte, was er wollte, und er wußte, was an der Welt nicht in Ordnung war. Ich sei zu nervös, sagte er, ich solle in der Sonne sitzen und fischen. Er lieh mir eine Angelrute. An diesem Tag fing ich einen Fisch, einen einzigen Fisch mit blauen Schuppen, und Miguel selbst kochte uns eine Mahlzeit: ein Eimer von Fischen, frisch aus dem Meer, glitzernd in allen Farben des Regenbogens, wurde gekocht, bis ihnen das Wasser »den Saft ausgesogen« hatte; dann kochte er den Reis in dieser Meeresbrühe. Wir aßen fröhlich und tranken herben Rotwein dazu.

»Das hast du gelernt, als du Pirat warst, Miguel.«

»Es gibt keine Piraten.«

Das Lastauto mit den Leuten von den Internationalen Brigaden kam an, wie immer um diese Stunde. Manche hatten Arme und Beine in Gipsverbänden, andere halb verheilte Narben, die sie dem Wind und der Sonne aussetzten, indem sie sich in den feuchten Sand legten, neben die blassen, allzu stark duftenden Sandlilien. Zu Mittag, als der Himmel vor Hitze verschwand, stürmten sie in die Hütte und riefen nach Speise und Trank. Miguel bediente sie schweigend. Wenn er sie zur Ordnung rufen mußte, hatte er immer einen wüsten Fluch in der richtigen Sprache auf der Zunge. Später am Nachmittag waren die Männer halb betrunken und begannen zu streiten. Ein Franzose machte den meisten Lärm. Miguel wies ihn und seine Kumpane aus der Hütte. Die anderen entfernten sich, aber der Franzmann kehrte zurück und griff nach der Hüfttasche. Miguel duckte sich, packte ihn und warf ihn durch eine Öffnung im Binsenvorhang, als wäre er ein Hampelmann. Eine Stunde später trottete er wieder herein. Miguel schaute durch ihn hindurch und sagte ganz leise: »Raus!«

Der Mann kehrte nie wieder. Aber ein paar Touristen an einem kleinen Tisch waren Zeugen des Auftritts gewesen. Eine von ihnen, eine Frau mit dem Gesicht eines Papageis, sagte, kaum daß das Lastauto abgefahren war: »Diese Ausländer! Was wollen die hier? Sie hätten zu Hause bleiben sollen. Sie wollen ja bloß auf unsere Kosten leben.«

Eine andere Frau an demselben Tisch warf ein: »Aber sie haben uns doch geholfen, Madrid zu retten! Ich weiß es, ich war damals dort.«

»Na, und?«, sagte die unfreundliche Frau.

Miguel wandte sich ihr zu: »Diese Männer haben gekämpft. Sie gehören zu uns. Aber Sie nicht.«

Der Gatte der Papageienfrau fragte überstürzt: »Was bin ich schuldig?«

»Nichts.«

»Aber wir hatten doch …«

»Nichts. Raus von hier!«

Eingeschüchtert zogen sie ab. Ein paar alte Leute, Nachbarn aus den kleinen weißen Häusern am Strand, kamen wie allabendlich die Straße herauf. Sie setzten sich auf die niedrigen Schemel vor den Binsenvorhängen. Ihre glimmenden Zigaretten zeichneten kabbalistische Zeichen in die Dämmerung.

»Dieser Krieg… dieser Krieg… sie werden noch hierherkommen«, murmelte einer.

Miguel, sein Gesicht vom Aufflackern eines Zündholzes beleuchtet und zu starrer Bronze verwandelt, fragte ihn: »Und was wirst du dann tun, Großvater?«

»Nichts. Was kann ein alter Mann tun? Sich selbst klein machen, daß sie ihn nicht bemerken.«

»Wenn sie wirklich kämen, was könnte man schon tun?«, sagte ein anderer. »Sie kommen und gehen, aber wir haben's hier auszuhalten ... Du weißt, Miguel, es gibt ein paar Leute in Calpe, die darauf warten, daß die Faschisten kommen, und du bist auf ihrer Schwarzen Liste.«

»Ich weiß es.«

»Was würdest du tun, Miguel?«, fragte ich.

Er nahm mich am Arm und führte mich in einen Schuppen hinter der Hütte. Zwei riesige Blechkannen standen da.

»Wenn sie herkommen«, sagte Miguel, »dann wird nichts mehr hier vorhanden sein. Ich werde die Frau und die Kinder ins Boot tun und alles niederbrennen. Ich werde ein Feuer auf dem Felsen anzünden, wo die Alten ihr Leuchtfeuer hatten. Ich werde den Brüdern allen an der Küste sagen, daß sie fliehen müssen. Aber einmal werde ich zurückkommen.«

Vor dem dunklen, raschelnden Vorhang bildeten die brennenden Zigarettenstummel der alten Männer eine Kette von roten Punkten. Weit draußen auf dem Meer die Fischerboote mit ihren Laternen waren wie eine schwankende Kette von Funken. Es war sehr dunkel, und tief unten am Strand sprang ein Fisch aus dem Wasser.

Als wir wieder zu Miguel fahren wollten, wurde mir ein eingeschriebener Brief überbracht. Rubio Hidalgo teilte mir mit, sein Departement gewähre uns, Ilsa und mir, unbefristeten Urlaub »zu unserer physischen und moralischen Erholung«; nachher würden wir zur Arbeit in Valencia eingeteilt werden. Doch hätte ich den offiziellen Wagen der Presseabteilung, den ich ohne Bewilligung mitgenommen hätte, unverzüglich nach Valencia zurückzuschicken. Ich erwiderte, indem ich Ilsas und meine Demission von jeder Kriegsarbeit im

Außenministerium einschickte; wir würden auf unsere Posten in Madrid zurückkehren, von denen uns General Miaja Erholungsurlaub gewährt hatte; der Wagen sei uns von General Miaja zur Verfügung gestellt worden und hätte mit der Presseabteilung nichts zu tun; wir würden einen unbefristeten Urlaub nicht annehmen, weil wir keine Absicht hätten, uns für nicht geleistete Arbeit bezahlen zu lassen.

Aber es tat sehr weh.

7.
IM SCHACHT

Eine Panzerkolonne verschluckte unseren Wagen und führte ihn wie einen Gefangenen mit, auf die Front der Hauptstadt zu. Die Valenciastraße war von zwei entgegengesetzten Strömen der Militärtransporte blockiert. Das hielt uns auf. Wir verbrachten die Nacht in einer Herberge, wo wir auf hohen Matratzenbergen in altmodischen Betten schliefen, deren Linnen monatelang nicht gewechselt worden war. Man gab uns zum Abendbrot gesottenes Hammelfleisch, das nach ranzigem Talg roch und schmeckte. Zur Tröstung freilich schenkte der Wirt Ilsa eine ungeheuerliche große Tomate, die über ein Kilogramm wog, den Stolz seines Gemüsegartens und Herzens, und, wie er sagte, »von besserem Geschmack als Schinken«. Als trügen wir eine Trophäe, zogen mit diesem leuchtenden roten Ball in der Hand Ilsa und ich am nächsten Morgen in das Außenministerium ein.

Rosario del Olmo, die blasse, gehemmte junge Frau, die an meiner Stelle zum Chef des Auslandspresse- und Zensuramtes bestellt worden war, war offenbar verlegen, als sie uns sah, doch war sie durchaus höflich und versuchte, uns behilflich zu sein. Wieder einmal geschah es, daß uns die Beamten durch die Türspalten nachlugten. Der alte Llizo kam, um mir tapfer zu erklären, wie traurig er sei, daß unsere Zusammenarbeit, die an jenem unvergeßlichen 7. November begonnen hatte, nun zu Ende sei; er für seinen Teil würde sich niemals ändern, weder mir gegenüber noch gegenüber Ilsa, die »die Zensur zu einem Büro von diplomatischer Bedeutung gemacht hatte.« Mein alter Wachtmeister zerquetschte mir die Hand und knurrte etwas Unverständliches darüber, was er diesen Hundesöhnen antun wolle – er stünde weiter zu meiner Verfügung. Dennoch durfte ich mich nicht selbst belügen und unsere Zwangsphase unterschätzen. Agustín schloß die Tür unseres Privatzimmers auf. »Die letzten paar Tage mußte ich es versperrt halten, denn Rubio wollte eure Sachen ganz einfach hinauswerfen lassen. Hier hat man ein Gerücht verbreitet, daß euch die Polizei festgenommen habe, weil ihr euch des Autos bemächtigt habt. Keiner von den Leuten glaubte, daß ihr nach Madrid zurückkommen würdet. In diesem Augenblick ruft das Mädchen, die Rosario, Valencia an und meldet eure Rückkehr, und dann werdet ihr schon sehen; man wird den Journalisten nicht erlauben, mit euch zu reden, und schon gar nicht mit Ilsa.«

Ich meldete mich bei Miaja und sagte ihm, wir seien gekommen, um unsere Arbeit am Rundfunk wiederaufzunehmen, aber nicht mehr als Angestellte des Außenministeriums. Ich erzählte ihm auch die Geschichte, wie man aus dem Auto eine Falle für mich hatte machen wollen. Miaja grunzte, der ganze Kuddelmuddel sei ihm widerlich. Ich solle nur auf der Hut sein vor dem nächsten gefährlichen Schachzug dieser Kerle in Valencia. »Wir in Madrid sind für die dort nichts als Dreck, mein Junge.« Ich habe, was den Wagen anlangte, ganz richtig gehandelt, und er werde uns weiterhin zugetan bleiben, solange wir für das Radio arbeiteten; mit dem Sprechen im Rundfunk werde es, wenigstens für den Augenblick, keine Schwierigkeiten geben. Er selbst werde mit Carreño España darüber sprechen. Doch ich solle mich mit dem neuen Gouverneur von Madrid gut stellen und mich von ihm als Radiozensor bestätigen lassen.

Ich sprach mit keinem Menschen, mit dem zu sprechen nicht unumgänglich notwendig war. Das diente freilich nicht dazu, die Dinge jenen zu erleichtern, die mir helfen wollten. Am Tag nach unserer Rückkehr übersiedelten wir ins Hotel Victoria auf der Plaza del Ángel, wo das Propagandaministerium einige Zimmer in Reserve hielt. Solange wir noch für das Ministerium arbeiteten – und sofort nach unserem Kommen häufte sich die Arbeit –, hatte dieses die Kosten unseres

Aufenthaltes zu tragen. Es bestand kein eigenes Büro der Radiozensur, also amtierte ich weiter in einem der leeren Räume des Außenministeriums, in der Erwartung, daß ich von einem Tag auf den anderen den amtlichen Befehl erhalten würde, das Zimmer zu räumen. Er kam nicht. Sehr gegen ihren Willen erklärte mir Rosario, Ilsa und ich würden bis auf weiteres die Radiozensur dort fortführen müssen. Unsere Anwesenheit im Gebäude stellte sie vor ein schwieriges Problem. Die alterfahrenen Kriegskorrespondenten, von denen viele zur Zeit unserer Absetzung nicht in Madrid gewesen waren, verstanden natürlich ihr Geschäft gut genug, um mit der neuen Behörde im besten Einvernehmen zu arbeiten, aber noch immer suchten sie Ilsa auf, um mit ihr als mit einer Kollegin alle Nachrichten durchzusprechen; noch immer kamen die Zensoren, wenn niemand sie sah, zu uns, um unseren Rat einzuholen; wir hatten noch immer alle fremden Gäste, die im Kurzwellensender sprechen sollten, von Rosario zu übernehmen. Es bestand eine Teilung zwischen offizieller und intellektueller Autorität, die für beide Teile schwer erträglich war.

Rosario tat ihr Bestes, um mich in meinem Posten zu verankern; sie nahm mich zu einem Bankett mit, das der neue Zivilgouverneur gab, in der Hoffnung, ich könnte die Frage der Radiozensur mit ihm so regeln, daß er mir ein richtiges Büro zuwies, fernab von der Auslandspresse. Aber ich erstickte an meinem Zorn über die wohlerzogene Menschenmenge, die sich mit vornehmen Allüren zwischen der Bar, den Büfetten und den kleinen Tischen an der Wand hin- und herschob. Sie waren alle ängstlich bemüht, den letzten Ludergeruch des rohen, verlausten, verzweifelten »Mobs« abzustreifen, der so viele Schreckenstaten begangen – und ganz nebenbei Madrid verteidigt hatte, als andere es im Stiche gelassen hatten.

Der Zivilgouverneur war ein gutmütiger, wohlgenährter Sozialist, offensichtlich gewillt, mir auf halbem Wege entgegenzukommen, als Rosario mich ihm vorstellte. Aber ich wollte nicht, daß man mir auf halbem Wege entgegenkam. Ich stürzte ein paar Gläser Wein hinunter, die mein überhitztes Denken nicht eben kühler machten. Statt das Problem der Radiozensur zu erörtern, brach ich in eine laute, unzusammenhängende, leidenschaftliche Rede aus, in der ich die Ratten in den Schützengräben von Carabanchel und die einfältigen Menschen, die glaubten, der Krieg werde für die Sache ihres künftigen Friedens und Glückes ausgefochten, mit Anklagen gegen satte, reaktionäre Bürokraten vermengte. Ich wollte »unmöglich« sein; ich war unmöglich. Ich gehörte zu den unmöglichen, störrischen Menschen und nicht zu den vorsichtigen, salbungsvollen Verwaltern. Jedesmal, wenn ich Ilsas gequältem Blick begegnete, schrie ich nur noch lauter. Ich spürte, daß ich weinen würde wie ein Kind, dem etwas weh tut, sobald ich zu schreien aufhörte. Es lag ein Trost darin zu wissen, daß ich mir selber das Genick brach und es niemand anderem überließ.

Nachher, um ein Viertel nach zwei in der Nacht, trat ich im deckenverhangenen Kellerraum ans Mikrophon und beschrieb den Schützengraben in Carabanchel, den unsere Soldaten der Zivilgarde entrissen hatten, die stinkenden Schützengräben, durch die Angel mich geführt hatte, den verwesenden Körper des Esels, der zwischen die Sandsäcke eingezwängt lag, die Ratten und die Läuse und die Männer, die dort drunten kämpften. Der Sekretär des Arbeiterausschusses, jener sauertöpfische Mann aus der Mancha, der mir die hageren, schwarzgekleideten Frauen auf dem Marktplatz von La Roda ins Gedächtnis rief, lächelte dünn und sagte: »Heute hast du beinahe Literatur gemacht.« Mein alter Wachtmeister zwinkerte und schnupfte auf, und der Elektriker der Radiokontrolle von Vallecas rief an, um mir zu sagen, daß ich heute ausnahmsweise gesprochen hätte »wie ein Mann.«

Ich fühlte mich fröhlich und siegreich. Als wir in die dunkle Nacht hinaustraten, deren Stille von Granataufschlägen unterbrochen war, wollte das Auto nicht anspringen. Da schoben wir vier, der Wachtmeister, Hilario, Ilsa und ich, es die verödete, sacht abfallende Calle de Alcalá hinunter und sangen dabei den Refrain von La Cucaracha:

»La cucaracha, la cucaracha«
ya no puede caminar,
porque la faltan, porque no tiene
las dos patas de atrás...

Die schwarze Schabe, die schwarze Schabe,
die kommt nimmermehr vom Fleck,
das macht, es sind ja, das macht, sie hat ja
beide Hinterbeine weg.

Es gab Nächte, in denen der Erfolg einer Sendung oder
einer neuen Serie von Vorträgen auf englisch oder italienisch
mich für kurze Zeit annehmen ließ, man würde uns das Werk
fortführen lassen, das so offensichtlich nützlich war. Carreño
España übernahm die amtliche Verpflichtung, für die Kosten
unserer Lebensnotwendigkeiten aufzukommen und den por-
tugiesischen Sprecher Armando ebenfalls seine Mahlzeiten im
Hotel Victoria einnehmen zu lassen, da er kein Heim hatte
und selbst für sich nicht sorgen konnte. Damals war das Brot
sehr rar in Madrid. Dünne Schnitten von Cornedbeef waren
das Beste, was das Hotel aufzutischen hatte. Bei den seltenen
Gelegenheiten, zu denen es Fleisch gab, mußte ich an den
Zug verseuchter Maultiere und Esel auf der Straße nach Valencia denken: »Fleisch für Madrid!«

Doch im Ministerium war während der kurzen Stunden,
in denen wir dort das Radiomaterial zensurierten, die Luft
mit Hochspannung geladen.

Der treue Torres war besorgt. Er warf uns vor, wir hätten den richtigen Augenblick versäumt, uns in pragmatisier-
te Staatsbeamte und Angestellte des Außenministeriums zu
verwandeln, mit vollen gewerkschaftlichen Rechten; er begann, mit dunklen Andeutungen über drohende Gefahren
um sich zu werfen. Der Wachtmeister war wie ein großer,
ungeschlachter Hund, der nicht weiß, wie er seine Treue ausdrücken soll; eines Tages überbrachte er mir eine feierliche
Einladung zur Kaserne des Rollkommandos, führte uns dort

getreulich durch jedes Zimmer und jede Werkstatt und füllte Ilsas Arm mit einer Garbe von hohen Löwenmaulstengeln, gelben, lachsfarbenen und scharlachroten Blüten. Auch er warnte vor unklaren, finsteren Anschlägen. Llizo, der weißhaarige Zensor, versuchte, Ilsa die andalusische Methode des Gitarrespielens zu lehren, und entschuldigte sich wieder und wieder, daß er nicht mehr mit uns zusammensein könne, denn es mißfalle seiner Chefin.

Schließlich, nach Wochen eines stummen, ungreifbaren Krieges, kam ein englischer Korrespondent zu Ilsa, der er sich verpflichtet fühlte (sie hatte nämlich in der Anfangszeit ihre Stellung aufs Spiel gesetzt, um ihn gegen politische Anwürfe zu schützen, die ernste Folgen für ihn nach sich ziehen konnten), und erklärte ihr in deutlichen Worten, was gespielt wurde: Ein deutscher kommunistischer Reporter ging bei den Journalisten herum und forderte sie auf, sich nicht mit uns einzulassen, denn wir seien verdächtig und stünden unter dauernder Überwachung. Die Geschichte, die er vor allem den uniformierten fremden Besuchern erzählte, um sie wirksam von uns fernzuhalten, hatte einige sensationelle, phantastische Schnörkel: Danach war Ilsa entweder eine Trotzkistin und daher eine Spionin oder sie hatte grobe Unvorsichtigkeiten begangen, jedenfalls aber stand sie vor der Verhaftung und würde zuallermindest aus Spanien ausgewiesen werden; ich aber war durch sie so tief verstrickt, daß die Sendungen unterbrochen wurden, während ich am Mikrophon stand, so daß ich in die leere Luft sprach, ohne es zu wissen. Nicht einmal die Lächerlichkeit dieser Details konnte die Wirklichkeit unserer Gefahr verwischen.

In diesen Tagen nahm die Beschießung Madrids an Heftigkeit zu, nach einer Periode relativer Ruhe. Es kam eine Nacht, in der die Feuerwehr und der Bergungsdienst berichteten, daß innerhalb von zehn Minuten achthundert Geschosse eingeschlagen hatten. Wieder fühlte ich mich krank, hatte Angst vor dem Alleinbleiben und Angst davor, mich in einer Menge zu befinden, zwang Ilsa, in den Luftschutzkeller hinunterzugehen, und haßte dabei diesen Zufluchtsraum, denn dort unten konnte man den Krach der Explosionen nicht hören, sondern nur die Erschütterungen spüren, die sie verursachten.

Und ich wußte nicht, wie ich sie beschützen sollte. Sie war sehr ruhig, und die großen, stillen Augen in dem fein gezeichneten, gestrafften Gesicht taten mir weher als ein Vorwurf. So sachlich und im Vollbesitz ihrer kühlen analytischen Kräfte sie war, ich sah, daß sie litt. Doch sie sprach es nicht aus. Und das war das Schlimmste.

Alle ihre Freunde trachteten ihr zu zeigen, daß sie nicht allein war. Torres brachte ein junges Ehepaar, um ihr an den Abenden Gesellschaft zu leisten, er war Hauptmann in einem Madrider Regiment, und seine Frau Luisa war die Organisatorin einer Bezirksgruppe des »Bundes antifaschistischer Frauen«. Luisa war lebhaft und lernbegierig; sie war glücklich, zu einer anderen Frau sprechen zu können, ohne die Unterströmung von Neid und Eifersucht, die ihre Freundschaft mit spanischen Mädchen oder Frauen ihres Alters vergiftete, und Ilsa ihrerseits war froh, ihr durch Antworten und Zuhören helfen zu können. Luisa hatte im Regimentskommando eine Näh- und Flickstube eingerichtet und litt Qualen, wenn sie ihren Mann mit einer der hübschen Näherinnen kokettieren sah. Dabei fand sie sich zwischen den neuen und den alten Verhaltungsregeln in die Enge gedrängt, halb überzeugt, daß ihr Mann, eben weil er ein Mann war, mit anderen Frauen das alte Spiel treiben müsse, halb voll Hoffnung, daß er und sie wirkliche Freunde und Liebende sein könnten. Die alten Weiber in der Mietskaserne, in der sie wohnte, sagten ihr, der Mann liebe sie nicht, sonst würde er sie nicht allein am Abend zu Versammlungen gehen lassen, und Luisa war nie ganz sicher, ob da nicht etwas Wahres daran sei. »Aber das kann ich dir sagen, weil du eine Ausländerin bist – eine spanische Frau würde versuchen, ihn mir wegzunehmen, wenn ich so was zu ihr sagte! –, ich weiß bestimmt, daß er mich lieb hat. Und er will, daß ich mit ihm zusammenarbeite. So etwas kommt vor. Arturo hat dich doch auch lieb, nicht wahr?« Und sie sah Ilsa hoffnungsvoll an, als könnte sie ihr ein Geheimnis abgucken.

An den leeren Nachmittagen sang Ilsa Lieder für die Hotelkellner und mich und begleitete sich selbst auf dem Klavier. Sie hatte eine ungeschulte, verschleierte Stimme, tief und weich, wenn sie sie nicht forcierte, und ich liebte es, wenn sie Schubertlieder sang. Die Anarchisten unter den Kellnern aber waren ganz glücklich, wenn sie ihre Kampflieder sang, nicht nur die Hymne der Republik und die Internationale.

Doch die Tage waren lang. Die Arbeit für den Rundfunk, die Ilsa immer noch tat, konnte sie nicht ausfüllen, konnte ihre Energie nicht ausschöpfen. Sie begann ein paar meiner Vorträge zu übersetzen; sie sammelte Propagandamaterial; sie lieferte noch immer den Journalisten, die sie aufsuchten, Streiflichter zu den Tagesereignissen und Überblicke über die politische Entwicklung. Es schien ihr unmöglich zu sein, diesen geistigen Einfluß nicht in der einen oder anderen Form auszuüben, aber das wirkte sich gegen sie selbst aus. Abgeschnitten von der Zensur, gemieden von denen, die Angst vor der ansteckenden Krankheit der Ungnade hatten, wirkte Ilsa immer noch auf die ausländische Propaganda von Madrid ein – und das blieb kein Geheimnis.

Torres brachte mir eine Einladung zu einem seiner Freunde, der Hauptmann der Rollkommandos, und zwar in der politischen Abteilung, war. Dieser Mann trug mir an, einen seiner jungen Leute als eine Art Leibwache damit zu betreuen, Ilsa im Auge zu behalten, damit sie nicht unter einem Vorwand verhaftet und dann um die Ecke gebracht werde. Ich hatte den Hauptmann vorher nicht gekannt; er war ein Kommunist. Auch der junge Konstabler, der von diesem Tag an Ilsa begleitete, wenn sie allein ausging, und vor dem Hotel Wache stand, wenn sie zu Hause blieb, war in die K.P. eingetreten. Beide aber waren zutiefst empört bei dem Gedanken, daß »ein paar Ausländer und ein paar faschistisch eingestellte Bürokraten«, wie sie es ausdrückten, mit Hilfe komplizierter Intrigen jemand Schaden zufügen wollten, der die große Prüfung des Novembers 1936 in Madrid bestanden hatte, ob es sich nun um ein Parteimitglied handelte oder nicht. Es war merkwürdig, weil sie sich mit ihr verbunden fühlten durch das überwältigende gemeinsame Erlebnis der Verteidigung von Madrid in der Anfangszeit.

Es war so bitter, diesen Schutz annehmen zu müssen, daß es jede Diskussion ausschloß. Es war noch schlimmer, an die Möglichkeit zu denken, die wir zu verhindern trachteten. Ich rang darum, den Gedanken auszuschalten; ich konnte nicht mehr offen mit Ilsa reden, damit sie meine Furcht nicht sehe. Und sie blieb ruhig, noch ruhiger als zuvor. Erbitterung und brennende Verzweiflung würgten mich.

Bis dahin hatte ich Zuflucht in meinen alltäglichen Rundfunkreden gefunden. In ihnen vergaß ich die persönliche Seite der Dinge, die in mir brannten, und sprach im Namen der Menschen, die ich in Serafíns Schenke, auf der Straße, in den Kaufläden traf oder in dem kleinen öffentlichen Garten der Plaza de Santa Ana, wo nicht einmal die Granaten die Liebespaare, die alten Frauen und die Spatzen vertreiben konnten. Aber als die Nächte kalt wurden, an einem der ersten Oktobertage, wartete ein Mann mit einer schriftlichen Weisung vom Propagandaministerium in Valencia auf mich im Büro: er sei der neue Rundfunkkommissar und –zensor. Es war ein Deutscher namens Albin, so etwas wie ein puritanischer Inquisitor, nach dem Ausdruck seines knochigen Gesichtes zu schließen. Sein Spanisch war stockend und dürftig, aber korrekt. Würde ich ihm, bitte, meinen nächsten Vortrag unterbreiten? Ich tat es. Er ließ ihn passieren. Noch zweimal sprach ich danach im Rundfunk, dann fragte ich ihn, ob er von mir die Weiterführung meiner Sendungen erwarte. Hätte er ja gesagt, so hätte ich es vielleicht getan, denn mein Herz hing daran. Aber er antwortete frostig, man habe beschlossen, die Sendungen der »unbekannten Stimme von Madrid« einzustellen.

Einige Tage später kamen zwei Polizeiagenten in unser Zimmer, als Ilsa noch im Bett lag, und nahmen eine Hausdurchsuchung vor. Auf ihren Fersen kam Pablo, Ilsas »Leibwache« herauf und erklärte den zweien scharf, seine Abteilung werde Sorge tragen, daß man uns gerecht und anständig behandle, sie übernähmen die Garantie für uns. Die Agenten hatten einen blutjungen, blassen, schlaksigen Deutschen mitgebracht, der ihnen jedes geschriebene französische oder deutsche Wort übersetzen mußte, das sie auf einem Fetzen Papier fanden; währenddessen warf er verzweiflungsvolle Blicke auf uns und verrenkte seine Arme und Beine in erbarmungswürdiger Verlegenheit. Die Dokumente, die die Reichweite von Ilsas und meiner Arbeit während des ersten Belagerungsjahres bezeugten, schienen den Agenten Eindruck zu machen und sie zu verblüffen. Sie beschlagnahmten einige meiner Manuskripte, fast unsere ganze Korrespondenz, alle Photos und meine Abschrift einer mexikanischen Tierfabel und ein Exemplar des »Forty-Second Parallel« von Dos Passos mit einer Widmung an uns. Sie konfiszierten meine Pistole und meinen Waffenpaß. Dann aber wußten sie nicht mehr, was sie tun sollten. Uns festzunehmen wagten sie nicht. Die Denunziation, der sie nachgingen, hatte zwar auf dunkle, von Ilsa geplante Verschwörungen hingedeutet, nun aber fanden sie, daß ihre Dienstleistung in der Vergangenheit unanfechtbar war und daß ich ein alter, beinahe ein mustergültiger Republikaner war. Vor allem aber wollten sie sich nicht in Schwierigkeiten mit einer anderen Polizeitruppe stürzen. Sie sahen Pablo an, sahen uns an und luden uns ein, mit ihnen unten im Speisesaal das Mittagsmahl einzunehmen. Nachher schüttelten sie uns die Hände und marschierten ab.

Ich wollte lustig sein. Ich ging mit Ilsa in die Villa Rosa, die andalusische Weinstube, wo der alte Kellner Manolo mich wie den Verlorenen Sohn begrüßte; er betrachtete sie nachdenklich und erklärte ihr dann, ich sei ein Halunke, aber keiner von den ganz schlechten Halunken, und sie sei schon die richtige Frau, um mit mir fertig zu werden. Er trank ein Gläschen Manzanilla mit uns, mit zittriger Hand, denn der Krieg hatte ihn sehr alt gemacht. Er hatte nicht genug zu essen. Als ich ihm einige Konserven überließ, die uns ein Freund aus den Internationalen Brigaden gegeben hatte, war er so demütig dankbar, daß ich hätte weinen mögen. Am gleichen Abend gingen wir zu Serafín und tauchten in dem warmen Willkommen unter, das uns die Stammgäste bereiteten. Torres, Luisa und deren Mann begleiteten uns, vor Freude eifrig schnatternd. Sie glaubten, alle unsere Sorgen seien nun vorbei, und wir würden bald wieder aktiv in Madrid arbeiten.

Doch Agustín, der uns täglich besucht hatte, obwohl ihm das bei seiner vorgesetzten Rosario durchaus nicht nützte, sagte mir unverblümt, wir müßten Madrid verlassen. Solange wir hier blieben, würden gewisse Leute unsere bloße Existenz nicht verzeihen. Nicht alle Intrigen würden den amtlichen Instanzenweg gehen, und wir könnten auch nicht immer mit einem Leibgardisten herumspazieren. Außerdem war ich seiner Meinung nach im Begriff, verrückt zu werden.

Ich fühlte es in den Knochen, daß er recht hatte, aber dennoch war ich noch nicht so weit, zum Verlassen Madrids bereit zu sein. Ich war eben dabei, eine Erzählung über Angel zu schreiben. Wenn man mich nicht mehr im Rundfunk sprechen ließ, mußte ich durch das gedruckte Wort sprechen. Meine allererste Kurzerzählung – die Geschichte von dem Milizmann, der sein Herz an eine kleine Fliege hing – war im Druck erschienen, absurderweise im Londoner »Daily Express«, die Höhe des Honorars hatte mich, der ich an die Sätze der spanischen Presse gewöhnt war, völlig überwältigt. Ich sah freilich ein, daß die Erzählung hauptsächlich darum veröffentlicht worden war, weil sie Delmer gefallen und er ihr eine scherzhafte Schlagzeile und Fußnote beigegeben hatte, etwa so: »Diese Geschichte schrieb der Pressezensor von Madrid im Granatfeuer – er hatte seine Hemmungen dadurch verloren, daß er unsere Berichte zensurieren mußte.«

Immerhin, mein erster Versuch, eine einfache Geschichte zu erzählen, hatte Menschen erreicht, die vielleicht durch sie einen Einblick in die Seele dieses armen, rohen Geschöpfes, des Milizmannes, tun konnten. Ich wollte das fortsetzen.

Doch was ich zu schreiben hatte, war in Madrid verwurzelt. Ich wollte mich nicht von den anderen forttreiben lassen, und ich war nicht imstande, freiwillig fortzugehen, bevor ich nicht den roten Nebel der Wut aus meinem Gehirn gefegt hatte. Er stieg in mir hoch, zugleich mit dem Gefühl der Erleichterung, daß Ilsa am Leben und mit mir zusammen war.

Der Mann, der mir damals half, so wie er mir durch die unmittelbar vorhergehenden schlimmen Wochen hindurchgeholfen hatte, war ein katholischer Priester, dem unter allen Menschen, denen ich im Laufe unseres Krieges begegnete, meine größte Liebe und Achtung gebührt: Don Leocadio Lobo.

Ich entsinne mich nicht mehr, wie wir zuerst ins Gespräch kamen. Pater Lobo wohnte wie wir im Hotel Victoria, und bald nach unserer Übersiedlung dorthin war er schon ständiger Gast an unserem Tisch, zusammen mit dem Portugiesen Armando. Er und Ilsa hatten vom ersten Augenblick an festes Vertrauen zueinander; ich spürte sofort die große Anziehungskraft des Mannes, der gelitten hatte und doch noch immer an die Menschen glaubte, mit einem großen und einfachen Glauben. Er wußte – denn ich hatte es ihm gesagt –, daß ich mich nicht mehr als Katholiken betrachtete, und er wußte auch, daß ich geschieden war, mit Ilsa, wie das die Kirche nennt, »in Sünde« lebte und sie heiraten wollte, sobald ihre eigene Scheidung durchgeführt war. Nichts von alledem schien ihm Eindruck zu machen oder seine Einstellung zu uns zu beeinflussen.

Er trug keine Soutane, sondern einen etwas abgewetzten schwarzen Anzug. Seine starken, regelmäßigen Züge würden ihn zu einem hübschen Mann gemacht haben, hätte sein geistiges Ringen sie nicht so tief gefurcht. Sein Gesicht trug das Gepräge einer Verinnerlichung, die ihn von den anderen entfernt hielt, sogar wenn er, was nicht selten war, ganz aus sich herausging. Mir erschien er als eine Reinkarnation von Pater Joaquín, dem baskischen Priester, der der beste Freund meiner Knabenjahre gewesen war. Seltsamerweise hatten die beiden fast die gleiche Vorgeschichte. Wie Pater Joaquín war auch

Don Leocadio der Sohn einfacher Bauern, mit einer Mutter, die viele Kinder geboren und ihr ganzes Leben lang hart gearbeitet hatte. Auch ihn hatte man in frühester Jugend mit Hilfe der örtlichen Grundherren ins Priesterseminar gesteckt, weil er in der Schule einen hellen Kopf hatte und weil seine Eltern froh waren, ihn der zermürbenden Armut daheim entrinnen lassen zu können. Auch er hatte das Seminar nicht mit dem Ehrgeiz verlassen, Prälat zu werden, sondern mit dem, ein christlicher Priester für diejenigen zu sein, die nach Brot und Gerechtigkeit hungerten und dürsteten.

In Madrid war seine Geschichte allgemein bekannt. Statt in seiner vornehmen, einflußreichen Pfarrgemeinde zu bleiben, hatte er sich eine Gemeinde von einfachen Arbeitern gewählt, die nur an Flüchen und trotziger Auflehnung Überfluß hatte. Er brachte sie nicht dazu, weniger zu fluchen, aber sie liebten ihn, weil er zum Volk gehörte. Bei Ausbruch der Militärrebellion hatte er sich denn auch an die Seite des Volkes, an die Seite der republikanischen Regierung gestellt und war in seinem Pfarramt verblieben. Während der wildesten Tage des August und September pflegte er nachts auszugehen und jedem, der danach verlangte, die Beichte abzunehmen und die heilige Kommunion zu erteilen. Sein einziges Zugeständnis an die bestehenden Verhältnisse war, daß er die Soutane ablegte, um keine Reibungen hervorzurufen. Es gab eine berühmte Geschichte über ihn: Eines Nachts waren zwei anarchistische Milizmänner mit Gewehren und einem Auto, das vor der Tür auf sie wartete, in die Wohnung gekommen, wo er damals zu Gaste war. Die beiden fragten nach dem Priester, der hier wohnte; seine Wirte leugneten, daß es einen solchen gebe. Die Anarchisten bestanden drohend darauf, ihn zu sehen, bis Pater Lobo aus seinem Zimmer kam und sagte: »Ja, es gibt einen Priester hier, und der bin ich. Was ist los?«

»Schön, dann kommst du sofort mit uns. Aber zuerst stekke dir eine von deinen Hostien in die Tasche.«

Seine Freunde beschworen ihn, nicht mitzugehen; sie versicherten den Anarchisten, daß Lobos Loyalität von der republikanischen Regierung selbst garantiert sei, daß sie ihn ganz einfach nicht fortgehen lassen würden, und wenn sie die Polizei zu Hilfe rufen müßten. Zum Schluß stampfte einer der zwei Anarchisten mit dem Fuß auf, fluchte ausgiebig und brüllte: »Zum Teufel, gar nichts wird ihm geschehen! Wenn ihr's unbedingt wissen müßt, die Alte, meine Mutter nämlich, liegt im Sterben und will nicht in den Bezirk gehen, aus dem es keine Rückkehr gibt, ohne einem dieser Raben die Beichte abzulegen. Für mich ist's eine Schande, aber was bleibt mir übrig, als den da zu ihr mitzunehmen?«

Und Pater Lobo fuhr mit den Anarchisten in ihrem Wagen fort, an einem jener trübe dämmernden Morgen, an denen Menschen an der Mauer erschossen wurden.

Später ging er in die Schützengräben, um das Leben der Milizmänner an der Front zu teilen. Bei seiner Rückkehr war er erschöpft und zutiefst erschüttert. In meiner Anwesenheit sprach er nur sehr selten von seinen Erlebnissen in den Gräben. Aber eines Nachts rief er: »Was für Bestien – Gott steh uns bei –, was für Bestien, aber auch was für Männer!«

Er hatte seinen eigenen, bitteren geistigen Kampf auszufechten. Was ihn am tiefsten verletzte, war nicht die Gewalttätigkeit rasender, haßerfüllter, brutalisierter Menschen, die sich gegen Kirchen und Geistliche richtete, sondern sein Wissen um die Mitschuld seiner eigenen Kaste, des Klerus, an der Existenz eben dieser Brutalität, an der bodenlosen Unwissenheit und dem Elend, aus dem sie entsprang.

Die Regierung hatte ihm einen Auftrag innerhalb des Justizministeriums erteilt, der nichts weniger als leicht war: Er war nach Madrid gekommen, um Fälle der Notlage unter der Geistlichkeit zu prüfen, und hatte die Tatsache hinzunehmen, daß manche der Pfarrer, deren Ermordung durch die »Roten« ausposaunt und gebührend ausgenützt worden war, nun mit heiler Haut aus ihren Schlupflöchern herauskamen und seine Hilfe beanspruchten.

Ich brauchte einen Mann, zu dem ich rückhaltlos sprechen konnte. Don Leocadio war sehr menschlich und verständnisvoll. Ich wußte, er werde meinen Aufschrei nicht mit frommen Mahnungen oder schablonenhaften Tröstungen beantworten. So ergoß ich den ganzen Schwall verworrener Gedanken, die mein Gehirn verstopften, über ihn.

Es klang mir in den Ohren, als hätte ich das gleiche gedacht und gesagt, als ich noch ein Knabe war. Ich schraubte meine Erregung zu Fieberhitze hinauf, redete weiter und weiter in Zorn, Protest und Schmerz. Pater Lobo hörte sich's geduldig an und sagte nur manchmal: »Langsam, langsam, warte ein wenig!«

Es ist möglich, daß ich die Antworten, die ich mir selbst gab – in den ruhigen Stunden auf dem Balkon, in denen ich auf die von einer Bombe gespaltene Kirche von San Sebastian starrte –, mit den Worten, die mir Pater Lobo sagte, vermengt habe. Es ist möglich, daß ich ihn unmerkbar zum anderen Ich meines endlosen inneren Dialoges machte. Jedenfalls sagt mir meine Erinnerung, daß er so zu mir sprach:

»Wer bist du denn? Was gibt dir das Recht, dich zum Universalrichter aufzuwerfen? Du willst nur deine eigene Angst und Feigheit rechtfertigen. Du bist ein guter Mensch, aber du möchtest, daß alle anderen auch gut sind, so daß es dir keine Mühe macht, gut zu sein, sondern Vergnügen. Du hast nicht den Mut, das, woran du glaubst, mitten auf der Straße zu predigen, denn dann würde man dich erschießen. Und zur Rechtfertigung deiner Angst schiebst du die Schuld auf die andern. Du hältst dich für anständig und glaubst, sauber zu denken, und jetzt versuchst du, mir und dir selber zu erzählen, daß du es wirklich bist, und alles, was dir wehtut, auch. Das ist eine Lüge. Es ist deine Schuld.

Du hast dich mit dieser Frau, mit Ilsa, vereinigt, gegen alle und alles. Du gehst mit ihr durch die Straßen und nennst sie deine Frau. Und jeder kann sehen, daß es wahr ist, daß ihr beide einander lieb habt und daß ihr zusammen ein Ganzes seid. Keiner von uns würde wagen, Ilsa deine Geliebte zu nennen, denn wir sehen alle, daß sie deine Frau ist. Es ist wahr, du und sie, ihr habt anderen Schmerz zugefügt, den Menschen, die zu dir gehören, und es ist ganz recht, daß euch das Schmerz bereitet. Aber bist du dir wohl im klaren, daß ihr dabei auch eine gute Saat gesät habt? Bist du dir im klaren, daß Hunderte von Menschen, die die Hoffnung auf das was man Liebe nennt, aufgegeben hatten, jetzt euch anschauen und glauben lernen, daß es existiert und wirklich ist und daß sie selber auch hoffen dürfen?

Und dieser Krieg – du sagst, er ist abscheulich und sinnlos. Ich sage das nicht. Es ist ein furchtbarer, barbarischer Krieg mit unzähligen unschuldigen Opfern. Aber du hast nicht in den Gräben gelebt wie ich. Dieser Krieg ist eine Lehre. Er hat Spanien aus seiner Lähmung herausgehoben, er hat die Menschen aus ihren Häusern herausgerissen, in denen sie sich langsam in Mumien verwandelten. In unseren Gräben lernen Analphabeten lesen und schreiben und sogar sprechen, und sie lernen, was Brüderlichkeit unter Menschen bedeutet. Sie sehen, daß es eine bessere Welt, ein besseres Leben gibt, das sie erkämpfen müssen, und sie lernen auch, daß sie das alles nicht mit dem Gewehr, sondern nur mit ihrem Willen erkämpfen können. Sie bringen Faschisten um, aber sie lernen die Lektion, daß man Kriege nicht durch Töten gewinnt, sondern dadurch, daß man Menschen überzeugt. Wir können diesen Krieg verlieren – aber wir werden ihn gewonnen haben. Die anderen werden auch lernen, daß sie zwar über uns herrschen können, nicht aber uns überzeugen. Sogar wenn wir geschlagen werden, werden wir am Ende stärker sein als zuvor, denn unser Wille ist wach geworden.

Wir haben alle unsere Arbeit zu tun, also tu du die deine und rede nicht mehr so viel über die Welt, die dir nicht folgt! Du leide Schmerz und Pein und ertrage sie, aber sperre dich nicht in dir selber ein, lauf nicht in deinem Innern im Kreise herum! Sprich aus und schreib nieder, was du zu wissen glaubst, was du gesehen und gedacht hast, erzähle es ehrlich und sage die Wahrheit! Stelle keine Programme auf, an die du nicht glaubst, und lüge nicht! Nochmals, sage, was du gedacht hast und gesehen hast, und laß es die anderen hören und lesen, damit es sie dazu treibt, auch ihre eigene Wahrheit auszusprechen! Und so wirst du loswerden, was dich quält.«

In den bösesten Wochen, als Mut dazu gehörte, sich mit uns sehen zu lassen, verbrachte Pater Lobo lange Stunden mit uns am Tisch, in der Gewißheit, uns eine moralische Stütze zu sein. Über das, was hinter unserer verwickelten Geschichte lag, wußte er mehr als wir selber, aber er verriet uns nie, was er von anderen erfahren hatte. Und doch fiel es mir nicht im Traum ein, sein Wort zu bezweifeln, als er, nachdem die Hetze gegen uns ihren Höhepunkt überschritten hatte, plötzlich sagte: »Jetzt hör dir einmal die Wahrheit an, Ilsa! Sie wollen dich hier nicht haben. Du kennst zu viele Menschen, und du stellst andere in den Schatten. Du weißt zu viel und bist zu gescheit. Wir sind hier an gescheite Frauen noch nicht gewöhnt. Du kannst dir nicht helfen, du bist eben so, wie du bist, aber eben deshalb mußt du fortgehen. Und du mußt zusammen mit Arturo fortgehen, denn er braucht dich, und ihr gehört zueinander. In Madrid kannst du nichts Gutes mehr tun, außer dich still verhalten, wie du's tust. Aber das wird dir nicht genügen, denn du willst arbeiten. Also geh fort und arbeite dort, wo du kannst!«

»Ja, ich weiß«, sagte sie. »Das einzige, was ich jetzt für Spanien tun kann, ist, zu verhindern, daß die Leute draußen aus meinem Fall eine große Geschichte machen, die sich gegen Madrid wenden würde. Das ist der Grund, warum ich keinen Finger für mich selber rühre und sogar meinen Freunden sage, sie sollen kein Aufsehen machen. Es ist komisch: Das einzige, was ich tun kann, ist, nichts zu tun.«

Sie sagte es ganz trocken. Pater Lobo sah sie an und antwortete langsam: »Du mußt uns verzeihen. Wir sind in deiner Schuld.«

So überzeugte uns Pater Lobo, daß wir Madrid verlassen müßten. Als ich das als richtig erkannt hatte, wollte ich es auch so bald wie möglich hinter mir haben, um darunter weniger zu leiden. Es war wieder ein grauer, nebliger Novembertag. Agustín und Torres kamen mit uns, um Abschied zu nehmen. Das Lastauto des Rollkommandos, mit harten, losen Brettern an Stelle von Sitzen, ratterte durch die Vorstädte. An diesem Morgen fielen nur wenige Granaten.

Pater Lobo hatte uns zu seiner Mutter geschickt, in ein Dorf nahe von Alicante. In seinem Brief bat er sie, mir, seinem Freund, und »seiner Frau« Ilsa behilflich zu sein; er wollte seine Mutter nicht in Verlegenheit bringen und hatte ihr daher die » wesentliche« Wahrheit geschrieben, wie er sagte. Als ich vor der schwerfälligen, grauhaarigen alten Frau stand, die nicht lesen konnte – ihr Mann mußte den Brief ihres Sohnes für sie entziffern –, und als ich in ihr einfaches, zerfurchtes Gesicht blickte, erkannte ich mit Dankbarkeit, wie sehr Don Leocadio an uns glaubte. Seine Mutter war eine sehr gute Frau.

8.
AUGE IN AUGE

Hier gab es keinen Krieg. Hier gab es nichts als blaue Hügel, die Mondsichel einer weiten, sandigen Bucht und blaues Wasser. Der Karrenweg entlang der Küste war mit tiefem lockerem Sand gepolstert. An dieser schmalen Zufahrtsstraße standen dort, wo der Boden fest war und die Muscheln selten wurden, kleine Holzhäuser, ein Mittelding zwischen Pension und Gasthaus, denn San Juan de la Playa war vor dem Krieg eine Sommerfrische gewesen. Im Dorf, eine Meile weiter weg, lebten die Eltern Pater Lobos mit seiner kränklichen Schwester ein friedliches Dasein, in das von den Söhnen und Brüdern, alle in der einen oder anderen Form im Kriegsdienst, Wärme hineingetragen wurde. Für die Mutter war der Mittelpunkt ihres ganzen Lebens ihr Sohn, der Priester.

Sie hatten uns zu ihrem Freund Juan geschickt; er war Besitzer einer dieser kleinen Gaststätten und der berühmteste Koch von Reisgerichten zwischen Valencia und Alicante. Er vermietete uns ein Zimmerchen, in das der Wind vom Meer hereinstrich, und gab uns freien Zutritt zu seinem Haus und seiner Küche. Von ihm lernte ich, wie man das klassische Reisgericht dieser Gegend, die Paëlla, kocht. Ilsa gab Juans beiden kleinen Töchtern Englischstunden, und so kam uns der Aufenthalt sehr billig zu stehen. Es war uns wenig Geld übriggeblieben. Im geheimen hatte ich immer den Verdacht, Juan hoffe, ich sei ein verkleideter flüchtiger Aristokrat, denn trotz seiner etwas lauen Beteuerungen republikanischer Gesinnung sprach er mit Heimweh von den Zeiten, in denen die Anwesenheit von »Herrschaften« seiner Tafel Glanz und seiner meisterhaften Paëlla die wahre Würze verliehen hatte.

Die Novembertage an der Küste von Alicante waren warm, still und sonnig. Am Abend, wenn das Wasser kühler wurde, ließen wir uns im lauen Sand trocknen und sahen zu, wie die Ebbe in sanften Kräuselwellen vom Ufer zurückwich. Gelegentlich legte ich Angelschnüre aus, aber einen Fisch fing ich nie. Wenn der Schatten der Dämmerung langsam vom Meer hereinkroch, gingen wir – und die Dorfkinder – der Schaumlinie entlang, die die plätschernden Wellen hinterlassen hatten, und suchten nach den winzigen Krabben, die ihre Anwesenheit nur durch eine kaum sichtbare Kreiselbewegung im glatten, feuchten Sand verraten.

Ich schlief nun wieder in den Nächten. Bei Tage ließ mich Juan im Gästezimmer oder in der Rebenlaube angesichts des Meeres arbeiten. Wenige Menschen kamen vorüber, und der einzige andere Gast arbeitete in einer Flugzeugfabrik in Alicante. Ich machte mich daran, ein Buch – mein erstes Buch – zu planen; es sollte eine Sammlung von einfachen Erzählungen über einfache Menschen im Kriege erden, ähnlich denen, die ich in meine Radiosendungen verwoben hatte. Aber zuerst mußte die kleine, arg hergenommene Schreibmaschine repariert werden, die Sefton Delmer hatte wegwerfen wollen, da sie nach seinen angestrengten Versuchen, tippen zu lernen, ganz verbeult war. Ich hatte ihn gefragt, ob er sie nicht mir überlassen wolle, und er hatte vor Lachen gebrüllt bei dem Gedanken, daß jemand sie noch benützen könnte nach dem Martyrium, das sie unter seinen klobigen Fingern durchgemacht hatte. Nun war diese Maschine unser einziger Reichtum, aber man konnte auf ihr noch nicht schreiben. Dabei haßte ich es, mit der Hand zu schreiben, denn es war viel zu langsam, um mit meinen Gedanken Schritt zu halten.

Auf dem größten Tisch, den es unter dem Rebenfach gab, zerlegte ich die Schreibmaschine, breitete ihre tausend-und-einen Bestandteile vor mir aus, reinigte einen nach dem anderen und fügte den Mechanismus ohne Eile wieder zusammen. Es war ein gutes Stück Arbeit. Dabei war es mir, als hörte ich meinen Onkel José sprechen: »Als ich zwanzig war, begann ich mit dem Schreibenlernen. Damals hatten nur reiche Leute Stahlfedern wie die, die du benützt. Wir anderen hatten Gänsekiele, und bevor ich schreiben lernte, mußte ich lernen, wie man solche Federkiele mit einem Taschenmesser zurechtschneidet und zuspitzt. Aber sie waren für meine Finger zu dünn, und so machte ich mir einen dicken Federstiel aus einem Rohr zurecht.«

Auch ich mußte mir nun eine Feder zurechtmachen, bevor ich mein erstes Buch schrieb, und wenn die meine auch eine viel kompliziertere Feder war als die Onkel Josés, so war doch auch ich erst im Begriff, schreiben zu lernen.

In den ersten Tagen war ich glücklich, als ich da in der Sonne saß, eingehüllt in Licht, Duft und Rauschen des Meeres, einen komplizierten Mechanismus – wie mich so ein Mechanismus bezauberte! – wiederaufbauend und heilend, mein Gehirn im Labyrinth der zerbrechlichen Bolzen und Schrauben gefangen, während die Vision eines Buches, meines ersten Buches, im Hintergrund meines Denkens Gestalt annahm.

In einer silbrigen Nacht voll Grillenzirpen und Fröschequaken hörte ich das schwere Summen von Flugzeugen näherkommen, verebben und wieder näherrücken. Es gab drei dumpfe Krache, deren letzter das leichtgebaute Haus erzittern machte. Am nächsten Morgen erfuhren wir, daß die erste Bombe von den Capronis – ich hatte eine der Maschinen im Mondlicht wie einen silbernen Nachtfalter glitzern sehen – über Alicante abgeworfen worden war; sie war auf eine Straßenkreuzung gefallen, hatte ein halbes Dutzend Lehmhäuser in Trümmer gelegt und ein Dutzend darin lebender armer Arbeiter getötet. Die zweite Bombe war auf ein Brachfeld gefallen. Die dritte hatte im Nutzgarten eines alten Bauern eingeschlagen. Sie hatte seine Tomatenernte zerstört und nur einen Frosch getötet. Ich wurde zornig, als ich den breitschultrigen Flugzeugmechaniker, der es erzählte, bei dem Gedanken laut und blöde lachen sah, daß eine Bombe einen Frosch umbringen könnte. Der verwundete Garten hatte mich ergriffen. Ich konnte es nicht einsehen, daß die einem Lebewesen zugefügte Wunde einen gleichgültig lassen oder gar zu einem Scherz veranlassen könne. Der Krieg an sich war darin verkörpert, in den Pflanzen und Bäumen, die eine Bombe zerfetzt, in dem Frosch, den der Luftdruck getötet hatte. Dies wurde die erste kurze Geschichte, die ich auf meiner wiederhergestellten Maschine niederschrieb.

In der vierten Woche unseres Aufenthaltes in San Juan de la Playa weckte mich ein lautes Klopfen an der Türe; ich machte auf, tat einen flüchtigen Blick in Juans erschrockenes Gesicht, und schon drängten sich zwei Männer an ihm vorbei in den Türrahmen. »Polizei. Hier unsere Ausweise. Ist diese Dame eine Österreicherin namens Ilse Kulcsar? Ja? Dann ziehen Sie sich bitte an und kommen Sie heraus!« Es war vor Sonnenaufgang; das Meer war bleigrau. Wir blickten einander an, ohne etwas zu sagen, und zogen uns eiligst an. Draußen fragte einer der beiden Detektive Ilsa: »Haben Sie einen Gatten in Barcelona?«

»Nein«, antwortete sie verblüfft.

»Nein? Also, hier haben wir einen Befehl aus Barcelona, Sie zu Ihrem Gatten, Leopold Kulcsar, zu bringen, der Sie anfordert.«

»Wenn der Name Leopold Kulcsar ist, so stimmt es schon, daß er mein rechtmäßiger Mann ist, von dem ich getrennt lebe. Sie haben kein Recht, mich zu zwingen, zu ihm zurückzugehen – vorausgesetzt, daß er überhaupt in Barcelona ist.«

»Tja, wir wissen nichts davon, außer daß wir Order haben, Sie mitzunehmen, und wenn sie sich weigern, bleibt uns nichts übrig, als Sie zu verhaften. Wollen Sie also freiwillig mit uns kommen?«

Ohne Ilsa Zeit zur Antwort zu geben, sagte ich: »Wenn Sie sie festnehmen, müssen Sie auch mich festnehmen.«

»Und wer sind denn Sie?«

Ich erklärte es ihnen und zeigte meine Papiere. Sie gingen aus dem Zimmer, um das neu aufgetauchte Problem zu besprechen. Als sie zurückkamen, sagte der eine: »Die Sache ist die, daß wir keinen Befehl haben ...«

Ilsa unterbrach ihn: »Ich gehe mit Ihnen, aber nur, wenn er mich begleitet.«

Der zweite Polizeiagent brummte: »Mag er mitkommen! Wenn wir sie verhaften müssen, bleibt uns ohnedies nichts übrig, als auch ihn zu verhaften.«

Sie gaben uns knapp Zeit, unsere Rechnung mit Juan zu begleichen, unsere Habseligkeiten ihm zu übergeben und ein kleines Handköfferchen zu packen. Dann schoben sie uns hastig in das Auto vor dem Tor.

»Sei nicht gar so besorgt«, sagte Ilsa, »da es der Poldi ist, der die Leute da auf die Suche nach mir geschickt hat, ist das Ganze sicher ein dummes Mißverständnis.«

Sicher war nur, daß sie die Sache nicht ganz erfaßt hatte. Ich hatte mir den Stempel auf den Ausweisen der zwei Agenten angesehen: S. I. M. – Servicio de Inteligencia Militar, Militärischer Nachrichtendienst. Wir waren in den Händen der berüchtigten und gefürchteten Organisation. Diese Geschichte mit Ilsas Gatten war nichts als ein Vorwand. Der Versuch, der in Madrid fehlgeschlagen war, wurde nun mit Hilfe einer viel mächtigeren Amtsstelle wiederholt, und zwar an einem Ort, wo uns keinerlei Hilfe von außen zur Verfügung stand. Das einzige, was mich verwunderte, war, daß die Leute keine Leibesuntersuchung vorgenommen hatten. In meiner Rocktasche hatte ich die kleine Pistole, die mir Agustín bei der Abfahrt von Madrid zugesteckt hatte.

Wir schlugen die Landstraße ein, die der Küste entlang nach Valencia führt. Nach der ersten halben Stunde begannen die beiden Agenten uns mit einer gewissen zurückhaltenden Sympathie über unsere Angelegenheiten auszufragen. Wir diskutierten den Verlauf des Krieges. Einer der beiden sagte, er sei Sozialist. Sie fragten uns, wo man eine anständige Mittagsmahlzeit haben könne, und ich schlug ihnen vor, zur Schenke Miguels am Fuß des Peñon de Ifach zu fahren. Zu meiner Verwunderung erklärten sie sich einverstanden. Miguel warf ihnen einen schiefen Blick zu, schaute dann in Ilsas Gesicht, das ungetrübt heiter war, runzelte die Brauen und fragte mich, was er für uns kochen solle. Dann briet er uns ein Huhn, bereitete einen »Fischerreis« und setzte sich zu uns an den Tisch. Es war eine unglaublich normale Mahlzeit. Als wir langsam unser letztes Glas Wein tranken, sagte der eine Agent: »Hört ihr denn nie Radio? Die ganzen letzten Tage hat man eine Aufforderung an diese ausländische Genossin da ausgesandt, sie solle sich mit ihrem Mann in Barcelona in Verbindung setzen.«

Ich fragte mich, was wir getan haben würden, wenn wir es gehört hätten. Aber wer hört sich denn jemals die Polizeimeldungen am Ende der Nachrichtensendung an?

Von der Sonne und dem Essen sehr viel milder gestimmt, gingen sie mit uns wieder zum Wagen. Miguel schüttelte unsere Hände und sagte: »Salud y suerte !« Viel Glück …

Ich schlummerte, erschöpft von den Gedanken, die mir durch den Kopf gingen, und der Unmöglichkeit, frei mit Ilsa zu reden. Sie aber hatte ihr Vergnügen an der Fahrt, und als wir zu einem Orangenhain kamen, hielten die Agenten das Auto an, damit sie sich einen Zweig pflücke, der Früchte in drei Farben trug: grün, gelb und goldrot. Sie nahm ihn mit nach Barcelona. Ich konnte ihre Haltung nicht begreifen. Legte sie sich denn keine Rechenschaft über die Gefahr ab, in der sie schwebte? Oder falls es wahr war, daß ihr rechtmäßiger Gatte hinter dem Ganzen steckte, sah sie dann nicht ein, daß er den Versuch machen konnte, sie mit Gewalt aus Spanien wegzubringen und möglicherweise sogar mich aus dem Weg zu schaffen?

Plötzlich, kurz vor Sonnenuntergang, sagte der ungeschlachtere der zwei Agenten: »Wenn wir vor Anbruch der Dunkelheit nach Valencia kommen, geben sie uns gleich einen anderen Auftrag. Fahren wir den längeren Weg, den um die Albufera herum, das wird der ausländischen Genossin auch gefallen.«

Ich erstarrte auf meinem Sitz und sagte kein Wort. Die Albufera ist die Lagune, in die in den wirren, gewalttätigen Tagen von 1936 die Leichen getöteter Menschen geworfen wurden. Der Name machte mich schaudern. Vorsichtig griff ich in die Tasche und entsicherte die Pistole. Im Augenblick, in dem sie den Wagen anhalten und uns hinausbeordern würden, wollte ich durch die Tasche hindurch schießen. Und wir würden nicht die einzigen Toten sein. Ich beobachtete die leisesten Bewegungen unserer zwei Beschützer. Doch der eine döste, der andere plauderte mit Ilsa, zeigte ihr Wasservögel, Reisfelder, Fischnetze, erzählte ihr von den kleinen Dörfern und von der Ausdehnung der breiten, seichten, schilfbedeckten Wasserfläche. Und der Wagen fuhr in gleichmäßiger Schnelligkeit weiter. Wir waren schon an mehreren Stellen vorbeigekommen, die für eine schnelle Hinrichtung ohne Zeugen ausgezeichnet geeignet gewesen wären. Wollten sie es tun, so mußten sie sich beeilen. Hier waren wir am Ende der Albufera.

Ich sicherte die Pistole wieder und ließ sie tiefer in die Tasche gleiten. Als ich die Hand herauszog, war sie eingeschlafen, und ein Zittern durchlief mich.

»Bist du müde?« fragte Ilsa.

Bei unserer Ankunft in Valencia war es Nacht. Sie brachten uns zum Gebäude des S. I. M. und ließen uns dort in einem muffigen Wartesaal stehen, wo die Leute hinter unserem Rücken wisperten. Beamte riefen Barcelona an, wohin die Zentralstelle zugleich mit der Regierung übersiedelt war. Dann kamen sie zu uns zurück, stellten uns schroffe Fragen und verschwanden wiederum. Zum Schluß sagte einer von ihnen in erstauntem Ton zu mir: »Sie sagen, du sollst mit ihr nach Barcelona. Aber der Teufel soll mich holen, wenn ich ein Wort von alledem verstehe. Laß mal hören. Erklär mir die Geschichte!«

Ich versuchte, die Sache kurz auseinanderzusetzen. Sie starrten mich mißtrauisch an. Ich merkte ganz genau, daß sie uns gerne zu weiterer Untersuchung in Valencia zurückbehalten hätten, aber als ich sie fragte, ob wir verhaftet oder frei wären, sagten sie mir: »Frei! Nur müssen wir euch unter Bewachung hinschicken, da sie euch so dringend brauchen.«

Kurz nach Mitternacht verließen wir Valencia in einem anderen Wagen. Der Agent, der uns den Weg um die Albufera gefahren hatte, kam sich von uns verabschieden und bedauerte, nicht mit uns weitergeschickt zu werden; für ihn sei es fast ein Urlaub gewesen. Aber als ich mich im Wagen hinsetzte, bemerkte ich, daß unser kleines Handköfferchen nirgends zu sehen war, obgleich ich mich danach erkundigt und die Antwort erhalten hatte, es warte auf uns im Wagen. Ich ging ins Büro zurück. Ich fragte die Chauffeure aus, aber niemand wollte etwas davon wissen. Das Köfferchen enthielt meine Manuskripte und die meisten der uns verbliebenen Dokumente, die sich auf unsere Arbeit in Madrid bezogen. Das bedeutete, daß wir unsere wichtigste Verteidigungswaffe verloren hatten, die wir in Barcelona vielleicht dringend brauchen würden, denn die Stadt war der Sitz der Verwaltungsstellen mit neuen Bürokraten, die nichts von uns wußten, und unseren alten Widersachern.

Als der Wagen am Tor der Direktion des S. I. M. hielt, war es so früh am Morgen, daß die Leiter des Dienstes noch nicht im Büro waren. Niemand wußte etwas mit uns anzufangen. Auf alle Fälle führte man uns wiederum in ein Wartezimmer und stellte einen gelangweilten Wachposten an die Tür. Ilsa war sicher, daß sich die Sache rasch aufklären würde. Ich wußte nicht, was ich mir denken sollte. Waren wir in Haft oder nicht? Wir versuchten, uns die Zeit zu vertreiben, indem wir uns über das Gebäude unterhielten, das zu klein für einen Palast, zu groß für ein Wohnhaus reicher Bourgeois war: mit einem in schreienden Farben gekachelten Hof, dicken Teppichen in den Gängen, alten geschmiedeten Kohlenbecken und modernen, farbigen Glasfenstern, die Wappen trugen.

Ein Mann trat brüsk ein. Ilsa sprang auf und rief: »Poldi!« Der Mann riß den Hut ab, warf mir einen finsteren Blick zu und küßte ihr die Hand, in einer übertriebenen zeremoniösen und höfischen Geste. Sie sagte ein paar scharfe Worte auf deutsch, und er fuhr zurück, fast taumelnd vor Überraschung. Später erzählte sie mir, sie habe ihn gefragt: »Warum hast du mich verhaften lassen?«, und dieser Vorwurf habe ihn so völlig aus dem Gleichgewicht gebracht.

Erst dann stellte uns Ilsa einander auf französisch vor, wobei sie nichts als unsere Namen sagte. Ich nickte. Er machte eine theatralische Verbeugung aus den Hüften. Wir sagten kein Wort und gaben einander nicht die Hand.

Ihr Gatte in den Augen des Gesetzes: Tiefliegende Augen, von braunen Ringen umgeben, starrten mich mit einem intensiven, fiebrigen Blick an. Er hatte eine breite, hohe Stirne mit mächtiger Wölbung, die durch seine beginnende Glatze noch höher erschien; der Kopf saß gut auf breiten Schultern; er war schlank, etwas kleiner und etwas jünger als ich. Auf seine Art sah er gut aus. Seine Kinnladen waren um einen verbitterten Mund verkrampft, dessen Oberlippe eine verwischte Grenzlinie hatte. Sein dünnes Haar sah tot aus. Ich sah ihn sachlich prüfend an, so wie er mich.

Dann wandte er sich ihr zu und setzte sich neben sie auf das plüschbezogene Sofa. Der Wachposten hatte vor ihm salutiert und war verschwunden. Wir drei waren allein. Während die beiden auf deutsch zu reden begannen, trat ich zum Fenster und sah in den Hof hinab, erst durch eine gelbe Scheibe, dann durch eine blaue und schließlich durch eine rote. Die sonnenbestrahlten Mauern und die Schatten unter den Arkaden nahmen mit jeder Farbe neue, überraschende Tiefen und Perspektiven an.

Die beiden redeten zornig aufeinander ein, obwohl ihre Stimmen nicht laut wurden. Scharfe Frage, scharfe Antwort: Sie waren uneins.

Die Mauer gegenüber strahlte die Sonnenwärme zurück und mir ins Gesicht. Das Frostgefühl, das mich niedergedrückt hatte, schmolz und ließ nichts zurück als eine ungeheure Müdigkeit, die Erschöpfung nach einer schlaflosen Nacht und vierundzwanzig Stunden der Fahrt – und welch einer Fahrt! Das Zimmer mit seinen Vorhängen, Wandbehängen und dicken Teppichen wirkte einschläfernd. Was ich nun brauchte, war: Kaffee, Kognak und ein Bett.

War dieser Mann gekommen, seine Frau zu fordern und sie mit sich zu nehmen? Ich hatte die Bartstoppeln von zwei Tagen auf meinem Kinn und spürte, wie mir die Haut vor Müdigkeit und Anspannung an den Knochen klebte. Ich muß ein wahres Schurkengesicht gehabt haben.

Was wirst du tun, wenn er versucht, sie dir wegzunehmen? Die Frage ist, ob sie gehen will; und sie will nicht. Ja, aber es ist ihr gesetzlicher Gatte, er ist ein Ausländer, der die Hilfe der spanischen Behörde in Anspruch nehmen kann, um seine Frau mit sich zu nehmen; man kann ihr die Aufenthaltsbewilligung in Spanien entziehen – und was dann? Wir würden protestieren. Bei wem und auf welchen Rechtsgrund gestützt? Ich hatte sie nicht einmal in Madrid vor Verfolgungen schützen können.

So versuchte ich die Argumente in einem klar gegliederten Dialog mit mir selber durchzusprechen. Aber die Stimmen der beiden waren nicht mehr scharf. Sie beherrschte, sie überzeugte ihn nun mit dieser warmen Stimme, die so beruhigend herzlich war nach der eisigen Schärfe von früher. Zu dieser Stunde mußte die Sonne das Meer am Strand von San Juan schon wieder durchwärmt haben. Jetzt ins seichte Wasser gehen und nachher im Sand schlafen!

Ilsa stand auf und ging auf mich zu.

»Jetzt gehen wir.«

»Wohin?«

»In Poldis Hotel. Ich erkläre dir alles später.«

Die Wachen am Tor salutierten, als wir das Gebäude verließen. Ilsa ging zwischen ihm und mir. Er fing wieder auf deutsch zu reden an, aber sie schnitt es ab: »Jetzt werden wir französisch sprechen, nicht wahr?«

Wir schwiegen den Rest des Weges. Die Hotelhalle war voll von eifrig schwatzenden Menschen, unter denen ich ein halbes Dutzend uns bekannter Journalisten sah. Ich war mir meines verdreckten Aufzuges sehr bewußt. Poldi führte uns in sein Zimmer hinauf und sagte Ilsa, wo ich sein Wasch- und Rasierzeug finden könne; zu mir sprach er nicht. Ein großer blauer Schrankkoffer stand mitten im Zimmer, und Poldi begann, ihn Ilsa zu demonstrieren, Fächer und Laden zu öffnen und die Kleiderstange mit den Hängern herauszuziehen. Es war alles höchst kompliziert und funktionierte nicht sehr gut. Als er uns allein ließ, sagte Ilsa in einem mütterlichen Ton, der mich reizte: »Der arme Kerl, es ist immer das gleiche mit ihm. Mit jedem dummen neuen Luxusding ist er so glücklich wie ein Kind mit einem neuen Spielzeug.«

Ich sagte ihr rauh, daß ich an Imitationsschrankkoffern nicht interessiert sei, und überschüttete sie mit Fragen. Während wir uns wuschen und unsere Kleider bürsteten, erklärte sie mir die Lage. Er war in offizieller Mission nach Barcelona gekommen, aber sie sah nicht klar, worin diese Mission bestand. Allerdings war er auch ihretwegen gekommen, bereit, sie zum Verlassen Spaniens zu zwingen, falls sie nicht willig wäre, mit ihm zu gehen. Der Grund dafür war, daß er nicht nur Gerüchte von der politischen Hetze gegen sie gehört hatte, sondern auch Geschichten über mich, die ihn um ihr Schicksal besorgt machten: daß ich ein Säufer sei, mit einer ganzen Brut unehelicher Kinder, und daß ich sie mit mir in die Gosse zöge. Er habe beabsichtigt, seine gesetzliche Stellung als Gatte auszunützen, um sie gegen ihren Willen mitzunehmen – genau so, wie ich es mir vorgestellt hatte –, aber nicht in der Illusion, sie würde die Ehe mit ihm wieder aufnehmen, sondern um sie zu retten und ihr die Möglichkeit einer Gesundung in einer normalen, friedlicheren Umgebung zu eröffnen. Die Art und Weise, in der man uns in San Juan de la Playa festgenommen hatte, war darauf zurückzuführen, daß er unsere Adresse in Madrid nicht hatte erfahren können – ein seltsames Faktum, denn mehrere Menschen kannten sie, offiziell wie privat. Daher war ihm nichts übriggeblieben, als die Hilfe von Radio und Polizei in Anspruch zu nehmen. Und natürlich hatten die Agenten des S. I. M. das auf ihre Manier ausgedeutet. Offenbar hatte er seine ursprünglichen Pläne fallen lassen, als er sie ruhig, kläräugig und ihrer selbst gewiß sah, glücklicher, als er sie je gekannt hatte, trotz allen offensichtlichen Schwierigkeiten. Nun wollte er die Lage mit mir besprechen und uns beiden helfen. Sie endete triumphierend: »Siehst du, so steht es, trotz all deinen Alpträumen. Ich habe dir ja gesagt, er ist nicht imstande, mir einen üblen Streich zu spielen.«

Ich war noch immer nicht überzeugt; ich kannte die Stärke des Besitzinstinktes nur zu gut. Aber als wir zu dritt beim Mittagsmahl saßen und ich mehr von dem Mann sah, änderte ich meine Ansicht. Ilsa war so vollkommen natürlich, so freundschaftlich und unbefangen in ihrem Verhalten zu ihm, daß er die zur Schau getragene Arroganz mir gegenüber verlor, gegen die ich keine Waffe hatte, da es ja sein gutes Recht war, seinen Stolz so gut wie möglich zu wahren. Ich fand ihn offenherzig und mißtrauisch zugleich. Ein kleiner Zwischenfall brach das Eis zwischen uns. Wir hatten keine Zigaretten, und in Barcelona war es fast unmöglich, Tabak zu kaufen. Poldi verlangte vom Kellner ein Päckchen Zigaretten in einem gebieterischen Tonfall, der ihm nichts als ein Lächeln und Achselzucken des Mannes eintrug. Es war der hoffärtige Ton eines jungen Burschen, der nicht recht weiß, wie man Bestellungen macht und Trinkgelder gibt, aber Angst hat, der Kellner könnte seinen Mangel an weltmännischem Schliff durchschauen. Ich griff ein, plauderte mit dem Kellner, und zum Schluß hatten wir Zigaretten, gutes Essen und guten Wein. Dies beeindruckte Poldi über alle Maßen, so stark, daß ich daraus seine Pubertätsträume und seine schwierige Jugendzeit herausahnen konnte, und er sagte etwas traurig: »Du scheinst ein Talent zu haben, das mir abgeht.« Da verstand ich, daß seine herrische Manier nur der dünne Panzer war, der innere Unsicherheit und Mangel an Haltung verdeckte. Da er mich nun als Menschen akzeptiert hatte, sprach er mit einfacher Würde über Ilsa zu mir. Sie sei für ihn das wichtigste menschliche Wesen, das es auf der Welt gab, aber er wisse nun endgültig, daß er sie verloren habe, wenigstens für diesen Abschnitt seines Lebens. Er wolle sie nicht ganz verlieren. Sie würde »have her cake and eat it«, wie er auf englisch sagte. Das heißt, sie würde ihr Zusammenleben mit mir haben, da es nun einmal offensichtlich war, daß ich sie glücklich machen könne, und würde doch seine Ergebenheit und Freundschaft behalten. Und wenn ich ihr wehtun sollte, würde ich noch immer mit ihm zu rechnen haben.

Später wollte Poldi die Scheidung durchführen, während es jetzt äußerst schwierig wäre. Sie waren nach österreichischem Recht verheiratet, aber beide waren Emigranten, die aus dem faschistischen Österreich geflohen waren. Für den Augenblick gab er sich darüber Rechenschaft, daß wir beide keine konkrete Kriegsarbeit leisteten, vor allem deshalb, weil wir uns alle unsere offiziellen Beziehungen verpatzt hatten. Es sei Wahnsinn gewesen, meinte er, in Madrid wichtigste Propagandaarbeit zu leisten, ohne uns vorher die formellen Ernennungen und entsprechenden Gehälter zu sichern. Er wisse ja, daß Ilse eine Romantikerin sei, aber es tue ihm leid, zu sehen, daß auch ich so romantisch sei. Sie müsse klarerweise aus Spanien weg, bis die Kampagne gegen sie eingeschlafen sei; obzwar nur einige wenige Menschen dahinterstünden, hätten uns unsere Streitigkeiten mit den Bürokraten isoliert und in Verruf gebracht. Er sagte, er werde uns helfen, die notwendigen Papiere für uns beide zu beschaffen, da sie mich nicht allein lassen wolle, und wir würden im Auslande nützliche Arbeit in Fülle finden. Ilse werde dringend dafür benötigt, und was mich betraf, sei er gewillt, ihre Einschätzung meiner Leistungen als richtig anzunehmen. Er sehe ein, daß er uns sehr geschadet habe, als er den S. I. M. in Anspruch nahm, eine Organisation, die überall im Lande nichts als Verdächtige sehe, aber er nehme es auf sich, jedes Mißtrauen und jeden Zweifel über uns zu zerstreuen und die Dokumente zurückzubekommen, die man uns abgenommen hatte.

Am selben Nachmittag versuchte er auch, das alles einzuleiten. Als wir wieder in der Direktion des S. I. M. waren, kehrte Poldi zu dem ostentativen Gehabe zurück, das ich vorher bemerkt und innerlich kritisiert hatte. Er war nervös und aufgeregt, als stünde er am Rande eines schweren Depressionsanfalles. Von einem der Chefs des S. I. M. verlangte er, man solle uns sofort Ausweise geben, die klarstellten, daß die Amtsstelle nichts gegen uns habe, obwohl sie uns unter Zwang nach Barcelona gebracht hatte. Aber der blasse junge S. I. M.-Mann gab nur das Versprechen, sich darum zu kümmern. Allerdings gab er eine dringende telephonische Order nach Valencia durch, man solle unser Köfferchen sofort mit unversehrtem Inhalt schicken; dabei versuchte er gar nicht die Tatsache zu vertuschen, daß man die Papiere stillschweigend konfisziert hatte. Ohne ein Dokument, aus dem der Grund unseres Aufenthaltes in Barcelona hervorging, hätten wir nie Quartier gefunden; daher sagte der S. I. M.-Mann, er werde einen seiner Agenten mit uns zum »Ritz« schicken, und wir würden dort ein Zimmer zugewiesen bekommen. Er halte es für gut, wenn wir dortblieben, so daß man immer wüßte, wo wir zu finden wären. Dieser Vorschlag war ein Befehl; er bewies, daß trotz Poldis Erklärungen der Mann die Absicht hatte, uns von seinen Leuten auf Herz und Nieren prüfen zu lassen, da wir nun einmal ihre Aufmerksamkeit auf uns gezogen hatten. So gingen wir also ins »Ritz«, das erst seit kurzem für das Publikum wieder offen war, mit seinen dicken roten Teppichen, der musterhaften Bedienung, kargen Mahlzeiten und schwacher Beleuchtung; man gab uns ein Zimmer.

Der Rest des Tages verging in einem Gewirr von Gesprächen und Schweigen, von Warten und Nebeneinandergehen wie Ziehpuppen an ihren Fäden. Als wir in dieser Nacht die Tür unseres Zimmers hinter uns schlossen, waren wir zu erschöpft, um zu reden oder zu denken, aber dennoch wußten wir, daß wir an der Schwelle eines neuen Abschnittes unseres Lebens standen. Hatte dieser Mann nicht gesagt, ich müßte Spanien verlassen – aus unserem Krieg davonlaufen! –, um wieder arbeiten zu dürfen? Es klang mir verrückt und falsch. Doch würde ich es später durchdenken müssen, sobald sich die Dinge etwas eingerenkt hatten.

Die Balkontür stand weit offen, und blaßblaues Licht füllte das fremde Zimmer. Mein Gehör mühte sich, ein fernes, schwaches Summen zu identifizieren; endlich entschied es, daß es das Meer war. Irgendwo im Dunkel krähte ein Hahn, und andere Hähne antworteten, nah und schrill, fern und geisterhaft. Die Kette von Herausforderungen und trotzigen Gegenrufen schien sich endlos über die flachen Dächer von Barcelona zu erstrecken.

Dann folgten zehn unwirkliche Tage, an denen Poldi in Barcelona war und seine Anwesenheit unseren Stundenplan diktierte. Er redete mit mir; er nahm Ilsa auf Spaziergänge mit, während derer ich mich wunderte, so ganz ohne die üblichen Eifersüchte und Ressentiments zu sein; er vereinbarte Zusammenkünfte mit diesem oder jenem hohen Beamten, Diplomaten oder Politiker; er schleppte uns wieder zur Direktion des S. I. M., um unsere Passagierscheine zu verlangen. Der Koffer war aus Valencia nach Barcelona geschickt worden, aber wir hatten noch immer kein Dokument, das unsere Anwesenheit in Barcelona gerechtfertigt hätte. Ich versuchte die ganze Zeit, Poldis Denkungsart zu begreifen und zugleich mein eigenes Denken zu klären; ich bemühte mich, festen Boden unter meinen Füßen zu finden, so daß ich hierbleiben und mit den Meinen würde arbeiten können; und wiederum hatte ich gegen meinen Körper und meine Nerven zu kämpfen, sooft die Luftwarnungssirenen ertönten oder ein Motorrad auf der Straße zu stottern anfing.

Wenn Poldi über internationale Fragen sprach, faszinierten mich seine Sachkenntnis und sein Weitblick.

Doch dann kam ein Abend, an dem Ilsa und Poldi das Ziel ihres Sozialismus diskutierten. Als sie ihren Glauben an das Individuum als den höchsten Wert bekannte, rief er aus: »Ich habe schon immer gespürt, daß unsere Weltanschauungen einander widersprechen. Weißt du, was du gerade gesagt hast, bedeutet unsere geistige Scheidung!« Das klang so hochtrabend für meine Ohren, daß ich irgendeinen dummen Witz machen mußte; sofort jedoch sah ich, daß es ihn sehr getroffen hatte, und ich spürte den Widerhall in mir. Trotz unserer verschiedenen Logik und intellektuellen Sprache fand ich mich mit Ilsa vereint, gerade dort, wo zwischen ihr und Poldi sich eine tiefe Kluft auftat. Dasselbe geschah, als er mir sagte: »Es ist recht schwierig, mit Ilse umzugehen, nicht wahr?«, und ich es erstaunt verneinte. Das traf ihn und machte ihn eifersüchtiger, als eine physische Tatsache ihn je hätte machen können. Denn er hatte sie beherrschen und besitzen wollen, und sein Hunger nach Macht und Besitz hatte ihre Ehe zerstört.

Ich dachte über mich selbst nach und fand, daß mein Leben mich Macht und Besitz so hassen gelehrt hatte, daß ich mich nach nichts sehnte als nach Freiheit und freiwilliger Gemeinsamkeit. An diesem Punkt standen wir im Gegensatz zueinander – er und sie, er und ich. Er hatte fast die gleiche proletarische Kindheit hinter sich wie ich; er hatte die bestehende Welt gehaßt und war zum Rebellen dagegen geworden, so wie ich. Doch in ihm hatte sich der Haß gegen Macht und Besitz in eine Besessenheit verwandelt; er war nie über die Wunden hinausgewachsen, die seinem Selbstvertrauen zugefügt worden waren.

Der Tag der Abreise Poldis war bitterkalt. Er sah krank aus und hatte Schmerzen; er gestand ein, ein ernstes Magengeschwür zu haben, verschlimmert durch seine Lebensweise, den Mangel an Schlaf, die unregelmäßigen Mahlzeiten, den schwarzen Kaffee und den Kognak, Dinge, die er brauchte, um seine Energie aufzupeitschen, in einer Art, die ich selbst nur zu gut kannte. Bevor er Abschied nahm, sprach er noch einmal zu mir über Ilsa: Sie sehe nun aus, wie sie ausgesehen hatte, bevor er ihre Heiterkeit und Einfachheit zerstört hatte, und er sei dessen froh. Wir drei müßten in Zukunft oft zusammensein, denn »wenn es nicht Ilsa wegen wäre, hol sie der Teufel, dann wären wir Freunde geworden, du und ich«. Ich konnte das nicht glauben, aber es war gut, daß er so empfand. Zwischen uns gab es keine vergiftende Bitterkeit.

Ich blieb allein, Auge in Auge mit mir.

In diesen dunklen Dezembertagen vervielfältigten sich die Luftangriffe auf Barcelona; im Januar 1938 wurden sie noch schlimmer. Die Regierungstruppen waren auf der Aragonienfront in der Offensive, und Barcelona war das große Nachschubzentrum. Italienische Flugzeuge hatten nur eine kurze Strecke von den Balearischen Inseln herüber. Sie stellten ihre Motoren weit draußen über dem Meer ab und kamen im Gleitflug auf die Stadt herunter, warfen ihre Bomben und flogen davon. Die erste Warnung war das Schüttern von einer mehr oder weniger weit gefallenen Bombe, dann wurde das elektrische Licht in der ganzen Stadt ausgeschaltet, und erst geraume Zeit später folgte das Heulen der Sirenen.

Ich verfiel wieder in meine Besessenheit. Sobald ich aufwachte, hielt ich es in unserem Schlafzimmer nicht aus. Auf der Straße erschütterte mich jedes unerwartete Geräusch und brachte die Demütigung eines Anfalls von Erbrechen über mich. Zuerst blieb ich stundenlang in der Halle des Hotels, auf die Straße hinaushorchend und die Menschen um mich beobachtend, in pausenloser Beklemmung. Dann entdeckte ich eine Bar im Tiefgeschoß, wo ich mit den Kellnern sprechen und hinter dicken Mauern sitzen konnte; zum Schluß fand ich ein ganz kleines Gelaß, das hinter der Bar eingezwängt war. Es lag unbenützt, und der Verwalter des Hotels ließ mich dort arbeiten. Ich stellte meine Schreibmaschine hin und arbeitete Tag und Nacht in einer fieberhaften, an Hysterie grenzenden Erregung. Kam ein Luftangriff, so war ich auf diese Weise ohnehin in einem Bunker, und zugleich war ich vor den Menschen versteckt; die Geräusche von draußen erreichten mich nur durch einen schmalen, vergitterten Luftschacht, dessen Luke sich unmittelbar über dem Straßenpflaster öffnete. Am liebsten hätte ich dort unten geschlafen. Ich schlief auch tatsächlich für kurze Stunden auf dem Plüschdiwan, aber mein Schlaf war von Alpträumen zerrissen, die ich nur durch ein rasch hinuntergestürztes Glas Wein bannen konnte. Ich trank viel und rauchte viel. Ich hatte Angst, wahnsinnig zu werden.

Wenn ich nicht mehr arbeiten konnte, weil mir die Worte vor den Augen verschwammen, verließ ich mein Fuchsloch und ging in die Bar. Dort gab es immer eine buntscheckige Gesellschaft von Offizieren, hohen Beamten, ausländischen und spanischen Journalisten, fremden Gästen der Regierung, internationalen Schiebern, einigen distinguierten Gattinnen und Nutten. Der Lärm, die Getränke, die Diskussionen und der Anblick von Menschen retteten mich vor der tödlichen Lethargie, die mich befiel, sobald ich zu schreiben aufhörte.

Manchmal, doch kam das selten vor, raffte ich mich auf und ging zu Leuten hin, die in irgendeiner Abteilung des Kriegsapparates saßen. Ich hoffte noch immer, ich könnte mich nützlich machen und in Spanien meine Heilung finden. Aber Männer, die mit mir in den Novembertagen von Madrid zusammengearbeitet hatten – wie fern schienen sie nun in dieser Stadt des Geschäftemachens und der Bürokratie, in der das Herz des Krieges erkaltete! –, sagten mir, das beste für mich wäre, ein Buch zu veröffentlichen und dann das Kommende abzuwarten.

Langsam, in krampfhaften Anfällen von Arbeitswut, schrieb ich das Buch zu Ende, in dem wenigstens etwas von dem Madrid, das ich gesehen hatte, enthalten war. In den Nächten lauschte ich den Hähnen, die, auf den Dachterrassen krähend, einander herausforderten. Wenn Ilsa mich allein im Zimmer ließ, fühlte ich mich als ein Ausgestoßener, allen Schrecken preisgegeben, und wenn sie zurückkam, suchte ich in ihrer Wärme eine Zuflucht. Mein Gehirn drehte sich erschöpft im Kreise wie ein an ein Brunnenrad gekettetes, blindes Maultier.

Es war eine tiefe Erleichterung, wenn die Sirenen zu heulen anfingen und die eingebildete Gefahr zu einer wirklichen und unmittelbaren wurde. Dann zwang ich Ilsa, aufzustehen und mit mir in die Kellerbar hinunterzugehen. Dort saßen wir zusammen mit den anderen Hotelgästen in ihren Schlafröcken und Schlafanzügen, während die Luftabwehrgeschütze bellten und das Haus bei jeder Explosion erzitterte. Ab und zu füllte sich mein Mund mit Magensaft, aber auch das war eine Erleichterung, denn es war alles Wirklichkeit. Nach einem Bombenangriff fiel ich jedesmal in tiefen Schlaf.

Am Abend des 29. Januar – es war ein Samstag – kam der Hotelverwalter in die Bar herunter, um Ilsa zu suchen: jemand warte in der Halle auf sie. Als es einige Zeit dauerte und sie nicht zurückkam, sagte der Kellner: »Ich glaube, es ist die Polizei«, und ich ging ihr nach. Sie saß dort mit einem S. I. M.-Agenten, ihr Gesicht war grau, und sie hielt mir ein Telegramm entgegen: »Poldi Freitag plötzlich gestorben. Brief folgt.« Irgendein Name, den ich nicht kannte, darunter. Der Agent war gekommen, um sicherzustellen, daß es sich nicht um eine Chiffredepesche handelte. Ilsa erklärte ihm sorgfältig die Lage und antwortete auf seine redseligen Bemerkungen über das Hotel und seine internationalen Schieber mit ernster Freundlichkeit. Dann ging sie, sich sehr gerade haltend, mir voran die Treppe zur Bar hinunter. Damals war Pater Lobo gerade bei uns; er hatte Poldi kennengelernt, hatte ihn einen großen und im Grunde guten Menschen genannt und bei alledem gesehen, warum Ilsa nicht zu ihm gehörte. Nun war er behutsam und sanft mit ihr.

Sie saß die ganze Nacht wach im Bett und kämpfte es mit sich aus. Es gab wenig, was ich tun konnte, außer bei ihr sein. Sie hielt sich für verantwortlich an seinem Tod, denn sie glaubte, seine Lebensweise, nachdem sie ihn verlassen hatte, habe seine Gesundheit zerstört. Sie dachte, er habe sich gehen lassen, weil sie ihn verließ und weil er versuchen wollte, sich ans Leben durch etwas anderes zu binden als durch sein Gefühl für sie. Das war es wenigstens, was sie mir sagte, aber sie sprach nicht viel. Es machte die Dinge für sie nicht leichter, daß sie keine Reue empfand, sondern nur Schmerz darüber, daß sie ihn tödlich verwundet hatte und daß eine tiefe, dauernde Freundschaft nun verloren war. Ihre Ehe hatte vierzehn Jahre gedauert, und es hatte in ihrem Zusammenleben manches Gute gegeben. Doch sie wußte, daß sie ihm gegenüber

DIE STIMME VON MADRID

335

versagt hatte, weil sie ihn nicht hatte lieben können, und das schmerzte sie. Es war der Preis, den sie bezahlte.

Um drei Uhr morgens gab es einen Luftangriff. Die Bomben schlugen in größter Nähe ein. Einige Stunden später fiel Ilsa in einen unruhigen Schlummer. Ich zog mich an und ging in den Keller hinunter. Dort aber waren die Putzfrauen am Werk, und ich mußte in der Halle warten. Ein junger Engländer – der Zweite Offizier eines von italienischen Bomben versenkten englischen Schiffes, wie mir der Verwalter sagte – ging auf und ab, auf und ab, wie ein wildes Tier im Käfig. Er hatte auch ganz die Augen eines verschreckten Tieres, und sein Kinn hing schlaff herab. Er durchmaß die Halle wie ich, in der entgegengesetzten Richtung, und jedesmal, wenn sich unsere Schritte begegneten, starrten wir einander an.

Dieser Sonntagmorgen war wunderbar blau. Ilsa hatte versprochen, einen ihrer englischen Freunde als Dolmetscherin zu einer Unterredung mit Aguirre, dem Präsidenten des Baskenlandes, zu begleiten. Jetzt kam sie herunter, noch immer in sehr starrer Haltung und sehr blaß, nahm das Frühstück ein – Kamillenblütentee ohne Brot oder Gebäck, denn die Lebensmittelversorgung von Barcelona wurde von Tag zu Tag schlechter – und verließ mich. Ich hatte es satt, den nervösen Engländer anzustarren, und ging in meinen Winkel im Keller. Meine Sammlung von Erzählungen war abgeschlossen, aber ich mußte sie durchlesen und korrigieren. Ich wollte sie »Valor y Miedo« nennen – »Mut und Angst«.

Eine halbe Stunde später heulten die Sirenen, im gleichen Augenblick, als der erste Krach dröhnte. Ich lief zum Schanktisch in der Bar; der Kellner schenkte mir ein Gläschen Kognak ein. Der junge Engländer kam mit zitternden Beinen die enge Treppe herabgestiegen, stand plötzlich still und lehnte sich an die Wand. Seine Zähne klapperten. Ich brachte ihn dazu, sich auf eine der untersten Treppenstufen zu setzen, und gab ihm Kognak zu trinken. In einer mühseligen Mischung von Französisch und Englisch begann er zu erklären: Einige Tage vorher habe er Bomben aufs Deck seines Schiffes fallen und seine Kameraden in Stücke gerissen gesehen. Das habe bei ihm einen Schock verursacht – und dabei stieß er krampfhaft auf.

Ein ungeheures Krachen und Dröhnen schüttelte das Gebäude, gefolgt vom Rattern von Mauerbrocken, die gegen die uns schützenden Wände fielen. Von der Küche her kamen schrille Schreie. Eine zweite Explosion machte uns und das Haus erbeben. Der Engländer und ich tranken unsere Gläser leer. Ich sah meine Hand zittern, die seine hüpfen. Der Kellner, der die Treppen hinaufgestürzt war, kam zurück und sagte: »Das Haus neben uns und das hinter dem Garten ist eingestürzt. Wir machen ein Loch in die Rückwand der Küche, um in das Tiefgeschoß des Hauses nebenan hineinzukönnen … Man hört auf der anderen Seite der Wand Menschen um Hilfe schreien.«

Und Ilsa war auf der Straße.

Ein Trupp von Köchen in weißen Blusen kam den Korridor entlanggelaufen. Das Weiß war vom Paprikarot der Ziegel bepudert. Die hohe, spitze Mütze des Küchenchefs war eingedrückt. Er begleitete ein paar Frauen und Kinder in zerfetzten, staubbedeckten Kleidern. Sie weinten und kreischten: Man hatte sie vor einem Augenblick durch ein Loch in der Kellermauer geborgen. Das Haus war über ihnen zusammengestürzt. Zwei andere waren noch in den Trümmern gefangen. Eine fette, ältliche Frau hielt sich mit beiden Händen den Bauch und brach in überlautes Gelächter aus. Der englische Schiffsoffizier betrachtete sie aus weitaufgerissenen Augen. Ich spürte, wie meine eigene Selbstbeherrschung zerrann, stieß den Engländer mit dem Ellbogen zur Seite und gab der Frau eine Ohrfeige. Ihr Gelächter brach ab, und sie glotzte mich an.

Eines nach dem anderen verschwanden die geretteten Frauen und Kinder. Der Engländer hatte eine ganze Weinflasche geleert, lag nun quer über einem Tisch mit schmerzlich verzogenem Gesicht und schnarchte. Der Kellner fragte mich: »Wo ist deine Frau?«

Ich wußte es nicht. Meine Ohren waren von dem Lärm von Explosionen erfüllt. Dort draußen auf der Straße war sie. Oder tot. Durch die kleinen Luken in der Decke drang das Geklingel der Feuerwehrautos, und ein ganz feiner Gipsregen rieselte herab. Es roch, als risse man ein altes Haus ab.

Wo ist sie? Die Frage hämmerte in meinem Schädel, aber ich versuchte nicht, sie zu beantworten. Es war ein Gemurmel wie das Klopfen des Blutes in meinen Schläfenadern. Wo ist sie?

Sie kam die Treppe herunter, zusammen mit dem Engländer; sie sah um Jahre älter aus als am Vortag. Oben in unserem Zimmer fanden wir, daß nur eine der Fensterscheiben gesprungen war, aber das Haus auf der anderen Seite des Hotelgartens war verschwunden. Jalousien, die sich wie Schlangen wanden, zersplitterte Möbel, Streifen von Papiertapeten und eine lange Zunge von Trümmerwerk füllten den Garten. Ilsa betrachtete es, aber dann klappte sie zusammen. Sie war während des Bombenangriffes auf der Straße gewesen und dabei nicht erschrocken; sie hatte den Engländer durch sein Interview mit Aguirre hindurchgesteuert, und im Garten des Präsidenten war ein Mimosenbaum in Blüte gestanden, und im Asphalt der Straße vor dem Haus hatte eine Flakhülse gesteckt. Aber dann hatte ihr der Chauffeur gesagt, das »Ritz« sei getroffen, und während der Rückfahrt hatte sie sich gegen das, was sie erwartete, zu wappnen versucht. Sie hatte, so fühlte sie, zu Poldis Tod beigetragen. Nun hatte sie mich dem Getötetwerden oder dem Wahnsinnigwerden ausgeliefert, indem sie mich allein gelassen hatte. Und als sie das sagte, wurde es mir klar, daß ich, ohne es mir einzugestehen, sie tot geglaubt hatte, weil Poldi gestorben war.

In dieser Nacht drangen der Lärm von Pickhacken und Spaten und die Rufe von Bergungskolonnen in unser Zimmer, zusammen mit dem Krähen der Hähne. Ich erinnere mich, daß am selben Abend eine englische Delegation ankam und daß wir sie zu dem Trümmerhaufen neben dem Hotel führten, wo die Männer beim Licht von Azetylenlampen noch immer gruben, um die Begrabenen zu bergen. Doch an mich selbst habe ich keine Erinnerung. Mein Buch war abgeschlossen. Ilsa war am Leben. Ich war am Leben. Es war klar, daß ich meine Heimat verlassen mußte, wenn ich nicht ganz verrückt werden wollte – wenn ich es nicht schon war. Ich fragte mich das mit einem Gefühl der Gleichgültigkeit.

Was immer in diesen Februarwochen getan wurde, war das Werk Ilsas und ihrer Freunde. Sie übersetzte meine Erzählungen und verkaufte das Manuskript einem holländischen Tabakschieber und Jobber, so daß wir unsere Hotelrechnung bezahlen konnten. Das spanische Original von »Valor y Miedo« wurde zu meiner Verblüffung vom Verlag Publicaciones Antifascistas de Cataluña angenommen; ich hatte nur noch den Vertrag zu unterschreiben. Es tat gut zu wissen, daß etwas von mir am Leben bleiben würde.

Da ich zum aktiven Kriegsdienst untauglich war, bekam ich die Bewilligung, das Land zu verlassen, aber erst mußte ein verwickelter Instanzenzug durchlaufen werden. Ich weiß nicht, wie viele dabei halfen, die zahllosen Formalitäten zu regeln, die nötig waren, damit wir unsere Pässe und Ausreisebewilligungen erhielten. Dutzende Male erklärte ich Ilsa, es sei aussichtslos, gegen die blinden Kräfte der Umstände anzurennen, und jedesmal erklärte sie mir, daß wir es überleben würden, wenn wir nur wollten, denn wir hätten noch vieles zu leisten. Wenn ich mich geschlagen fühlte und in einen Halbschlummer flüchtete, wurde sie verzweifelt zornig auf mich und machte das Unmögliche möglich. Meine Schwäche trieb sie aus ihrer eigenen Hölle heraus; sie gab ihr so viel zu tun, daß sie ihre Ängste um mich beinahe vergaß. Denn auch sie hatte Angst, daß ich wahnsinnig werden könnte, und war nicht imstande, diese Angst vor meinem geschärften Blick geheimzuhalten.

Durch Briefe hatte sie erfahren, daß Poldi an einer unheilbaren Nierenkrankheit gelitten hatte, die sein Gehirn bereits angegriffen hatte und es in einer furchtbaren Weise zerstört haben würde, wäre er nicht eines raschen und barmherzigen

Todes gestorben. Von ihrer Mutter hörte sie, er sei aus Barcelona beruhigt, beinahe glücklich nach Prag zurückgekommen, stolz auf sie, zu mir freundschaftlich eingestellt und entschlossen, nun sein eigenes Leben neu aufzubauen. Das nahm Ilsa das Gefühl der Verantwortlichkeit für seinen Tod und belud sie zugleich mit dem dauernden Bewußtsein der Wunde, die sie ihm zugefügt hatte. Sie sagte, Poldis Tod habe die letzte Spanne ihrer Jugend beendet, denn er habe sie gelehrt, daß sie nicht stärker sei als andere Menschen, wie sie bis dahin geglaubt hatte. Jetzt aber zwang meine Krankheit sie, ihre tiefsten Kräftereserven herauszuholen. Wie sie es ausdrückte: sie mußte das Wunder des Barons Münchhausen nachmachen und sich am eigenen Zopf aus dem Sumpf ziehen. Freilich, all dies sah ich nur durch den Dunstschleier der Apathie.

Eine einzige Sache habe ich allein durchgeführt. Ich besorgte die Dokumente und tat die nötigen Schritte für unsere Heirat. Eine Woche, bevor wir Barcelona und Spanien verließen, wurden wir in gebührender Form von einem kaustischen katalanischen Amtsrichter verheiratet, der an Stelle einer Predigt nur sagte: »Der eine Partner ist Witwe, der andere geschieden. Was könnte ich Ihnen Neues sagen? Sie wissen, was Sie tun. Viel Glück dazu!«

Als wir die wackeligen Treppen hinuntergingen, wunderte ich mich, daß eine reine Formalität meinem Herzen solche Erleichterung geben konnte, da sich doch nichts geändert hatte. Dennoch war es gut und recht, daß wir von nun an nicht mehr um eine Anerkennung unserer Gemeinschaft ringen mußten. Draußen in der lichthellen, menschenleeren Straße peitschte mir der Wind des Vorfrühlings ins Gesicht.

9.
DER KAMPF GEHT WEITER

Die Turmuhr der spanischen Kirche schlug zwölf – Mitternacht – im selben Augenblick, als der Zollbeamte den Gummistempel von dem klebrigen Farbkissen abhob. Er drückte ihn auf die Seite meines Passes, die er eben aufgeschlagen hatte, und gleichzeitig gab die französische Turmuhr jenseits der Grenze ihre Antwort. Wären wir fünf Minuten später nach La Junquera gekommen, dann hätte man uns zurückschicken können, denn meine Ausreisebewilligung aus Spanien lief mit dem 22. Februar ab, den die Glockenschläge eben verabschiedeten. In diesem Fall hätte ich nach Barcelona zurückfahren und um eine Verlängerung der Erlaubnis nachsuchen müssen. Dazu aber hätten mir die Kräfte gefehlt. Eher in Barcelona verrecken! Unsere Soldaten hatten Teruel zum zweiten Mal verloren und wurden nun über die vereisten Felder zurückgetrieben. Warum sollte ich vor einer eingebildeten Geisteskrankheit fliehen?

Der Beamte stempelte Ilsas Paß.

Sie hatte den Wagen aufgetrieben, der uns aus der Stadt führte, einen Wagen der britischen Botschaft. Auf Tage hinaus war kein anderes Fahrzeug zu finden. Die letzte Woche war eine einzige Heimsuchung durch Luftangriffe und Hunger gewesen. In Barcelona gab es kein Brot und auch keinen Tabak, mit dem man die nagende Leere im Magen hätte beschwichtigen können. Am Morgen vor unserer Abfahrt waren wir an den Fischbuden in der Rambla de las Flores vorbeigegangen, auf der verzweifelten Suche nach Zigaretten für mich; sie waren leer, nur auf einem einzigen Brettertisch lag ein armseliges Häufchen kleiner Fische, wie man sie an den Hafenkais fangen kann und ein Pappestreifen an einem Draht trug die

Inschrift »½ Pfund – 30 Pesetas.« Dreihundert Pesetas waren der Monatssold eines Milizmannes. Als ich während der Fahrt auf dem Kühler des mächtigen Wagens den britischen Wimpel flattern sah, dachte ich öfters an das Pappfähnchen auf dem jämmerlichen Häuflein Fische.

Der Zollbeamte schnallte die Riemen unserer drei Handkoffer fest. Der Mann hatte meine Manuskripte, deren Bündel die Siegel der Zensur des Außenministeriums trugen, mit Ehrfurcht und Sorgfalt behandelt; gewiß glaubte er, ich führe in einer geheimnisvollen Mission nach Frankreich, da ich mit diesen Siegeln bewaffnet war und wir vor dem Grenzzollhaus in einem Polizeiwagen angefahren kamen. Unser schöner britischer Wagen hatte nämlich fünfzig Kilometer vor der Grenze eine Panne gehabt, die die Leute in der nächstgelegenen Garage nicht beheben konnten. Doch der Eigentümer der Garage hatte die Ortspolizei angerufen, und die Magie der britischen Farben, die von Ilsas ausländischem Akzent und die des Pakets mit den eindrucksvollen Siegeln hatte die Polizisten bewogen, uns in ihrem Klapperkasten selbst zur Grenze zu fahren. Blinder Zufall hatte uns vor den Folgen eines blinden Zufalls gerettet.

So waren wir fünf Minuten vor zwölf Uhr nachts in La Junquera angekommen, nach einer Fahrt durch dichtgedrängte Reihen von Bäumen, die aus der Dunkelheit in den Lichtkegel der Wagenlampen sprangen, und durch schlafende Dörfer, in denen manchmal die Trümmer bombardierter Häuser die Straße säumten. Und so war es also wahr, daß ich meine Heimat verließ.

Dann standen wir zwischen den zwei Grenzschranken auf der Straße, im Niemandsland, mit einem spanischen Carabinero auf der einen Seite, einem französischen Gendarm auf der anderen. Die französische Straße war von schweren Lastkraftwagen blockiert, die ohne Lichter dort standen, mit dem Rücken zur spanischen Grenze. Keine Waffen für Spanien, dachte ich. Wir passierten den Schlagbaum – die Grenze. Der Gendarm warf einen uninteressierten Blick auf unsere Pässe und wies uns zum Zollhaus. Ich mußte unsere Koffer die steile Straße hinaufschleppen, denn Ilsa hätte mir nicht helfen können; also sagte ich ihr, sie solle auf mich bei dem dritten Koffer und der Schreibmaschine warten, dicht neben der spanischen Erde. Von einem der Lastkraftwagen kugelten ein paar Orangen lustig die gefrorene Straße hinab; zwei von ihnen rollten an mir vorbei, zurück nach Spanien.

Als ich in die enge, kahle Zollstube trat, tauchte ich in diesem Tabakrauch und dem Dunst eines rotglühenden Eisenofens unter. Zwei in Radmäntel gehüllte Männer dösten hinter dem Amtstisch. Der eine rührte sich, streckte die Arme, gähnte und sah mich plötzlich scharf an. »Sie kommen geradewegs aus Spanien, nicht wahr?« sagte er und hielt mir einen Tabakbeutel voll schwarzen, feingehackten Tabaks hin. Ich rauchte gierig eine Zigarette, bevor ich in die kalte, klare Nacht zurückkehrte. Die Straßenlaternen waren hier ebensowenig angezündet wie drüben in Spanien; La Junquera war vor ein paar Wochen mit Bomben belegt worden, und Le Perthus lag gefährlich nahe am spanischen Grenzdorf.

Als ich zurückkam, war Ilsa im Gespräch mit dem spanischen Grenzposten, aber ich hatte keine Lust zu reden. Ich nahm den schweren Koffer, sie die Schreibmaschine, und wir kehrten Spanien den Rücken. »Salud!« rief uns der Wachposten nach.

»Salud!«

Stumm gingen wir die kahle, steile Straße hinauf.

In dieser Nacht war in Le Perthus kein freies Bett aufzutreiben, denn die Fahrer der Lastkraftwagen, die Orangen aus Spanien nach Frankreich brachten, hatten auch den letzten Winkel besetzt. Nun tat es mir leid, keine der entwischten Orangen aufgehoben zu haben. Wir waren hungrig und durstig. Der Zollbeamte, ein ältlicher Franzose mit einem herabhängenden schwarzweißen und von Tabak gelb gefleckten Schnurrbart, meinte, einer seiner Nachbarn könne uns in seinem Wagen nach Perpignan fahren. Er selbst würde uns gern in der warmen Zollstube übernachten lassen, aber sie mußte um ein Uhr abgesperrt werden. Ich dachte an unser spärliches Bargeld und die eisige Nacht und beschloß, mit dem Nachbarn des Zollbeamten zu verhandeln. Nachdem wir einige Minuten lang an die Tür gepocht und auf der Schwelle gefroren hatten, öffnete uns ein verschlafener, dicker Mann in Unterhemd und nicht ganz zugeknöpfter Hose. Ja, er sei bereit, uns nach Perpignan zu fahren, aber zuerst müßten wir eins trinken. Er stellte eine Flasche Rotwein und drei Gläser auf den Tisch: »Die spanische Republik soll leben!«

Als wir in Perpignan ankamen, war es fast drei Uhr. Die Straßen waren verlassen, aber sie waren wenigstens beleuchtet. Wir betrachteten staunend die Straßenlampen, die ihr Licht so schamlos zur Schau stellten. Einer der Lichtkegel fiel in unser Hotelzimmer herein. Den Vorhang vorzuziehen war so, als ließe man das Licht draußen, der Nachtkälte preisgegeben.

Ilsa fiel sofort in den Schlaf der Erschöpfung; sie hatte mich gewarnt, daß sie, einmal in Frankreich angelangt, zusammensacken werde. Ich aber horchte die ganze Nacht durch die dünne Kruste meines Schlummers hindurch auf die Straßengeräusche. Um sieben war ich völlig wach und hielt es, im Zimmer eingesperrt, nicht mehr aus. Die Wände erdrückten mich. Geräuschlos zog ich mich an und ging auf die Straße hinaus, die voll war von Menschen, die zur Arbeit eilten, und von einem blassen, frostigen Sonnenlicht. Ein junges Mädchen in weißem Schürzchen, kurzem schwarzem Rock und Seidenstrümpfen, hübsch wie eine Kammerzofe in einem Lustspiel, war gerade dabei, die Borde des Schaufensters einer Bäckerei zu füllen: Brötchen und lange Stangen Weißbrot, Hörnchen und feines Gebäck aller Art, angeordnet auf Servierbrettern, deren goldbraunes Holz aussah, als sei es mit im Backofen gewesen. Der kalte Wind trug den Duft des warmen frischen Brotes bis zu mir; es roch wie eine von Sonnenschein durchtränkte Frau. Anblick und Geruch des Brotes weckten in mir einen wütenden, einen sinnlich gierigen Hunger.

»Können Sie mir ein paar Hörnchen geben?« fragte ich das Mädchen.

»Wie viele, mein Herr?«

»Soviel Sie mir geben wollen – ein halbes Dutzend ...«
Sie sah mich mit klaren, freundlichen, mitleidigen Augen an und sagte: »Sind Sie eben aus Spanien gekommen? Ich gebe Ihnen ein Dutzend, Sie werden sie schon aufessen.«

Ich aß ein paar auf der Straße und ging mit dem Rest in unser Zimmer zurück. Ilsa lag noch immer in tiefem Schlaf. Ich legte eines der Hörnchen auf das Kissen dicht an ihr Gesicht. Der Geruch weckte sie.

Wir waren in Paris. Das kleine Schlafzimmer in der dritten Etage roch nach Armeleuteküche und schmutziger Gasse. Es hatte eine Tapete mit graublauem Grund und großen rosa- und lilafarbenen Rosen, die wie Kohlköpfe aussahen, einen gelbgestrichenen Kleiderschrank, dessen Tür quietschte, aber nie richtig zuging, einen alten Fichtenholztisch und ein weißes Porzellanbecken mit vernickelten Hähnen für heißes und kaltes Wasser. Madame, die Gattin des Hoteliers in der Rue Delambre, war wohl einmal sehr anziehend gewesen; jetzt war sie geradezu einschüchternd, mit stechenden, pechschwarzen Augen und einem dünnlippigen, stets zusammengepreßten Mund. Ihr Gatte hatte einen großen, schlaffen Körper; sooft er konnte, schlüpfte er aus seiner guten Stube hinaus auf die Gasse und überließ es seiner Frau, hinter den Glasscheiben der Portiersloge Wache zu halten.

Es war billiger, das Zimmer für einen ganzen Monat zu mieten, doch als wir die vier Wochen vorausbezahlt hatten, blieb uns gerade noch genug Geld, um uns drei Tage lang sattzuessen. In den kleinen Gasthäusern des Viertels bekam man Mahlzeiten zu sieben Francs, einschließlich Brot à discrétion; im Anschluß an Spanien, und sobald unser erster Heißhunger gestillt war, schien uns eine volle Mahlzeit am Tage zureichend. Wir rechneten uns aus, daß wir so zu zweit mit zwanzig Francs am Tag leben konnten. Um uns durchzuhelfen, hatten wir ein paar Sachen – unsere Uhren, meine Füllfeder, den großen spanischen Schal –, die wir im Mont-de-Piété verpfänden konnten, für Beträge, die klein genug waren, um das Auslösen sicherzustellen. Und ich dachte, ich würde sofort Geld verdienen können.

Mit einem Bündel lahmer Übersetzungen meiner Kriegsgeschichten aus Madrid machte ich die Runde durch die Redaktionen. Mehrere dieser Skizzen wurden tatsächlich angenommen, nur um sur le marbre zu enden, auf der Marmorplatte in der Setzerei, die der Friedhof für unwichtige Beiträge war; einige andere wurden veröffentlicht und zwei sogar bezahlt. Der Fahnenabzug einer kurzen Skizze, die die »Nouvelle Revue Française« annahm, aber nie veröffentlichte, half uns, Madame und den Hotelier ganze zwei Wochen lang zu beeindrucken. Ilsa hatte etwas mehr Glück; sie brachte ihre eigenen Artikel und ein paar Übersetzungen meiner Kurzgeschichten ins Deutsche in sozialistischen Blättern der Schweiz unter, die pünktlich, wenn auch sparsam, zahlten. Später lernten wir eine junge Schwedin kennen, die aus reiner Begeisterung – sie erkannte in Ilsa die Heldin eines Radiovortrages, den eine schwedische Journalistin nach ihrer Rückkehr aus Madrid gehalten hatte – zwei Geschichten meiner Sammlung »Valor y Miedo« aus der deutschen Fassung übersetzte; die zwei Geschichten wurden veröffentlicht und bezahlt. Es schien uns ein Wunder. Als alle diese Ausschnitte in einer Mappe gesammelt waren, sah das Gesamtergebnis unserer Bemühungen als freie Schriftsteller während der ersten Pariser Monate recht ermutigend aus. Jeder von uns beiden sagte sich selbst und sagte es zum anderen, daß wir allein, auf eigene Faust, Menschen im Ausland dazu gebracht hatten, etwas über den spanischen Krieg zu lesen, und zwar gerade zu dem Zeitpunkt, als sie seiner müde wurden und die Presse ihn als unwichtig behandelte. Doch obwohl es unsere gesamte kombinierte Energie gekostet hatte, auch nur soviel zu erreichen, war es erschreckend wenig, gemessen an der Aufgabe, und nicht genug für unser Arbeitsbedürfnis. Noch dazu brachte es uns nur sehr gelegentlich ganz kleine Beträge ein. Bald waren wir mit der Miete im Rückstand, wodurch wir an das Hotel gefesselt waren, das wir hassen gelernt hatten, wegen der Luft dort und wegen der gefräßigen, winzigen roten Ameisen, die zu Tausenden in seinen Wänden nisteten. Und wir hungerten oft.

Ilsa war für systematische Arbeit nicht besser geeignet als ich. Gegen Abend hatte sie leichtes Fieber und war durch rheumatische Schmerzen beinahe unbeweglich; ein Spaziergang von einer halben Stunde erschöpfte sie so, daß sie den Tränen nahe war. Sie gab ein paar Stunden, aber keiner ihrer Schüler konnte mehr als einen Pappenstiel zahlen, und eine Schülerin bezahlte sogar nur einen weißen Kaffee und ein Brötchen für sie, wenn sie sich zur Lektion im Kaffeehaus trafen. Ich trieb eine Agentur für kommerzielle Übersetzungen auf, wo man für je hundert Worte einen Franc bezahlte und ein Minimum von drei Francs garantierte. Im allgemeinen handelte es sich um ganz kurze Reklameanzeigen oder Gebrauchsanweisungen, die uns höchstens fünf Francs einbrachten, genug zum Einkauf von Brot und Käse. Einmal jedoch sandten sie mir eine Patentschrift, die ins Spanische übersetzt werden sollte. Als ich zu tippen begann, brach einer der Letternhebel ab. Dies war wahrhaftig eine Katastrophe, denn die Patentschrift war lang genug, um uns für mindestens fünf Tage eine warme Mahlzeit zu sichern. Während Ilsa zu schlafen versuchte, saß ich da und suchte nach einer Lösung. Es war geradezu anfeuernd und aufpeitschend, mit einem rein mechanischen Mißgeschick fertig werden zu müssen. Als ich schließlich meine große Erfindung machte und den Hebel mit einer dicken Klavierseite reparierte, machte mich das tagelang glücklich. Ich bin noch immer stolz darauf. Und der Hebel arbeitet noch immer.

Dennoch gab es zu viele Tage in endlosen Wochen, an denen wir von Brot und schwarzem Kaffee lebten. Das war zu der Zeit, bevor wir uns einen kleinen Spirituskocher, einen Kochtopf und eine Bratpfanne kaufen konnten; damals hatten wir Madame noch nicht einmal um die Erlaubnis gebeten, in unserem Zimmer kochen zu dürfen. Das Stubenmädchen, eigentlich ein kleines Hürchen, hatte uns gesagt, daß Madame es nicht gestatte, Geschirr im Becken auszuwaschen, und wir waren uns unserer stehenden Schuld zu bewußt, um es zu wagen, eine Vergünstigung zu erbitten. Aber eine Reihe von Tagen, in denen wir nur Brot und Kaffee zu uns nahmen – den Kaffee in der Stehbar, wo er billiger und dünner war als im Kaffeehaussaal selbst –, schwächte uns immer mehr. Keiner von uns beiden hatte die Nachwirkungen der mageren Zeit in Spanien ganz überwunden. Wenn mein Magen leer war, arbeitete mein Gehirn noch fiebernder als sonst, gleichzeitig aber war ich träge und apathisch. Oft schien es mir vernünftiger, im Bett zu bleiben und zu schlummern, als auf die Straße zu gehen und wieder einmal meine Uhr zu verpfänden oder fünf Francs von Menschen zu borgen, die kaum mehr hatten als wir selbst – es schien uns weniger schwer, uns an sie zu wenden, als an Menschen, die ein sattes, normales Leben führten. Es war leichter gewesen, in Spanien Hunger zu ertragen, in Gemeinschaft mit allen andern und aus Gründen, die es der Mühe wert machten, als hier in Paris, nur weil wir hier keine Arbeit fanden und kein Geld hatten, während die Läden von Nahrungsmitteln strotzten.

Wenn ich einen Bekannten traf, der gerade genug Geld hatte, um mir einen schwarzen Kaffee in der neueröffneten glitzernden Stehbar des Café du Dôme zu spendieren, blieb ich dankbar dort, rauchte die Zigarette, die mir der Kellner anbot, scherzte mit der hübschen jungen Deutschen, die behauptete, das einzige Malermodell mit einem echten Renoirpopo zu sein, starrte schamlos auf die englischen und amerikanischen Touristen, die etwas vom Bohème-Leben sehen wollten, und kehrte dann geschlagen ins Hotel zurück, um mich nach Einbruch der Nacht nochmals auf den gleichen Gang zu machen. Hatte ich aber mehr Glück, so holte ich Ilsa ab. Dann aßen wir heiße Würstchen in der Bar des Dôme. In fröhlicher, spitzbübischer Laune, weil uns Madame diesmal nicht an unsere unbezahlte Miete gemahnt hatte und weil wir am Leben waren, nicht mehr in unserem muffigen Zimmer begraben.

Jeden Abend nach Einbruch der Dunkelheit kam ein kleines Männchen in die Bar des Café du Dôme und pflanzte sich auf einen der hohen Stühle am entfernten Ende des hufeisenförmigen Schanktisches. Er hatte immer denselben spiegelnden schwarzen Anzug auf seinem runden kleinen Körper, und derselbe rostbraune steife Hut saß auf seinem runden kleinen Kopf, über einem runden, verschwommenen Gesicht mit einem höchst französischen Schnurrbart. Er sah aus wie irgendein alter Schreiber eines altmodischen Notars – eines jener Notare, die in einem uralten, baufälligen Haus wohnen und dort eine düstere, verstaubte Kanzlei haben, in der sich in jeder Ecke rotumschnürte Aktenbündel auftürmen und ein alteingesessenes Geschlecht von Ratten sich vermehrt, blüht und gedeiht bei einer Diät von vergilbtem Papier und Brot- und Käsekrumen.

Das Männchen hob langsam und bedächtig seinen Zeigefinger, krümmte ihn zu einem Haken und winkte damit dem Kellner innerhalb des Hufeisens an der Bar. Dann stellte der Kellner ein Glas mit einer farblosen Flüssigkeit vor ihn auf den Schanktisch, ließ aus einer Flasche ein paar Tropfen hineinfallen, und vom Grunde der durchsichtigen Flüssigkeit stieg eine giftige grüngelbe Wolke auf, bis das ganze Glas davon erfüllt war; es war Pernod. Das Männchen stützte einen Ellbogen auf den Schanktisch, krümmte eine Hand in rechtem Winkel ab, legte sein Kinn darauf und begann, das grünliche Getränk anzustarren. Dann schnellte er plötzlich aus seiner Beschaulichkeit auf; sein Kopf hob sich mit einem Ruck, sein Arm streckte sich steif aus, und der Zeigefinger stach anklagend in die Luft; die Augen traten hervor und drehten sich in ihren Höhlen, in einem raschen Rundblick auf die Gäste rings um den Bartisch. Dann hielten Zeigefinger und Augen auf einmal an und zielten geradewegs auf das Gesicht eines der Gäste. Gewöhnlich begann das Opfer zu grinsen und zu gestikulieren. Der anklagende Zeigefinger malte dann Zeichen in die Luft, bejahende

DIE STIMME VON MADRID

und verneinende, fragende und überredende, während die leeren Züge des kleinen Mannes sich zu einer Reihe von Grimassen verzogen, die die Rhetorik des Zeigefingers illustrierten. Aber während dieser ganzen Zeit blieb sein Körper unbeweglich, und die Worte und Lachtöne, die seine Lippen formten, verwandelten sich niemals in Laute. Der grimassierende Kopf glich einem jener Spielzeuge aus bemaltem Gummi, die sich verziehen und Gesten machen, wenn man ihren Hals mit der Hand drückt und wieder losläßt. Dann brach das Schauspiel plötzlich ab, der kleine Mann trank einen Schluck Pernod und versank aufs neue für einige Minuten in seine Meditation, wonach er sein wortloses Selbstgespräch wieder aufnahm, in einer anderen Tonart, aber mit der gleichen stummen Intensität.

So trieb er es stundenlang, ohne je seinen Sitz zu verlassen, nur von Zeit zu Zeit mit gekrümmtem Zeigefinger ein frisches Glas Pernod bestellend. Die Leute machten Witze über ihn und versuchten, ihn zum Sprechen zu bringen, aber ich habe ihn nie ein Wort sprechen hören. Wenn seine Augen direkt in deine schauten, dann wußtest du, daß er dich nicht sah. Diese Augen waren die Fenster eines leeren Hauses; in der Haut dieses Körpers stak niemand mehr. Der Mann war in aller Stille verrückt geworden.

Ich aber hatte keine Angst mehr, verrückt zu werden. Ich wußte nun, daß meine Krankheit Angst vor Zerstörung und Angst vor dem Riß in meinem Innern gewesen war; und die gleiche Krankheit bedrohte ebenso alle anderen Menschen, außer sie waren völlig gedanken- und willenlos, leere grimassierende Marionetten, wie der kleine Mann an der Bar. Es war richtig, daß die anderen sich bessere seelische Verteidigungsstellen gebaut hatten als ich. Vielleicht war ihre Widerstandskraft größer, oder sie hatten sich zu größerer Klarheit durchgerungen. Aber auch ich konnte mir den eigenen Weg zur Klarheit erkämpfen, und vielleicht konnte ich schließlich anderen helfen, sofern es mir gelang, mein geistiges Leiden – dieses Leiden, das nicht allein das meine war – bis in seine Wurzeln zurückzuverfolgen.

In diesen lärmerfüllten Sommertagen, als ich unter Fremden allein war, sah ich ein, daß ich keine Zeitungsartikel oder Propagandaerzählungen mehr schreiben konnte, sondern meiner Vision vom Leben meines Volkes Gestalt und Ausdruck geben mußte, und daß ich, um diese Vision zu klären, zuerst mein eigenes Leben und mein eigenes geistiges Ich verstehen lernen mußte.

In dem Krieg, den ich in mir trug, gab es keine Entlassung, keinen Waffenstillstand – er ging weiter. Wie hätte es sie auch geben können, da doch der Krieg, der über mein Heimatland dahinjagte, ins Zwergenhafte schrumpfte angesichts der Mächte, die eben zu einem anderen Krieg antraten, und angesichts der tödlichen Bedrohung jeglicher geistigen Freiheit?

Sogar meinen eigenen Ohren klang mein Vorhaben tollkühn – das Vorhaben, die Menschen im Ausland genug von dem sozialen und menschlichen Wesen unseres Krieges sehen und verstehen zu lassen, damit sie einsähen, wie er mit ihrem eigenen latenten, unabwendbar nahenden Krieg verkettet war. Aber während ich noch darum rang, meine eigenen geistigen Reaktionen zu kontrollieren und zu definieren, wuchs in mir die Überzeugung, daß die inneren Konflikte, die hinter diesen Reaktionen lagen, nicht nur mich als Individuum marterten, sondern nicht minder zahllose andere Spanier; ja, daß diese Konflikte das Innere unzähliger Menschen in der ganzen Welt zerreißen würden, sobald der große Ausbruch sie übermannte.

Mochten andere kein dringendes Bedürfnis fühlen, den Ursachen und der Verkettung von Ursachen nachzuspüren – ich fühlte es. Waren sie damit zufrieden, von der Schuld des Faschismus und Kapitalismus und vom Endsieg des Volkes zu reden – ich war es nicht. Es war nicht genug. Wir alle waren von der gleichen Kette gefesselt und mußten uns von ihr befreien. Mir schien, ich würde besser verstehen, was mit meinem Volk und mit unserer Welt vorging, wenn ich nur die Kräfte bloßlegen konnte, die mich, den einzelnen, so fühlen, handeln, irregehen und kämpfen ließen, wie ich es tat.

Ich begann ein Buch über die Welt meiner Kindheit und Jugend zu schreiben. Zuerst wollte ich es »Las Raices«, »Die Wurzeln«, nennen und in ihm die sozialen Verhältnisse unter den kastilischen Arbeitern zu Beginn unseres Jahrhunderts beschreiben, wie ich sie in Dörfern und Elendsquartieren kennengelernt hatte. Doch ich ertappte mich dabei, daß ich zu viele allgemeine Feststellungen und Erwägungen niederschrieb, an deren Richtigkeit ich zwar glaubte, die ich aber nicht beweisen konnte, weil sie nicht aus meiner eigenen Erfahrung und Anschauung, nicht aus mir selbst erwachsen waren.

So versuchte ich, von der Schiefertafel meines Bewußtseins alles logische Denken wegzuwischen und zu meinen Anfängen zurückzugehen, zu den Dingen, die ich gerochen, gesehen, betastet und gefühlt hatte, den Dingen, deren Anprall mein Ich geschmiedet hatte.

Am Anfang meines bewußten Lebens fand ich meine Mutter. Ihre zerarbeiteten Hände, wie sie ins eisige Wasser des Flusses tauchen. Ihre sanften Finger, wie sie durch mein zerzaustes Haar streichen. Den alten, innen wie mit einer schwarzen Tapete ausgekleideten Tontopf, in dem sie den Kaffeesatz wieder und wieder zu ihrer geliebten Tasse Kaffee braut. Auf dem tiefsten Grund meiner Erinnerungen fand ich das Bild der Wölbung der Königsbrücke, die meinen Kinderaugen so unermeßlich hoch erschienen war, auf der die Königskutsche mit ihrer weißroten Reitereskorte fern über unseren Köpfen dahinrollt – Wäscherinnen, die am Flußufer mit Holzschlegeln Wäsche klopfen – Buben, die aus einem großen schwarzen Latrinenkanal Gummibälle herausfischen – und die Stimme einer Asturierin, die singt:

»Por debajo del puente
no pasa nadie,
tan solo el polvo
que lleva el aire.«

Unter der Brücke
geht niemand hindurch,
nichts als der Staub,
den der Wind verweht.

Damit begann ich. Ich nannte das Buch »La Forja«, »Die Schmiede«, und schrieb es in der Sprache, den Worten und den Bildern meiner Knabenzeit. Aber ich brauchte lange dazu, denn ich mußte tief in mich hineingraben.

Ungefähr um diese Zeit hatten wir einen unverhofften Glücksfall: Ilsa verdiente ein englisches Pfund – zum damaligen Umrechnungskurs 180 Francs wert. Wir kauften den Spirituskocher und die Bratpfanne, von denen wir so lange phantasiert hatten, dazu zwei Teller, zwei Löffel, zwei Gabeln und ein Messer. Ich erinnerte mich an den Geruch und das Aufzischen von Mutters Bratpfanne in der alten Mansarde und kochte uns spanische Gerichte. Es waren Armeleutegerichte, aber mir schmeckten sie nach der Heimat: frische Sardinen, Kartoffelscheiben, Fleischklößchen, alles in zischend heißem Öl gebraten, wenn es auch nicht Olivenöl war. Ich hatte nie im Leben gekocht, nun aber rief ich mir die Handbewegungen meiner Mutter ins Gedächtnis: »Das hat sie so gemacht – und was hat sie dann getan …?«

Es war Alchimie und weiße Magie. Während ich vor dem nutzlosen schwarzen Kamin schöne frische Sardinen briet, erzählte ich Ilsa von der Mansarde, dem Korridor, dem Treppenhaus, der Gasse, von dem Lärm und Geruch von Lavapiés. Sie übertönten den Lärm und Dunst der Rue Delambre. Nachher setzte ich mich nicht sofort an die Schreibmaschine zurück, sondern streckte mich auf dem Fußteppich aus, meinen Kopf in Ilsas Schoß und ihre Finger in meinem Haar, und lauschte ihrer warmen Stimme.

Am oberen Ende unserer Gasse war ein Platz, auf dem der Markt des Viertels seine Buden hatte. Wir gingen zusammen hin, um grünes Gemüse auszusuchen und den billigsten Fisch auf den Marmorplatten der Fischhändler. Oft rettete uns vor

einem neuen Tag des Hungerns die Tatsache, daß Tintenfi-
sche von so wenig Menschen gekauft wurden, daß der Fischhändler froh war, sie für einen Pappenstiel loszuwerden. Sie
sahen widerwärtig aus, schleimig und schmutzig. Aber ich zog
ihnen geduldig die vielen Hautschichten ab, bis nichts mehr
übrigblieb als das feste, perlmutterglänzende Fleisch; dann
bereitete ich eine glorreiche Sauce aus der Tinte des Fisches,
Öl, Lorbeerblättern, Knoblauch und einem Tropfen Essig, in
der ich die weißen Fleischstücke langsam kochen ließ. Und
das ganze Zimmer roch, wie Miguels Küche am Fuß des Felsens von Ifach gerochen hatte. An anderen Tagen reagierte
Ilsa eine Anwandlung von Heimweh ab, indem sie darauf bestand, unter meinen kritischen Augen eine wienerische Mahlzeit zu bereiten. Spät abends, wenn ich nicht mehr auf der
Schreibmaschine zu klappern wagte, um nicht eine Beschwerde anderer Hotelinsassen heraufzubeschwören, schlenderten
wir wohl nach St. Germain-des-Prés hinunter, schauten in die
tiefleuchtende Bläue des Nachthimmels und behüteten die
zerbrechliche Seifenblase unserer Fröhlichkeit.

Dieser blaugoldene September war der September von
München.

Wochenlang hatten die Franzosen um uns herum die Möglichkeit eines Friedens um jeden Preis erörtert, für den andere,
nicht sie selbst, zu zahlen haben würden. Sie begannen, auf
Ausländer schiefe Blicke zu werfen, denn diese verkörperten
ja eine unbequeme Warnung vor dem Kommenden und die
Gefahr politischer Verwicklungen. Das häßliche Schimpfwort
»sale métèque« war immer öfter zu hören. Was auch sein Ur-
sprung sein mochte, seine Bedeutung war nur zu klar; es war
ein Stoß in den Rücken aller Ausländer, die nicht Engländer oder Amerikaner waren. Einmal hörte ich, wie ein Betrunkener die Worte »Dreckiger Nigger« einem Mulatten mit
graugelber Haut ins Gesicht spie, auf dessen Rockaufschlag
zwei Reihen farbiger Bändchen von Auszeichnungen aus dem
letzten Weltkrieg zeugten. Die Arbeiter, deren Gespräche ich

in den Bistros anhörte, waren verwirrt und unsicher; warum sollten sie ihr Fell für eine Bürokratie zu Markte tragen, die faschistisch verseucht war, oder für eine Regierung der großen Schieber? Man sehe sich Spanien an, sagten sie, Spanien zeigte klar, was mit Menschen geschah, die ihr Leben für die Freiheit aufs Spiel setzten. »Ist das nicht wahr, Sie Spanier?« Es fiel mir nicht leicht, darauf zu antworten; ihr Haß gegen den Krieg war nicht größer als der meine; ich mißtraute ihrer Regierung genau so wie sie. Was ich auch über die Notwendigkeit eines Kampfes für eine bessere Gesellschaftsordnung sagen mochte, war schon so oft gesagt worden, daß es hohl tönte. Das Wort Freiheit hatte einen ironischen Unterton.

Wenn politische Flüchtlinge bei der Polizeipräfektur um Verlängerung ihres Fremdenausweises – des Récépissé – um einen oder zwei Monate nachsuchten, wurde einer immer größeren Anzahl von ihnen erklärt, daß sie innerhalb von acht Tagen das Land zu verlassen hätten. An der Straßenecke vor dem Café du Dôme hörte ich von manchen, die aus Paris weggegangen waren und lieber zu Fuß als Tramps auf den Landstraßen südwärts wanderten, als sich festnehmen und an die belgische Grenze abschieben zu lassen – oder gar zu riskieren, an die deutsche Grenze gebracht und dort ihrem Schicksal überlassen zu werden.

Am selben Tage, an dem riesige, häßliche Plakate mit der Mobilisierungsorder für einige französische Jahrgänge alle Wände und Mauern überschwemmten, forderte mich der Besitzer des Hotels Delambre auf, in seine gute Stube einzutreten.

»Das bedeutet Krieg, wie Sie wissen. Wenn der Rest Ihrer Schuld nicht bis Sonntag bezahlt ist, werde ich es der Polizei mitteilen. Wir können mittellose Ausländer hier nicht behalten – ich habe ohnehin schon über Sie mit der Polizei gesprochen. Am Montag sperren wir das Hotel zu und fahren aufs Land. Paris wird sofort mit Bomben angegriffen werden, es wird die allererste Stadt sein, auf die sie Bomben abwerfen.«

Ilsa hatte Grippe und lag im Bett. Ich wanderte durch die Straßen von Paris, ohne ein bestimmtes Ziel zu haben. Bei der

Porte d'Orléans krochen private Autos, beladen mit Koffern und Bündeln, vorwärts, dicht gestaut und sich gegenseitig den Weg versperrend in ihrer Gier, so rasch wie möglich der Stadt zu entrinnen. Jeder der Bahnhöfe war von einer schweigenden, trotzigen, unruhigen Menschenmenge belagert. Ganze Reihen von Läden waren mit Rolladen versperrt, Türen wie Schaufenster. Das war Panik vor dem Ausbruch.

Ich ging zu unserem Viertel zurück, um nach Ilsa zu sehen und etwas zu essen. Doch wir hatten nichts als ein paar Kartoffeln und eine halbe Stange Brot, in allen Poren von kleinen roten Ameisen bevölkert, die sich an ihren Weidegrund klammerten und nicht abschütteln ließen. Ich ging wieder auf die Straße und verlangte vom Kellner im Dôme ein Glas roten Wein, das ich rasch hinunterstürzte. Er füllte es zerstreut nach, ohne ein Wort zu sagen, und starrte dabei über meine Schulter hinweg den Strom der großen Automobile auf dem Boulevard an, auf deren Gepäckstangen Schrankkoffer aufgetürmt waren.

»Diese Schweine! Für uns heißt's die Kaserne, und diese Kerle – na, wir werden einer Menge von ihnen die Gurgel durchschneiden müssen, wie ihr es in Spanien getan habt.«

Jemand klopfte mir auf die Schulter. »Caramba, caramba, Barea, was tust du hier? Wo ist Ilsa? Komm und schau dir meinen neuen Wagen an! Aber wo ist denn Ilsa? Und wie geht's? Wann seid ihr denn angekommen? Und wo wohnt ihr?«

Es war Miguel, ein reicher Kubaner, der zu Besuch ins belagerte Madrid gekommen war, teils aus Neugierde, teils aus Sympathie und teils aus dem Bedürfnis heraus, seinem eigenen leeren Leben zu entrinnen. In Spanien pflegte er zu erklären, daß er Ilsa wie eine Schwester lieb habe, und nun bestand er darauf, sie sofort zu sehen. Die Armseligkeit unseres Zimmers und unsere erschöpften Gesichter schreckten ihn; er überhäufte mich mit Vorwürfen, weil ich nie versucht hatte, ihn im Lauf der vergangenen Monate in Paris aufzufinden, wo er doch sein Geld nur so vergeudete. Wie zur Strafe für meine unablässige Furcht vor einem blinden, grausamen, sinnlosen Zufall, rettete uns dieses zufällige Zusammentreffen vor dem Zugriff einer feindlichen Polizeibehörde. Miguel gab uns das Geld, das wir brauchten, um unsere Schuld im Hotel zu begleichen. Und wir wußten, wohin wir nun gehen konnten. Eine norwegische Journalistin hatte ihre große, leerstehende Wohnung unter der Obhut zweier Flüchtlinge gelassen und ihnen das Recht gegeben, Zimmer weiterzuvermieten, um ihr Leben zu fristen. Die beiden waren unsere Freunde und hatten uns schon lange ein Zimmer angeboten, das uns unglaublich hell, rein und luftig schien, das wir aber nicht beziehen konnten, solange die Mietschuld uns an das Hotel fesselte. Dorthin übersiedelten wir am nächsten Tage, obwohl der Hotelier mich plötzlich zum Bleiben aufforderte, denn der Münchener Pakt war unterzeichnet worden, und er hielt es nicht mehr für notwendig, Paris zu verlassen und sein Hotel zu schließen, das nun beinahe leer stand.

München zerstörte Spaniens letzte Hoffnung. Es war nun klar und unanzweifelbar, daß kein europäischer Staat auch nur einen Finger rühren würde, um uns gegen Hitler und dessen spanische Freunde beizustehen. Rußland würde seine Hilfe, die ohnedies kläglich gering war, völlig einstellen; seine offene Intervention in Spanien hätte bedeutet, daß ganz Europa über Rußland selbst herfallen und es zu zerschmettern trachten würde. Denn die Opferung der Tschechoslowakei und die feige Unterwerfung der Großmächte unter Hitlers Diktat hatten keine Woge des Zorns und der Verachtung für den Diktator nach sich gezogen, sondern eine Sturmflut von Angst, von nackter Angst vor Krieg und Verwüstung, die ihrerseits das Verlangen erzeugte, Krieg und Verwüstung auf andere Häupter abzulenken, um selbst vielleicht verschont zu bleiben.

Ein paar Wochen lang fühlte auch ich mich – mit schlechtem Gewissen – erleichtert, weil der Krieg hinausgeschoben war, und zwang mich, den Fäulnisgeruch in dem Lande, das uns noch immer – für wie lange noch? – Gastfreundschaft gewährte, zu vergessen. Es war auch ein zu großes Vergnügen, in einem neuen Zimmer zu leben, von Trudi, unserer großherzigen, fleißigen Hauswirtin, zu lernen, wie man für drei Francs eine Mahlzeit auf den Tisch stellen konnte, und mit Muße schreiben zu dürfen, denken zu können, ohne daß kleinliche Ängste einem den Schädel zerhämmerten. Seit unserer Ankunft in Paris war es das erste Mal, daß ich Ilsa, solange sie wollte, ausruhen lassen konnte. Sehr rasch begann sie wieder mit der alten Energie zu arbeiten und zwang auch mich, die leuchtendsten Farben, die bittersten Schmerzen meiner Kindheit aus meinem Innern hervorzuholen und in meinem Buch in Worten zu formen.

Der Herbst tauchte Paris in goldenen Glast. Nach dem Mittagsmahl pflegten wir zum Jardin du Luxembourg zu wandern, sehr langsam, wie zwei genesende Kranke, und uns auf eine Bank in die Sonne zu setzen. Wir mußten früh hingehen, denn bald füllten sich die Bänke mit Kindern, Kinderfrauen und alten Leuten. Wir sprachen nicht viel, weil jedes Gespräch über die Dinge, die unsere Gedanken beherrschten, Alpdrücke heraufbeschworen hätte. Es war besser, still dort zu sitzen und zuzuschauen, wie die welken Kastanienblätter in der sonnengesprenkelten Allee ihre Reigen tanzten.

Ein altes Paar blieb bei der Bank uns gegenüber stehen, sie klein und beweglich, mit der Spitze ihres Krückstockes in den Sand stechend, er sehr gerade und knochig, mit einem kleinen weißen Spitzbart und einem sorgsam mit Wachs versteiften und zu Spitzen gedrehten weißen Schnurrbart. Ehe er ihr erlaubte, Platz zu nehmen, staubte er die Bank mit einem seidenen Taschentuch ab. Sie trug ein broschiertes schwarzes Seidenkleid, und er hatte einen Stock mit Silbergriff unter dem Arm, als trüge er den Befehlsstab eines Offiziers. Sie sprachen zueinander in sanftem Geflüster, wobei jeder höflich dem anderen den Kopf zuneigte. Wenn sie ihre spitzen Finger in den durchbrochenen schwarzen Halbhandschuhen bewegte, sah es aus, als schüttle ein Vogel Regentropfen aus seinem Gefieder.

»Wenn wir so alt sein werden wie diese beiden«, meinte Ilsa, »könnten wir wohl ähnlich aussehen. Es wäre wenigstens nett, so zu sein. Du wirst auf jeden Fall ein hagerer, eingeschrumpfter alter Mann werden, und ich will mein möglichstes tun, damit ich mich in eine kleine, verrunzelte alte Dame verwandle. Dann werden wir am Nachmittag in einem Park spazierengehen und uns in der Sonne wärmen, uns gegenseitig Geschichten aus unserer alten Zeit erzählen und lächeln bei dem Gedanken an die schrecklichen Dinge, die uns zugestoßen waren, als wir jung waren ...«

»Aber wie willst du denn anfangen, dich in eine kleinwinzige Alte zu verwandeln?«

»Nicht anders als so viele andere auch. Mama zum Beispiel war einmal genau so rund wie ich jetzt ...«

»Das glaube ich dir nicht.«

»Im Verhältnis zu ihrer Größe, meine ich. Es ist wirklich wahr, sie war seinerzeit sehr rundlich, aber jetzt fängt sie an, zerbrechlich auszusehen und einzuschrumpfen – das weiß ich freilich nur aus Photographien.«

Der alte Mann erhob sich, nahm seinen Hut ab und streckte die rechte Hand aus.

»Schau, jetzt werden sie ein Menuett tanzen!«

Aber der Alte verbeugte sich, küßte die Fingerspitzen seiner Dame und schritt langsam die Allee hinunter, den Stock mit dem silbernen Knauf unter den Arm geklemmt. Ihre Finger, die den schwarzen Halbhandschuhen entschlüpften, bewegten sich wie die Flügel eines lahmen Vogels.

»Aber das wirst du mir doch nicht antun!«, sagte Ilsa, und ihre Augen wurden feucht.

»Natürlich werde ich es tun. Ich werde ins Kaffeehaus gehen und mich dort zu meinen Freunden an den Stammtisch setzen, und du darfst ganz allein im Park bleiben.« Aber da sah ich, daß ein Tropfen auf ihren Rock gefallen war und sich dort kreisförmig ausbreitete, und ich blinzelte ganz ohne Grund, als wäre mir Staub in die Augen geraten. Ich mußte ihr kindische Geschichten erzählen, bis sich ihre Mundwinkel zu einem Lachen kräuselten und zu den zwei Fragezeichen vertieften, die mich glücklich machten.

Aus Spanien erhielt ich ein Buchpaket: »Valor y Miedo«
war im Druck erschienen. Aber ich wurde den Gedanken
nicht los, daß der Verlag keine Exemplare nach Madrid, wohin sie gehörten, würde schicken können; Madrid war von
Barcelona abgeschnitten.

Ich las, was ich damals mit dem Krachen von Bomben in
den Ohren geschrieben hatte, und manches gefiel mir noch
immer, auch wenn mir nun das meiste recht naiv erschien.
Immerhin machte es mich froh und stolz, dem Wirbel des
Krieges etwas Klares und Einfaches entrissen zu haben.

Eines der ersten Exemplare, das ich verschenkte – das allererste gehörte Ilsa –, diente der Bestechung unseres Portiers.
Der Verwalter des Hauses, eines gewaltigen, modernen Blocks
mit Zentralheizung und exorbitant hohen Mieten, war gegen
alle, die in unserer Wohnung wohnten, da wir alle Ausländer waren. Es war ein Glück für uns, daß der Portier unsere
Partei nahm und uns das beste Zeugnis ausstellte. Natürlich
zahlten wir ihm das Trinkgeld zu Beginn des Monats, als wäre
es eine heilige Pflicht; es war wichtiger für uns, ihn bei guter
Laune zu erhalten, als Essen zu haben. Ich nahm aber etwas
auf mich, das mindestens ebenso wesentlich für ihn war wie
das Trinkgeld: Ich hörte ihm zu. Er pflegte mich im Hof ab-
zufangen und mit der Geschichte seines von Unglück verfolgten Lebens zu beginnen. Er hatte im letzten Krieg ein
Bein verloren, er hatte eine schwache Lunge, seine Frau hatte
kein Verständnis für seine gescheiterten Bestrebungen, und es
blieb ihm nichts übrig, als sich mit einem Gläschen Wein zu
trösten.

»Die Zeiten sind schlimm … Die Politik, Monsieur! Wenn
ich nur gewollt hätte – sehen sie nur!« Dann schob er mich in
seine Portierloge und zeigte mir dort ein an der Wand hängen-
des Diplom. »Da haben Sie es: Ich war für die Jurisprudenz
bestimmt! Auch wenn ich jetzt ein einfacher Portier bin, habe
ich doch meine Studien gemacht und einen akademischen
Titel erworben. Aber der verdammte Krieg!« Das war für ihn
das Stichwort, ein Hosenbein hinaufzustreifen und mir seine

Prothese zu zeigen, die rosig war wie ein Puppenbein. »Da bin ich jetzt und kann verrotten. Dieses verdammte Bein hat mich meine letzten Ersparnisse gekostet, tausend Francs. Es tut weh, daran zu denken, was aus mir hätte werden können.« Dies war der Augenblick, ihn zu einem Glas Wein im Bistro um die Ecke einzuladen.

Als ich ihm mein Buch überreichte, wog er es feierlich auf der Handfläche und sagte: »Ach, die Freiheit des Volkes! Verzeihen Sie, wenn ich Sie dran erinnere, daß wir es waren, die Franzosen, die dieser Welt die Freiheit brachten. Unser Blut floß für die Befreiung von ...« Hier hielt er inne, drehte seinen Schnurrbart, der sofort wieder schlaff herabfiel, und setzte hinzu: »Na, Sie wissen, was ich meine.« Seine Frau sah ihn mit ihren staunenden Kuhaugen an.

Mit der Zeit begann dann unser Portier andeutungsweise von gewissen Schwierigkeiten zu sprechen, die er mit dem Hausverwalter habe. Die Sache sei die: Es gebe wirklich zu viele Ausländer in Paris. Damit wolle er nichts gegen uns persönlich gesagt haben, aber er habe den Eindruck, der Mietvertrag für unsere Wohnung würde am ersten März nicht erneuert werden. Die eigentliche Mieterin sei selbst nie dort, und gewisse Leute fanden es unrecht, daß im Hause ein Zentrum für Ausländer bestehe.

In den Tagen vor Weihnachten begann der Zusammenbruch der republikanischen Front am Ebro. Damit stand der Weg nach Barcelona offen. Madrid hielt noch immer stand. Der Feind unternahm keinen Angriff auf die belagerte Stadt; er überließ sie der Umklammerung des Hungers und der Isolierung. Nini Haslund, die Norwegerin, der die von uns benutzte Wohnung gehörte, war von ihrem Kinderhilfswerk in Spanien zurückgekehrt und erzählte uns von der Verzweiflung der Mütter, von ihrer dumpfen, bohrenden, hoffnungslosen Verzweiflung. Aber die Übergabe erfolgte nicht.

Paris war dunkel, neblig und kalt geworden. Wir waren allein in der Wohnung, denn unsere Wirte waren in die Provinz gezogen, um ihren Kampf gegen Armut und Elend dort weiterzukämpfen. Ich hatte mein neues Buch fertiggeschrieben, in den immer wieder unterbrochenen Zeiten, in denen die Schreibmaschine weder von unseren Übersetzungen noch von Ilsas mühseliger, unbeholfener Abschreibearbeit blockiert war, den Aufträgen, die uns zum Lebensunterhalt verhalfen. Doch als ich die erste Rohfassung abgeschlossen hatte, verlor ich den Mut. Es schien mir unverschämt zu hoffen, das Buch könne Menschen erreichen und bewegen, die sich vor ihren Ängsten und vor dem Wissen von der sozialen Zerrissenheit ihrer Welt verstecken wollten. Wahrscheinlich würde das Buch nie veröffentlicht werden. Ich hatte nur zu oft schon gehört, daß niemand mehr etwas über Spanien hören wolle. In diesem Fall aber würde mein Beitrag zum Kampf fruchtlos sein; denn für mich war das Schreiben ein Teil der Aktion, ein Teil unseres Krieges gegen den Tod und für das Leben und nicht bloß ein Ausdruck meiner selbst.

Als ich zutiefst niedergeschlagen war, telephonierte mir ein Spanier, den ich nicht kannte. Er habe mein Buch gelesen, er sei der spanische Lektor des Verlages, bei dem ich das Manuskript eingereicht hatte, und würde es gerne mit mir besprechen. Der Mann kam dann auch. Er war ein schwacher, in sich zerrissener Mensch, im alten Spanien verwurzelt und doch geistig nach dem neuen Spanien suchend, beängstigt durch den Schmerz, den der Zusammenprall der beiden Ideologien in ihm und all den anderen verursacht hatte. Meine Art zu schreiben gefiel ihm nicht recht; wie er sagte, erschreckte ihn ihre Brutalität; gleichwohl hatte er das Buch dem Verlag zur Veröffentlichung empfohlen, denn es besitze die Kraft, Dinge bloßzulegen, die er und andere seines Schlages peinlichst in ihrem Inneren begraben hielten. Ich sah seine Aufregung und die Erleichterung, die meine Offenherzigkeit im Aussprechen der Dinge ihm gebracht hatte, und ich sah auch mit Erstaunen, daß er mich beneidete. Der Verlag behielt das Manuskript, aber ich bekam nie eine Antwort. Ich machte mir nicht viel daraus; dieser Mann hatte mir bewiesen, daß mein Buch ein lebendiges Ding war.

In den letzten Tagen des Jahres 1938 gab es in Paris eine scharfe Kältewelle. In vielen Häusern froren die Wasserröhren ein. Wir hatten Glück, denn die Zentralheizung in unserem Haus funktionierte weiter. Als ein junger Pole, mit dem ich Freundschaft geschlossen hatte – er stand damals am Anfang seiner Entwicklung zum französischen Dichter und ist inzwischen unter dem Namen Jean Malaquais berühmt geworden –, mich anrief mit der Bitte, ihn und seine Frau aus dem Gefängnis zu befreien, in das sich seine vom Rohrbruch überschwemmte, vereiste und wasserlose Wohnung verwandelt hatte, sagte ich gerne zu. Am nächsten Morgen hatten wir den Besuch zweier Polizeiagenten, die nach unseren Gästen fragten. Sie hatten vergessen, es dem Bezirkskommissariat der Polizei mitzuteilen, daß sie die Nacht fern von der Wohnung, in der sie angemeldet waren, verbringen wollten; sie wurden nur deshalb nicht in Haft genommen, weil der junge Pole beweisen konnte, daß er seiner Militärdienstpflicht genügt hatte und mobilisierungspflichtig war. All dies in pompöser Amtssprache und in der denkbar schlechtesten Manier. Uns erteilte man eine ernste Warnung, daß wir, als Ausländer, nie andere Ausländer bei uns übernachten lassen sollten, ohne die Polizei zu verständigen.

Als ich an diesem Tag aus dem Hause ging, rief mich der Portier in seine Loge: »Es tut mir leid, aber ich mußte der Polizei sagen, daß Leute bei Ihnen über Nacht waren, die mir nicht ihre Ausweise gegeben hatten. Der Hausverwalter kann mich ohnehin nicht leiden. Ich sagte Ihnen ja, die Dinge werden immer schwieriger. Tja, jeder hat zuerst für sich selbst zu sorgen, das sage ich immer.«

Als wir wiederum zur Präfektur gingen, um unsere Récépissés verlängern zu lassen, unterwarf uns der Beamte einem langen Kreuzverhör. Waren wir Flüchtlinge? Nein, wir hatten unsere Pässe, von der Republik Spanien ausgestellt, und konnten dorthin zurückkehren. Wollten wir uns nicht lieber als Flüchtlinge eintragen lassen – denn jetzt würden wir doch wohl nicht nach Spanien zurückgehen? Wir wollten uns nicht als Flüchtlinge anmelden; wir bestanden auf unseren Rechten als spanische Staatsbürger. Zum Schluß erklärte er uns, daß wir ohnehin bald Flüchtlinge sein würden, ob wir wollten oder nicht, und daß dann unser Fall aufs neue untersucht werden würde. Doch gab er uns die Verlängerung unserer Aufenthaltspapiere – für dieses Mal.

Das graue Haus roch nach Fäulnis.

Wie hatte ich so töricht sein können zu glauben, daß diese da, die Detektive und ihre Hintermänner, uns je zur Mitarbeit zulassen würden, wenn der Krieg nach Frankreich käme? Sie bereiteten die Maginotlinie ihrer Kaste vor, und wir gehörten zu ihren Feinden. Sie würden den Krieg als Werkzeug zu benützen trachten. Am Ende würde er sie und ihr Land verschlingen. Aber wir würden die ersten sein, den Preis zu zahlen. Ich hatte nicht die Absicht, Kanonenfutter für den französischen Faschismus zu werden. Ich wollte uns nicht in der Falle fangen lassen, als zweifach Besiegte.

Wenn wir leben und kämpfen wollten, nicht verrottend und wie Ungeziefer verfolgt werden, dann mußten wir Frankreich verlassen. Aus der Falle entrinnen. Nach England gehen – eine verzweifelte Anstrengung mußte uns das Fahrgeld verschaffen, auch wenn wir wieder Freunde darum bitten mußten – und dort bleiben, in Freiheit. Nicht nach Spanisch-Amerika gehen, denn unser Krieg wurde in Europa ausgetragen. Aber weg aus dieser stinkenden Fäulnis!

Hier zwischen den bröckelnden, modrig riechenden Wänden der Präfektur war ich besessen von dem Drang, in die Freiheit zu entkommen. Die Geräusche der Großstadt, von den dicken Mauern gedämpft, hämmerten an mein Gehirn, und alle Schrecken sinnloser Zerstörung fielen mich aufs neue an.

Der Polizeibeamte machte eine Verbeugung und sagte: »Bitte um die Pässe!«

Während ich in meiner Tasche danach suchte, fühlte ich Stirn und Handteller von Schweiß feucht werden. Die Angst der letzten Wochen, in denen die Meute auf der Hatz war, saß mir noch im Mark. Und dies war unser letztes Zusammentreffen mit der französischen Polizei.

Der Mann sah sich die Papiere oberflächlich an und drückte seinen Gummistempel auf unsere Pässe. Dann gab er sie zurück, dankte uns sehr höflich und schloß mit ausgesuchter Rücksicht die Tür unseres Abteils. Die Räder des Schnellzuges summten eintönig; Ilsa und ich blickten einander schweigend an. Diesmal gehörten wir zu denen, die Glück hatten. Das Völkerrecht und die internationalen Verträge galten für uns noch. Doch die Vision von Tausenden und Abertausenden derer, die Pech hatten, füllte das Abteil, bis ich nichts anderes mehr sehen konnte.

Seit Ende Januar war die spanische Grenze ein durchbrochener Deich geworden, durch dessen Bresche sich eine Flut von Flüchtlingen und fliehenden Soldaten nach Frankreich ergoß. Am 26. Januar war Barcelona in Francos Hände gefallen. Der Exodus aus den Städten und Dörfern entlang der Küste hatte begonnen: Frauen, Kinder, Männer, Haustiere auf dem mühsamen Marsch durch vereiste Felder, auf Landstraßen und Pfaden, über den todbringenden Schnee des Gebirges. Erbarmungslose Flugzeuge über ihren Häuptern; in ihrem Rücken der drängende Vorstoß eines bluttrunkenen Heeres, und als Schutz nichts als eine kleine Schar von Soldaten, unerbittlich zurückgetrieben und dennoch weiterkämpfend, von Angesicht zu Angesicht mit dem Feinde. Arme Menschen, mit jämmerlichen Bündeln dahinziehend, glücklichere Menschen in schwer überladenen Kraftwagen, sich einen Weg durch die verstopften Straßen bahnend, und an den Toren Frankreichs eine endlose Schlange erschöpfter Flüchtlinge, auf die Erlaubnis zum Eintritt in die Sicherheit wartend. Auf den Eintritt in die Konzentrationslager, die dieses Frankreich für freie Menschen vorbereitet hatte: Stacheldraht, senegalische Wachen, Mißbrauch, Diebstahl, Elend, Krankheit – und die ersten zugelassenen Flüchtlinge wie Schafe eingepfercht, ohne Dach und Deckung den grausamen Februarwinden preisgegeben.

War Frankreich blind? Sahen die Franzosen nicht, daß sie eines Tages – und sehr bald – die gleichen Spanier zum Kampf für Frankreichs Freiheit aufrufen würden? Oder hatte Frankreich von vornherein auf die Freiheit verzichtet? Das Deck des kleinen Dampfers war menschenleer. Das Meer war stürmisch, und die meisten Passagiere verschwanden. Ilsa hatte sich in einer Kabine ausgestreckt. Ein magerer, sehniger Engländer saß unbekümmert, mit baumelnden Beinen, auf einem Lukenschutzdach und schien daran Vergnügen zu finden, sich vom Wind Schaum ins Gesicht spritzen zu lassen. Zwei Matrosen und ich suchten Schutz vor dem Brausen hinter einer Schott. Wir boten einander Zigaretten an, und ich begann zu reden. Ich mußte reden. Ich sprach vom spanischen Kampf, und die beiden stellten mir viele Fragen. Zum Schluß ließ ich mich von dem Zorn, der mich versengte, hinreißen und überschüttete sie mit meinen Anklagen gegen Frankreich.

»Seid ihr Franzosen denn blind, oder habt ihr eure eigene Freiheit aufgegeben?«

Die zwei Männer schauten mich ernst an. Der eine hatte klare blaue Augen und ein frisches Knabengesicht; der andere hatte tiefliegende schwarze Augen, rauhe, vom Meer gemeißelte Züge und eine nackte, behaarte Brust. Wie aus einem Munde antworteten sie beide mit fast den gleichen Worten: »O nein! Wir werden kämpfen. Es sind die anderen, die nicht kämpfen werden.« Und ihre Betonung der Wörter »die anderen« riß eine tiefe Kluft zwischen dem einen und dem anderen Frankreich auf. Der Ältere fügte hinzu: »Kamerad, gehen Sie nicht verbittert aus Frankreich fort! Wir werden noch einmal gemeinsam kämpfen.«

Hinter uns zerfloß die Küste von Dieppe im Dunst des Meeres.

KAPITELÜBERSICHT

ERSTER BAND Die Rebellenschmiede

ERSTER TEIL

1. Fluß und Mansarde — 7
2. Café Español — 29
3. Die Straßen Kastiliens — 43
4. Weizenland — 53
5. Weinland — 71
6. Vorwerk von Madrid — 97
7. Madrid — 117
8. Schule — 141
9. Die Kirche — 159

ZWEITER TEIL

1. Der Tod — 181
2. Einführung ins Mannestum — 203
3. Rückkehr in die Schule — 215
4. Arbeit — 227
5. Das Testament — 243
6. Kapitalist — 269
7. Proletarier — 285
8. Rückschau auf die Jugend — 301
9. Rebell — 319

ZWEITER BAND Die endlose Straße

ERSTER TEIL

1. Das Zelt — 7
2. Die Trasse — 25
3. Tetuan — 45
4. Der Feigenbaum — 63
5. Vor der Aktion — 83
6. Aktion — 95
7. Krankenurlaub — 121

ZWEITER TEIL

1. Neues Spiel — 145
2. Angesichts des Meeres — 157
3. Die Kaserne — 177
4. Abschied vom Heer — 195
5. Staatsstreich — 217
6. Villa Rosa — 237
7. Die endlose Straße — 255

DRITTER BAND Die Stimme von Madrid

ERSTER TEIL

1. Das verlorene Dorf — 7
2. Unrast — 31
3. Die Wahlen — 55
4. Der Zündstoff — 73
5. Der Ausbruch — 89
6. Die Straße — 117
7. Menschenjagd — 133
8. Bedrohung — 157

ZWEITER TEIL

1. Madrid — 173
2. In der Telefónica — 193
3. Madrid und Valencia — 209
4. Die Front — 231
5. Schock — 253
6. Die Stimme Madrids — 275
7. Im Schacht — 299
8. Auge in Auge — 317
9. Der Kampf geht weiter — 341

Für Señora Leonor, meine Mutter,
und Ilse, meine Frau

Vom Autor autorisierte Übersetzung aus dem Spanischen von Joseph Kalmer

Die Deutsche Bibliothek – CIP-Einheitsaufnahme
Ein Titeldatensatz für diese Publikation ist bei der
Deutschen Bibliothek erhältlich.

Erstausgabe der deutschen Übersetzung Europa Verlag GmbH Wien, 1955,
in einem Band unter dem Titel »Hammer oder Amboß sein.«
Titel der spanischen Gesamtausgabe: »La Forja de un Rebelde«
© Arturo Barea and Heirs of Arturo Barea
La Forja © 1941
La Ruta © 1943
La Llama © 1946

Neuausgabe als »Spanientrilogie« in drei Bänden im Schuber
© Europa Verlag GmbH Leipzig, September 2004
Vorwort © 2001 Nigel Townson
Umschlaggestaltung: Christine Paxmann, München
DTP, Satz und Layout: Paxmann/Teutsch Buchprojekte, München
Druck und Bindung: AIT Nørhaven A/S, Viborg
ISBN 3-203-75530-0

Informationen über unser Programm erhalten Sie beim
Europa Verlag, Neuer Wall 10, 20354 Hamburg,
oder unter www.europaverlag.de.